LOPE DE VEGA

Schauplätze ausgewählter Dramen

Die als Bildmotive ausgewählten Kirchen sollen nicht andeuten, daß Lope de Vega ein ausgesprochen religiöser Dramatiker gewesen sei. Vielmehr verweisen sie auf einen charakteristischen Schauplatz der Comedia: in oder mehr noch vor der Kirche nehmen die Kavaliere Verbindung zu ihren streng bewachten Damen auf, ist doch der Kirchgang eine der wenigen Gelegenheiten, sie außerhalb des Hauses anzutreffen.

Der Ritter vom Mirakel
Rom

Die Angel der Fenisa
(Die Angel der Kurtisane)
Palermo

DIE GROSSEN KLASSIKER
LITERATUR DER WELT IN BILDERN, TEXTEN, DATEN

LOPE DE VEGA

DARGESTELLT VON NORBERT SORG

ANDREAS

Die Dramentexte sind der folgenden Ausgabe entnommen:

Spanisches Theater: Lope de Vega, Dramen, übertragen von H. Schlegel, mit einem Nachwort von M. Franzbach. München (Winkler Verlag) 1964.

Literatur:

Die Gestaltung der Chronik zu Leben, Werk und Wirkung sowie die Textkommentierung konnte sich vor allem auf die folgenden Publikationen stützen:

Schlegel, August Wilhelm: Spanisches Theater. Leipzig 1845.
Schack, Adolph: Geschichte der dramatischen Literatur und Kunst in Spanien. Berlin/Frankfurt 1845/1854.
Depta, Max Victor: Lope de Vega. Leipzig 1927.
Pfandl, Ludwig: Geschichte der spanischen Nationalliteratur in ihrer Blütezeit. Freiburg 1929.
Vossler, Karl: Lope de Vega und seine Zeit. München 1947.
Brüggemann, Werner: Spanisches Theater und deutsche Romantik. Münster 1964.
Gerstinger, Heinz: Spanische Komödie: Lope de Vega und seine Zeitgenossen. Hannover 1968.
Müller-Bochat, Eberhard (Hrsg.): Lope de Vega. (Wege der Forschung) Darmstadt 1975.
Fries, Fritz Rudolf: Lope de Vega, Leipzig 1977.

ISBN 3-85012-111-9 (Normalausgabe)
ISBN 3-85012-112-7 (Luxusausgabe)

Copyright © 1982 by Andreas & Andreas, Verlagsbuchhandel, Salzburg. – Alle Rechte vorbehalten. Nachdruck von Bildern und Texten, auch auszugsweise, nur mit ausdrücklicher Genehmigung des Verlagsbuchhandels Andreas & Andreas, Salzburg, gestattet.

Entwicklung und redaktionelle Durchführung: Rabe Verlagsgesellschaft mbH., Stuttgart
Bildauswahl: Martha Dibak, Norbert Sorg und Christoph Wetzel
Redaktion und Layout: Christoph Wetzel
Vorsatzkarte: Heidi Wetzel

Schlußredaktion: Inge Wolkerstorfer

Herstellung: Anton Leitner

Einbandgestaltung: Volker Uiberreither, Salzburg

Farbreproduktionen: Gerhard Ludwig, Zell am See

Gesamtherstellung: Druckhaus Nonntal, Salzburg. – Printed in Austria

INHALTSÜBERSICHT

DATEN

	Chronik zu Leben, Werk und Wirkung	7

THEMEN

	Natur und Kunst Zur Dichtungstheorie Lope de Vegas	122
	Lope de Vega und der Góngorismus	126
	Das Theater Lope de Vegas	129

TEXTE

Der Ritter vom Mirakel	Übersicht über Inhalt und Aufbau des Dramas	138
	Erster Akt	142
Die Angel der Fenisa	Übersicht über Inhalt und Aufbau des Dramas	170
	Zweiter Akt, Viertes Bild	172
Der Stern von Sevilla	Übersicht über Inhalt und Aufbau des Dramas	180
	Zweiter Akt, Viertes Bild	182
	Zweiter Akt, Siebentes Bild	187
	Dritter Akt, Zehntes Bild	196
	Dritter Akt, Elftes Bild	199
Fuente Ovejuna	Übersicht über Inhalt und Aufbau des Dramas	210
	Erster Akt, Zweites Bild	212
	Erster Akt, Drittes Bild	216
	Zweiter Akt, Siebentes Bild	219

	Dritter Akt, Achtes Bild	225
	Dritter Akt, Neuntes Bild	231
	Dritter Akt, Zehntes Bild	235
	Dritter Akt, Elftes Bild	236
	Dritter Akt, Zwölftes Bild	240
	Dritter Akt, Dreizehntes Bild	243
Macías, der Poet	Übersicht über Inhalt und Aufbau des Dramas	246
	Zweiter Akt, Fünftes Bild	248
	Zweiter Akt, Siebentes Bild	252
	Dritter Akt, Zwölftes Bild	254
Die keusche Witwe	Übersicht über Inhalt und Aufbau des Dramas	260
	Erster Akt, Erstes Bild	262
Die kluge Närrin	Übersicht über Inhalt und Aufbau des Dramas	270
	Erster Akt, Zweites Bild	274
Das Eisenwasser von Madrid	Übersicht über Inhalt und Aufbau des Dramas	282
	Erster Akt, Drittes Bild	286
Personenregister		299

DATEN
CHRONIK ZU LEBEN, WERK UND WIRKUNG

Karte/Kartentext Lope Félix de Vega Carpio

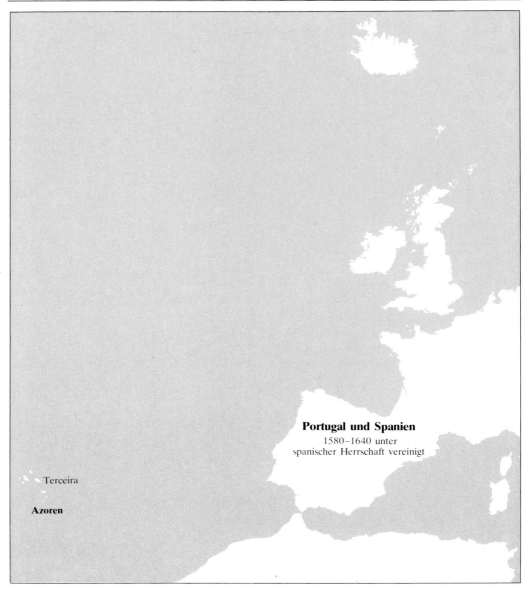

Portugal und Spanien
1580–1640 unter
spanischer Herrschaft vereinigt

Terceira

Azoren

Die beiden Karten geben einen Überblick über die Geographie des Lebensweges Lope de Vegas. Er verläßt nur zweimal spanischen Boden, und das eher gezwungenermaßen als aus eigenem Antrieb. Als Soldat gelangt er 1583 nach Terceira, einer Insel der Azoren, und ebenfalls als Soldat fährt er 1588 mit der unglückseligen Armada gen England aus. Für sein dichterisches Werk sind beide Abenteuer ohne Belang. Lopes Welt ist Spanien. Und selbst bei Werken, die in fremden, nie gesehenen Ländern spielen, bleiben Form und Gehalt spanisch. Der Standpunkt Lopes liegt, wie Karl Vossler schreibt, „in der Mitte der Nation". Er will der Dichter des ganzen Volkes sein. Diese Position ist nicht nur poetologisch, sondern auch geographisch nachvollziehbar. In der Mitte Spaniens, von Philipp II. nicht zuletzt aus diesem Grund als Hauptstadt gewählt, liegt Madrid. Hier ist Lope geboren, hier verbringt er seine Jugend und die meiste Zeit seines Lebens. Sein Vergnügen am hier herrschenden höfischen und galanten Treiben spiegelt sich in jedem seiner „Mantel- und Degenstücke" wider, in denen er dieses freie und oft auch ungezügelte Leben zwar ästhetisiert, doch nie einer gesellschafts- oder kulturkritischen Betrachtung unterzieht. Dem entspricht auch, daß Lope, der sich in fast allen literarischen Formen versucht, dem picaresken Roman, dem populärsten Ausdruck einer solchen kritischen Haltung, keine große Aufmerksamkeit schenkt. Lope verläßt das oft als „Babel" apostrophierte Madrid nur, um wieder dorthin zurückzukehren: in Valencia läßt er sich nach seiner Verbannung aus Madrid 1588 als Theaterdichter nieder, 1599 stattet er dieser Stadt anläßlich der Hochzeit Philipps III. erneut einen Besuch ab. Nach einem Skandal um seine Person in Madrid zieht Lope 1600 für zwei Jahre nach Sevilla. 1604 ist er als Sekretär des Herzogs von Sessa in Toledo, wo er 1614 auch zum Priester geweiht wird. Alcalá de Henares und Salamanca sind Studienorte des Dichters. In Alba de Tormes (1590) steht er als Schreiber im Dienst des Herzogs von Alba. 1591 rückt er mit den gegen die Hugenotten vorgehenden Truppen in Zaragoza ein.

1558, vier Jahre vor Lope de Vegas Geburt, stirbt in seinem selbstgewählten Zufluchtsort, dem Kloster San Yuste, im Alter von 58 Jahren der deutsche Kaiser (ab 1519) Karl V. (als Karl I. ab 1516 König von Spanien). Sein Nachfolger auf dem Kaiserthron wurde 1556 sein Bruder Ferdinand, während sein Sohn Philipp II. das spanische Erbe erhielt. Damit ist der von Karl V. vertretenen Idee eines christlich-europäischen Universalreichs das Urteil gesprochen. Das links wiedergegebene Reiterbildnis von Tizian (1476/1477–1576) aus dem Jahr 1548 (Prado in Madrid) zeigt Karl. V. als Sieger nach der im März 1547 bei Mühlberg gegen den lutherischen Schmalkaldischen Fürstenbund ausgefochtenen Schlacht. Es ist von einer wohl dem Maler wie dem Dargestellten bewußten sinnbildlichen Bedeutung, daß den Triumphator die Abenddämmerung umfängt.

1562

Am 25. November, dem Tag des hl. Lupus (span. Lope), wird Lope Félix Vega in Madrid geboren. Ziemlich genau neun Monate vor der Geburt ist der Vater, Félix Vega, einer Liebschaft wegen aus Valladolid, seiner Heimat am Fuß der kantabrischen Berge im Norden Spaniens, in die neue Landeshauptstadt Madrid gezogen. Seine Ehefrau, Francisca Fernández Flores, reiste ihm kurzentschlossen nach, und die beiden Partner fanden wieder zueinander. In einer *Epistel an Amarylis Indiana*, eine vergessene südamerikanische Dichterin, beschreibt der Dichter die romanhaft-romantischen Umstände seiner Zeugung:

„Es ruht auf dem gestickten Wiesenteppich
Kastiliens das wuchtige Gebirg
und Tal, das man bei uns Carriedo nennt.
Dort drängte einst Hispania sich zusammen,
von dorten ging sie aus. Jedoch was hilft
der Ruhm der Heimat, wenn man Rohr im
 Wind ist.
Es fehlt an Geld, und kärglich ist der Boden.
Vom Stammgut Vega zog mein Vater fort.
Ein edler Sinn hilft über Armut weg.
Ihm eilte bis Madrid voll Eifersucht
die liebevolle Gattin nach, indeß
nach einer span'schen Helena er brannte.
Doch man versöhnte sich, und jenen Tag
ward meines Daseins Grund gelegt und Friede
der eifersücht'gen Phantasie beschert.
In Eifersucht empfangen, welch ein Ursprung!
Bedenket doch: geboren werden so
aus ruhelosem Grund, wie wunderbar!"

Lopes Eltern sind einfache Leute. Das hindert den Dichter indes nicht, seiner Abstammung

Die Abbildung zeigt die Karl dem Großen (742–814), dem Frankenkönig (ab 768) und ersten westlichen Erben der römischen Kaiserwürde (800) gewidmete Kapelle im Tal von Roncesvalles. Hier soll Roland, der treue Paladin Karls, mitsamt seiner Nachhut von den Truppen des spanischen Nationalhelden Bernardo del Carpio vernichtend geschlagen worden sein. Lope, der sich in dieser heroischen Tradition sieht, legt sich den Beinamen „Carpio" bei, was ihm die herbe Kritik seiner adligen Schriftstellerkollegen einträgt.

die Aura des Heroischen und Galanten zu verleihen. Der Verweis auf den Norden Spaniens soll eine vornehme Herkunft suggerieren. Von dort ging einst die „Rückeroberung" („Reconquista") der zum Großteil in maurische Hände gefallenen Iberischen Halbinsel aus, und die Bewohner dieser Region betrachten sich noch immer als die legitimen Nachfolger der Helden der „Reconquista". Die diesem Hinweis auf den „Stammsitz" der Familie folgende Relativierung, die Kennzeichnung der ärmlichen Verhältnisse, denen sein Vater zu entfliehen suchte, steht der Idealisierung nicht entgegen: Reichtum verträgt sich nicht mit Heldentum. Viel wichtiger ist ein „edler Sinn", der Glaube an eine Idee, die die Profanität des Alltäglichen verwischt. Der Betonung des niederen Milieus ist also eine gewisse Koketterie nicht fremd.

Anders steht es mit der Tatsache, daß Lope sich nicht einmal der „Hidalgua", dem spanischen Landadel, zurechnen kann (der „Hidalgo" ist „fijo de algo": „Sohn von jemand/etwas"). Er unterscheidet sich hierin von Miguel de Cervantes Saavedra (1547–1616), Pedro Calderón de la Barca (1600–1681), dessen Familie übrigens ebenfalls aus dem Tal von Carriedo nach Madrid zieht, oder gar Luis de Góngora y Argote (1561–1627), der sein Adelsrecht verbriefen läßt. Das kleine „de", das er später zwischen „Lope" und „Vega" einfügt, läuft letztlich auf die Anmaßung eines ihm nicht zustehenden Adelstitels hinaus. Auch der Zusatz „Carpio", den Lope seinem Familiennamen gibt (vgl. 1598), soll wohl dieses Manko seiner Abstammung vergessen machen; er legt nämlich eine Beziehung zu dem (nach dem „Cid" bekanntesten) spanischen Sagenhelden Bernardo del Carpio nahe, der nach der spanischen Variante des Roland-Stoffes im Tal von Roncesvalles Roland, den Paladin Karls des Großen, vernichtend geschlagen haben soll.

Wie diese vergeblichen Versuche, sich seiner einfachen Abstammung zu entledigen, beweisen können, leidet Lope sein Leben lang an seiner „bescheidenen" Herkunft. Er kompensiert dies nicht zuletzt durch die Adaption adeliger Lebensformen, durch eine bewußt herausgestellte Galanterie und Libertinage. Lope sieht sich als Kind der Liebe und führt dies zur Verklärung der Anfänge seines Daseins an. Heutzutage müssen solche Schilderungen lächerlich klingen; in einer Gesellschaft wie der spanischen indes, wo das einzelne Individuum ohne öffentliche Anerkennung seiner Qualitäten nicht leben kann – und dazu gehört in dieser Zeit nicht zuletzt der durch die Geburt verliehene Rang innerhalb des zumindest ideologisch immer noch fest strukturierten Ständegefüges –, in der spanischen Gesellschaft also sind solche rein äußerlichen Absicherungen des eigenen Selbstwertgefühls nichts Ungewöhnliches.

Literarisch spiegelt sich diese Tendenz feudalistischer Gesellschaften in bestimmten Strukturprinzipien des Schelmenromans wider, einem ja auch typisch spanischen Genre. Die Protagonisten dieser zur Zeit der Geburt Lopes in Mode kommenden Literaturgattung beginnen ihre Lebensgeschichte oft und gern mit einer in ironischem Ton gehaltenen Beschreibung ihres Elternhauses. So eröffnet etwa Francisco de Quevedo y Villegas (1580–1645) in seinem 1626 (deutsch 1963) erschienenen „Abenteuerlichen Buscón": „Ich bin, liebwerter Leser, aus der Stadt Segovia. Mein Vater (Gott schenk ihm den Himmel) nannte sich Clemente Pablo und war seiner Qualität nach ein Bartputzer. So sagten zumindest alle, die ihn kannten, allein er selbst besaß ein so hohes Gemüte, daß er über den Bartputzer bisweilen in mächtigen Zorn geriet, vermeldend, er sei ein ingeniöser Tailleur kaiserlichster Zwickelbärte oder gar der Großmeister des Gesichtsflurenmäherordens. Auch wird gesagt, daß er der Sproß einer überaus edlen Stammrebe war, welches mich allerdings nicht sehr wunder nimmt, sintemalen ich dessen gedenke, was mein Erzeuger alles durch seine Gurgel goß." (Dem deutschsprachigen Leser wird wohl der Anfang des 1669 erschienenen, durchaus in der Tradition des pikaresken Romans zu sehenden „Simplicissimus" von Johann Jakob von Grimmelshausen besser im Gedächtnis sein, wo Simplex das einfache Bauernhaus seiner Zieheltern als prachtvolles Schloß erscheinen läßt.) Lope ist von solcher Ironie, zumindest was die eigene Person betrifft, weit entfernt.

Eine Gesellschaft, die so großen Wert auf das Äußere legt, darf sich nicht wundern, wenn diejenigen, die in ihr einen unteren Rang einnehmen, sich diesen Maximen anpassen, sie adaptieren und zu den ihren machen. Allein auf diesem Weg ist die Statik, die einem so gefügten System zu eigen ist, zu lockern. Wo persönliches Verdienst allein anscheinend nicht ausreicht, werden Schauspielerei und Hochstapelei zur unumgänglichen Notwendigkeit. Vielleicht ist auch hierin ein Indiz für die zunehmende Wertschätzung des Theaters im 16. und 17. Jahrhundert zu sehen.

Eine moralisierende Literaturgeschichtsschreibung hat Lope diese Künsteleien oft zum Vorwurf gemacht und seinem natürlichen Naturell zugeschrieben, was letztlich wohl eher ein Erfordernis der Umstände war, in die er hineingeboren wurde. Selbst ein ansonsten so sachlicher Literarhistoriker wie Ludwig Pfandl (1881–1942) greift, wenn er auf die Vita Lopes zu sprechen kommt, zu Ausdrücken wie „liederliche Schamlosigkeit" und „Deckel der Kloake seines Lebenswandels".

Titelvignette der Erstausgabe des in spanischer Sprache verfaßten Schäferromans „La Diana" des Portugiesen Jorge de Montemajor (1520/1524–1561) aus dem Jahr 1558. Lope de Vega entnimmt diesem Werk in späteren Jahren viele Anregungen – auch in bezug auf seine autobiographischen Äußerungen.

Lope ist bei der Fingierung seines äußerlichen Seins immer dann am geschicktesten, wenn er nicht zu offensichtlichen Verfälschungen und Beschönigungen greifen muß, wie das bei der Vorspiegelung seiner adeligen Herkunft der Fall ist. Geradezu meisterhaft ist hier die oben zitierte Schilderung der theatralischen Vorgeschichte seiner Zeugung. Der Handlungsablauf könnte einer Pastorale entnommen sein. In ländlicher Umgebung nimmt alles seinen Anfang. Die Gegenüberstellung von „Stammgut Vega", das an eine gewachsene Kontinuität, an Seßhaftigkeit denken läßt, und „Armut", von „gesticktem Wiesenteppich" und „ärmlich ist der Boden" erweckt unwillkürlich Assoziationen an Idyllen des zeitgenössischen Schäferromans. Dessen Hauptthema aber ist die Liebe. Und die ist auch hier, in der *Epistel an Amarylis Indiana,* Agens alles weiteren. Dieses Bild wird noch verdichtet durch die Tatsache, daß, wie auch Cervantes' „Don Quijote" zu entnehmen ist, die Figur des eifersüchtigen Schäfers oder der eifersüchtigen Schäferin mittlerweile zum festen Topos dieses Genres geworden ist. Die Ansiedlung der Episode in einer Szenerie pastoraler Dichtung verleiht Lopes Geburt den Abglanz idealen Seins; denn in der Pastorale, die zur bevorzugten Unterhaltungslektüre der höfischen Gesellschaft und der gebildeten Schichten gehört, spiegelt sich die Sehnsucht nach einem unverfälschten und natürlichen Leben wider, das die Wirklichkeit offensichtlich verweigert. Die vornehmen Kreise ziehen in die Natur und hoffen dort zu finden, was sie in der Sphäre ihres wenngleich oft glanzvollen Lebens vergeblich suchen. Der Adelige wird zum Landmann. Lope schlägt in seiner Epistel den umgekehrten Weg ein: er kommt von dort, wo die anderen hinwollen; er ist, was sie nur spielen. Daß die Historie dann doch in Madrid, der Stadt also, ihr Ende findet, steht dieser Sicht der Dinge nicht entgegen, denn:

„... welch ein Ursprung!
Bedenket doch: geboren werden so
aus ruhelosem Grund, wie wunderbar!"

Wichtig ist also vor allem die Genese. Was für andere das Adelsprädikat, ist für Lope die pastorale Romaneske, denn auch sie verdient öffentliche Anerkennung. Er rehabilitiert sich mit Hilfe der Literatur und sieht infolgedessen gar keinen Grund, zwischen Biographie und dichterischem Werk einen Trennungsstrich zu ziehen. Ganz anders als der viel zurückhaltendere Calderón läßt Lope oft Ereignisse und Begebenheiten, die er selbst erlebt hat, in seine Dichtung einfließen. Dies geschieht aber mit einer solchen Selbstverständlichkeit, einer im besten Sinne verstandenen Naivität, daß sich jeder Gedanke an ein hierin Platz greifendes Gefühl unbefriedigten Geltungsdranges von vornherein verbietet.

Lope tut später kund, daß er seine poetische Begabung wohl seinem Vater zu verdanken habe. In seinem 1628 entstandenen *Laurel de Apolo (Apollos Lorbeerkranz)* schreibt er über ihn: „Er war im Parnaß, ich habe seine Hefte gesehen. Es waren Gedichte auf Gott, voll von Liebe ... ich glaube, sie waren besser als meine." Der Vater dichtet indes nur in seiner Freizeit, den Großteil des Tages widmet er seinem Handwerk, der Stickerei. Dieses Gewerbe steht gerade hoch im Kurs. Félix Vega stickt die Wappen der hohen Granden, verziert die

Lope verweist immer mit Stolz auf das asturisch-kastilische Land, dem seine Familie entstammen soll und das allgemein als die Wiege des späteren spanischen Staates gilt (die beiden Fotos links zeigen ein Landschaftsmotiv und ein Dorf im Val Carriedo). Jeder Spanier, der etwas auf sich hält, gibt den Norden des Landes als Ursprungsort seiner Sippe an. Lopes Vater zieht nach Valladolid, wo er in der Werkstatt des angesehenen Stikkers Gerónimo de Bruselas arbeitet, der, wie schon der Name verrät, aus Brüssel zugereist ist. Von Valladolid geht es dann nach Madrid, wo Lope das Licht der Welt erblickt. Madrid ist zwar die Hauptstadt des spanischen Königreichs, doch Philipp II. scheint es dort bald zu „diesseitig". Er sucht sich einen neuen „Mittelpunkt der Welt" und findet ihn, unweit der Stadt, inmitten einer kaum berührten Natur. Dort läßt er ab 1562 den Escorial erbauen (Foto oben), eine Verbindung von Kloster und Schloß, zugleich Grablege der spanischen Könige.

Meßgewänder der Geistlichkeit und schmückt die Livreen der Dienerschaft; auch die Vorliebe der Zeit für emblematische Abbildungen kommt seiner Profession entgegen. Er ist ein angesehener und gefragter Mann, steht seiner Zunft vor und ist Obmann eines Schiedsgerichts, das Streitfälle zwischen den Handwerkern und ihrer Kundschaft schlichten soll. Da er auf eine zahlungskräftige Klientel angewiesen ist, muß er sich immer in der Nähe des Hofes aufhalten. Und nachdem Philipp II. (1527–1598, König ab 1556) im Jahr 1561 seine Residenz von Valladolid nach Madrid verlegt hat, ist auch er in dieses Städtchen gezogen, das so gar nicht wie die Residenz eines mächtigen Reiches aussieht. Ein deutscher Reisender vergleicht es mit dem schwäbischen Biberach. Den nun rasch einsetzenden Aufschwung verdankt Madrid seiner besonderen Lage: es liegt ziemlich genau im geographischen Mittelpunkt des Landes – und eben dort will Philipp sein Regiment ausüben. Mit dieser Entscheidung des Herrschers beginnt die Stadt geradezu ins Grenzenlose zu wachsen. Die Stadtmauern werden geschleift, und Góngora vergleicht Madrid aus diesem Grund mit dem Nil, dem ebenfalls kein Ufer Einhalt gebieten könne. Das immense räumliche Ausgreifen der Stadt wird durch ein altes, in der Zeit Karls V. verabschiedetes Gesetz begünstigt, das der Krone das Recht zuspricht, das zweite Stockwerk eines jeden Hauses in Zwangsmiete zu nehmen. Da es an Unterkünften für die vielen Beamten und Bediensteten des Hofstaates mangelt, eine Beschlagnahme „überflüssigen" Wohnraums also so gut wie sicher ist, bauen die meisten Bürger nur einstöckige Gebäude mit entsprechend größerem Grundriß. Auch Lope wächst in einer solchen „casa de malicia" („Haus der Verschmitztheit") auf.

1567 Juan Peréz de Montalbán (1602–1638), ein Freund des Dichters und einer seiner glühendsten Verehrer, schreibt in seiner deshalb mit Vorsicht zu verwendenden Biographie Lopes (erschienen 1636), daß dieser im Alter von fünf Jahren bereits spanische und lateinische Texte gelesen und seine ersten Verse verfaßt habe. Da er aber noch nicht schreiben konnte, habe er hierfür einige ältere Schüler engagiert, die er mit seinen Frühstücksbroten entlohnte.

In jene Zeit, da sich diese „rührende Geschichte" (Fritz Rudolf Fries) zugetragen haben soll, fällt mit dem Ausbruch des Freiheitskampfes der Niederlande eines der folgenschwersten Ereignisse der spanischen Geschichte überhaupt. Dieser Auseinandersetzung, die im Bewußtsein Philipps II. und vieler Spanier den Rang eines Religionskrieges, eines Kreuzzugs gegen die protestantischen und calvinistischen Ketzer einnimmt, liegen durchaus ökonomische Interessen zugrunde, die sich allerdings in religiöser Verkleidung darbieten. Philipp II. ist völlig von der Vision eines einheitlichen, wieder ganz katholischen und natürlich unter spanischer Vorherrschaft stehenden Europa erfüllt. Die Realisierung dieses Plans setzt ein Zurückdrängen der Reformation voraus, die jedoch, wie er mit Entsetzen feststellen muß, nicht einmal vor den Grenzen seines eigenen Imperiums haltmacht und vor allem in den nördlichen Niederlanden rasch an Einfluß gewinnt.

Der dort erfolgreiche Calvinismus propagiert das Ideal einer „innerweltlichen Askese" (Max Weber), das dem aufstrebenden Bürgertum dieser Region gute Dienste bei der Rechtfertigung seines ökonomischen Tuns leistet. Von besonderer Wichtigkeit ist in diesem Zusammenhang die sogenannte Prädestinationslehre, wonach es jedem vorbestimmt sei, ob ihm die Gnade Gottes zuteil werde oder nicht. Dieses Theorem der Gnadenwahl korrespondiert mit der in der Handels- und Geschäftswelt zu beobachtenden Tatsache, daß Erfolg oder Mißerfolg oft nicht vom Geschick des Kaufmanns oder Manufakturbesitzers abhängen, sondern von den anonymen Mächten des Marktes bestimmt werden. Da der Calvinismus den beruflichen Erfolg als Gradmesser persönlicher Seligkeit versteht und zudem die Verwendung

Die Abbildung aus den „Emblemas moralizadas" des Spaniers Hernando de Soto zeigt die „Säulen des Herkules" (Gibraltar) und verweist auf den spanischen Kolonialismus. In der auf den Tod des Gouverneurs von Westindien bezogenen Subscriptio heißt es: „Wenn mit unvergleichlichem Mut der Alcide [Herkules] sein ‚Non plus ultra' anführte, so mißt du mit größerem Ruhme vom Himmel aus die Neue Welt. Von da aus regierst du sie, während er nicht einmal das lebendige und getreue Bild Indiens sehen konnte, das du erobertest."

erworbenen Gutes zu unproduktivem Genuß streng verpönt ist, fördert er eine Form des Wirtschaftens, die sich mit der „außerweltlichen Askese" (Max Weber) des Katholizismus und seiner jenseitsbezogenen Frömmigkeit nur schwer vereinbaren läßt.

Dieses Gegeneinander wird durch einige Spezifika spanischer Geschichte noch verstärkt. Der sich über Jahrhunderte hinziehende Kampf gegen die maurischen Eroberer und Beherrscher der Iberischen Halbinsel, der erst mit der Eroberung von Granada 1492 (dem Jahr der Entdeckung Amerikas durch Christoph Kolumbus) zu einem Ende kommt, hält die im übrigen Europa schon längst obsolet gewordenen oder in die Sphäre der gehobenen Unterhaltungsliteratur verbannten Ideale ritterlichen Daseins noch immer am Leben. Wichtig ist nicht das Geld, sondern die Ehre, nicht der Besitz, sondern die Reinheit des Glaubens, nicht die Arbeit, sondern die Kontemplation, nicht der geschäftliche Erfolg, sondern die Askese. Was der Mensch erreicht, ist ohne Bedeutung, solange er sich nur richtig verhält. Als Richtschnur dient der katholische Glaube. „Die spanische Religiosität hat ihre größte Blüte im 16. und 17. Jahrhundert... Dieses mächtige Anschwellen des Religiösen hat einen politischen Aspekt von grundlegender Bedeutung, da es in einer genau entgegengesetzt gerichteten Zeit stattfindet. Die Renaissance kräftigte das Nationalgefühl der neuzeitlichen Staaten, und die Folge war, daß jeder ausschließlich auf seine eigenen Interessen Bedacht nahm, ohne fernerhin dem Grundsatz der Einheit der Katholizität Beachtung zu schenken, für den das Mittelalter eingetreten war und der jetzt allenthalben in Europa in die Brüche ging und sich aufspaltete. Spanien war die einzige Nation, die an ihrer früh gefällten mittelalterlichen Entscheidung festhielt und ihre eigenen nationalen Ziele mit den universalistischen Zielen der Christenheit gleichsetzte, welch letztere sie schon seit Ferdinand dem Katholischen für sich in Anspruch nahm, der, wie Gracián sagt, den Himmel mit der Erde zu verbinden verstand" (Ramón Menéndez Pidal).

Diese Politik muß zu einem unüberwindlichen Dilemma führen. Im Innern äußert sie sich in der Vernachlässigung der Ökonomie, die der Sphäre des Profanen zugeordnet wird; nach außen hin erscheint sie als skrupellose Machtpolitik zur Durchsetzung einer starren und nicht zu hinterfragenden Doktrin. So besehen ist der Krieg mit den Niederlanden von vornherein eine aussichtslose Angelegenheit. Die Holländer können sich nicht unterwerfen, denn die Anerkennung des ihnen aufoktroyierten abstrakten Prinzips käme einer nicht hinzunehmenden Einschränkung ihrer bürgerlichen Lebensbedingungen gleich, und Spanien ist aufgrund seiner Sorglosigkeit in den praktischen Dingen seiner staatlichen Existenz sogar gezwungen, den Feind materiell zu unterstützen. Der aus den Kolonien und Provinzen des Weltreichs, also auch aus den Niederlanden, ins Land strömende Goldfluß bleibt nicht dort, sondern wird sofort über ganz Europa verteilt. Die vielen Kriege, die man führt, müssen bezahlt werden. Und da es mit der eigenen Wirtschaft statt bergauf nur bergab geht, müssen selbst Dinge des täglichen Bedarfs importiert werden. Das Defizit in der Zahlungsbilanz wird von Jahr zu Jahr größer. Die spanische Malaise läßt die anderen Länder reich werden und weckt dort weitere Bedürfnisse – diese aber werden zum Großteil von den Niederlanden als der größten Handelsmacht Europas gestillt. So füllt Philipp II. ungewollt die Kriegskasse des Gegners und kommt letzten Endes selbst für dessen Verteidigung gegen seine eigenen Truppen auf. Spanien ist zwar noch immer der erste Staat Europas und bleibt das auch für einige weitere Jahrzehnte, doch sind die Grundlagen für seinen im 17. Jahrhundert rasch einsetzenden Niedergang bereits gelegt. Sein Reichtum ist unproduktiv, seine Macht ruht auf tönernen Füssen, und seine Staatsideologie ist zu abstrakt und letztlich auch überlebt. Friedrich Schiller (1759–1805) kennzeichnet den ökonomischen Zusammenhang in der Einleitung seiner 1788 erschienenen „Geschichte des Abfalls der Vereinigten Niederlande von der spanischen Regierung" (die Darstellung reicht bis zum Jahr 1567) wie folgt:

„Spanien führte diesen kostbaren [kostspieligen] Krieg mit totem, unfruchtbarem Golde, das nie in die Hand zurückkehrte, die es weggab, aber den Preis aller Bedürfnisse in Europa erhöhte. Die Schatzkammer der Republik waren Arbeitsamkeit und Handel. Jenes verminderte, diese vervielfältigte die Zeit. In eben dem Maße, wie sich die Hilfsquellen der Regierung bei der langen Fortdauer des Kriegs erschöpften, fing die Republik eigentlich erst an, ihre Ernte zu halten...

Philipps widriges Schicksal wollte, daß alle Schätze, die er zum Untergang der Provinzen verschwendete, sie selbst noch bereichern halfen. Jene ununterbrochenen Ausflüsse des spanischen Goldes hatten Reichtum und Luxus durch ganz Europa verbreitet; Europa aber empfing seine vermehrten Bedürfnisse größtenteils aus den Händen der Niederländer, die den Handel der ganzen damaligen Welt beherrschten und den Preis aller Waren bestimmten. Sogar während dieses Kriegs konnte Philipp der Republik Holland den Handel mit seinen eignen Untertanen nicht wehren, ja er konnte dieses nicht einmal wünschen. Er selbst bezahlte den Rebellen die Unkosten ihrer Verteidigung: denn eben der Krieg, der sie aufreiben sollte, vermehrte den Absatz ihrer Waren. Der ungeheure Aufwand für seine Flotten und Armeen floß größtenteils in die Schatzkammer der Republik, die mit den flämischen und brabantischen Handelsplätzen in Verbindung stand. Was Philipp gegen die Rebellen in Bewegung setzte, wirkte mittelbar für sie. Alle die unermeßlichen Summen, die ein vierzigjähriger Krieg verschlang, waren in die Fässer der Danaiden gegossen und zerrannen in einer bodenlosen Tiefe."

Die Abbildung der vorhergehenden Doppelseite gibt einen Ausschnitt aus dem Wandgemälde wieder, das Andrea Vicentino um 1580 in der „Sala della Scrutino" (dem Amtsraum der Wahlkommission) im Dogenpalast von Venedig geschaffen hat (als Ersatz für Tintorettos im Jahr 1577 durch Brand zerstörtes Gemälde zu demselben Thema). Es handelt sich um eine Darstellung der insbesondere für den Erhalt der venezianischen Handelswege entscheidenden Seeschlacht bei Lepanto an der griechischen Westküste. In dem am 7. Oktober 1571 ausgefochtenen Kampf wird die türkische Seestreitmacht von der aus spanischen, venezianischen und päpstlichen Kontingenten gebildeten Kriegsflotte vernichtend geschlagen. Den Oberbefehl über die „christliche" Armada führt Don Juan de Austria (1547–1578), ein unehelicher Sohn Karls V. und der Regensburger Kaufmannstochter Barbara Blomberg. Zur Besatzung eines der spanischen Schiffe gehört Cervantes.

1572

Im Alter von zehn Jahren wird Lope Schüler des Novellisten, Lyrikers und Musikers Vicente Espinel (1550–1624), der zeitlebens zu seinen Lieblingsautoren gehört und vor allem im Bereich der Versifikation und Musik einen großen Einfluß auf ihn ausübt. Lope denkt später gern und stets mit Dankbarkeit an seine „Lehrzeit" bei diesem bedeutenden Dichter und guten Freund Miguel de Cervantes' zurück. In seinem bereits erwähnten *Laurel de Apolo,* anläßlich einer von der Madrider Akademie veranstalteten Gedenkfeier zu Ehren Espinels im Jahr 1628 geschrieben, ist zu lesen:

„Meinem Lehrer Espinel
erweiset Reverenz, ihr Musen,
euch hat er das Singen gelehrt
und mich das Schreiben in zwei Sprachen."

Die erste Sprache, mit der umzugehen Lope bei Espinel gelernt hat, ist natürlich Spanisch, die zweite Latein; er versäumt es nie, auf seine humanistische Bildung hinzuweisen. Espinels Ruhm zu seinen Lebzeiten gründet hauptsächlich in seinem lyrischen und musikalischen Oeuvre. Er soll als erster eine fünfsaitige Gitarre benutzt und die Strophenform der Dezime, die nach ihm benannte „Décima espinela" (ein Zehnzeiler mit dem Reimschema abba – ac – cddc) erfunden haben. Sein berühmtestes Werk ist aber der 1618 entstandene Roman „Berichte aus dem Leben des Junkers Marcos de Obregón", der, obwohl er viele autobiographische Züge aufweist, dennoch allgemein dem pikaresken Genre zugeordnet wird – und das nicht einmal zu Unrecht, denn das bewegte Leben des Autors ähnelt oft dem eines vom Schicksal hin und her getriebenen Pikaro. Er besucht die Universität, hält es aber dort nicht lange aus, tritt in die Dienste einiger adeliger Herren und geht dann doch wieder an die Hochschule, um dieser nach kurzer Zeit erneut den Rücken zuzukehren. Später gerät er in die Gefangenschaft algerischer Seeräuber, nach seiner Freilassung durch den ihm wohlwollenden Vizekönig Algiers wird er Soldat, und als ihm auch diese Profession nicht mehr zusagt, verdingt er sich abermals bei verschiedenen hochstehenden Persönlichkeiten. Dieses ununterbrochene Auf und Ab wird natürlich von den abenteuerlichsten Liebeshändeln begleitet. Ruhe findet dieser Geist erst, als er im hohen Alter in den Dienst der Kirche tritt und einem gesicherten Lebensabend entgegensehen kann. Aus der Perspektive eines alternden Kaplans wird denn auch die Lebensgeschichte des Romanhelden Marcos de Obregón geschildert, die jedoch im Unterschied zu anderen Werken dieses Genres weitgehend ohne sarkastisch-destruktive Züge auskommt. Diese Hinwendung zu einem ebenso freundlichen wie anteilnehmenden Erzählton mag wohl Alain René Lesage (1668–1747) bewogen haben, einige Motive des Romans für seinen „Gil Blas" zu verwenden. Der daraufhin von Voltaire, einem erbitterten Gegner Lesages, unter dem Vorwand des Plagiatverdachtes initiierte und in der Literaturgeschichte berühmt gewordene „Streit um den Gil Blas" läßt Espinel zwar wieder in das Bewußtsein der literarischen Öffentlichkeit treten, ist der Rezeption seines Gesamtwerkes aber eher abträglich. Sein lyrisches und musikalisches Schaffen wird in den Hintergrund gedrängt. Lope sieht dies allerdings – wohl zu Unrecht – umgekehrt: die ungekünstelte Prosa des Romans scheint ihm wenig mit Kunst zu tun zu haben.

1573

Gegen Ende des Jahres tritt Lope in das jesuitische „Colegio de los Teatinos" ein, wo ihm eine gründliche humanistische Ausbildung vermittelt wird. Das Hauptgewicht des Unterrichts liegt auf der perfekten Beherrschung des Lateinischen und des jesuitischen Katechismus, aber auch das Griechische wird nicht vergessen. Sind die Grundlagen einmal gelegt, geht

Allegorische Triumphzüge gehören zu den gebräuchlichen Darstellungsformen des jesuitischen Schultheaters im 16. und 17. Jahrhundert. Die Abbildung gibt einen Ausschnitt aus einer lavierten Federzeichnung von Lukas Kilian (1579–1637) wieder: eine ironische Allegorie des Papsttums.

man zur Vervollkommnung des Gelernten über und treibt vor allen Dingen viel Rhetorik. Der zeitgenössischen Auffassung von der engen Verbindung zwischen Rede- und Dichtkunst entsprechend schließt sich daran ein ausführliches Studium der Poetik an.

Die „Gesellschaft Jesu" nutzt ihre schulische Bildungsarbeit aber auch zur Entfaltung einer breitangelegten volkserzieherischen Tätigkeit. Eine wichtige Funktion kommt hierbei dem Schultheater zu, das zum einen die Halbwüchsigen an ein öffentliches Auftreten gewöhnt und sie frühzeitig lehrt, sich den verschiedenen Bedingungen publikumswirksamen Redens anzupassen, zum anderen aber den Zuschauern den Triumph der katholischen Kirche über ihre zahllosen Feinde vor Augen führen soll. Der dabei entfaltete Prunk zeigt, daß diese Schauspiele auf große Massenwirksamkeit angelegt sind; beliebteste Darstellungsform ist der den italienischen „Trionfi" nachempfundene allegorische Triumphzug, der dem bewußt eingesetzten Pathos der Gegenreformation in besonderem Maße entspricht. Es ist anzunehmen, daß Lope an mehreren solcher Vorführungen teilnimmt und diese einen unauslöschlichen Eindruck hinterlassen haben, denn er versucht sich in späteren Jahren selbst des öfteren als Autor ähnlicher Szenarien.

Auch seine Vorliebe für die Malerei eines Peter Paul Rubens (1577–1640), vor allem für dessen allegorische Sujets, zeugt von einer nicht zu unterschätzenden Beeinflussung durch jesuitisches Gedankengut, selbst wenn der weitere und nicht immer von moralischen Prinzipien geprägte turbulente Lebenslauf des Dichters dem zu widersprechen scheint. Dieser Antagonismus ist indes nur ein fiktiver, denn der von dem Spanier Ignatius von Loyola (1491–1556) im Jahr 1534 gegründete und zur Speerspitze der Gegenreformation gemachte Jesuitenorden weiß wie keine andere Institution dieser Zeit zwischen Zweck und Mittel, dem Ziel und dem Weg dorthin zu unterscheiden. Die Jesuiten passen sich den gegebenen politischen und ökonomischen Verhältnissen an und versuchen auf dieser Grundlage eine Veränderung des Ist-Zustandes zugunsten des Papsttums und des Katholizismus zu erreichen. Wichtigstes Vehikel hierbei ist die Pädagogik, deren Ratio letzten Endes zur völligen Unterwerfung unter das Gebot der Kirche führen soll. Um dieses Ziel Wirklichkeit werden zu lassen, verlangt man von den Mitgliedern des

Lope hat zwar eine jesuitische Schule besucht, ist hierdurch aber kein jesuitisch geprägter Mensch geworden. Das Jesuitentum ist ihm eine Geisteshaltung unter vielen anderen. Eine besondere Vorliebe zeigt er hingegen für die theatralischen Darstellungsformen dieses Ordens und einige seiner Exerzitien. Das links wiedergegebene Gemälde „Die Wunder des hl. Ignatius" von Peter Paul Rubens (1577–1640) stellt den Gründer der Societas Jesu dar, wie er, gekleidet in ein Meßgewand, vor einem Hochaltar mit ausgebreiteten Armen zu Gott betet. Die Stufen des Altars heben ihn über die anderen Figuren empor. Links wird eine vom Dämon besessene Frau herangeführt, an der Ignatius von Loyola, der Biographie seines Ordensbruders Ribadineira zufolge, eine Teufelsaustreibung vorgenommen hat. Die ältere Frau am rechten Bildrand gilt allgemein als die Wäscherin, deren verdorrter Arm geheilt wurde, als sie die Wäsche des Heiligen wusch. Das straff organisierte „Heer" der Jesuiten führt einen spektakulären Kreuzzug für die Verteidigung des Katholizismus in aller Welt. Doch bleiben auch Niederlagen nicht aus. 1578, während des Freiheitskampfes der Niederlande, werden die Jesuiten aus Haarlem vertrieben, wie der um 1605 entstandene Stich (Reformationsmuseum der Universitätsbibliothek in Genf) von Johann Hogenberg, einem Schüler des berühmten Abraham von Bruyn, zeigt.

Ordens einen bedingungslosen Kotau vor dem Willen der Oberen. Hand in Hand mit diesem „Kadavergehorsam" (wie ein Leichnam, ein Kadaver, in der Hand seines Vorgesetzten soll der Ordensbruder sein) geht aber die Propagierung der von dem römischen Rhetoriker Marcus Fabius Quintilianus (um 30 bis 96 n. Chr.) und den Humanisten der Renaissance empfohlenen „Ämulation", der Weckung der Ehrliebe. Diese die jesuitische Pädagogik kennzeichnende Eigenart äußert sich vor allem in Streitgesprächen und dem gegenseitigen Abfragen der Schüler, in der Verleihung von Ehrentiteln innerhalb des Klassenverbandes und öffentlich abgehaltenen Preisverteilungen. Durch solche Maßnahmen soll das Bewußtsein vom Wert der eigenen Person gefördert werden, so daß die Unterordnung unter ein alles umfassendes Ganzes nicht mehr als aufgezwungene Unterwerfung empfunden wird. Vielleicht ist in diesem Erziehungskonzept auch ein Erklärungsansatz für die in Lopes Vita noch oft zu beobachtende Anbiederung an einen großzügigen Gönner bei gleichzeitiger Herausstellung eigener Verdienste und Größe zu sehen.

Lope macht in diesem Jahr die Bekanntschaft von Bernardino Obregón (1540–1599), einem Höfling, der im Haus seines Vaters ein und aus geht und auf eine schillernde Biographie zurückblicken kann. „Obregón, einst eitler Staatsdiener und vorbildlicher Soldat im Heer des Herzogs von Sessa, erging sich eines Tages prächtig gekleidet auf der Madrider Calle de las Postas, als ein Straßenfeger ohne Absicht die Kleidung des Adligen beschmutzte. Dieser Fleck brannte sich in Obregóns Seele ein wie eine Schmach. Er stellte den Straßenfeger zur Rede und ohrfeigte ihn. Der aber begegnete ihm mit allen Zeichen der Demut, dankte ‚Euer Gnaden für diesen Backenstreich, der mich geehrt und meine Fehler bestraft hat', und Obregón hat ein Gefühl, als sei ihm Christus persönlich in diesem Straßenfeger erschienen. Er ändert von Stund an, so wird berichtet, seinen Lebenswandel, stiftet einen religiösen Orden und gründet ein Hospital für mittellose Kranke" (Fritz Rudolf Fries).

Lopes Vater gerät recht schnell in den Bann dieses auf so wundersame Weise bekehrten Mannes und leistet sogar freiwillige Pflegedienste im Hospital Obregóns. Lope, der ihn oft begleitet, erhält hier einen Einblick in die untersten Schichten des Sozialgefüges der Hauptstadt. Er sieht Soldaten, die ihre Gesundheit auf den vielen Schlachtfeldern des spanischen Weltreiches geopfert haben, nichts mehr ihr eigen nennen können und auf die Pflege einiger barmherziger Menschen angewiesen sind. Dort liegen aber auch nicht wenige aus der Schar derer, die schon ihr ganzes Leben auf den spanischen Landstraßen und in den Elendsvierteln der Städte zubringen mußten. Der mit der Vertreibung der Mauren einsetzende wirtschaftliche Niedergang des Landes nimmt ihnen jede Chance auf ein geregeltes Leben. Arbeit gibt es so gut wie keine. Die meisten der einst blühenden spanischen Manufakturen sind bankrott gegangen, und auch in der Landwirtschaft ist kaum ein Real zu verdienen: die vielen kleinen Bauern haben schon genug damit zu tun, ihre in der Regel zahlreiche Nachkommenschaft zu ernähren, und die größeren Ländereibesitzer bewirtschaften ihre Güter nur sehr nachlässig und bevorzugen meist die wenig Personal erfordernde Weidewirtschaft. Zu diesen ökonomisch bedingten Ursachen des Elends großer Bevölkerungsteile gesellt sich

„Grotesker Kopf", eine Radierung von Jusepe de Ribera (1591–1652). Riberas Arbeit scheint sich von allen klassischen Kunstidealen entfernt zu haben, denn hier dominiert das Häßliche, das einer unbeschönigten Darstellung unterzogen wird. Arnold Hauser spricht in seiner „Sozialgeschichte der Kunst und Literatur" sogar von einer „naturalistischen Strömung" in der katholischen Barockmalerei, der er neben Ribera auch Caravaggio und Louis LeNain zurechnet. Die bildliche Fixierung des Rohen und Unschönen hat indes schon eine längere Tradition. Sie geht zurück auf Darstellungen der Passion Christi, wo die Roheit der Soldaten und der Hohn und Spott, die über den „König der Juden" ausgeschüttet wurden, auch durch äußerliche Charakteristika (etwa Mißbildungen) ausgedrückt werden. Ribera indes verzichtet auf eine solche Funktionalisierung des Häßlichen. Und dennoch sind auch hier religiöse Motive mittelbar spürbar. Die Natur, die Diesseits gelten als begnadet und unbegnadet zugleich, wobei die Gnade im Spanien des 17. Jahrhunderts als ein Geschenk Gottes betrachtet wird, das prinzipiell jedem Menschen zukommen kann – er muß es nur annehmen. Der so konstituierte Dualismus spiegelt sich auch in der ästhetischen Produktion. Die „naturalistische" Darstellung der Welt zeigt zwar nur die eine Seite, evoziert aber sofort das Bewußtsein über das Vorhandensein der anderen. Ähnliches gilt auch für die säkularisierte Comedia, die immer auch „Großes Welttheater" ist, Theatrum mundi.

indes noch eine Ursache ideologischer Natur: körperliche Arbeit gilt in dem noch stark vom ritterlichen Ehrenkodex geprägten Spanien als eines wahren Herrn unwürdig. Und so werden nicht selten sogar die wenigen Beschäftigungsmöglichkeiten, die es noch gibt (hauptsächlich Bedienstetenstellen), ausgeschlagen, weil mit dem Selbstverständnis unvereinbar.

Das ungebundene Leben eines Stadt- oder Landstreichers entspricht diesem Ethos schon eher. Und da ist es vor allem Madrid, die neue Hauptstadt, die eine immense Anziehungskraft auf all diese Glücksritter ausübt. Quevedo schildert in seinem bereits erwähnten Roman „Der abenteuerliche Buscón" dieses Auseinanderklaffen von Sein und Schein mit deutlichen Worten: „Was soll ich [Don Toribio] dir vom Lügen sagen? Für die Wahrheit ist in unserem Munde [dem der Glücksritter von Madrid, zu denen er selbst gehört] noch niemals Platz gewesen. Herzöge und Grafen flechten wir wie Blumen in unser Gespräch, einige als Freunde, andre als Verwandte, sehen uns aber vor, daß solche Herren entweder gestorben oder gerade in Amerika sind. Und was noch zu bemerken ist: wir verlieben uns nie anders als de pane lucrando, denn die Regeln unsres Ordens verbieten uns die Gemeinschaft mit Frauenzimmern, wie liebreizend sie auch sein mögen, die mehr begehren als schenken. Aus diesem Grunde machen wir unsere Anträge einer Garköchin, des Essens wegen, einer Gasthalte-

Alhambra in Granada. Fritz Rudolf Fries schreibt in „Mein spanisches Brevier": „... die Alhambra, im 11. Jahrhundert Kampfplatz zwischen Mohammedanern und Christen ..., wurde seit 1239 das auf die Erde geholte Paradies der arabischen Herrscher. Zwischen Palmen, Zypressen, Springbrunnen und Gärten erhoben sich Türme, Sommerresidenzen, Galerien, Versammlungsräume, Badehäuser, Frauengemächer, ein Harem. Und alles verwob die Magie der Linie, Flechtwerk aus Ornamenten und Schriftzügen, Koransprüchen und Gedichten. Es ist, als hätten die maurischen Bauherrn lange gebraucht, bis sie die rechte Balance herstellen konnten, Ornament und Linie, Gebäude und Gärten in ein magisches Verhältnis traten; als der Zauber gelang, war es das Paradies. Ein Paradies auch für die, die von unten, von der Stadt, heraufschauten und in der Gasse der Handwerker, die zur Alhambra führt, den Schmuck, die Ornamente, die rhomboidischen Muster herstellten."

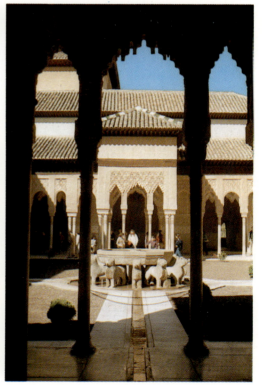

rin, um der Herberge, einer Wäscherin von Halskrausen wegen dieser, denn ein anständiger Mann sonder Halskrause ist ein Nichts; und obgleich man bei so wenigem Essen und schlechtem Trinken mit so vielen, der Reih nach, kein Ende finden kann, sind doch alle mit ihrem Los zufrieden. Wird derjenige, welcher meine Stiefel sieht, etwa denken, sie ritten auf der bloßen Haut meiner Beine, ohne Strumpf noch sonst was? Und wer diese Halskrause anschaut, warum nur sollte der glauben, daß sie mit keinem Hemd in Verbindung stünde? Alles dieses darf einem redlichen Kavaliere ermangeln, eine offene und gestärkte Halskrause, wie ich bereits sagte, aber nicht. Sie ist ein großer Zierat der Person, und nachher, wenn man sie von einer Seite zur andren wendet, dient sie auch zum Unterhalt, weil sich der Mann, welcher sie geschickt aussaugt, von ihrer Stärke ernähren kann. In summa: ein Kavalier kann mehr Bedürfnisse haben als eine Kindbetterin vor der Niederkunft und lebt trotz alledem bei Hofe. Bald befindet er sich im schönsten Wohlstande und hat Gelds genug, bald liegt er im Spital bei den Läusen, aber was tuts? Man lebt! Und der, welcher sich seines Kunstfleißes richtig zu bedienen weiß, ist ein König, wie wenig er auch besitzen mag" (Übersetzung H.C. Artmann).

Der junge Lope ist bis jetzt im behüteten Kreis einer „mittelständischen" Familie herangewachsen. Im Spanien des 16. und 17. Jahrhunderts, zumal in der Hauptstadt Madrid, ist das jedoch die Ausnahme; denn hier gibt es, so wieder Quevedo, „stets die Dümmsten, die Reichsten, Ärmsten sowie die Verschlagensten, von allem immer das Äußerste, denn nichts bewegt sich dort in einer redlichen Mitte". Spätestens nach seinen Besuchen im Hospital Obregóns ist dies auch Lope kein Geheimnis mehr. Dieses Wissen führt aber nicht – wie noch bei Cervantes – zu einer grundsätzlichen Kritik am sozialen Gefüge der spanischen Gesellschaft. Selbst Lopes „soziale" Dramen wie *Fuente Ovejuna* und *Peribañez* enden letztlich immer mit der Verklärung eines idealisierten Ist-Zustandes, ja sogar des Status quo ante. Dem brauchen die Eindrücke im Hospital nicht einmal zu widersprechen, denn selbst der Elendste hat sich noch nicht aufgegeben, die materielle Misere wird in einem idealischen Reich spanischer Größe aufgehoben. Das eigene Leben zählt da wenig. Und hat nicht auch ein jeder die Möglichkeit, sein Glück zu machen? Im spanischen Amerika sind noch längst nicht alle Quellen des Reichtums ausgebeutet. Und neue, so das sagenhafte El Dorado, müssen, so meint man, erst noch gefunden werden. Gold ist jedoch nur das eine, wichtiger ist die Ehre. Die zahlreichen militärischen Abenteuer Spaniens, vor allem aber die Auseinandersetzung mit den Niederlanden, erlauben es nicht wenigen der daran Beteiligten, sich als legitime Nachfahren der sagenhaften Helden der Ritterromane zu begreifen. Ein poetischer Abglanz des eigenen Daseins überstrahlt sogar im Hospital das bevorstehende traurige Ende. Selbst ein Betrüger und Hochstapler wie Quevedos Don Toribio fühlt sich in guten Zeiten ja wie ein König. Alles hängt von ihm selbst ab und dem Geschick, das er beweist. Hinzu kommt, daß in einer Zeit, die eine staatliche Vorsorge im sozialen Bereich nicht kennt, die Situation des einzelnen, und sei sie auch noch so miserabel, als naturgegeben oder selbstverschuldet erscheinen muß. Es wäre eine Schmälerung des eigenen Ruhms und der Ehre, wollte man sich nun beklagen. So herrscht im Hospital Obregóns eine Atmosphäre heroischen Duldertums, die die Frage nach ihren Ursachen zwar nicht von vornherein verbietet, aber auch nicht gerade aufdrängt. Einem Cervantes wäre sie unerträglich gewesen, Lope ist sie das, wie sein dichterisches Werk belegen kann, offensichtlich nicht. Wie den meisten seiner Zeitgenossen gerät ihm die historische Bedingtheit spanischer Größe zum metaphysischen Prinzip, dem alle materielle Beschwernis nur abzustreifender Ballast ist.

1576 Lope tritt in die Dienste des Jerónimo Manrique de Lara, seines Zeichens Bischof von Avila, der 1571, noch als Generalvikar, an der Seite des Don Juan de Austria (1547–1578) an der Seeschlacht von Lepanto teilgenommen und miterlebt hat, wie die vereinigten Flotten Spaniens, Venedigs und des Papstes der türkischen Streitmacht eine entscheidende Niederlage beibringen konnten. Manrique de Lara, der das Talent des Vierzehnjährigen wohl recht schnell erkennt, nimmt dessen weitere Ausbildung in die Hand und zieht ihn, was für einen Pagen (denn eine solche Position dürfte Lope wohl einnehmen) durchaus nicht die Regel ist, auch zu persönlichen Geschäften heran. Lope übernimmt Teile der privaten und dienstlichen Korrespondenz des Bischofs und verkürzt ihm die freie Zeit mit dem Vorlesen eigener Werke, aber auch solcher, von denen sein Gönner sich eine weitere Ausbildung seines Geschmacks verspricht. Manrique de Lara versucht, Lope für eine geistliche Laufbahn zu gewinnen. Er schickt ihn zunächst auf eine von seiner Familie gegründete und unterhaltene Privatschule, dann zum Studium an die Universität von Alcalá de Henares, wo Lope aber, wie die folgenden Zeilen aus seiner versifizierten Autobiographie vermuten lassen, sich nur recht halbherzig der Theologie zu widmen vermag:

„Erzogen bei Jerónimo Manrique,
studiert und diplomiert in Alcalá,
wär' um ein Haar ich Geistlicher geworden."

Das klingt fast so, als sei er einer großen Gefahr entronnen; Lope ist Manrique de Lara, seinem ersten Mäzen in der Reihe der vielen, die noch folgen sollen, für seine Bemühungen jedoch stets dankbar gewesen: „Die Liebe zu ihm war unermeßlich, desgleichen meine Pflicht und Schuldigkeit, das bißchen Gelehrsamkeit, das ich habe, verdanke ich ihm."
Der zur Zeit der Eroberung Granadas 1492 durch Kardinal Francisco Jiménez de Cisneros (1436–1517) gegründeten Universität von Alcalá de Henares war – anders als Salamanca, wo vor allem für die naturrechtliche und theologische Absicherung des spanischen Staatswesens gesorgt werden sollte – eine praxis- und diesseitsbezogene Aufgabe zugedacht. Hier sollte der zur Zentralisierung des nun unter einem christlichen König geeinten Landes so dringend benötigte Beamtennachwuchs herangezogen werden. Während das in scholastischer Tradition stehende Salamanca mittelalterlichem Denken und Fühlen verhaftet blieb, stand Alcalá zunächst allem Neuen relativ offen gegenüber. Man rezipierte die Schriften der großen Humanisten und versuchte auch, die sich kritisch mit dem Katholizismus auseinandersetzenden Werke etwa eines Erasmus von Rotterdam (1466–1536) zu verstehen und zu widerlegen, um so die immer stärker aufkommende Reformation gleichsam mit ihren eigenen Waffen zu schlagen. Diese Blütezeit, in der Alcalá zum Zentrum eines theologischen Humanismus in Spanien wurde, ist allerdings nicht von Dauer. Als Lope diese Hochschule besucht, ist ihr früherer Glanz längst verblichen. Er muß sich mit einem aufgeblähten Lehrstoff herumschlagen, in den eine gewisse Ordnung zu bringen seinem eher spielerischen Geist sehr schwerfällt. In der *Epistel an Amarylis Indiana* heißt es:

„Bald kam das Alter und der Tag des Lernens,
da den lebendgen Geist, der viel versprach
und in den Elementen sich bewährte
und glänzend vorwärts strebte nach dem Ziel,
ein trügerisches Denken schon berückte
und ich im Flug den Zauberkünsten folgte.
Sofort verstrickte hier Raimundus Lullus
in düstres Labyrinth mein junges Denken:
ein Bleigewicht dem kaum erwachten Geist.
Wer nicht nach Plan und Ordnung lernen kann,
der meide das geheime Wissen, mag es
sich gleich seit Adam eingegeben rühmen. –
Ich hörte Mathematik; aber unlieb
kam jede Arbeit mir im Blütenfeuer
der Jugend vor, und jede schob ich weg.
Amor, der lügnerisch von Liebe redet,
beschwatzte mich, daß ich ihm folgen sollte.
Wie weit ich damals kam, das fühl ich heute.
Doch da ich eine ferne Schönheit liebte,
so warf ich mich aufs Literarische,
und hier ließ Amor, der Poet, mich sitzen.
Die Sterne waren günstig und erlaubten
mir einige Sprachen anzueignen und
durch diese auch die eigne zu bereichern."

Lope paßt sich den in den höheren Studentenkreisen Alcalás herrschenden Gepflogenheiten an und beschäftigt sich statt mit der trockenen esoterischen Lehre des katalanischen Theologen und Philosophen Raimundus Lullus (um 1232–1315) lieber mit lebendigeren Objekten, vor allem solchen weiblichen Geschlechts. Doch ist da noch eine weitere Sache, die den „geordneten Bildungsgang des ungeduldigen Jünglings" (Karl Vossler) zuweilen erheblich gestört haben mag: sein chronischer Geldmangel. Manrique de Lara schickt zwar ab und zu kleinere Summen, und auch der Vater steuert etwas bei, doch so viel, daß Lope ein unbeschwertes Studentenleben führen könnte, macht das nicht aus; den finanziellen Bedarf bestimmen hier die zahlreichen Adeligen, „die

Lope studiert in Alcalá de Henares (das Foto zeigt die Universität) und Salamanca, den beiden renommiertesten Hochschulen des Landes. Ein Bild des damaligen Studienbetriebs vermittelt das rechts wiedergegebene Gemälde, das einen Salamancaner Professor vor seinen Studenten zeigt. Lope ist kein eifriger Student und schon gar kein fleißiger. Er interessiert sich weniger für eine bestimmte Wissenschaft, nimmt aber alle Anregungen, die ihm dort gegeben werden, gern auf. Alcalá, die ehemalige Hochburg des Vulgärhumanismus, gibt ihm in dieser Beziehung mehr als das in scholastischer Enge befangene Salamanca.

auf ihren Gütern rings um Alcalá sitzen und mit ihrem Gefolge zahlloser Dienerschaft in die Stadt kommen. Bunt im Bild sind die leichten Damen, die aus Madrid anreisen, und bei den wilden Festlichkeiten an den Ufern des Henares zu Ehren der Heiligen Maria del Val vermischen sich mit den Studenten die vielen großen und kleinen Gauner, die die Helden der zeitgenössischen Schelmenliteratur sind und die sich vor den Augen der *justicia,* die sie aus Madrid verfolgt, mit Leichtigkeit als Studenten kostümieren können" (F. R. Fries).

1577 Lope hält sich noch immer in Alcalá auf, dessen Atmosphäre, das Aufeinandertreffen von Geisteswelt, Halbwelt und der Welt des Adels, sich später in vielen seiner Comedias wiederfindet. Und auch in einer weiteren Beziehung ist diese Zeit in Alcalá sehr wichtig für ihn: der spanische „Vulgärhumanismus", der dort eine Heimat gefunden hat, setzt sich von der bisher kaum in Frage gestellten Vorherrschaft der antiken Sprachen im Wissenschaftsbetrieb ab und stellt die Volkssprache ihnen gleich. Damit rückt aber auch die in ihr geschriebene und gesprochene Literatur in den Mittelpunkt des Interesses. Hernán Núñez, einer der hervorragendsten Vertreter dieser Denkrichtung, „entdeckt" den reichen spanischen Sprichwortschatz und beschäftigt sich erstmals wissenschaftlich mit dieser elementarsten literarischen Ausdrucksform des Volkes, dessen Leben das Sprichwort sentenzhaft beschreibt und kommentiert. Ähnlich ergeht es der Romanze. Man erkennt die Schönheit der eigenen Sprache und begreift sie als ein dem eigenen Wesen adäquates Ausdrucksmittel, und zwar so, wie sie ist, als Volkssprache und nicht als gekünsteltes, bewußt veredeltes Idiom. Für die „Volkskunst" Lope de Vegas ist diese Entwicklung von einschneidender Bedeutung: auch der populäre Autor, der sich mit den alltäglichen Dingen des Lebens befaßt, kann so die Aura „hohen Poetentums" für sich beanspruchen.

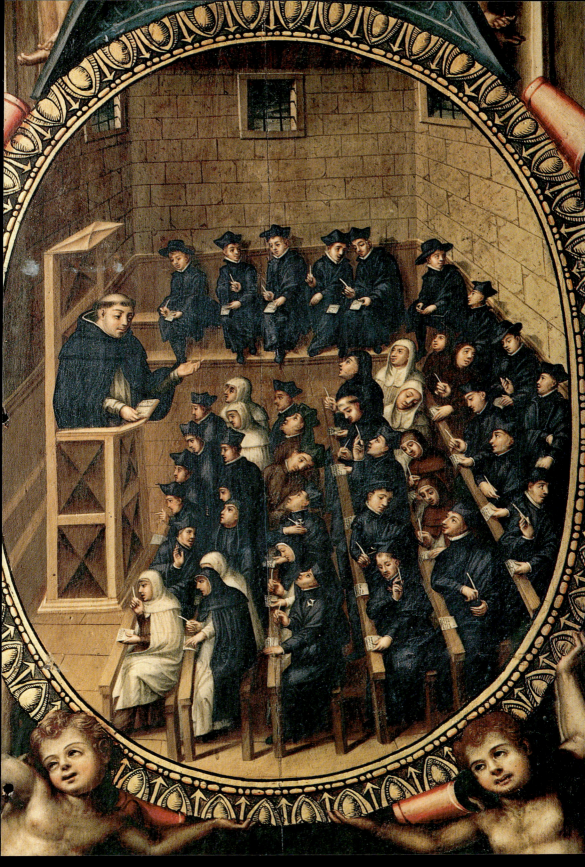

1578 Am 17. August stirbt völlig überraschend der Vater Lopes, der daraufhin sofort nach Madrid zurückkehrt. Die Familie erhofft sich von dem studierten jungen Mann offensichtlich ein neues Familienoberhaupt, überfordert damit aber den knapp Sechzehnjährigen; denn er hat in Alcalá kein Examen abgelegt und deswegen auch nur geringe Chancen, einen der wenigen gutbezahlten Posten für ausgebildete Akademiker zu erhalten. Zudem ist seine Immatrikulation, ebenso wie die seiner beiden großen Kollegen Cervantes und Calderón, in keinem Studienbuch nachgewiesen. Diese objektiven Schwierigkeiten werden von einem subjektiven Unbehagen überlagert: Lopes Verhältnis zu seiner recht bigotten Mutter scheint nicht gerade das beste zu sein. In seinem dichterischen Werk spielen die Mütter oft nur eine untergeordnete Rolle, wobei sie in der Regel auch nicht besonders gut aussehen, und in seinen zahlreichen autobiographischen Äußerungen wird selbst der knausrigste Gönner meist warmherziger beschrieben als die eigene Mutter, für die Lope kaum ein Wort des Dankes findet. Über die Ursachen dieser Dissonanz ist nichts bekannt, und so ist es unangebracht, Lope seine Haltung zum Vorwurf zu machen (wie dies eine moralisierende Literaturgeschichtsschreibung bisweilen getan hat).

Es wird wohl einen Grund dafür geben, daß sich Lope schon bald nach dem Tod seines Vaters zusammen mit seinem Freund Hernando Muñoz geradezu fluchtartig auf die Wanderschaft in Richtung Segovia begibt. Als sie die nordwestlich von Madrid gelegene Stadt endlich erreichen, versuchen die zwei Abenteurer, um deren Finanzen es wohl nicht zum besten steht, eine goldene und eine silberne Kette gegen Bargeld einzulösen. Woher sie die Preziosen haben, bleibt unklar; sie mögen sie aus Madrid mitgenommen, vielleicht aber auch erst unterwegs in die Hände bekommen haben, möglicherweise durch einen Schelmenstreich. Da Lope und Muñoz nicht gerade den vertrauenerweckendsten Eindruck machen, ruft der Juwelier, dem sie die Ketten verkaufen wollen, sofort die Polizei, die sie unverzüglich ins Gefängnis schafft. Lopes Sinn fürs Theatralische kann (und muß) sich jetzt frei entfalten: seine Verteidigungsrede macht auf den Richter einen so großen Eindruck, daß dieser, obwohl der Diebstahlsverdacht nicht völlig bereinigt werden konnte, die Inhaftierten freiläßt und in Begleitung eines Gerichtsdieners nach Madrid zurückschickt.

Lope, der wohl ahnt, daß solche Abenteuer auch anders ausgehen können, tritt in die Dienste des Don Pedro Dávila, Marqués de Las Navas. Bald ist er nicht nur dessen Sekretär, sondern auch der Vertraute des hohen Herrn. Hierbei hilft ihm nicht nur seine besondere Fähigkeit, einen Menschen schnell für sich einzunehmen, „seine *atracción de sirena,* seine Begabung, andre im besten Sinne des Wortes zu blenden" (Fries), sondern auch sein literarisches Engagement. Sein Talent im Verseschmieden macht ihn zum „begnadetsten" Autor von Schmähgedichten, den Madrid je gesehen hat.

Dieses aus dem offiziellen Literaturkanon herausfallende Genre erfreut sich augenblicklich einer großen Beliebtheit. Gerade in einer Gesellschaft wie der spanischen, wo Literatur ohnehin fast zum täglichen Leben gehört – ein Buch wie „Don Quijote", gedacht als Roman über Literatur, hätte nicht zuletzt deswegen in keinem anderen Land geschrieben werden können –, ist die witzige und überdies versifizierte Verächtlichmachung einer Person von schlagender Wirkung. Lope nimmt sich zuerst der Feinde seines Brotherrn an, und als der erwünschte Erfolg nicht ausbleibt, stellen sich bald darauf auch andere Kunden ein. Zeitweilig arbeitet Lope sogar für Auftraggeber aus der Madrider Unterwelt, in deren Kreisen er sich recht gut auskennt. Er hat einige Freunde aus diesem Milieu, der sogenannten „germanía". Die Tatsache, daß ihm diese Beschäftigung Zugang zur Madrider Boheme und den zahlreichen dort versammelten Literaten verschafft, kann als Indiz dafür genommen werden, daß man in dieser Art und Weise, sich seinen Unterhalt zu verdienen, nichts Ehrenrühriges gesehen hat. Außerdem ist zur Zeit Lopes Literatur ohnehin meist an einen bestimmten Zweck gebunden. Die Idee von der Autonomie des Kunstwerks, einer intentionslosen Schönheit, die sich selbst genügt, ist die Erfindung eines späteren Jahrhunderts, des bürgerlichen Zeitalters. Und da in Spanien nichts mehr zählt als die Ehre der eigenen Person, sind solche Schmähgedichte im Grunde genommen nichts anderes als das literarische

Titelholzschnitt zu einer 1539 erschienenen Toledaner Ausgabe des dritten Teils der „Celestina". Es handelt sich hier um eine Fortsetzung des bekannten Werks aus der Feder Fernando de Rojas durch Gaspar Gómez. Die Kupplerin Celestina gehört neben dem Cid, Don Quijote und Don Juan zu den einprägsamsten Figuren der spanischen Literatur. In Rojas Lesedrama wendet sich der unglücklich verliebte Calisto an die Kupplerin, die ihm helfen soll, die spröde Melibea für sich zu gewinnen. Celestina nützt im Verein mit den Bedienten des Herrn dessen Verliebtheit aus, geht aber an ihrem eigenen Geiz zugrunde. Sie wird von ihren Kumpanen getötet. Aber auch die beiden Liebenden finden einen tragischen Tod: Calisto bricht sich nach dem ersten Rendezvous das Genick, woraufhin sich Melibea vom Turm des väterlichen Schlosses stürzt.

Pendant zu den tagtäglich im Park des Prado stattfindenden Duellen. Weil die sich schlagenden Kavaliere meist besser mit dem Degen als mit Versmaß und Strophenform umzugehen wissen, gewinnen die ihnen hierbei assistierenden Dichter gleichsam den Status eines Sekundanten. Dies aber ist in einer Öffentlichkeit, die selbst bei der geringsten Beeinträchtigung der Ehre sofort nach Rache schreit, weil sich die betreffende Person andernfalls nicht mehr sehen lassen kann, letzten Endes sogar eine Auszeichnung. Nicht vergessen werden darf indes, daß bei solchen Auseinandersetzungen auch die Reputation des Literaten auf dem Spiel steht. Zieht er zu oft den kürzeren, zeigt er sich dem Witz und der Reimkunst des gegnerischen Autors nicht gewachsen, so ist es nur eine Frage der Zeit, bis er sich nach einem neuen Broterwerb umsehen muß.

Lope verläßt Madrid kaum einmal, lebt jedoch nicht mit seiner Familie zusammen, sondern wohnt bei seinen Freunden. Dennoch geht er oft in die heimische „casa de malicia", denn dort gibt es mittlerweile ein neues Familienmitglied, Luis Rosicler, den Gatten seiner Schwester Isabel, mit dem ihn eine tiefe Freundschaft verbindet. Dieser aus Frankreich stammende ehemalige Zunftgenosse von Lopes Vater, dessen Werkstatt er übernommen hat (wodurch Lope von der Pflicht, für seine Familie aufkommen zu müssen, befreit ist), zeigt eine tiefe Neigung zur Malerei und befaßt sich, was im Spanien der Inquisition durchaus nicht ungefährlich ist, eingehend mit den Schwarzen Künsten, vor allem der Astrologie. Viele Jahre später, 1605, wird er denn auch tatsächlich vor ein Inquisitionsgericht geladen, wo er einige peinliche Fragen über sich ergehen lassen muß. Er hat jedoch Glück und kommt ungeschoren davon – nicht zuletzt wohl deswegen, weil die Familie einst über keine schlechten Beziehungen zu dieser Behörde verfügte. Ein Onkel Lopes, Miguel del Carpio, den er oft besucht hat, hatte nämlich in Sevilla selbst die einflußreiche Position eines Inquisitors inne. Wie er sein Amt versehen hat, macht ein in seiner Heimatstadt kursierender Vergleich deutlich. Wenn etwas sofort in Flammen aufgeht, sagt man in Sevilla: „Das brennt wie Carpio." Obwohl dieser allem Anschein nach recht unangenehme Zeitgenosse bereits 1579 gestorben ist, bleibt die Wendung noch im Sevilla des 17. Jahrhunderts lebendig.

1581 Am 2. Januar wird Lope Vater eines unehelichen Kindes. Die Mutter ist María de Aragon, Tochter eines biederen Bäckermeisters, des aus Flandern stammenden Jácome aus Antwerpen. In seiner *Dorotea*, einem Lesedrama, das Lope mit vielen autobiographischen Anspielungen ausstattet, nennt er María „das erste Ziel meiner Liebe". Das hindert ihn allerdings nicht, sich schon einige Zeit vor der Geburt seiner Tochter, die auf den Namen Manuela getauft wird, nach Salamanca abzusetzen; dort harrt er

Die Kathedrale von Salamanca. 1581 studiert Lope dort Kirchenrecht. Die nach 1200 gegründete Universität gehört bis zum 16. Jahrhundert neben Oxford, Paris und Padua zu den bedeutendsten Hochschulen Europas.

nicht nur der Dinge, die da auf ihn zukommen, sondern studiert auch kanonisches Recht. Die Familie des Mädchens ahnt wohl, daß es das beste ist, Lope laufen zu lassen. Der unruhige Schöngeist paßt einfach nicht in diesen eher behäbigen Kreis. Also sucht man nach einem anderen Bräutigam und verheiratet die dem spanischen Ehrenkodex zufolge entehrte María mit einem Bäckergesellen aus der väterlichen Backstube. Dieser, ebenfalls ein Flame namens Hans Uquer aus Brüssel, nimmt María auch ohne die geringste Mitgift. In seiner *Dorotea* stellt Lope dies indes ganz anders dar: Marfisa, wie María dort heißt, wird in dieser Variante der Geschichte gegen ihren eigenen Willen mit einem alten, aber sehr reichen Mann vermählt, und Lope, der sich hier Fernando nennt und vorgibt, noch immer an Marfisa/María zu hängen, trifft ausgerechnet an ihrem Hochzeitstag eine andere Frau, die ihn die alte Geliebte vergessen läßt. In Wirklichkeit dürfte diese äußerst folgenreiche Verbindung bereits während der in *La Dorotea* natürlich unterschlagenen Schwangerschaft Marías zustande gekommen sein.

1582 Lopes neue Lebensgefährtin heißt Elena Ossorio. Sie ist mit einem Schauspieler namens Cristóbal Calderón verheiratet, der im weiteren Verlauf der Geschichte jedoch keine nennenswerte Rolle spielt, und ist die Tochter des ehemaligen Fliesenlegers Jerónimo Velázquez, der jetzt einer Theatertruppe vorsteht und zu den Hauptabnehmern der frühen, leider verlorengegangenen Dramen Lope de Vegas gehört. Diese erste wirkliche Liebe des Dichters macht den Hauptinhalt der bereits erwähnten *Dorotea*-Dichtung aus. Da sich zwischen dem tatsächlichen Geschehen und seinem poetischen Abbild auf den ersten Blick eine schier unüberbrückbare Kluft auftut, diese aber das Selbstverständnis des Dichters sehr gut zu bespiegeln vermag und einen Blick auf das Dasein erlaubt, das er gern geführt hätte, sei schon hier auf dieses Werk eingegangen, an dem Lope sein ganzes Leben lang schreibt. Er beginnt es um das Jahr 1588, legt es dann beiseite, aber nie für lange Zeit; immer wieder bessert er daran herum, ändert, streicht, fügt hinzu und gibt es erst nach einer gründlichen

Überarbeitung im Jahr 1632, also bereits in hohem Alter stehend, in Druck.

La Dorotea ähnelt von der äußeren Form her einem Drama, kann aber seiner Länge wegen nie aufgeführt werden. Das Stück eignet sich nur für die Lektüre und ist auch nicht in Versen geschrieben. Lope nennt es deswegen „acción en prosa". Handlung gibt es eigentlich kaum, es dominieren lange Gespräche über fast alle Themen, die interessieren, vor allem die Liebe, Literatur und Wissenschaft; doch kommen auch das belanglose Geschwätz und der Tratsch nicht zu kurz. Ludwig Pfandl nennt das Werk nicht zuletzt aus diesem Grund „eine geistige Geduldsprobe ohnegleichen". Diese Charakteristika der Form sowie nicht wenige Züge der kargen Handlung lassen vermuten, daß das aller Wahrscheinlichkeit nach 1499 von Fernando de Rojas (um 1461–1541) verfaßte, zuerst aus 16, dann, in seiner erweiterten Fassung, aus 21 Akten bestehende Lesedrama „Celestina" Lope als literarisches Vorbild gedient hat. Dieses auch zur Zeit Lopes noch gern gelesene Stück kann als der Versuch verstanden werden, die tradierten Literaturgenres der Antike und des Mittelalters wie Tragödie, Komödie, Ekloge und Schuldrama mit der gelehrten Prosa der Renaissance und den Bedingungen und Erfordernissen des eigenen Daseins zu verschmelzen. Da Fernando de Rojas zu der Zeit, als er die „Celestina" verfaßte, Student in Salamanca war und augenscheinlich nicht vorhatte, sein Leben allein den Wissenschaften zu widmen, diese ihn aber – und hier an erster Stelle die Theologie – in arge Gewissensnöte brachten, ist das Werk von einer Gesinnung durchdrungen, die, „halb Mittelalter und Gewissensangst, halb Sinnenfreude und humanistische Lust am Wortwesen im Herzen" (Karl Vossler), den eigentlichen Reiz dieser Dichtung ausmacht. Während Rojas sich stark von humanistischem Gedankengut beeinflußt zeigt, dessen Blüte er ja noch miterleben durfte, hebt Lope, für den diese Epoche längst allen Glanz verloren hat, eher auf die Immanenz des Geschehens ab, das er nicht einer vorgegebenen Moral, sondern voll und ganz den handelnden Personen, ihren Fehlern, Schwächen und Vorzügen überläßt. Der bei Rojas noch durch ein festgefügtes ideologisches und moralisches Dogmensystem vorgegebene transzendente Bezug des Ganzen macht bei Lope einer eher allgemein gehaltenen Einstellung zur prinzipiellen Vergänglichkeit alles Irdischen Platz. Die dramatis personae, die durchweg einer Comedia Lopes entstammen könnten, leben allein dem Augenblick, doch ist die Darstellung so gehalten, daß das Allgemeine, das Ewige sich im Besonderen, Momentanen fast immer zu offenbaren weiß. „Unter dem Kostüm läßt er [Lope] das Gerippe ahnen und durchmischt mit Modergeruch seine künstlichen Düfte. Die Masken verschieben sich, werden brüchig und fallen im Angesicht der Ewigkeit" (Vossler).

Dieses Gefühl des „desengaño" (der „Enttäuschung", „Ernüchterung"), das typisch ist für die Literatur des „Siglo de oro" (des Goldenen Zeitalters), kann die Lebensfreude der Lopeschen Figuren indes nicht trüben. Denn das Wissen um die Nichtigkeit des Diesseits, dieses das gesamte europäische Barock prägende „Vanitas vanitatum", korrespondiert mit dem Glauben an einen immer möglichen göttlichen Dispens, der es selbst dem größten Sünder freistellt, doch noch den Weg hin zur „ewigen Seligkeit" einzuschlagen. Dieses Phänomen, das den oft gerügten spanischen „Anarchismus" der Lebensführung hervorgerufen hat, spiegelt sich nicht nur in vielen Dramen Lopes und Calderóns wider (erinnert sei hier etwa an dessen „Andacht zum Kreuze"), sondern ist auch ideelles Gestaltungsprinzip des Schelmenromans; dessen Helden finden nach einem meist ruchlosen und fast verbrecherisch zu nennenden Leben zuguterletzt den Schlüssel zu einem eher besinnlichen, oft in einsiedlerischer Abgeschlossenheit zugebrachten Dasein. Die voraussehbare Entwicklung des Geschehens ergibt sich zwar aus dem Vorausgegangenen, ist in diesem aber nie überdeutlich angelegt. Moralisch ist das Ganze, und doch hat die Moral als solche ihren Platz erst am Ende der Geschichte. Da damit – der zeitgenössischen Gnadentheologie des Jesuiten Luis de Molina (1535–1600) entsprechend, die nur eine aufrichtige Reue verlangt – aber bereits die Voraussetzungen für ein glückliches Ende gegeben sind, liegt diesem Umschlagen der Handlung von der Aktion zur Kontemplation jedweder tragische Zug fern.

Deutlich wird dies an dem Schicksal, das Lope und Rojas den Kupplerinnen zuweisen, die die dramatische Struktur der beiden Lesedramen wesentlich bestimmen. Gerarda, die Gestalt Lopes, bewegt Dorotea (Elena Ossorio), ihren Studenten (Lope) zu verlassen und sich statt dessen mit dem reichen, aus dem spanischen Amerika zurückgekehrten Don Bela zu liieren, forciert damit indes aber nur, was vage bereits im Herzen der Schönen beschlossen ist. Die Kupplerin ist in erster Linie Katalysator des Geschehens. Diese Funktion kann sie jedoch nur dann wahrnehmen, wenn sie über die psychische Konstellation der anderen Personen im Bilde ist. So besehen steht sie natürlich über ihnen, ist gewitzter, geschickter, klüger und durchtriebener, versteht es, sich allen Situationen anzupassen, und findet immer den richtigen Ton. Und so wie der Intrigant des barocken Trauerspiels auf der Klaviatur der Affekte der höfischen Gesellschaft spielt und damit letztlich nur aufzeigt, von welchen Mechanismen diese Sphäre des Seins bestimmt wird, so versucht auch die Kupplerin Gerarda, die bereits vorhandenen privaten Affinitäten zu ihrem Vorteil auszunutzen. Sie richtet, wie Karl Vossler feststellt, keinen Schaden an, der nicht ebenso ohne ihr Zutun entstanden wäre. Ihr trauriges Ende ist deswegen auch eher versöhnlich: als sie, von wahrem Mitleid beseelt, der ohnmächtig daliegenden Dorotea zu Hilfe eilen will, Wasser für diese in der einen, Wein für sich selbst in der anderen Hand, stürzt sie über die Treppe und bricht sich das Genick. Die kurz vor ihrem Tod gezeigte positive Regung überstrahlt alles Vorhergegangene.

Ganz anders sieht das bei Rojas aus. Hier ist die Kupplerin Celestina Urmutter allen Unglücks. Sie erschleicht sich das Vertrauen der von Calisto bis jetzt erfolglos umworbenen Melibea und zerstört ihre Tugend. Zusammen mit zwei Helfershelfern beutet sie den verliebten jungen Mann skrupellos aus und wird, weil sie ihre Kumpane aus lauter Geiz zu kurz hält, von diesen schließlich aus Habgier ermordet. Aber auch die beiden Liebenden kommen zu Tode, und am Schluß des Werks steht die an antike Vorbilder erinnernde Klagerede von Melibeas Vater.

Von der hier zum Ausdruck kommenden Stilisierung des Lebens nach vorgegebenen literarischen Mustern ist Lope weit entfernt. Denn letzten Endes würde dies bedeuten, daß sein eigenes Leben, von dem er ja reichlich einfließen läßt, sich einem tradierten künstlerischen Genre anpassen ließe. Doch als einer, der fast alle diese Formen perfekt beherrscht, kennt er nur zu gut ihre Unzulänglichkeiten. Deshalb unternimmt er den Versuch, viele dieser Gestaltungsmittel zu etwas Neuem zu verschmelzen, doch nicht so akademisch wie Rojas, der bei aller Freiheit im Umgang mit dem Tradierten nichtsdestoweniger oft recht buch- und schulmäßig vorgeht. Bei Lope geschieht dies mehr aus dem Bedürfnis heraus, sich auch über sich selbst und den eigenen Lebensweg Klarheit zu verschaffen, das eigene Dasein mit dem bestehenden ideologischen Überbau zu versöhnen, die Sinnenfreude mit der Weltflucht und die Lust am Dasein mit dem Prinzip des „desengaño". Besonders augenfällig wird dies in der Darstellung der Liebe zwischen Fernando (Lope) und Dorotea (Elena Ossorio). Eines der wichtigsten Charakteristika dieser Verbindung ist erneut Lopes immerwährendem Trauma zuzuschreiben: seiner niedrigen Herkunft. Durch den Modus des Liebens kann dies jedoch vergessen gemacht werden. Dazu folgende Passage aus der *Dorotea:*

MARFISA: Womit betrog er sie?
DOROTEA: Mit Liebeleien, mit Zärtlichkeiten, abgöttischer Inbrunst, mit geheimen Briefchen, mit Liebesgedichten, indem er vor ihrer Tür stand, sobald es Tag wurde, mit Eifersucht und mit Tränen.
MARFISA: Männer weinen?
DOROTEA: Dieser war ein solcher Schmeichler, daß er vorgab, kein Mann mehr zu sein, denn er habe, in eine Dame verwandelt, sein eigenes Sein verloren.

José F. Montesinos und Fritz Rudolf Fries haben darauf hingewiesen, daß hier deutliche Anklänge an das mittelalterliche Minneideal zu spüren seien. Der Liebende streift seine Identität ab und wird zu einem neuen Wesen. „Der Zustand der Liebe, wie sie von einer edlen Seele empfunden wird, schafft Erkennungszeichen, die der Plebejer niemals verstehen kann. Zuallererst ist die Liebe das Abenteuer, und zwar das am meisten unterhaltende Abenteuer; es erscheint umgeben von Schwierigkeiten, mit dornenreichen Gefahren gespickt, denen der Ritter Trotz bieten und die er überwinden muß. Geistige Unwetter sind die Begleitung, unendliche Eifersucht, die der Leidende mit einer schmerzlichen Wollust auskostet" (José

F. Montesinos). Indem Lope/Fernando sich so verhält, adaptiert er eine ihn gleichsam adelnde Geisteshaltung, die ihn der Profanität seines tatsächlichen Seins zu entreißen vermag. Was ist schon der vererbte Adel gegen den des Geistes und der Gesinnung! Bewußt zur Karikatur verunstaltet ist diese (vor allem in den den mittelalterlichen Versepen folgenden Ritterromanen hypertrophierte) Transformation im „Don Quijote" zu beobachten: bei seiner berühmten „Liebesraserei" in der Sierra Morena entledigt sich der Ritter seiner armseligen Rüstung und unterzieht sich den absonderlichsten Torturen, die bei dem Bauern Sancho Pansa, der am geistigen Zustand seines Herrn zweifelt, Angst und Schrecken erregen. Dem „Plebejer" sind eben die Einsichten in den Gefühlszustand der „edlen Seele" verwehrt. Doch anders als Don Quijote, der nur seinen Knappen zu Dulcinea schickt, um ihr von seinen Liebesqualen berichten zu lassen, gibt Fernando seine Briefchen selbst ab. Er ist ja auch nicht ausgefahren, um Abenteuer zum Ruhme seiner Schönen zu vollbringen wie weiland die fahrenden Ritter, sondern hält sich wohlweislich in ihrer Nähe auf. Das in der mittelalterlichen Minne zumindest ideologisch fixierte Vorherrschen der platonischen Liebe wird von konkreteren Zielvorstellungen überlagert, als Ideal jedoch nie aufgegeben. Dorotea/Elena Ossorio ist nun einmal keine säkularisierte Jungfrau Maria, wie das für die mittelalterliche Epik charakteristisch ist; dafür sorgt allein schon ihre Profession: die Schauspielerei. Denn den Akteuren weiblichen Geschlechts, die sich dieser Kunst widmen, mangelt es meist nicht an einem Ritter, der „der bedrängten Schönen nicht bloß um des Ruhms der Ritterschaft willen beispringt", wie Alain René Lesage eine Vertreterin dieses Standes in seinem „Gil Blas von Santillana" sagen läßt. Der Rang einer Schauspielerin im Spanien des Siglo de oro läßt sich wohl am ehesten mit dem in den Romanen eines Honoré de Balzac, Emile Zola und Guy de Maupassant beschriebenen vergleichen. Um den Ruf dieses Berufsstandes ist es wirklich nicht zum besten bestellt; doch auch dieses Manko läßt sich durch eine poetische Umformung aufheben. In der Imagination des Geliebten nimmt Elena die Gestalt einer schönen Schäferin an, oder sie erscheint als ein in einen christlichen Ritter verliebtes Maurenmädchen.

Die Transformation dieser Liebesbeziehung auf eine pastorale Szenerie (Schäferin) oder den verbürgten Fundus der Romanze (Maurenmädchen) schafft eine die Wirklichkeit verklärende Aura des Archaischen und Mythischen, die es Lope zudem erlaubt, seine Wünsche und Vorstellungen im Rahmen eines konventionellen Genres auszudrücken, so daß, bei aller Ehrlichkeit gegen sich selbst, die eigene Person schließlich doch nicht vollends decouvriert werden muß. Seine Hoffnung, Elena heiraten oder zumindest ganz für sich gewinnen zu können, stellt sich im schäferlichen Kostüm beispielsweise so dar:

„So kommt Belardo an den Ort
und zum Hause seines Schwiegervaters.
Dieser hält die Steigbügel, indes
er vom Pferde steigt. Filis,
mit weit geöffneten Armen
nennt ihn Gatten und Herrn.
Er sie Herrin und süße Gattin,
und er küßt sie, und sie umarmt ihn.
‚Glücklich der Schäfer, dem
ein so ergötzliches Ende
seiner Hoffnung beschieden ist!'"

Da Filis (Elena) in Wirklichkeit aber schon verheiratet ist, muß er sich mit dem Gedanken trösten, daß ihr Gatte etwas umarmt, das in Wirklichkeit allein ihm gehört. Es ist dies eine Situation, die die Idee der platonischen Liebe zumindest in der idealisierten Darstellung dieses Verhältnisses zur unumgänglichen Tugend werden läßt. Die Geliebte ist ihm zeitweilig ganz entrückt. Die Fähigkeit, mit dieser Lage der Dinge fertigzuwerden, stellt sich in *La Dorotea* als Signum wahrer seelischer Größe dar. Don Bela, der im realen Urbild der Geschichte den Namen Francisco Perrenot de Granvela trägt und der reiche Konkurrent um die Gunst Elenas ist, geht, was ihn in den Augen der zeitgenössischen Leser disqualifizieren muß, von rationaleren Motiven aus und argumentiert gegen eine solche Sicht der Dinge: setze sich diese die Natur beeinträchtigende Chimäre durch, sei es nur eine Frage der Zeit, bis es mit der Welt zu Ende gehe. Dieser Diskurs ist indes rein akademischer Natur, und das nicht zuletzt aus dem Grund, weil Lope ohnehin meist auf eine ausführliche Motivierung der Handlung verzichtet und dem Spiel des Zufalls freien Lauf läßt. Fernandos zeitweilige Begeisterung für die platonische Liebe ist eher der Ausdruck schöngeistiger Schwärmerei als wahrer Überzeugung. Sie ist der Versuch, das Erlebte gedanklich zu verarbeiten und auf eine philosophische Ebene zu transponieren. Die hierin zum Ausdruck kommende Betroffenheit hat Werner Krauss in einem anderen Zusammenhang wie folgt interpretiert: „Lope de Vega setzt sich wieder in merklichen Abstand zu dieser platonisierenden oder philosophischen Liebesauffassung. Wenn hier die Neigung bestand, den Gegenstand der Liebe zum Phantom zu machen, so empfindet Lope gerade die Vergegenständlichung der Geschlechtscharaktere als den grundlegenden Vorgang, der allein in der Polarität, im Verhältnis der Beteiligung der beiden Partner umfaßt werden kann. ‚Ist es nicht bemerkenswert' – so formuliert Lope in einem Brief die ihn sehr bedrängende Frage – ‚daß die Weiber immer, wenn sie nicht mehr lieben wollen, sich dazu bekennen und entschließen und ihren Entschluß durchsetzen', während ein Mann in derselben Lage gewöhnlich versage und sich jedenfalls viel schwerer zu einem Entschluß durchränge. Die Lösung liegt – wie Lope meint – auf der Hand. Die Frau besitzt ihr Reich in der Liebe, und hier auf ihrem eigenen Gebiet gehört ihr das Spiel. Wer immer nur gewinnt, kann natürlich nach Belieben den Spieltisch verlassen. Ganz anders die Lage des Partners. Für ihn selbst ist die Partie ein Abenteuer, mit der er vom Gesetz seines Wesens, von seiner vernünftigen Natur abirrt. Die Höhe des schon verspielten Einsatzes zwingt ihn, den Aufwand zu steigern, um durch die glückliche Wendung den ganzen Verlust wieder einzubringen. Die Rechnung führt immer zum selben Ende – doch läßt sich an ihr nichts bessern. Der Vergleich des Hasardspiels, bei dem die einen immer grundsätzlich verlieren, was die anderen gewinnen, verrät den Grad der Entäußerung, zu dem die Liebe in diesem Fall nötigt. Lope sieht sich durch immer neue Erfahrungen zu der Bemerkung veranlaßt, ‚daß nur die Frauen leicht zu trösten sind', daß sie sich ohne weiteres ‚zurückziehen', während ein solcher Rückzug dem Partner gewöhnlich versperrt ist. Er muß das Spiel unter dem ihm fremden Gesetz bis zum Ende spielen. Es gibt in der Liebe keinen Vergleich, sondern nur Sieger und Besiegte. Lopes ‚Feminismus' bedeutet, daß er nicht nur den Standpunkt der Frau begriffen, sondern auch ihren Vorrang in dieser Beziehung und daher ihren leichten Triumph über die Niederlagenhaftigkeit des Mannes. Lope sieht dabei seinem eigenen Schicksal ins Auge. Der Blick aufs Lebensganze führt zu einem trostlosen desengaño. Aber das Desengañomotiv wird auch hier zum Antrieb des Lebensmotivs. Moralisch gesehen, d. h. im Zusammenhang einer kontinuierlichen Lebensführung, bedeutet das alles eine katastrophale Unterbilanz. Und diese Fehlrechnung wirft Lope in seine Gefangenschaft zurück und gibt ihm eine neue Aussicht, den sinnlichen Augenblick zu fassen und sich daran schadlos zu halten. Lope ist Don Juan. Nur die Abwechslung gefällt, die das Gefühl der Leere nicht aufkommen läßt."

Da sich Lope auf einem ihm von vornherein ungünstigen Terrain bewegt, das zugleich Freude und Enttäuschung verspricht, Schmeichelei und Idealisierung erfordert, kann auch dessen geistige Umformung nur zwiespältiger Natur sein. Das hehre mittelalterliche Minneideal des Versepos und des Ritterromans verschmilzt mit der kruden Sinnlichkeit des Schelmenromans, und so auch der Ritter mit dem Plebejer. In *La Dorotea* zeigt sich dies etwa darin, daß Fernando, so unsterblich er in Dorotea verliebt ist, sie doch mit Marfisa hintergeht. Diese zwar ästhetisierte, aber unbeschönigte Darstellung der eigenen Person kann als Indiz dafür gelten, daß Lope selbst bei einem so persönlichen Bestreben wie dem, seine eigene Existenz mit einem überindividuellen Sein zu versöhnen, niemals an eine platte Umdeutung oder gar Verleugnung des eigenen Wesens denkt. Denn dies würde, wie er weiß, eine Flucht vor sich selbst bedeuten.

1583

Als 1580 der erst zwei Jahre zuvor auf den portugiesischen Thron gelangte Kardinal Henrique starb, erlosch gleichzeitig die seit 1385 herrschende Dynastie d'Aviz. Philipp II. von Spanien berief sich auf seine Verwandtschaft mit diesem portugiesischen Herrscherhaus, erhob Anspruch auf die Krone des Nachbarlandes und ließ es durch Truppen besetzen; Spanien und Portugal wurden vereinigt. Am 23. Juni 1583 nun rückt in Lissabon eine kleine Flotte aus, die, angeführt von Alvaro de

Die topographische Ansicht (kolorierter Stich aus dem 17. Jahrhundert, Archivo de Ultra Mar in Lissabon) zeigt die Azoreninsel Terceira. Diese ist im Jahr 1583 Ziel eines Expeditionskorps unter der Führung des Admirals Alvaro de Bazán. Lope nimmt an diesem Unternehmen teil. Über die Motive, die ihn dazu bewegen, ist allerdings kaum etwas bekannt – von der „Gewalt des Krieges" wird Lope nie angezogen.

Bazán, Marqués von Santa Cruz, die zur Gruppe der Azoren gehörende Insel Terceira, die noch fest zu Portugal hält, der spanischen Krone unterwerfen soll. Mit an Bord ist Lope de Vega, der sein Studium des Kirchenrechts in Salamanca unterbricht und, wie vor ihm Cervantes und nach ihm Calderón, vermutlich hofft, bei der Armee nicht nur ein sicheres Auskommen, sondern auch Ruhm und Ehre zu gewinnen. Lope macht indes nur dieses eine Abenteuer mit und kehrt nach Beendigung der Expedition, die ihm kaum Gelegenheit bot, sich militärisch auszuzeichnen, sofort nach Madrid zurück. Dort wartet die von vielen Verehrern umworbene Elena Ossorio auf ihn. Zu dem Kreis um die schöne Tochter des Schauspieldirektors Velázquez gehören auch gute Freunde Lopes wie der Dichter Luis de Vargas Manrique (1560–1630), ein früherer Günstling Elenas, und Melchor de Prado, der später für großes Aufsehen in Madrid sorgen wird: er ertappt seine Geliebte mit einem reichen Genuesen, den er daraufhin zu einem Duell fordert, das er siegreich besteht. Da der Schmerz über die Untreue seiner Freundin trotz dieser Genugtuung nicht gestillt ist, beschließt er, sich an der nächsten Straßenecke einfach aufzuhängen. Er packt die Sache aber anscheinend nicht mit der erforderlichen Gründlichkeit an und wird von einer Polizeistreife gerade noch rechtzeitig ins Leben zurückgeholt. Wegen des Duells, das, obzwar vom allgemein anerkannten Ehrenkodex gefordert, streng verboten ist, wird er unverzüglich in Haft genommen.

Lope beschließt, die von Philipp II. neu gegründete „Academia de matemáticas" zu besuchen. Von ihr erwartet der äußerst penible Regent, der einen Großteil seines Tagewerks dem Aktenstudium widmet und eine außerordentliche Vorliebe für die Statistik an den Tag legt, einen qualifizierten Nachwuchs für seine riesige Ausmaße annehmende Administration. Es ist gut möglich, daß Lope nach seinem im Grunde recht ereignislos verlaufenen Ausflug in die Sphäre des Militärischen nun auf eine Anstellung spekuliert, die ihm einen geordneten Lebensweg ermöglichen soll. Sein Interesse für die Mathematik und die Welt der Zahlen ist aber nicht das eines Buchhalters, sondern eher spekulativ. Da steht er noch ganz unter dem Einfluß Luis Rosiclers, seines astrologiegläubigen Schwagers. Des weiteren hält ihn auch die Liebe zu Elena Ossorio von einem geregelten Studium ab, zumal deren Mutter, die ihre verheiratete Tochter gut versorgt sehen möchte, die Verbindung mit dem armen Dichter-Studenten ständig zu hintertreiben versucht und einem finanzkräftigen Bewerber jederzeit den Vorzug geben würde. Lope hält all diesen Schwierigkeiten zum Trotz bis ins Jahr 1586 an der „Academia de matemáticas" aus.

1584 Über die Stellung Lopes in den Theatern Madrids kann der historisch gut fundierte Cervantes-Roman von Bruno Frank (1887–1945) Auskunft geben. Frank schildert dort den Besuch Cervantes' im „Corral de la Cruz", einem der berühmtesten Spielhöfe der Stadt, wo die Truppe Jerónimo Velázquez' ein festes Domizil gefunden hat. Der nach der Vorstellung im Zuschauerraum gebliebene Cervantes wird zum stummen Zeugen der folgenden Szene:
„Nicht der aufrecht stehende Schauspieler in Bürgermeistertracht mit der Kette zog ihn [Cervantes] hauptsächlich an, auch nicht der Herr zur Linken, der augenscheinlich der Direktor selbst war, ein schwerer, schlau aussehender Bürger. Er wandte seine Augen nicht von Herrn Lope Felix de Vega. Der habe, war ihm berichtet worden, im fünften Jahr seines Lebens Lateinisch gelesen und im zwölften Komödien verfaßt. Nun, da er sah, daß diesem Erfolgreichen wirklich kaum der Bart sproßte, schien das nicht mehr so unglaublich. Quecksilbrig warf er sich droben auf seinem Stuhle umher, krähte mit einer hellen, metallischen Stimme und lachte ein Lachen, das noch nicht fertig war. Aus dem Vorhang im Hintergrund war noch eine Frau zu den Dreien getreten, ein schönes, großes, vollbusiges Frauenzimmer, nicht tugendhaft anzusehen, das schweigend ihrem Gespräch zuhörte.
Bei dem Stück des Abends hielt man sich nicht lange auf. Es handelte sich um die Gestaltung des Spielplans in den kommenden Wochen. Das Bürschchen Don Lope – der Lauscher im Dunkel nahm es mit Beklemmung wahr – schien es für selbstverständlich zu halten, daß ungefähr dieses ganze Repertoire von ihm allein bestritten würde . . .
Wenn man Hirtenstücke wolle, etwa nach Art der Komödien, die von den Italienern hergestellt würden, damit könne er dienen. Er persönlich halte zwar von dieser Gattung nicht viel, da man die rechte Kraft und den rechten Witz darin nicht zeigen könne, sich auch von der Wirklichkeit allzu weit entfernen müsse, aber auf einen Ausflug in dieses Gebiet komme es ihm nicht an. Und er hielt einen Papierstreifen nahe vor das Windlicht und las einige Stücktitel ab, die er notiert hatte: ‚Die Liebe des Albanio und der Ismenia', ‚Belardo rast', ‚Das Schäferspiel vom Hyazinth'.
Sehr schöne Titel, unterbrach ihn Velázquez, aber ob man nicht etwas zu sehen bekommen könne?
‚Ihr braucht nur zu bestellen, Don Geronimo, das wißt Ihr doch! Ihr gebt mir die Zahl der Rollen an und ein wenig den Charakter des Ganzen, ob Ihr mehr Gefühl wünscht oder mehr Burleske, und in drei Tagen, wenn nötig in zweien, habt Ihr das Stück. Wobei sich das Honorar im Falle besonderer Dringlichkeit von 60 auf 80 Taler erhöht, denn meine Nächte gebe ich nicht gern umsonst her, für die hab' ich bessere Verwendung.' Und er schickte einen ziemlich frechen Blick an der vollen Figur der zuhörenden Dame empor.
Er persönlich, fuhr er offenbar sinnlich inspiriert fort, habe allerdings augenblicklich weit größere Lust, ein paar Amazonenstücke zu schreiben – Dramen, in denen speziell Doña Elena Velázquez Glanzrollen fände, es sei ein Jammer, wie wenig Freude sie in letzter Zeit am Auftreten zeige.
Da war der Direktor allerdings vollkommen der Meinung des Herrn Lope! Er sah nicht ein,

worauf eigentlich seine Tochter warte mit ihrer Ziererei. Vermutlich auf die Jahre, da sie ohne Maske zahnlose Kupplerin spielen würde.

Lope parierte galant. Bis dahin seien es immer noch vier oder fünf Jahrzehnte. Jedenfalls: sie habe nur zu befehlen, und augenblicklich präsentiere er ihr auf seinen Knien ein Schauspiel über die berühmte Dame Lucinda, die ihre beleidigte Ehre am König von Arkadien rächt, oder über die schöne Räuberin von Estramadura, die in den Bergen auf ihren Schlössern haust und alle Männer, die dort ihres Pfades ziehen, erst betört und dann ermordet, bis auch ihr Herz das Schicksal ereilt.

Sehr beliebt, meinte der Vater, seien neuerdings in Valencia und Sevilla Stücke gewesen, in denen ein Ungläubiger, ein Maure oder ein Türke, die Hauptrolle spiele. Von solch einem Plan habe doch der Herr Verfasser jüngst etwas fallen lassen – oder irre er sich?

Der lebendige junge Herr ließ sich keinen Augenblick bitten. Gut, daß man ihn daran erinnerte! Etwas Wirksameres als das Verbrecherdrama vom Mohren Hamet, das er fix und fertig in seinem Schädel trage, lasse sich allerdings schwerlich erdenken. Und er skizzierte ... eine Geschichte vom stolzen und edlen Seeräuber Hamet, der in die Gefangenschaft der Christen gerät, aus wilder Sehnsucht nach seiner verlorenen, dunklen Geliebten furchtbare Greuel verübt, dann entflieht, eingeholt wird, überwältigt, und schließlich durch den Henker ein gottseliges Ende nimmt, nachdem er bereut und sich zum Christentum bekehrt hat. Ein besonders ergreifender Zug, unterstrich der Autor, von dem er sich viel verspreche, werde es sein, wenn gerade jener Spanier ihm als Taufpate diene, dem er in seinem Liebeswahn die schöne Gattin erstochen habe.

Sehr fein, bemerkte Velázquez, verliebt, blutig und fromm, eine überaus glückliche Mischung! Das sei ein Stück, das auf alle Fälle geschrieben werden müsse, und bald. Wenn nun zum Phantastischen noch ein realer Stoff träte, dann wäre für viele Wochen gesorgt, einer aus jüngster Vergangenheit etwa, national dazu, was ja immer Furore mache, ein Feldzug, ein Sieg ...

‚Mich braucht ihr nicht lang zu kitzeln, damit ich lache! Was sagt ihr zu einer Belagerung von Maastricht?!'

‚Ausgezeichnet', riefen seine drei Zuhörer, alle zugleich. Die Belagerung von Maastricht war ein Ereignis vom Vorjahr.

‚Ich werde da', erklärte Lope, ‚einmal das ganze Heer auf die Bühne bringen – habt keine Angst, Velázquez, Ihr mietet Euch fünfzehn Straßenlümmel für ein paar Maravedis und laßt es hinter der Szene tüchtig krachen, was auch billig ist – die ganze großartige Aktion durch den Herzog von Parma wird aufgerollt, man hört die Soldaten durcheinander fluchen und schreien, spanisch, flämisch, französisch und welsch, der Herzog nimmt selber die Schanzschaufel in die Hand und greift in die Radspeichen, um die Kanonen vorwärts zu bringen, alles ist Pulverdampf, Eisengeklirr und Staub von den Hufen, und mittendrin, das muß sein, laufen zwei Frauenzimmer herum, eine aus Spanien und eine Flämin, und schleppen Munition, beide in Mannskleidern, beide verliebt, und während die Geschütze donnern, führen sie einen spitzigen, geistreichen Liebeskrieg gegeneinander, wobei die Spanierin – er sah wieder zu dem Busen der reizvollen Elena empor – zuletzt mit der Zunge obsiegt wie der Herzog mit seinen Kanonen.'"

Dieses von Bruno Frank entworfene Bild schmeichelt Lope nun wirklich nicht, und doch ist hier etwas von aufrichtiger Bewunderung zu spüren. Cervantes, mit dem Frank sich identifiziert, muß die bittere Erfahrung machen, daß für sein Theater in Madrid kein Platz zu sein scheint. Denn Lope ist mittlerweile tatsächlich zum ungekrönten König der dramatischen Dichter avanciert. Er schüttelt die Stücke wie ein Zauberer aus dem Ärmel und weiß in jedem dramatischen Genre zu brillieren. Und er arbeitet so schnell, bringt so viele Werke auf einmal hervor, daß er bald selbst die Übersicht verliert – bei der vermuteten Zahl seiner Comedias (es sollen um die 1500 sein, die Fronleichnamsspiele nicht eingerechnet) nimmt das auch nicht wunder. Eine solche Produktivität, die einzigartig in der Weltliteratur ist, setzt eine außerordentliche Leichtigkeit und Gewandtheit im Umgang mit der Sprache voraus, denn schließlich sind alle diese Stücke in Versen geschrieben, und sie erfordert überdies eine rationelle Arbeitsweise. Lope weiß, was das Publikum wünscht; er orientiert sich an erfolgreichen Aufführungen seiner Kollegen und weiß Bescheid in der Novellistik, den Roman-

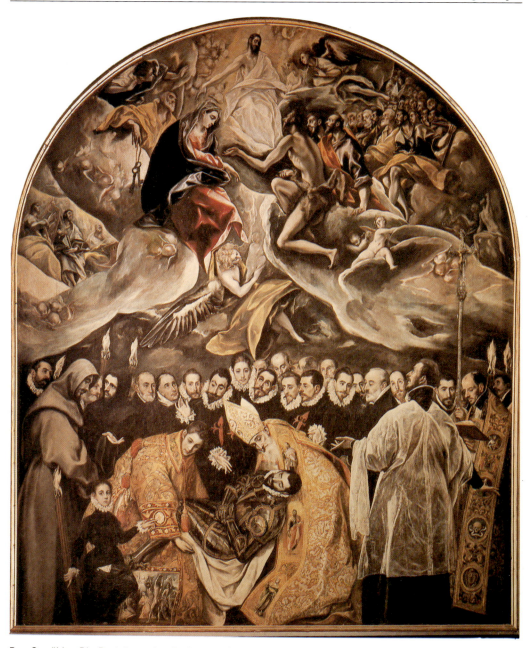

Das Gemälde „Die Bestattung des Grafen von Orgaz" (Kirche Santo Tomé in Toledo) von El Greco (um 1541–1614) bezieht sich auf ein Wunder, das sich im Jahr 1323 ereignet haben soll. Damals nämlich, so besagt die Legende, seien anläßlich des Todes von Don Gonzalo Ruiz, der sich beim Wiederaufbau der Kirche große Verdienste erworben hatte, der hl. Augustinus (rechts) und der hl. Stephanus vom Himmel herabgestiegen, um den Toten zu bestatten. El Greco, der diese imaginäre Szene um 1586 im Auftrag des Kustos der Kirche von Santo Tomé malt, schafft so eine Komposition, in der die wirkliche Welt mit dem Jenseits verschmolzen wird. Der Engel im Zentrum des Bildes trägt die Seele des Verstorbenen in den Himmel.

zenzyklen, den popularisierten antiken Epen und Göttermythologien, in den Ritter- und Schäferromanen wie in den einschlägigen Geschichtswerken, denen er seine dramatischen Stoffe verdankt. Er hält es auch für durchaus legitim, ganze Passagen den Werken anderer Dichter zu entnehmen und in die eigenen einzubauen. Sein literarisches Eigentum ist immer auch das anderer. Seine Schaffenswut führt aber schon bald dazu, daß es in Spanien kaum noch einen Dichter gibt, der nichts von Lope übernommen hat.

Aus der Zeit seines frühen Schaffens sind, folgt man Adalbert Hempels Chronologie der dramatischen Werke Lope de Vegas, nur drei Comedias erhalten geblieben, und zwar *El verdadero amante*, *Los hechos de Garcilaso de la Vega y moro Tarfe* und die auch von Bruno Frank erwähnte *Pastoral de Jacinto*. Um 1587 dürften die Stücke *Belardo furioso* und *La ingratitud vengada* entstanden sein.

1587

Am Nachmittag des 29. Dezember wird die Vorstellung des „Teatro de la Cruz" durch Polizeischergen gestört. Sie nehmen eine Verhaftung vor und führen den Autor des Stücks, das gerade gespielt wird – es ist Lope –, unverzüglich ab. Damit leisten sie einer Anzeige des Schauspieldirektors Velázquez Folge, der seinen eigenen Hausdichter unter Anklage stellen läßt: Lope soll die Ehre seiner Familie in den Schmutz getreten haben. In Madrid kursiert eine Schmähschrift, die es mit den Velázquez tatsächlich nicht gerade gut meint. Der Vater, der Herr Theatervorsteher, wird als krämerhafter Emporkömmling vorgestellt, der sich doch lieber seiner ursprünglichen Profession, der Fliesenlegerei, hätte widmen sollen. Und Elena, die Lope noch immer liebt, steht plötzlich als eine von denen da, die unter einem halbwegs ehrbaren Aushang einer weniger ehrbaren Beschäftigung nachgehen, und das mit Wissen und Billigung ihrer Anverwandten: „Und für die Ihren treibt die schöne Filis das Gewerbe." Diesem verbalen Amoklauf Lopes liegt ein schmerzliches Erlebnis zugrunde, das ihn im Innersten getroffen hat und nicht zur Ruhe kommen läßt: Elena hat auf Drängen ihrer Mutter Lope den Laufpaß gegeben und zieht die Dukaten des reichen Francisco Perrenot de Granvela den Liebesgedichten ihres poetischen Liebhabers vor. Lope hat es während der sich über Jahre hinziehenden Verbindung natürlich nicht versäumt, sein Liebesglück in zahlreichen Sonetten ganz Madrid bekanntzumachen. In *La Dorotea* heißt es: „Sie sagte mir eines Tages in aller Entschiedenheit, daß mit unserer Freundschaft Schluß sei, denn ihre Mutter und andere Schuldner setzten ihr hart zu, und wir zwei seien bereits zum Gespött der Residenz geworden, und ich hätte nicht wenig Schuld, denn mit meinen Gedichten trug ich an die Öffentlichkeit, was sonst weniger öffentlich gewesen wäre." Der so entstandene öffentliche Charakter dieser Liaison sorgt für doppelten Schmerz: zur persönlichen Trauer gesellt sich der allgemeine Spott. Lopes schmähende Verse sollen wohl beides lindern und ihm grimmige Genugtuung verschaffen.

1588

Im Januar wird gegen Lope verhandelt. Er leugnet natürlich, der Verfasser der ehrenrührigen Verse zu sein. Ja, er geht sogar noch weiter und belastet einen Polizeidiener, Castillo mit Namen, der unglücklich in Ana Velázquez, eine Nichte des Klägers, verliebt sei und so ebenfalls ein Motiv habe. Der Richter zieht daraufhin eine zweite, in satirischem Küchenlatein gehaltene Schmähschrift hervor, worauf Lope meint, daß ihr Urheber nur der Lizentiat Ordóñez sein könne. Dabei übersieht er jedoch, daß dieser Gelehrte schon einige Zeit tot ist. Das Gericht lädt daraufhin einige „Sachverständige". Rodrigo de Saavedra, ein bekannter Schauspieler, der in vielen Lope-Stücken aufgetreten ist, erklärt, er könne den Ton in den Versen dieses Autors von dem aller anderen Autoren genau unterscheiden, und er sei sicher, daß das Corpus delicti nur vom Angeklagten stammen könne. Lopes Freund Manrique de Lara urteilt nicht ganz so definitiv. Wie den 1901 wiederaufgefundenen Prozeßakten zu entnehmen ist, lautet seine Aussage: „Diese Romanze ist in einem Stil geschrieben, wie ihn nur vier oder fünf fertigbringen; sie könnte von Liñán sein, aber der ist nicht hier; sie könnte von Cervantes sein, aber auch der ist nicht hier; von mir ist sie nicht, so kann sie nur von Bivar oder Lope de Vega sein." Lope ist all dem zum Trotz noch immer zu keinem Geständnis bereit und versucht jetzt, am Bild des beleidigten Familienvaters Velázquez zu rütteln: dieser handle nicht so sehr aus Gründen der Wahrung seiner persönlichen Ehre, sondern vielmehr aus geschäftlichem Interesse. Er, Lope, habe seine letzten Stücke nämlich nicht, wie das bisher die Regel gewesen sei, Velázquez überlassen, sondern einem seiner schärfsten Konkurrenten, dem Schauspielunternehmer Gaspar de Porres. Lope versäumt auch nicht darauf hinzuweisen, daß er, wie alle großen Männer und wahren Liebhaber der Künste, seine Werke selbstredend ausschließlich zum bloßen Zeitvertreib schreibe und dabei keinerlei ökonomischen Nutzen im Sinn habe. Velázquez, der oft genug mit Lope um ein Honorar feilschen mußte, mögen ob diesem großsprecherischen Getue des genialen Habenichts, der eben wegen seiner Mittellosigkeit seine Rolle als Favorit Elenas verlor, gewisse Emotionen überwältigt haben; doch Lope spielt sein Spiel weiter: seine Beziehungen zur Familie seines ehemaligen Stückeabnehmers seien noch immer gut. Jedermann könne sich davon überzeugen. Er habe nie schlecht über sie geredet und wolle das auch in Zukunft nicht tun. Und was die Aufführungen seiner Stücke angehe, so sei er nach wie vor der Überzeugung, daß die von Velázquez veranstalteten sehr gut, einige sogar ausgezeichnet gewesen seien, was er, wie wohl jeder wisse, oft genug öffentlich beteuert habe.

Indes, alles Reden ist umsonst. Das Gericht hält Lope für überführt und fällt am 15. Januar 1588 ein hartes Urteil: Verbannung aus Madrid für vier Jahre, aus ganz Kastilien für zwei Jahre. Und es soll noch schlimmer kommen. Bereits in der Zeit seiner Untersuchungshaft hat Lope selbst für weiteres Belastungsmaterial gegen sich gesorgt. Er fingierte einen Liebesbrief Elenas, den er deren Ehemann, dem noch immer stillhaltenden Schauspieler Cristóbal Calderón, zukommen lassen will. Wie er der befreundeten Schauspielerin Doña Juana de la Ribera gegenüber äußert, hofft er damit zu erreichen, daß dieser ihr „den Kopf abschneide" („que la corte la cabeza"). Richter Espinosa, dem dies zugetragen wird, läßt Lope daraufhin erneut festnehmen. Der aus dem Schlaf gerissene Dichter soll einem Gerichtsdiener gegenüber geäußert haben: „Ich hab sie ja lieb gehabt, die Elena Ossorio, und ihrem Vater hab ich meine Komödien gegeben, und er hat sein Essen damit verdient, und dann hab ich einen Groll gegen ihn gefaßt und hab die späteren alle dem Porres gegeben, und deshalb verfolgt er mich und würde mich in Ruhe lassen, wenn ich ihm meine Stücke wieder geben wollte."

Der weitere Gang der Dinge wird zeigen, daß er damit nicht einmal so unrecht hat; einige Jahre später ist der Groll des Velázquez nämlich urplötzlich verflogen – wohl nicht zuletzt deswegen, weil eine florierende Theatergesellschaft auf die Stücke eines Lope de Vega einfach nicht verzichten kann. Im Februar des Jahres 1588 hilft Lope sein Dichterruhm indes wenig. Es kommt zu einem weiteren Prozeß mit noch schärferem Urteil: „Bei Strafe des Todes oder der Galeere, am Ruder, und ohne Entgelt, vielmehr mit den Kosten" wird er jetzt für acht lange Jahre aus Madrid verbannt.

Lope macht sich mit einem Freund, Claudio Conde, auf den Weg nach Valencia, das er sich als neues Domizil erwählt hat. Doch weit scheinen die beiden nicht gekommen zu sein, denn kaum daß er dem Gefängnis entronnen ist, steht Lope zusammen mit einem gewissen Juan Chaves, einem Polizeidiener, und einer Frau namens Ana de Atienza schon wieder unter Anklage. Don Diego de Urbina, ein am Hof des Königs, dem er als Wappenherold dient, hochangesehener Adeliger, wirft dem Dichter und seinen zwei Helfern vor, seine Tochter Doña Isabel de Urbina Alderete y Cortinas entführt zu haben, zieht seine Anzeige jedoch urplötzlich zurück. Statt dessen wird am 10. Mai Hochzeit gefeiert. Doña Isabel ist schwanger, und der zukünftige Vater, es ist Lope, hat gegen eine Legalisierung dieser Beziehung nichts einzuwenden.

Der über ihn verhängten Ausweisung wegen kann Lope der Trauung nicht persönlich beiwohnen. Er bevollmächtigt seinen Schwager Luis Rosicler, die Formalitäten zu erledigen, hält sich aber wohl auch selbst in Madrid auf, denn „daß er den Bann gebrochen hat, steht", so Karl Vossler, „urkundlich fest". Lope reflektiert den abenteuerlichen Anfang dieser Ehe in einer späteren Novelle mit dem Titel *Dianens Geschicke* in einer für ihn sehr schmeichelhaften Weise, nämlich indem er die „unmögliche Rolle des Moralisten" übernimmt, „der die eigene Leidenschaft auf das ungezügelte Gebaren adliger Mädchen abschiebt" (Fritz Rudolf Fries). Er schreibt dort: „Wenn die jungen adligen Mädchen dieses

Ende zuvor bedächten, brächten sie sich durch solch ungezügelten Anfang nicht selbst ins Unglück. Schließlich legte Celio die Entscheidung in Dianas Hände ... Tausendmal verwünschte Diana, daß sie Celio zu ihrer Schande willfährig gewesen, wiewohl sie ihn innig liebte und, wie es im Volksmund heißt, das Licht in seinen Augen sah. In diesen Wirrnissen ... faßte er sich eines Tages ein Herz und erklärte ihr, er wolle mit ihr nach Amerika gehen und sie dort heiraten, wenn sie sich bereit fände, das Haus ihrer Mutter zu verlassen. Dianas Verzweiflung war so groß, daß sie den Vorschlag annahm und ihn weinend anflehte, er möge sie irgendwohin bringen, wo sie von der Strenge ihrer Mutter und den Wutanfällen ihres Bruders nichts mehr höre und sehe ..."

Lope selbst fährt weder nach Amerika, noch nimmt er Isabel auf seine Reise mit, die in Richtung England gehen soll. Gut zwei Wochen nach der Trauung, am 29. Mai 1588, meldet er sich freiwillig zur Marine und wird dem vor Lissabon liegenden Admiralsschiff „San Juan" zugeteilt, wo auch sein Freund Claudio Conde, der ihm in allem folgt, Dienst tut. Der Fernando der *Dorotea*, der denselben Schritt unternimmt, äußert, daß er, um seiner verwirrten Gefühle Herr zu werden, für einige Zeit einfach hinwegmüsse und deswegen die Feder mit dem Schwert vertausche. Was für Lope/Fernando wohl eher zufälliges Resultat seines bisherigen Lebens ist, gilt im gebildeten Spanien spätestens seit der Lyrik eines Garcilaso de la Vega (1503–1536) als fester Topos:

„Zwischen den Waffen des opfergierigen Mars,
Wo kaum ein Mensch den Ingrimm dämpfen kann,
Stahl ich vom Zeitmaß diese kurze Summe,
Den Degen bald, die Feder bald ergreifend."

Diese Verse Garcilasos, der im Krieg gegen Frankreich gefallen ist, setzen die Welt der Wissenschaft und Poesie mit der der Waffen gleich. Doch was einem Cervantes, der sich stark von Garcilaso de la Vega beeinflußt zeigt, immer lebendiger Auftrag und nur sehr selten hinterfragte Lebensaufgabe ist, gerät Lope eher zur allgemeinen Floskel. Deutlich zu spüren ist das auch daran, daß Cervantes es nie versäumt, auf seine kriegerischen Erlebnisse hinzuweisen, und ihm die Erinnerung an die Seeschlacht von Lepanto, an der er teilgenommen hat, bei weitem mehr bedeutet als sein gesamtes dichterisches Werk, wohingegen Lope es meist bei förmlichen und durchaus konventionellen Wendungen beläßt. So bezeichnet er in einem Sonett auf die „unbezwingliche Armada" den Oberbefehlshaber der Flotte, den Herzog von Medina Sidonia, als „christlichen Odysseus", und der Gegner erscheint als „der Sirene Truggebilde", also als etwas, das es eigentlich nur zu ignorieren gilt, um seiner Herr zu werden.

Mit dieser überschwenglichen Beurteilung der Dinge steht Lope indes nicht allein. Sie wird von fast ganz Spanien geteilt. Nennt man nicht die größte und stärkste Flotte sein eigen? Und hat man nicht erst gut 15 Jahre zuvor einem wohl weit gefährlicheren Gegner, dem Osmanischen Reich, vor Lepanto eine fürchterliche Niederlage beigebracht? Was ist da schon dieses England, von dem die meisten Spanier nicht einmal genau wissen, wo es liegt! Reibereien mit Vertretern dieses Staates gibt es indes schon seit geraumer Zeit. Die Entdeckungen des in spanischen Diensten nach einem neuen Seeweg nach Indien suchenden Christoph Kolumbus (1451–1506), eines gebürtigen Genuesen, eröffnen dem bis zu dieser Zeit am Rande des Weltgeschehens stehenden England plötzlich ganz neue Perspektiven. Es dauert nicht lange, bis das gleichsam über Nacht in den Mittelpunkt einer neuen, aus Europa und Amerika gebildeten Handelssphäre gerückte Inselreich erste Ansprüche geltend macht. Doch anders als die Spanier, die sich auch in dieser neuen Welt als Vertreter einer transzendenten Macht begreifen und nicht nur sich selbst, sondern auch dem Katholizismus ein weiteres Imperium zuführen wollen – es dementsprechend also nie versäumen, auch in ihren amerikanischen Unternehmungen ihren ideologisch begründeten Machtanspruch zu demonstrieren –, gehen die protestantischen Engländer hier viel individueller und unkonventioneller vor. Der Staat hält sich zurück und überläßt wagemutigen Männern das Risiko. Gemäß der puritanischen Doktrin, wonach derjenige, der im wirtschaftlichen Bereich triumphiert, auch der himmlischen Gnade gewiß sein kann, müssen sich diese Abenteurer nicht erst der Mühe unterziehen, das ökonomische Interesse religiös zu motivieren. Erlaubt ist, was Gewinn bringt; am lukrativsten, weil mit der wenigsten

Mühe verbunden, ist der Raub. Und so ist es wohl kein Zufall, daß die großen englischen Entdecker und Weltumsegler dieser Epoche sich allesamt neben- oder gar hauptberuflich der Räuberei und dem Sklavenhandel widmen. Die englische Krone weiß darum und läßt es auch nie an tadelnden Worten fehlen, ist sich aber dennoch nicht zu gut, an dem so erzielten Gewinn zu partizipieren, und geht bald zu einer Politik der indirekten Unterstützung solcher Entdeckungs- und Raubzüge über. Da es meist spanische Schiffe sind, die auf diesen halboffiziellen Kaperfahrten aufgebracht werden, kommt es schon nach kurzer Zeit zu schwerwiegenden diplomatischen Auseinandersetzungen zwischen Spanien und England. Als 1568 gar einige spanische Galeonen mit dem Sold für die Truppen in den Niederlanden gekapert werden, reagiert der dortige Oberbefehlshaber Fernando Alvarez de Toledo, Herzog von Alba (1507–1582), mit der unverzüglichen Beschlagnahme englischen Vermögens. Elisabeth I. von England (1533–1603, Königin ab 1558) läßt daraufhin den spanischen Botschafter in London verhaften.

Die Auseinandersetzungen zwischen Elisabeth und ihrer schottischen Rivalin Maria Stuart (1542–1587, Königin von Schottland bis 1567), die das ganze katholische Europa, also auch Spanien hinter sich weiß, heizen die ohnehin schon gespannte Atmosphäre weiter an. 1570 sendet Pius V. (1504–1572, Papst ab 1566) Elisabeth eine Bannbulle, erklärt sie für abgesetzt und entbindet die Untertanen von ihrem Treueid. Da diese Waffe allerdings längst nicht mehr jene Wirkung hat, die einst einen deutschen Kaiser zwang, nach Canossa zu pilgern, fordert er darüber hinaus Philipp II., den mächtigsten katholischen Herrscher, zu einer Invasion Englands auf; dem geistlichen Strafgericht allein will er anscheinend nicht trauen. Doch selbst die Hinrichtung Maria Stuarts am 8. Februar 1587 läßt Philipp II. noch immer zögern. Er hat nie große Begeisterung für die Pläne des Papstes gehegt, denn letzten Endes wäre er nur Ausführender, verlängerter Arm eines anderen Herrschers. Sein dann doch noch gefaßter Entschluß, England anzugreifen, ist wohl eher der Entrüstung über die wagemutigen Unternehmungen des englischen Weltumseglers, Piraten und Sklavenhändlers Sir Francis Drake (um 1545–1596) zuzuschreiben, der in den achtziger Jahren nicht nur mehrere Male die spanische Silberflotte plünderte, sondern 1587 sogar soweit geht, den spanischen Kriegshafen Cadiz anzugreifen, wo er, wie Drake selbst spöttisch geäußert haben soll, „dem spanischen König den Bart verbrannte".

Vor allem die spanische Admiralität, die sich noch im Glanz des Sieges von Lepanto sonnt, fordert unverzügliche Rache. Sie ist der Auffassung, daß es nur der Konzentration der eigenen Macht bedürfe, um diesem Treiben ein für alle Male ein Ende zu bereiten; die bisherigen Erfolge des Gegners seien nur deswegen möglich gewesen, weil man es eben daran habe fehlen lassen. Militärische Probleme sieht man hier kaum. Don Alvaro de Bazán, Marqués de Santa Cruz (1526–1588), der bereits den Oberbefehl über die Flotte des Balearenfeldzugs geführt hat, erstellt die ersten Pläne. Die von ihm veranschlagten 150 Kampfgaleeren, die Begleitschiffe nicht eingerechnet, mit 55.000 Mann Infanterie, 4000 Mann an den Geschützen und 1600 Mann Kavallerie neben der eigentlichen Schiffsbesatzung verschlingen einen Etat von annähernd vier Millionen Golddukaten. Eine solche Summe übersteigt sogar die finanzielle Kapazität einer kriegsgeübten Weltmacht. Und so sieht man sich nach zahlungskräftigen Bundesgenossen um. Das seit kurzem der spanischen Krone zugeführte Portugal, das unter spanischer Verwaltung stehende Mailand sowie das Vizekönigreich Neapel und Sizilien werden kräftig zur Kasse gebeten. Die Schiffsbauer können ihren Aufträgen kaum noch nachkommen, und die über soviel Betriebsamkeit verwunderte Öffentlichkeit denkt zunächst, daß es hierbei um die Vorbereitung eines entscheidenden Schlages gegen die aufrührerischen Niederlande gehe. Nur die Engländer wissen, wem diese Aktivitäten gelten, und treffen ihre Gegenmaßnahmen.

Als die Dinge in Spanien und Portugal soweit gediehen sind, daß an ein Auslaufen der Flotte zu denken ist, trifft die Armada ein erster Schlag. Am 9. Februar stirbt mit Alvaro de Bazán der militärische Kopf des Unternehmens. Ersatz ist schwer zu finden. Philipp II. ernennt mit dem Herzog von Medina Sidonia einfach den Mann, der den besten Namen vorweisen kann. Dem nur aufgrund seiner Abstammung zum Oberbefehlshaber der Armada bestimmten Granden, einem eher galant als kriegerisch gesinnten Herrn, der zudem eine unüberwindliche Abneigung gegen das Meer hegt und zur chronischen Seekrankheit neigt, kommt seine neue Aufgabe als „der größte Schreck seines Lebens" vor. Sie abzulehnen wagt er indes nicht, denn dies käme einem Anzweifeln der staatspolitischen Klugheit seiner Majestät gleich. Medina Sidonia versucht, das Beste aus der Sache zu machen, und zieht zahlreiche Unterführer als Berater heran. Da es diesen jedoch meist an einem Adelspatent fehlt, kann er ihnen keine Befehlsgewalt übertragen. Elisabeth I. von England geht hier den genau umgekehrten Weg: sie hat schon Jahre zuvor mit Francis Drake ihren fähigsten Seemann in den Adelsstand erhoben und beauftragt ihn nun mit der Organisation der englischen Seeverteidigung. Drake kann seine Aufgabe in aller Ruhe angehen, denn als die spanische Flotte Lissabon verlassen will, stellt man fest, daß ein Großteil des Proviants, der im ganzen Land unter großen Opfern requiriert worden ist – auch Cervantes war als Getreideaufkäufer daran beteiligt –, entweder verdorben ist oder von geschickten Geschäftemachern in andere Kanäle geleitet wurde. Die Flotte muß sich neu versorgen.

Lope, der sich an Bord des Admiralsschiffes oft in der Nähe Medina Sidonias aufhält, nutzt die gewonnene Zeit auf seine Weise. In einem späteren Brief an den Herzog von Sessa schreibt er: „Ich will Eurer Exzellenz ein Geschichtlein erzählen. Als ich als junges Bürschchen nach Lissabon kam, da es gegen England ging, vernarrte sich eine Kurtisane in mich, und ich verkehrte unkeusch mit ihr nach Kräften, schenkte auch einige Talerchen, traurige Reste meines Reisegeldes aus Madrid, der Alten, die bei ihr war, und mit ihrer buhlerisch würdevollen Ziererei sprach diese: ‚No me pago cuando me huelgo.'" (Das spanische Zitat ist ein schwer zu übersetzender Witz, in dem recht doppelsinnig über Bezahlung und Dienstverweigerung gesprochen wird.) Sei es nun, daß Lope tatsächlich das Geld ausgegangen ist, sei es, daß den jungverheirateten Ehemann plötzlich die Reue überkommt: sicher ist, daß um diese Zeit eine seiner Frau Isabel gewidmete Romanze entsteht, in der er „phantasievoll, zärtlich und herb" (Vossler) ihren Abschiedsschmerz nachzuempfinden versucht:

„Von dem Turm, im Angesichte
rings des Meers, das ihn umbrandet,
schauend nach den starken Schiffen,
die hinaus nach England fahren,
läßt Belisa heiße Tränen
in die salz'gen Wasser fallen,
mit erstickter Stimme rufend
nach dem Mann, der sie verlassen:
,Geh, harter Mensch, es bleibt mir doch
hier unterm Herz für dich die Rache noch.

Nicht wie Dido mit dem Schwerte
bleib ich einsam und verraten,
trag ich doch in meinem Schoße
schon das Bild des flieh'nden Mannes:
noch in Unschuld und doch schuldig
und in Sünden doch empfangen,
töt ich es in meinem Tode,
sterben soll's mit mir zusammen.
Geh, harter Mensch, es bleibt mir doch
hier unterm Herz für dich die Rache noch.

Nein, es soll zum Lichte kommen,
sehen will ich's und erwarten,
ob es irgendwie dir gleichet
und erwürgen dann dein Abbild.
Nein, erwarten will ich's doch nicht,
denn es reißet sich als Schlange
los aus meinen Eingeweiden,
und ich sink allein zu Grabe.
Geh, harter Mann, es bleibt mir doch
hier unterm Herz für dich die Rache noch.'

Also jammerte Belisa.
Sieh, da regt sich plötzlich alles,
und die Schiffe auf Kommando
hissen Segel, lichten Anker. –
,Bleibe bei mir! Bleibe!' ruft sie,
,geh nicht von mir, Liebster, warte!
Weh, mein Rufen ist vergeblich. –
Nun, so möge Gott dich strafen:
Komm nicht zurück, ich trage doch
hier unterm Herzen meine Rache noch.'"

Lope wird an Bord seines Schiffes, einer riesigen Galeere mit vierzig Geschützen und fünfhundert Mann Besatzung, wohl nicht überfordert, denn er findet während der im dritten Anlauf endlich stattfindenden Fahrt genügend Zeit, ein Motive aus Ariosts „Orlando furioso" (1516) aufnehmendes Epos mit dem Titel *La hermosura de Angelica* (Die Schönheit der Angelika) zu entwerfen, das er (überarbeitet) 1602 in Sevilla in Druck gibt.

Am 14. Mai ist die Armada in See gestochen; ungünstige Winde und eine sich rasch ausbreitende Epidemie haben jedoch einen längeren Aufenthalt in La Coruna erzwungen, das man erst am 22. Juli wieder verläßt. Drake ahnt, daß die Spanier den englischen Kriegshafen Plymouth zu blockieren beabsichtigen, und gibt seiner Streitmacht den Befehl auszulaufen. Die zwei Flotten, die sich jetzt gegenüberstehen, sind völlig verschieden aufgebaut: „Die spanische wuchtig: 120 Schiffe (also 30 weniger als von Bazán geplant), 60 erster Klasse, mit schwerem Geschütz, mit starker Soldatenbesetzung, schwer beweglich nach alter Art, alles gesammelt, einheitlich, gestellt auf die Masse, den Nahkampf, das Entern. Die englische bunter und lockerer zusammengesetzt, zufälliger fast, 200 Schiffe, 34 königliche, 34 Handelsschiffe unter Drake, in der Besatzung überwogen die Matrosen, in der Taktik die Beweglichkeit und die Artillerie, in der Führung standen neben dem Kronadel die Freibeuter, als der Erste Drake. Ordnung, Regel und Staat in mächtiger Gebundenheit dort, die körperschaftlich persönlicheren und freieren Gewalten mit ihrem Eigendrange hier" (Erich Marcks). Die Engländer haben zudem den Vorteil, sich in heimischen Gewässern zu bewegen. Sie lassen die wuchtigen spanischen Schiffskolosse erst gar nicht an die lose gefügten eigenen Reihen herankommen, sondern halten sich die in der Entertaktik der Mittelmeerkriege geübten Spanier durch gezielte Kanonenschüsse vom Leib und fügen der Armada in diesem Artillerieduell schwere Verluste zu. Der in drei Gruppen aufgeteilte und das Bild eines Halbmonds darbietende spanische Schiffsverband nimmt sich selbst den Raum, den die Flotte zum Ausweichen und Manövrieren so dringend brauchte. Auf der anderen Seite geben die kleinen, aber wendigen und schnellen Schiffe der Engländer kaum ein Ziel ab. Am 31. Juli gibt der Herzog von Medina Sidonia, der die Aussichtslosigkeit der Lage erkennt, den Befehl, die Niederlande anzulaufen, wo er Nachschub aufnehmen und sich mit den Streitkräften des dort stationierten Alexander Farnese vereinigen will. In den schwierigen niederländischen Gewässern geraten einige der schwimmenden Festungen in Seenot und können von den Engländern fast ohne Risiko geentert werden. Unsachgemäßes Hantieren mit Munition führt sogar zur Explosion eines spanischen Kommandoschiffes unter dem Befehl des Vizeadmirals Miguel de Oquendo, der dabei ums Leben kommt. Völlig verwirrt und reichlich demoralisiert geht man vor Calais vor Anker. Doch der Schrecken nimmt kein Ende. Farnese kann nicht zu Hilfe kommen, weil die aufständischen Niederländer mittlerweile alle Häfen gesperrt haben. Drake nutzt die Gunst der Stunde und läßt in der Nacht vom 7. auf den 8. August sogenannte „hell burners", unbemannte und munitionsgeladene kleine Fahrzeuge, richtige schwimmende Fackeln, auf die Armada zutreiben, die daraufhin unverzüglich das offene Meer zu erreichen versucht. Die schweren Schiffe behindern sich jedoch gegenseitig und laufen auf die nahen Sandbänke und Riffs auf. Der zuvor gefaßte kühne Plan, doch noch ein Invasionsheer auszurüsten, wird aufgegeben. Die einzige Parole, die jetzt noch gilt, heißt: Flucht um jeden Preis. Da der Weg durch den Kanal versperrt ist, befiehlt Medina Sidonia, nach Norden durchzubrechen, was unter schweren Verlusten auch gelingt. Auf der Höhe der Orkney-Inseln wird das Restgeschwader von einem schweren Sturm auseinandergerissen, und viele der für das ruhigere Mittelmeer gebauten Schiffe gehen mit Mann und Maus unter. Die „San Juan", auf der Lope schon einige Male um sein Leben zittern mußte, verliert einige Masten und Segel und kann gerade noch einen irischen Hafen am Kap Mizan anlaufen, wo man das Schiff notdürftig in Ordnung bringt und Trinkwasser aufnimmt. Über die Empfindungen Lopes können die folgenden Verse aus seinem Epos *Die Schönheit der Angelika* Auskunft geben:

„Der elende Kahn war alt und morsch,
kaum daß er sich in den Wellen spiegeln konnt;
Ruder und Segel, von Wasser und Wind gepeitscht,
sind schlecht geflickt und voller Löcher..."

Um das Unglück vollzumachen, rammt die „San Juan" auf der Heimfahrt ein anderes Schiff, das kentert und sinkt. Die Besatzung kann gerade noch gerettet werden. Am 22. September hat die Schreckensfahrt ein Ende. Die Flotte des Herzogs von Medina Sidonia – und mit ihr Lope – erreicht den siche-

Die Vernichtung der spanischen Armada. Anonyme Zeichnung als Vorlage für einen Wandteppich (National Maritime Museum in Greenwich). Lope, der die Schlacht an Bord des Admiralsschiffes „San Juan" miterlebt, kommt in seinen Werken nie auf die Eindrücke, die Hoffnungen und Ängste zu sprechen, die er dabei empfunden haben muß. Seine Erinnerung ist nur Metapher, bleibt allgemein.

ren Hafen von Santander. Von der einst so glorreichen und von so viel Hoffnung begleiteten Armada kommt weniger als die Hälfte der ausgelaufenen Einheiten zurück. Von den dreißigtausend Mann Besatzung sind zwei Drittel gefallen oder in der Nordsee ertrunken. Philipp II. nimmt das Fiasko nach außen hin mit stoischer Ruhe zur Kenntnis. Der unglückliche Oberbefehlshaber Medina Sidonia wird sogar befördert und mit dem Titel eines Oberstkommandierenden der spanischen Seestreitkräfte geehrt.
Lope, der solche Vergünstigungen nicht erwarten kann und nach diesen Erfahrungen der Armee schnell den Rücken kehrt, muß sich nach einem neuen Wohnsitz umsehen, denn nach Madrid kann er ja laut Gerichtsurteil so schnell nicht zurück. Er entscheidet sich für Valencia, wohin ihm Isabel, seine Ehefrau, rasch folgt. Sie wird von einem alten Freund Lopes, dem Dichter Claudio Conde, und dem Schauspieldirektor Gaspar de Porres begleitet.
Erst 1596 – Sir Francis Drake ist gerade gestorben – greift Lope seine militärischen Abenteuer literarisch auf. Er schreibt das Epos La Dragontea, in dem er den englischen Seehelden als beutegierigen Drachen (span. „dragon") und Ausgeburt der Hölle darstellt. Lope legt hierbei jedoch weniger seine eigenen Erfahrungen zugrunde und stellt auch nicht den Untergang der Armada in den Mittelpunkt des Geschehens, sondern beschreibt vielmehr ein eher peripheres Abenteuer Drakes an der panamesischen Küste; hierfür zieht er den beschönigenden amtlichen Bericht der „Real Audencia de Panama" als Hauptquelle heran. Die Wut und der Haß, die er immer noch in sich trägt, schaffen sich in einer allegorisch angelegten Vision Raum. Karl Vossler charakte-

risiert dieses 1598 veröffentlichte Werk, zu dessen zweiter Auflage 1602 Cervantes ein Lobgedicht beisteuert: „Alles in allem ist das Gedicht eher matt als fanatisch. Seine tiefere Schwäche liegt in einem prosaischen Vulgarismus und in einer gefühlsarmen Gedankenlosigkeit, so daß dieser Drake und seine Sache nur wortmäßig, aber nicht in unserem Gemüt zum Drachen und zur welterschütternden Gefahr für die Christenheit wird."

1589 Ende 1588 oder Anfang 1589 – der genaue Zeitpunkt ist nicht bekannt – läßt sich Lope in Valencia nieder und lebt nach über zwanzig Jahren zum erstenmal wieder in einem festen Familienverband. Er versucht, seinen Lebensstil dem eines Adeligen anzugleichen, was ihm vor allem mit Hilfe der Mitgift seiner Frau anfangs auch nicht schwerfällt. Lope kann auf einen gutversorgten Hausstand blicken, stellt einige Bedienstete ein und gibt sich ganz den Genüssen eines beschaulichen Landlebens hin, das er unter geringen Anstrengungen zur Idylle stilisiert. Wieder einmal dient die Pastorale der Verklärung des eigenen Seins und der niedrigen Herkunft. In einer seiner berühmtesten Romanzen greift er erneut Liebesgeschichten aus früherer Zeit auf und transponiert sie in die beschauliche valencianische Gegenwart:

„... Von ihrem Balkon
erblickt' mich ein Mädchen
mit strahlendem Busen
und nachtschwarzem Aug.
Die ließ sich betören;
ich heiratete sie,
man muß doch die Ehren-
schulden bezahlen.
Es erfuhr diesen Frevel
die andere Schwarze,
die Schöne von Troja [Elena Ossorio],
meine Herrin von einst,
und schüttet' zum Haufen
meine Sachen und rächt' sich
an Federn und Briefen
und zündet' sie an."

(Übersetzung Karl Vossler)

Überhaupt gehören die in Valencia entstandenen Romanzen zu den besten Lopes, und nicht wenige von ihnen finden in die zwischen 1588 und 1591 von Andrés de Villalta herausgegebene Anthologie „Flor de varios romances nuevos y canciones" Eingang. Perez de Hita druckt die gelungensten Arbeiten Lopes in seinem historischen Ritterroman über die Eroberung Granadas und den Untergang der maurischen Kultur in Spanien ab („Historia de los vandos de los zegríes y abencerrajes"), der um die Jahrhundertwende geradezu zu einem europäischen Modebuch wird.

Lope findet in Valencia schnell Kontakt zu seinen Dichterkollegen. „Hier lebten so bekannte Bühnendichter wie Francisco Tárrega, Carlos Boyl, Gaspar de Aguilar und Guillén de Castro. Lope, der unter Eingeweihten in Madrid bekannt war, mußte sich in Valencia mit den hier ansässigen Dichtern messen, um zu wissen, was er konnte" (Fritz Rudolf Fries). Bald nimmt Lope den ersten Platz ein.

Das gebildete Valencia spricht kastilisch, verleugnet aber das Katalanische, die Sprache des Volkes, nicht, und Lope dürfte auch dieses Idiom recht schnell verstanden haben. Die Vorherrschaft der kastilischen Sprache begann unter der Herrschaft der (ab 1494) „Katholischen Könige" Ferdinand II. (1452–1516) und Isabella I. (1451–1504, mit Ferdinand verehelicht ab 1469), die in der Hegemonie Kastiliens ein stabilisierendes Element ihrer auf die Einigung des Landes bedachten Politik sahen. Zwar tritt „Spanisch" zur Bezeichnung des Kastilischen bereits im Mittelalter des öfteren auf, „und nicht zufällig", so Fritz Schalk, „setzt sich dieses Wort seit der Zeit des Humanismus und der Renaissance immer mehr durch. Als ein alle regionale Formen transzendierender Ausdruck erscheint es gleichzeitig mit dem Terminus ‚Vaterland' (‚patria'), das als ‚Heimaterde' (‚tierra nacional') über dem Regionalen so steht wie ‚spanisch' über ‚kastilisch'. Das Spanische tritt nun als eine gegliederte Einheit in die Reihe der Weltsprachen; aus der dienenden Stellung, die es in der Subordination gegenüber dem Latein bisher gehabt hatte, rückt es nun zum Rang der Nationalsprache empor, die sich der antiken Welt nicht mehr unterordnet, sondern sich mit ihr auf eine Stufe stellt und Weltgeltung beansprucht wie die römisch-imperiale Idee. Schon Ende des 15. Jahrhunderts war es ein Gedanke des Humanisten Nebrija gewesen, daß Spanien wie das römische Weltreich eine eigene große

Sprache haben müsse, und im Goldenen Zeitalter wird oft und oft in einer imperialistisch anmutenden Tendenz der Wunsch laut, daß sich die spanische Sprache ausbreiten möge wie einst die römische. Wird auch der Sprachgebrauch nicht sofort einheitlich, da auch weiterhin sowohl ‚kastilisch' wie ‚spanisch' zur Bezeichnung des Spanischen dienen und sogar manche Dichter in dem vielstimmigen spanischen Weltreich in verschiedenen Sprachen dichten, das Wesentliche, das die Übereinstimmung zwischen politischer und sprachlicher Entwicklung sichtbar macht, ist doch, daß die spanische Sprache zum Bewußtsein ihrer Kraft als eines ideengestaltenden Ausdrucksmittels erwacht ist und sich ihrer welthistorischen Sendung bewußt wurde."

In Valencia wird diese Tendenz durch die Geschäftigkeit der dort stark vertretenen Druckereien und Verlage noch gefördert. Und man kümmert sich auch verstärkt um die neuen, bis jetzt kaum bekannten Dichtungsformen der Kastilier: die Romanze und die Comedia, die schon nach kurzer Zeit die bisher dominierenden „katalanischen" Genres der Lyrik und der gelehrten Prosa in den Hintergrund rücken lassen. Lyrik und Lehrprosa verweisen indes auf zwei den Geist und die Physiognomie der Stadt bestimmende Einflußzonen: auf ihre arabische Vergangenheit (Lyrik), die noch immer das äußere Bild Valencias prägt, und den Humanismus (gelehrte Prosa), der an der seit 1441 bestehenden Universität von Valencia eine Heimstatt gefunden hat.

Und eben diese Vergangenheit weist nun dem Theater die wichtigste Rolle zu. Denn eine Stadt, die über Jahrhunderte hinweg in die Auseinandersetzungen zwischen Christen und Mauren verwickelt war, erst 1238 endgültig in christliche Hände überging und bis zur letzten Maurenvertreibung 1609 viele Moriskos und Juden in ihren Mauern beherbergt, „hat zwar nicht für das eigentlich Dramatische, wohl aber für allerlei Theatralik, Schaustellung, festlichen Prunk religiöser und weltlicher Art einen ungemein lebendigen Sinn" (Vossler). Prunkvolle Prozessionen mit Schauwagen und Maskengruppen dienen der Belustigung, Belehrung und Selbstdarstellung der Einwohnerschaft vor allem am Fronleichnamstag, einem in Spanien immer mit dem größten Aufwand begangenen Fest. Diesem Hang zur Freude und Besinnlichkeit in einem konnte weder das immer einen transzendenten Zug aufweisende Fronleichnamsspiel, das „Auto sacramental", noch das streng nach den tradierten Regeln der Antike gestaltete humanistische Theater, noch das höfische Schauspiel entsprechen, wohl aber die jetzt aus Kastilien importierte Comedia. Sie überwindet mit ihrer Verwischung der Grenzen zwischen Tragödie und Komödie auch die Aufspaltung des Publikums in Gebildete, die sich am Ernst des Lebens erbauen, und Ungebildete, die sich nur ergötzen und amüsieren, und rettet so den öffentlichen Charakter der Schauzüge in die abgeschlossenere Welt des Theaters hinüber. „Jetzt gibt es im Palast des Vizekönigs keine ausschließlichen Darbietungen für den Adel mehr und, auf rasch gezimmerten Gerüsten, kein Spektakel nur für das Volk, und hinter den Mauern der Universität nur für die Gelehrten... Ein einziges Theater umfaßt und befriedigt die Vielschichtigkeit der Gesellschaft und ihres Geschmacks" (Henri Mérimée).

Lope hätte sich also kaum einen besseren Ort wünschen können. Comedias gehen ihm ja leicht von der Hand, und hier hat er ein dankbares, geradezu süchtiges Publikum. Er wird zum Gott der Stadt. Aus späteren Jahren ist ein valencianisches „Vaterunser" überliefert, das beginnt: „Ich glaube an Lope, den allmächtigen Dichter des Himmels und der Erde", und in dem 1631 erschienenen Roman „Bureo de las Musas del Turia" von Miguel Sorolla ist ein Dialog zu finden, der beginnt:

„Möge Apoll euch beschützen!"
„Möge Lope euch beschützen, denn er ist Apoll."

Lope schreibt ein Stück nach dem anderen, die Theaterdirektoren – und nicht nur die aus Valencia – stehen Schlange. Schreiben wird endgültig sein Hauptberuf. Und er tut dies nicht mehr des Zeitvertreibs oder der eigenen Belustigung wegen, wie das seiner eigenen Aussage nach in Madrid noch der Fall gewesen sein soll, sondern aus finanziellen Gründen. Lopes Beispiel und seine großen Erfolge sorgen auch für einen zahlreichen dichterischen Nachwuchs, so daß man schon nach kurzer Zeit von einer Valencianer Dichterschule spricht, die man indes wohl besser Lopesche Schule nennen sollte. Das Ansehen, das er genießt, besänftigt bald die Obrigkeit, die natürlich über das Madrider Verbannungsurteil informiert ist und Lope anfangs mit wachen Augen verfolgt, besonders da er schon bald wieder den alten „Lastern" verfällt und zudem für die oft groben Streiche seines Freundes Claudio Conde geradestehen muß. In einem gut zwanzig Jahre später verfaßten Theaterstück heißt es unter Anspielung auf diese Zeit (und auf den später von Schiller in seiner Ballade „Die Bürgschaft" gestalteten Stoff): „Gefahren liefen wir da, nicht weniger als in der Heimat, und bürgten füreinander wie Damon und Phintias, und der erlauchte Graf von Aytona [der Vizekönig von Valencia] wäre als Dionys nicht ungern der Dritte in unserem Bunde gewesen."

Gegen Ende des Jahres stirbt die Mutter Lopes, die ihrem Sohn das Leben, das er führt, nie verziehen hat.

1590

Die Mitgift Isabels ist bei dem aufwendigen Leben, das Lope führt, bald verzehrt, und so gilt es jetzt, selbst für den Unterhalt der Familie aufzukommen. Lopes Versuchen, vom Ertrag seiner Feder zu leben, ist trotz seiner ungeheuren Produktivität kein Erfolg beschieden, und er muß sich bei Don Antonio Alvárez de Toledo, Herzog von Alba, einem Enkel des berühmten Feldherrn, als Sekretär und zweiter Hausdichter verdingen. Der Hofstaat dieses mächtigen Granden ist nach dem Vorbild des Königs in Madrid geordnet. Die Stelle des ersten Schreibers nimmt Pedro de Medina ein, genannt „Medinilla" („der kleine Medina"); zum engeren Kreis um den Herzog gehören noch der Leibarzt Enrico Jorge Enríquez und der Komponist Juan Blas de Castro, der einige Romanzen Lopes vertont. Da der Herzog sich meist auf dem prunkvollen Stammsitz der Familie in Alba de Tormes aufhält, wo einige Jahre später auch Calderón des öfteren zu Gast ist, dürfte Lope seinen Hauptwohnsitz dorthin verlegt haben. Er begleitet seinen neuen Herrn auf dessen Reisen, und da Albas Einfluß sehr groß ist, wird er selbst Madrider Boden betreten haben. Die Launen eines Granden zählen eben mehr als polizeiliche Verbote. Lope übernimmt neben den offiziellen Aufgaben eines Schreibers auch wieder die private Korrespondenz seines Herrn, wie das schon zuvor in den Diensten des Marqués de las Navas der Fall war. An Arbeit mangelt es ihm hierbei nicht. Der Herzog führt ein sehr freizügiges Leben und sieht vor allem in den Töchtern der abhängigen Bauern ein allzeit verfügbares und wehrloses Wild. Es ist gut möglich, daß die rücksichtslos vorgehende Figur des Großkomturs in *Fuente Ovejuna* einige Züge dieses großherrlichen Adeligen trägt, der sich 1599 sogar demonstrativ weigert, an den Feierlichkeiten der Hochzeit Philipps III. mit Margarete von Österreich teilzunehmen.

Lope ist erst kurze Zeit im Gefolge des Herzogs, als dieser überraschend inhaftiert wird. Er hat sich mit Doña Catalina Enríquez de Rivera verlobt, sich dann aber in die nicht weniger vornehme Doña Mencia de Mendoza y Enríquez verliebt und auch ihr die Ehe versprochen, worauf sich der Vater Doña Catalinas voller Entrüstung an Philipp II. wendet. Dem König kommt dieser Streit gerade recht, da er ohnehin vorhat, dem großsprecherischen Granden einen Dämpfer zu versetzen; außerdem ist es ungeschriebenes Gesetz, daß der Hochadel seine Heiratspläne vom König genehmigen läßt. Acht Tage nach seiner in aller Stille vollzogenen Vermählung mit Doña Mencia wird Antonio Herzog von Alba auf die Feste La Mota de Medina geschafft, aus der er erst nach drei Jahren wieder entlassen wird. Die Einkerkerung ihres Brotherrn erlegt den zwei Hausdichtern die Verpflichtung auf, sich poetisch um dessen Freilassung zu bemühen und mit Lobgedichten um öffentliche Sympathie zu werben. Für die Zeit, in der Don Antonio im Gefängnis sitzt, übernimmt sein Stiefbruder Don Diego die Regentschaft in Alba de Tormes.

1591

Der Skandal um Antonio Herzog von Alba gerät rasch in Vergessenheit, als plötzlich die Folgen einer noch größeren und weitreichenderen Affäre die Gemüter bewegen. Zur Vorgeschichte: Antonio Pérez (um 1534–1611), ein bekannter Schriftsteller und Staatsmann, der ehedem die rechte Hand des Königs war und auch an dem geheimnisvollen Tod des Don Juan de Austria, des Halbbruders Philipps II. und Siegers von Lepanto, beteiligt gewesen sein soll, wird 1579 überraschend verhaftet und verurteilt. Pérez soll sich in eine Favoritin des Königs verliebt haben, die

Lope Félix de Vega Carpio — Chronik 1593

Ana Mendoza de la Cerda, Fürstin (in der Regel „Prinzessin" genannt) von Eboli (1540–1592), dargestellt in einem 1874 datierten Stich nach einem Bildnis von Alonso Sánchez Coello (1531–1588). Um die Person der Prinzessin Eboli entspinnt sich 1579 eine hochpolitische Intrige, die auch die Biographie Lopes beeinflussen soll. Ein enger Vertrauter des Königs, der auch mit den nichtöffentlichen Angelegenheiten der Krone gut vertraut ist, der Staatssekretär Antonio Pérez, begeht einen unverzeihlichen Fehler: er verliebt sich in die Eboli, die Geliebte des Königs, und der um seine Ehre besorgte Monarch läßt seinen Nebenbuhler daraufhin unverzüglich verhaften und ins Gefängnis schaffen. Doch Pérez, mit den Mechanismen der Macht bestens vertraut, gelingt es, schon nach kurzer Zeit zu fliehen; die Eboli wird vom Hof verbannt. Die zweite Inhaftierung Pérez' und seine erneute Flucht lösen die Unruhen aus, an deren Niederschlagung Lope 1591 beteiligt ist. (Bezüglich der Augenbinde der Eboli wird angenommen, daß sie damit ihr Schielen verbergen wollte.)

Prinzessin Eboli, und der in seiner Ehre gekränkte Herrscher will sich nun auf diese Weise rächen. Dem geschickten Hofmann und Intriganten gelingt jedoch die Flucht nach Aragon, wo andere Gesetze gelten, die selbst der König nicht außer Kraft setzen kann. Philipp II. beschuldigt Pérez daraufhin der Ketzerei und der Homosexualität, was der Inquisition, die beide „Delikte" mit aller Strenge verfolgt, die Möglichkeit des Eingreifens gibt. Pérez wird erneut inhaftiert, doch gelingt ihm wiederum die Flucht. Diesmal verläßt er das Land und zieht nach Paris, wo er Heinrich IV. (1553–1610, König ab 1589) zu einem Krieg gegen Spanien zu überreden versucht. Dieser schickt nun 1591 seine kampferprobten Hugenotten über die Pyrenäen, und es kommt vor allem in Aragon, das sich noch immer nicht mit der Vorherrschaft Kastiliens abgefunden hat, zu einigen Unruhen. Die spanische Armee wird mobilisiert, und auch Lope de Vega bleibt nichts anderes übrig, als mit den Truppen des Herzogs von Alba erneut ins Feld zu ziehen. Am 12. November marschieren die spanischen Streitkräfte – darunter der Dichter – ohne größere Kampfhandlungen in Zaragoza ein. „Aus diesen Abenteuern bleibt für Lope zumindest eine Erinnerung, die an die Liebschaft mit einer Dame in Zaragoza, die dann 1598 als Albania in Lopes Schäferroman *La Arcadia* eine Rolle spielt" (Fries).

Von den zahlreichen Comedias, die Lope in den Jahren 1588 bis 1591 geschrieben hat, ist aller Wahrscheinlichkeit nach mit *El Grao de Valencia* nur eine einzige erhalten geblieben.

1593 Don Antonio Herzog von Alba wird aus dem Gefängnis entlassen. Don Diego hat zur Feier des Tages ein glanzvolles Fest arrangiert, in dessen Mittelpunkt ein Stierkampf stehen soll, den er selbst bestreiten will. Das ist durchaus nicht ungewöhnlich. Der Stierkampf gehörte in Spanien bereits im Mittelalter zum offiziellen Programm eines Turniers und stand den anderen Waffenübungen in nichts nach. Lion Feuchtwanger (1884–1958) läßt in seinem von Lopes gleichnamigem Drama inspirierten Roman „Die Jüdin von Toledo" sogar einen kastilischen König die Auseinandersetzung mit dem Stier suchen. Seit dem offiziellen Verbot des ritterlichen Zweikampfs durch Kaiser Karl V. ist die „Corrida de toros" zudem die letzte direkte Form des Kampfes, die dem Ritter noch bleibt. Don Diego hat jedoch Pech: er wird von seinem Stier auf die Hörner genommen und so schwer verletzt, daß er drei Tage später stirbt. Das Freudenfest hat sich in sein Gegenteil verkehrt.

Am 12. Dezember 1593 schließt Lope die Arbeit an *El favor agradecido* ab.

1594

Isabel de Vega wird von ihrem zweiten Kind, wieder einem Mädchen, entbunden; sie stirbt an den Folgen der Geburt. Das Kind, das auf den Namen Isabel getauft wird, folgt der Mutter wenig später in den Tod, und ein knappes Jahr darauf muß Lope auch Teodora, die Erstgeborene, zu Grabe tragen. Am ersten Todestag seiner Frau, deren Grab er in den Jahren nach ihrem Hinscheiden regelmäßig besucht, schreibt Lope ein Gedicht; dessen abschließende Strophe soll hier nicht zuletzt deswegen wiedergegeben werden, weil sie zeigt, daß der wetterwendische und die eheliche Treue mißachtende Lope zu durchaus ernsten Gefühlsregungen fähig ist — wenngleich natürlich der Anteil rhetorischer Konvention nicht übersehen werden soll:

„Heut, Belisa, liebe Frau,
ist das erste Jahr vergangen,
daß ich deines frühen Todes
Schmerzenstrank gekostet habe.
Und ein Jahr lang pflegt' ich dein,
da du krank lagst: — tausend Jahre
hätt' ich gerne dich gepfleget,
hätte auf den Lohn gewartet.
Ich allein hab dich begleitet,
als die andern dich verlassen,
denn ich liebte dich im Leben
und noch inniger im Grabe.
Weiß es doch der liebe Himmel,
der mein Zeuge sei in Wahrheit,
wie ich noch im Tod dich liebe,
die so lieb ich damals hatte.
Ließest in der Hütte mich,
deine Herde zu bewachen,
hast zum Unterpfande mir
auch das holde Kind gelassen,
das mich manches Mal getröstet,
weil's aus dir hervorgegangen;
und in seinem Himmelslächeln
konnt' ich dein Gesicht betrachten.
Aber, ach, wie kurz die Freude,
denn der Himmel, mich zu strafen,
wollte, daß es sterbend folgte
dir auf deinem ew'gen Gange."

(Übersetzung Karl Vossler)

Lope verfaßt in diesem Jahr die heute noch im Manuskript vorhandenen Stücke *El leal criado, San Segundo de Avila, Laura perseguida* und *El maestro de danzar*.

1595

Lope löst seinen Valencianer Haushalt auf und läßt die wenigen Habseligkeiten, die ihm noch verblieben sind, meistbietend versteigern. Er hat vor, Valencia endgültig den Rücken zu kehren und wieder nach Madrid zu übersiedeln, wo seine Freunde schon seit einiger Zeit den Schauspieldirektor Jerónimo Velázquez davon zu überzeugen suchen, daß er seinen Haß auf Lope endgültig begraben müsse. Es sind jedoch eher geschäftliche Interessen als edle Regungen der Großmut, die Velázquez schließlich bewegen, ein Schreiben aufzusetzen und das Gericht zu bitten, die über Lope verhängten Sanktionen zurückzunehmen. Lope wendet sich daraufhin selbst an den König: „Unterzeichneter bittet Eure Majestät, die Verbannung aufzuheben, die noch aussteht, und ihm Erlaubnis zu erteilen, die Residenz zu betreten und sich darin aufzuhalten, unter Berücksichtigung, daß seine Schuld nur gering war, wie Eurer Majestät bekannt ist, und daß er, indem er besagte Verbannung auf sich nahm, große Entbehrungen, Krankheiten und Mühen gelitten hat und leidet, und er deshalb einen großen Gnadenbeweis darin sehen würde..." Man zeigt sich gnädig und hebt die Verbannung auf, worauf sich Lope umgehend nach Madrid begibt.

Um 1595 schreibt er das Drama *Jorge toledano*. In der Zeit von 1588 bis 1595 müssen auch die folgenden Stücke entstanden sein: *El Dómine Lucas, El ganso de oro, El hijo Venturoso* und *La infanta desesperada*.

1596

Kaum ist Lope wieder in Madrid, steht er auch schon im Mittelpunkt eines handfesten Skandals. Die anscheinend auf strenge Einhaltung der Sitten bedachte Obrigkeit wirft ihm vor, mit einer gewissen Doña Trillo de Armenta, einer reichen, mehrere Häuser ihr Eigentum nennenden Witwe, in einem eheähnlichen Zustand zu leben. Lope wird wiederum vor Gericht zitiert; der Urteilsspruch ist allerdings nicht bekannt, da die Akten verlorengegangen sind. Es kommt zwar zu keiner neuerlichen Ausweisung, doch muß er sich einen anderen Arbeitgeber suchen: das mit dem Prozeß verbundene Aufsehen um Lope veranlaßt den Herzog von Alba, sich von seinem Schreiber und Hausdichter zu trennen. Lope tritt daraufhin in die Dienste des Don Francisco de Ribera Barroso, des zweiten Marqués von Malpica und Marschalls von Kastilien, bei dem er die Funktion eines Schreibers bekleidet.

Obwohl es seit dieser Geschichte nicht gerade gut um Lopes Leumund bestellt ist, erhält er im Sommer dieses Jahres einen ersten offiziellen Auftrag von seiten der Madrider Geistlichkeit. Der Dominikanerpater Mendoza bittet ihn, die Geschichte eines frommen Madrilenen aus dem 12. Jahrhundert in Verse zu fassen, dessen Heiligsprechung beantragt ist. Es handelt sich um den späteren Stadtheiligen Madrids, den hl. Isidro, eine dort schon lange vor ihrer Kanonisierung äußerst populäre Gestalt. Lope erhält als Quelle die von Alonso de Villegas bearbeitete 300 Jahre alte Chronik eines gewissen Diakon Johannes und macht sich sofort ans Werk – wohl aus dem Grund, weil ihm das Leben der Person, das zu schildern ihm aufgetragen ist, eng mit dem eigenen Tun und Wollen zusammenzuhängen scheint. Im 5. Gesang des Epos *Isidro de Madrid,* das er 1598 abschließt und 1599 in Druck gibt, heißt es:

„Lieber hier bin ich geboren,
unter armem Volk verloren,
hier wo du gewandelt hast,
lieber, denn als hoher Gast
anderswo zu Glanz erkoren.
Ist mir nicht schon Kraft gegeben,
Bilder, Weihgeschenk, Altäre
aufzustellen dir zur Ehre,
hoff ich doch durch dich zu leben
im Gedicht. Mit deiner Lehre
schule mir die rohe Hand
und erhöhe den Verstand,
du, des Himmels Ackermann,
daß ich mich erheben kann
auf in deinen Adelsstand."

(Übersetzung Karl Vossler)

Lope will den Heiligen nicht nur feiern, sondern auch nachahmen, will als Poet das leisten, was jener auf andere Weise vollbringen konnte. Isidro war ein einfacher Mann, ein Landarbeiter, der Tag für Tag hart arbeiten mußte, sich aber, so die Legende, kraft seines Glaubens mit dieser Beschwerung seines irdischen Seins abfand und ihm eine heitere, angenehme Seite abzugewinnen vermochte. Eben dies ist nach Lopes Überzeugung aber auch die allererste Aufgabe wahrer Dichtung, denn mit ihrer Hilfe kann es gelingen, den im Spanien des Siglo de oro immer postulierten Zusammenhang zwischen der Organisation des weltlichen Seins und der sie bedingenden göttlichen Ordnung anschaulich und plausibel werden zu lassen. Die Darstellung der Versuchungen, denen der hl. Isidro ausgesetzt war, und seiner Bemühungen, ihrer Herr zu werden, können zur Nachahmung dieser Taten aufrufen. Wenn aber eine solche Wirkung eines Kunstwerks denkbar ist, so erfüllt auch dessen Schöpfer eine höchst sinnvolle gesellschaftliche Funktion. Der Dichter wird, wenn schon nicht zu einem Heiligen, so doch zumindest zum Veredler des Volkes; er rückt auf in dessen wahren „Adelsstand". Für Lope, der ja stets versucht, seiner Dienerrolle zu entschlüpfen und so zu leben wie die Herren, bei denen er sich verdingen muß, und der auch genug andere Mittel und Wege kennt, sich ihnen gleichzustellen (etwa durch die Pastorale oder das Überstreifen eines heroischen

Der Holzschnitt aus dem 18. Jahrhundert zeigt den hl. Isidro, den Patron der Bauern und Stadtheiligen Madrids. Für Lope ist der Heilige immer auch ein Gegenstand poetischer Imagination: „Für mich besteht kein Zweifel, daß die Freunde der Dichtkunst bei keinem anderen Heiligen als bei diesem engelhaften Ackersmann so glänzende poetische Motive finden." All das, was eine bukolische Dichtung ausmache, sei dort gegeben.

Eine weitere Darstellung des hl. Isidro inmitten der ihn verehrenden Bauern (Real Academie de Bellas Artes de San Fernando in Madrid); Zeichnung (Kreide und Rötel) des asturischen Malers Juan Carreño (1614–1685).

Kostüms), bedeutet dieses Wissen um die edle Funktion, die er auszufüllen imstande ist, sicherlich sehr viel. Abzulesen ist dies auch daran, daß er sich zeit seines Lebens stets von neuem mit der Gestalt des hl. Isidro beschäftigt, in der dieses Bewußtsein sich besonders anschaulich zu kristallisieren vermag. Er schreibt drei Dramen über den Heiligen und fühlt sich in späteren Jahren immer besonders geehrt, wenn er zur Ausgestaltung des in Madrid bald zur festen Tradition werdenden Isidro-Festes herangezogen wird.

Lopes Identifikation mit diesem Heiligen ist indes keine abstrakte, und er denkt auch nie daran, Charakteristika und Schwächen der eigenen Person, um die er nur zu gut weiß, schönfärberisch zu übertünchen. Trotz ihres hehren Gegenstandes liegt der Lopeschen Dichtung alles übertriebene Pathos fern. Sie bewegt sich statt dessen in eher volkstümlichen

Bahnen und verweist so schon durch ihr Äußeres auf die innige Verbundenheit des Madrider Volkes mit seinem Heiligen. Lope schildert die Arbeit des Landmannes, läßt auch dessen Eheleben nicht außer acht und stülpt, als ob dies selbstverständlich wäre, über die eher alltägliche Szenerie eine sie transzendierende und verklärende Sphäre höheren Seins. Da ist von Engeln die Rede, die Isidro beim Pflügen helfen und nebenher, zu seiner Belehrung und Erbauung, noch Zeit zu ausgedehnten und gelehrten theologischen Vorträgen finden; und steht es mit dem Hausfrieden einmal nicht zum besten, ist das sicher dem Einfluß höllischer Mächte zuzuschreiben. Selbst in den profansten Dingen obwaltet ein höherer Geist. Eine solche Verknüpfung von Diesseits und Jenseits erlaubt es selbst dem, der zu einem armseligen Leben gezwungen ist, seinem Dasein einen überindividuellen Bezug abzugewinnen. Daß diese Tendenz eindeutig quietistischen Charakter trägt, braucht nicht weiter betont zu werden.

1597 Die spanische Comedia mit ihrer Verwischung der Grenzen zwischen Tragödie und Komödie und der damit einhergehenden Aufhebung der Ständeklausel erfährt in den Jahren, da Spanien sich zwar nach außen hin noch auf dem Höhepunkt seiner Macht zu befinden scheint, im Innern aber die Anzeichen eines dann rasch einsetzenden Verfalls immer deutlicher werden, einen immensen Aufschwung. ,,Einmalig", so Werner Krauss, ,,ist dieses spanische Theater des Volkes, das erst nach hundertjährigem Glanz in seine Elemente zurücksank. Madrid hatte als Theaterstadt London bei weitem überflügelt. Hier kommt es zu einer großstädtischen Ballung einer zusammengewürfelten Masse. Der Zerfall der ständisch gegliederten Hierarchie hat sich vollendet. Die nationale und nationalreligiös getönte Empfindung verankert das nivellierte Bewußtsein der breitesten Allgemeinheit. Dazu kommt in Spanien die seit undenklicher Zeit erweisbare Macht poetischer Volkstraditionen, die alle Formen der Dichtung durchdringen und überwuchern." Das Theater zeigt eine Welt, in der jene den spanischen Anspruch auf eine übergreifende Herrschaft rechtfertigende Idee der konfessionell gestifteten Einheit aller Menschen des rechten katholischen Glaubens sich noch immer mit einer dieser Idee zuwiderlaufenden Wirklichkeit versöhnen läßt, wodurch der Bühne eine äußerst wichtige soziale Funktion zukommt. Sie rekonstituiert ein Sein, das, obzwar realiter längst nicht mehr existent, Denken und Fühlen der meisten Spanier bestimmt.

Um so mehr muß es überraschen, daß ein 1597 von Philipp II. aus Anlaß des Todes seiner Schwester Katharina von Savoyen verfügtes Verbot aller Theateraufführungen für zwei Jahre einigen einflußreichen Männern dazu dienen soll, für eine generelle Abschaffung des Theaters zu plädieren. Sie begründen ihren auch dem König unterbreiteten Antrag damit, daß das Theater die Menschen verderbe und zu sündigem Denken und Tun verleite; der schöne Schein, der es umgebe, sei letzten Endes nichts anderes als der Versuch höllischer Mächte, die Zuschauer auf ihre Seite zu ziehen, zumal auch durch die Überschreitung der Schranken zwischen Heiligem und Profanem jedweder Respekt vor den Dogmen und Lehren der Kirche verlorengehe. Was objektiv besehen zum Erhalt der staatlichen und kirchlichen Ordnung beiträgt, erscheint einigen forschen Vertretern eben dieses Systems als dessen Bedrohung. So kommt es, daß ein Teil der spanischen Geistlichkeit sich offen für das Theater engagiert und in ihm einen Vermittler seiner eigenen Vorstellungen sieht, andere Kräfte des Klerus es aber erbittert bekämpfen und all diejenigen, die mit ihm zu tun haben, Schauspieler und Dichter, als sittenlose Werkzeuge des Teufels denunzieren. Lope schränkt in diesen Jahren seine Arbeit für das Theater ein, gibt sie aber nicht ganz auf; denn viele Schauspielunternehmer kennen Mittel und Wege, das Verbot zu umgehen, und finden hierbei oft sogar in der Obrigkeit, die eigentlich dagegen einschreiten sollte, einen hilfsbereiten Verbündeten. Theater gehört in Spanien mittlerweile zum Leben, fast schon wie das tägliche Brot, und ein solches Bedürfnis läßt sich durch einen administrativen Akt allein nicht unterdrücken. Erst als gegen Ende des 17. Jahrhunderts die Verhältnisse sich soweit verschlechtern, daß alle Illusion, und sei sie noch so gekonnt in Szene gesetzt, an der Wirklichkeit zuschanden werden muß, tritt ein Wandel ein.

1598

Lope verläßt die Dienste des Marschalls von Kastilien und wird Sekretär des Marqués von Sarria, des späteren Herzogs von Lemos, der auch als Mäzen Miguel de Cervantes' bekanntgeworden ist (ihm sind der zweite Teil des „Don Quijote" und die „Exemplarischen Novellen" gewidmet).

Am 25. April beendet Lope sein Witwerdasein und tritt erneut vor den Traualtar. Seine Gattin Doña Juana de Guardo ist, wie Fritz Rudolf Fries anmerkt, „die erste und einzige Frau in seinem Leben, die in keinen literarischen Rahmen sich einfügt". Sie ist nicht besonders geistreich und auch nicht hübsch. Ihr größter Reiz besteht in einer großen Mitgift von annähernd 25.000 Realen in Doppelsilber, und allem Anschein nach hat Lope vor allem darauf spekuliert. Er hat sich jedoch verrechnet, denn der Vater Juanas, Don Antonio de Guardo, ein reicher Schlachter und Hoflieferant für Fisch und Fleisch, verheiratet sich nach dem Tod seiner ersten Frau erneut und weigert sich, seiner Tochter die ausgemachte Summe aus dem Erbteil seiner ersten Frau auszuzahlen. Lope, der an der Plaza de los Mosteneses in Madrid ein neues Heim sucht, kommt so bestenfalls in den Genuß verbilligter Fleisch- und Wurstwaren, was natürlich nicht wenige seiner Feinde und Konkurrenten zu hämischen Kommentaren verleitet. Schon nach kurzer Zeit macht in Madrid ein anonymes Gedicht die Runde, in dem es heißt:

„Er war ein Page, ein wenig Student,
ohne End in wilder Ehe lebend,
bis er sich mit Fisch und Fleisch vermählte."

Lope trifft dies sicher schwer. Doch es soll noch schlimmer kommen. Als in diesem Jahr sein bereits während der Zeit im Dienste des Herzogs von Alba entstandener Hirtenroman *La Arcadia* in Druck gehen soll, besteht Lope auf der Nennung des Namenszusatzes „Carpio", den er sich bekanntermaßen selbst verliehen hat. Der aus sehr altem Adel stammende Don Luis de Góngora y Argote, der Heros des gebildeten und feinsinnigen Spanien, nimmt diese Eitelkeit des bei der breiten Masse des Volkes äußerst populären Lope zum Anlaß, sein Mißfallen auch in persönlichen Invektiven zum Ausdruck kommen zu lassen. Góngora, ansonsten der große Meister des esoterischen und verschlüsselten Worts, begibt sich von den Höhen des Kulteranismus in die Niederungen plumper Eindeutigkeit und verfaßt ein gutes Dutzend Schmähgedichte, deren eines lautet:

„Bei deinem Leben, Lopillo, tilge mir
die neunzehn Türme deines Wappens!
Denn obgleich sie alle aus Wind sind,
zweifle ich, daß du Wind für soviel Türme hast.
. . .
Zu seinem Gewerbe soll er zurück, zum
Flügelroß, dem zieh er auf dem Theater die
Zecken aus.
Schluß mit den Türmen auf Sand gebaut,
falls er uns nicht, in zweiter Ehe lebend,
aus Speckseiten Türme bauen möcht."

Lope fühlt sich gleich dreifach getroffen. Nicht genug damit, daß erneut auf seine Hochzeit mit der biederen Metzgerstochter angespielt und seine einfache Herkunft bloßgestellt wird, geht es jetzt auch um seinen Ruf als Dichter. Lope ist irritiert, daß sein Kritiker mit der Metapher der auf Sand gebauten Türme ausgerechnet den Punkt trifft, der ihm selbst viel zu schaffen macht: seine mangelhafte Ausbildung und Gelehrsamkeit nämlich. So versäumt er es nur selten, seine Bildung herauszustreichen; beispielsweise fügt er der *Arcadia* einen 58 Seiten umfassenden Anhang mit Erklärungen einiger von ihm verwendeter seltener Begriffe aus den verschiedensten Bereichen der Wissenschaft an. Dieses fast schon penetrante Bemühen ist jedoch nur Ausdruck des Bewußtseins eines an sich selbst diagnostizierten Defizits, das Lope auf diese Weise großmännisch zu übertünchen versucht. Ihn irritiert des weiteren, daß er sich hierbei ausgerechnet Góngora, der jetzt so über ihn herzieht, zum Vorbild gewählt hat. Er versucht ihn zu imitieren, biedert sich manchmal geradezu an, macht sich aber auch – das die Kehrseite der Medaille – vor allem in seinen Komödien über die Sprachgewalt Góngo-

Philipp III. (1578–1621), der Sohn Philipps II.; 1598 tritt er die Nachfolge seines Vaters als König von Spanien und Portugal an. Das rechts wiedergegebene Bildnis ist ein Werk des Hofmalers Juan Pantoja de la Cruz (1551–1608; Prado in Madrid). Die Regierung liegt zur Zeit Philipps III. weitgehend in den Händen des Herzogs von Lerma, dessen Außenpolitik den Prestigeverlust Spaniens erkennen läßt; den wirtschaftlichen Niedergang beschleunigt die Vertreibung der Mauren 1609.

ras lustig (auf das diffizile und widerspruchsvolle Verhältnis dieser beiden großen spanischen Dichter soll an anderer Stelle noch ausführlicher eingegangen werden).

Lope mag sich in diesem von schweren Angriffen auf seine Person bestimmten Jahr vielleicht damit getröstet haben, daß die Feindschaft Góngoras und der Spott anderer, inferiorer Kreise immerhin als Indiz für den Rang der eigenen Person innerhalb der spanischen Literaturgesellschaft gewertet werden kann. Und außerdem wird die *Arcadia* vom Publikum ganz gut aufgenommen. Dies kann jedoch nicht darüber hinwegtäuschen, daß der Schäferroman wie auch die kurz zuvor veröffentlichte „Galatea" des Cervantes es nicht vermögen, der großen Form pastoraler Dichtung neuen Glanz zu verleihen. Lope bleibt den tradierten Topoi aus den Tagen eines Jorge de Montemayor (1520–1561), dessen in viele Sprachen übersetzter Erfolgsroman „Die sieben Bücher der Diana" 1559 erschienen ist, verhaftet; darüber hinaus verknüpft er, was dem Werk einen eigentümlichen Charakter verleiht, die Hirtenfabel mit einem großangelegten Lob des Hauses Alba. Don Antonio, Lopes ehemaliger Dienstherr, steht in der Verkleidung des Schäfers Anfriso im Mittelpunkt einer Handlung, die dem heutigen Leser recht seltsam vorkommen muß: Alba/Anfriso verprellt seine Geliebte, worauf diese woanders Trost sucht. Der Liebhaber verfällt einer tiefen Melancholie, die durch zahlreiche Zaubereien allmählich überwunden werden kann. Als die Geschichte schließlich so kompliziert wird, daß selbst die Akteure bald nicht mehr wissen, was eigentlich gespielt wird, betritt urplötzlich eine alles zum Guten wendende Zauberin die Szene.

Philipp II. stirbt am 13. September. Unter seiner Herrschaft erlebte Spanien mit dem Seesieg über die Türken bei Lepanto und der Eingliederung Portugals Augenblicke höchsten Triumphes, mit dem Beginn des Freiheitskampfes der Vereinigten Niederlande und dem Fiasko der Großen Armada aber auch solche tiefster Verzweiflung. Mit dem Tod dieses in seiner Heimat zwar nicht geliebten, doch respektierten, im übrigen Europa aber verhaßten und zum Idealtypus eines Tyrannen stilisierten Monarchen verliert Spanien auch die letzte dynastische Inkarnation der herrschenden Staatsdoktrin. Der Sohn und Nachfolger Philipp III. (1578–1621) tauscht das schwarze Gewand seines verschlossenen und ernsten Vaters gegen einen farbenprächtigen Aufzug ein. Philipp II. verachtete das höfische Leben, in dem er hauptsächlich ein Mittel zur Befriedigung des stolzen und noch immer mächtigen Hochadels sah; Philipp III. dagegen macht es zu seinem eigentlichen Lebensinhalt und verfällt just jenem Instrumentarium, mit dem er eigentlich nur spielen sollte. „Die Historiker bezeichnen diesen König mit Recht als schwach. Mit ihm begann die Unsitte der spanischen Könige, die Regierungsgeschäfte Favoriten und Günstlingen zu überlassen, während sie sich selbst dem Gebet oder ihrem Vergnügen widmeten, an prachtvollen religiösen Zeremonien oder höfischen Festen mit Wettkämpfen oder eleganten Tänzen teilnahmen" (Fernando Diaz-Plaja). Der eigentliche Machthaber ist schon bald Francisco Gómez de Sandoval y Rojas (1553 bis 1625), ab 1599 Herzog von Lerma, bei dem alle Fäden zusammenlaufen. Er verteilt die Ämter und läßt sich dafür gut bezahlen. Natürlich versuchen die jeweiligen Amtsinhaber, diese Aufwendungen so schnell wie möglich wieder wettzumachen. Korruption macht sich breit, und auf den unteren Volksschichten lastet ein noch größerer Druck, als das in den ohnehin schon schwierigen Zeiten unter Philipp II. der Fall war. Geldmangel verleitet den Herzog von Lerma später gar zu einer Verlegung der Residenz nach Valladolid, dessen Kaufmannschaft, die sich davon einen großen Gewinn verspricht, sich dieses Privileg eine schöne Summe kosten läßt. Nach ein paar Jahren zieht man wieder nach Madrid – aus demselben Grund übrigens, weswegen man es einst verlassen hat. Nur haben jetzt die Madrilenen mehr zu bieten.

In diese Zeit des Niedergangs fällt der Höhepunkt spanischer Kunst und Literatur. Mit Ausnahme vielleicht des „Don Quijote" und des Genres des Schelmenromans kommen dort allerdings die Widersprüche und Determinanten dieser Epoche des Abstiegs nicht direkt zur Sprache, wie das vom Standpunkt heutigen Kunstverständnisses eigentlich zu erwarten wäre. Es hat vielmehr den Anschein, als versuche die Literatur diese Entwicklung in Richtung einer gewissen Dekadenz durch die Idealisierung und Verklärung der sie bestimmenden Triebkräfte ideell aufzuheben. Von grundle-

Dieses Lope-Bildnis von Francisco Pacheco, dem Schwiegervater des Velázquez, zeigt den Schriftsteller so, wie er sich selbst gern sieht: als geschniegelten Kavalier; typisch die große Halskrause und der nach oben gezwirbelte Schnurrbart.

1599 Dem erst vor kurzem zum zweitenmal in den Stand der Ehe getretenen Lope begegnet in der Schauspielerin Micaela de Luján eine neue große Liebe. Micaela ist nicht nur hübsch und gewitzt – hat also Vorzüge aufzuweisen, über die die Ehefrau Juana anscheinend nicht verfügt –, sondern gehört einer Chronik Suárez de Figueroas zufolge anscheinend auch zu den Besten ihrer Zunft. Sie ist zwar verheiratet, doch ihr Gatte, der Schauspieler Diego Díaz, befindet sich zur Zeit im fernen Amerika, in Peru. Lope hat also freie Hand und nutzt dies auch weidlich aus. Das Gerede der Leute und die immer wachen Augen und Ohren der Obrigkeit stören ihn nicht. Er nennt Micaela nur noch seine Camila Lucinda und sieht in ihr ein „Wunder des Urhebers von Himmel und Erde", denn die aus dem Norden des Landes, aus Burgos, gebürtige Schöne besitzt äußere Vorzüge, die in Spanien recht selten sind, nämlich langes blondes Haar und einen auffallend blassen Teint; Micaela entspricht somit dem Schönheitsideal der Heiligenlegende und des Ritterromans.

Dem verliebten Dichter steht aber schon bald eine neue Abwechslung bevor. Er reist nach Valencia, wo sich bereits der größte Teil des spanischen Hofes eingefunden hat, um eine königliche Doppelhochzeit zu feiern. Philipp III. soll nach gut habsburgischer Tradition mit einem Sproß des österreichischen Zweigs der Familie, Erzherzogin Margarete, und seine Schwester Isabel Clara Eugenia mit Erzherzog Albert vermählt werden. Lope, der zur Begleitung des Marqués von Sarria gehört, ist nicht nur Ehrengast dieses prunkvoll gestalteten Spektakels, sondern hält sich, da sein Dienstherr ein Neffe des Herzogs von Lerma ist, sozusagen im Haus des Veranstalters auf, wo ihm bald wichtige Aufgaben übertragen werden. So soll er eine versifizierte Chronologie der Ereignisse verfassen. Lope kommt dieser schmeichelhaften Verpflichtung schnell nach und gibt noch im selben Jahr ein 190 achtzeilige Strophen umfassendes Werk in Druck; darin bringt er es immerhin fertig, dem in Valencia inszenierten Schmierentheater noch einen gewissen Abglanz poetischer Schönheit zu verleihen, wenn auch die Mittel, zu denen er greift, etwas obskur erscheinen. So macht er in einer der Strophen aus dem schwachen Herrscher Phil-

gender Bedeutung ist in diesem Zusammenhang der Begriff des „desengaño", der Gedanke an die Nichtigkeit alles Irdischen und „die fürchterliche Ernüchterung durch Tod und Jenseits ... hinter allen Freuden und Gütern des Lebens" (Karl Vossler). Daß Lope, dem dieses Denken nicht fremd ist, ihm dennoch nicht erliegt, ist wohl seinen oft bemängelten „Schwächen" und „Unzulänglichkeiten" zuzuschreiben. Er möchte leben, und zwar gut leben, auch und gerade dann, wenn die Zeiten schlecht sind. Die Rückschläge und Niederlagen, die auch ihn nicht verschonen, sind ihm immer Ansporn, es von neuem zu versuchen und sich nicht unterkriegen zu lassen. Vossler hat diese Eigenschaft Lopes in einem poetischen Bild zusammengefaßt: „Sein Geist gleicht einem gesegneten Ackerland am Fuß eines Vulkans, auf das zuweilen der Aschenregen des Todes niedergeht, und seine Früchte werden nur desto farbiger und süßer davon."
Um 1598 entstehen *El galan escarmentado, La serrana de la vera* und *La Francesilla* (?).

Philipp III., dargestellt in einem Gemälde von Sebastián de Herrera (Museo Lazaro Goldiano in Madrid).

ipp III. einen kraftstrotzenden „neuen" Alexander den Großen.

„Zu Pferde ritt der neue Alexander;
der jener Zeit, der Große, besiegte Theben;
doch der Ruhm des herrlichen Jünglings,
von dessen Mute größre Kunde kommt,
ließ Phöbus selbst die Pferde zügeln,
zu sehn den vortrefflichen Beweis,
wuchs der Nachmittag und ward der Tag
größer."

Zunächst begibt sich der Hof in die ostspanische Hafenstadt Denia, wo die Prunkgaleere der österreichischen Hochzeiter erwartet wird. Als diese in den Hafen einläuft, hat Lerma für eine besondere Überraschung gesorgt: er fingiert einen Überfall algerischer Seeräuber, die das Mittelmeer selbst nach Lepanto noch immer unsicher machen. Es zeugt von Lermas Sinn fürs Realistische, daß die Seeräuber Erfolg haben und einige getreue Liebespaare mit aufs offene Meer schleppen. Lope greift diese Szene in seiner späteren „Comedia famosa" *El Argel fingido y renegado de Amor* auf, wo er sie augenzwinkernd parodiert. Dies soll indes nicht heißen, daß Lope keinen Gefallen an all dem Treiben gefunden hätte, im Gegenteil: er sieht sich inmitten der großen Gesellschaft und ist nicht nur geduldet, sondern ein gerngesehener Gast; und die Truppe Melchor de Villalbas, eine der berühmtesten im Lande, spielt, was ihm sicher gleichfalls Befriedigung verschafft, im Corral von Valencia fast ausschließlich seine Stücke. Vor dem königlichen Palast wird ein der italienischen Commedia dell'arte nachempfundener Kampf des Ritters Karneval, den Lope verkörpern darf, mit Quaresima gegeben. „Er [Lope als Karneval] trug über einem roten Wams und roten Hosen einen schwarzen Schlafrock und saß auf einem Maulesel, dessen Gurt mit Schellen behangen war. Allerhand Geflügel, Wildpret und fette Eßwaren baumelten ihm um Hals und Hüften, während sein Gegner mit Muränen, Kabeljau, Dorschen und ähnlicher Fastenkost behangen war. Unter dem Fenster des noch unvermählten Königs hielt er seine Lob- und Glückwunschrede in italienischen Versen; sodann sprach er eine spanische Romanze, die dem König ausnehmend gefiel, und galoppierte auf seinem Eselchen hinweg und verschwand in der lachenden Menge" (Vossler). Der Ball am Hochzeitstag, dem 18. April, nimmt mit einer Romanze Lopes, die von vier blinden Spielleuten vorgetragen wird, seinen Anfang.

Nur wenige Wochen nach der Trauung arbeitet Lope die Hochzeitsfeierlichkeiten zu einem Fronleichnamsspiel um: *Las bodas entre el Alma y el Amor divino (Die Hochzeit zwischen der Seele und der göttlichen Liebe)*. Die weltliche Prozession des Festzugs wird spiritualisiert, die Galeere wird zum „Kirchenschiff" und die Braut zur „heiligen Seele":

„Es schmettern die Trompeten
zur Morgenwacht,
zum Takte der Ruder
das Wasser lacht;
und es naht Margarete
die heilige Seele
dem lieblichen Strand
ihrer langen Sehnsucht.
Zu Christi Gnade
ist sie gebracht:
zum Takte der Ruder
das Wasser lacht."

Lope Félix de Vega Carpio — Chronik 1599

Margarete von Österreich, auf dem Gemälde von Diego Velázquez (1599–1660; Prado in Madrid) in einem wundervollen Brokatgewand auf einem in verhaltenem Trab ausschreitenden Pferd sitzend, kommt am 25. März des Jahres 1599 in Spanien an, um mit Philipp III. verheiratet zu werden. In ihrer Begleitung befindet sich Herzog Albert, ein weiterer Habsburger, der sich mit der Schwester des Königs, Isabel Clara Eugenia, vermählt. Lope, der an der großen und von vielen Festlichkeiten begleiteten Valencianer Doppelhochzeit teilnimmt, schreibt schon wenige Wochen nach dem Ereignis ein Auto sacramental, in dem er die Verbindung zwischen Philipp und Margarete zur „Hochzeit der Seele und des Amor divino" stilisiert. Die „Seele" ist Margarete, der göttliche Amor der König. Bei der szenischen Gestaltung des Stücks hält sich Lope de Vega ganz eng an das Schema des Festzuges, der die beiden Brautleute durch Valencia geleitet hat. Als Brautwerber des Königs führt er den hl. Johannes den Täufer ein, und Philipp III., dessen Gefolge der Dramatiker zu „Himmelsscharen" erhöht, wird in eine direkte Relation zu Gott gesetzt, dessen Vertreter auf Erden er ja sei.

Holzschnitt von Christoffel Jegher (1596–1652/1653; Rijksprentenkabinet in Amsterdam) nach dem Gemälde „Der Liebesgarten" (siehe S. 140/141) von Peter Paul Rubens (1577–1640). Jegher ist mit seiner Vorlage recht frei umgegangen: er änderte das Format, machte es breiter, vertauschte ganze Figurengruppen und fügte neue, eigene Geschöpfe hinzu. Holzschnitt und Gemälde haben indes gemeinsam, daß sie dieselbe Stimmung ausdrücken. Es herrscht hier jene gezügelte Ausgelassenheit, die Personen von Stand wohl immer dann zu eigen ist, wenn sie sich auf einem fremden, leicht anrüchigen Terrain befinden. Eine ironische Komponente ist in der Darstellung immer spürbar. Die Szene ist ländlich, aber nicht rustikal, die Umgangsformen sind gelockert, jedoch nicht ohne Etikette. Es sind dies auch Merkmale des spanischen Hirtenromans. Der italienische Verleger Bidelli schreibt 1606 im Vorwort zu seiner Ausgabe des berühmten Hirtenromans „La Diana" von Jorge de Montemajor: „Hier sind Wälder, die überhängen von erlesenen Worten, blühende Wiesen von leichthin aufgesetzter Rede, Flüsse voller Eloquenz, verworrene Labyrinthe von wunderbar eingeschachtelten Er-

In dieser Umdeutung der konkreten Ereignisse offenbart sich ein Kennzeichen des spanischen Fronleichnamsspiels, des „Auto sacramental": auf das Sujet kommt es kaum an; wichtig ist, daß der Dichter ihm eine dem Anlaß des Festes adäquate Ausdeutung zu geben vermag und es mit der Apotheose des Altarsakraments zum Abschluß bringt.

Lope schreibt zwar seiner Micaela immer wieder, daß ihre Abwesenheit es ihm unmöglich mache, das Fest in vollen Zügen zu genießen, doch hindert ihn das nicht, ein neues Liebesabenteuer zu beginnen. Es währt indes nicht lange. Am Tag der Heimreise, dem 16. Juli, läßt Juana de Guarda in Abwesenheit des Vaters das erste Kind aus dieser Ehe auf den Namen Jacinta taufen. Lope legt in Madrid einen kurzen Aufenthalt ein und reist weiter nach Chinchón, wo er einen Vertrag über die Lieferung einer Comedia abschließt. Dieses Stück mit dem Titel *El blason de los Chaves* wird zunächst einigen wenigen auserwählten Zuschau-

findungen." Naturalismen passen hier nicht. Was im portugiesischen Hirtenroman „Moça e Menina", erschienen 1501, beschrieben wird, nämlich daß Hirten auch schnarchen und sich, wenn sie müde sind, einfach hinstrecken, „der eine hier, der andere dort, wie es ihm im Schlafe am besten gefiel", ist in der spanischen Bukolik völlig undenkbar. Eine Ausnahme bildet das nicht diesem Genre zuzuzählende „Gespräch zweier Hunde" von Cervantes, in dem bewußt der Kontrast zwischen einem idealisierten und dem wirklichen Schäferleben herausgestellt wird. In seinem Aufsatz „Der spanische Hirtenroman" schreibt Werner Krauss über eine so besänftigte Natur: „Die Durchdringung des gegebenen Naturbereiches durch das Wissen und das Werkzeug brachte den Menschen nicht nur in Abhängigkeit von der von ihm erkannten und nachgebildeten Gesetzlichkeit der Natur, sondern benahm ihr gerade dadurch den ursprünglich besessenen spontanen Offenbarungscharakter. Natur rückte durch diese Entwicklung der menschlichen Verhältnisse in eine Art von Transzendenz, die aber im Aufbruch zur Landschaft einen Richtpunkt erhielt und im Erleben ahnbar wurde."

ern vorgestellt, was nicht nur den unter dem Regiment des Herzogs von Lerma verschärften Zensurbestimmungen, sondern auch der veränderten politischen Lage in Europa zuzuschreiben ist. Heinrich IV. von Frankreich ist 1593 zum Katholizismus übergetreten. Spanien spekuliert auf seine wohlwollende Neutralität im Falle eines erneuten Angriffs auf England, mit dem man in Gedanken spielt. Eine Störung des gereizten Klimas zwischen den zwei alten „Erzfeinden" käme da äußerst ungelegen, und so ist die Vorzensur damit betraut, alle Stücke nach frankreichfeindlichen Passagen zu durchforsten.

Das Jahr 1599 dürfte neben *El blason de los Chaves* das Entstehungsdatum der folgenden Comedias sein: *Las Pobrezas de Reinaldos, El Argel fingido y renegado de amor* und *Los cautivos de Argel*. Nicht genau datierbar sind die Stücke *El Padrino desposado, Los Guzmanes de Toral, El desposorio encubierto, Dios hace reyes y los hombres las leyes* (alle vor 1600).

Chronik 1599

Chronik 1599

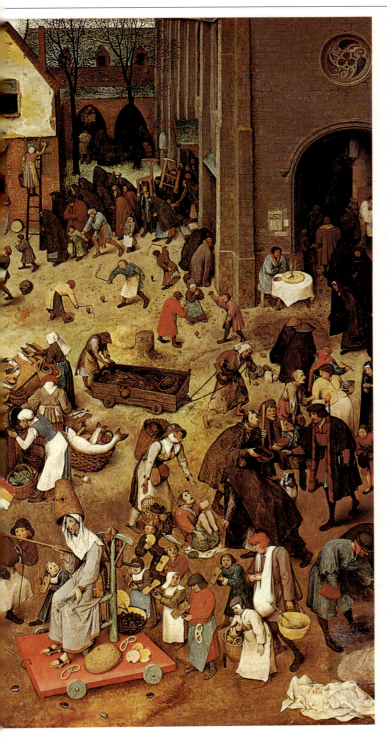

Im Vordergrund des Gemäldes „Der Kampf der Fasten gegen die Fasnacht" von Pieter Bruegel dem Älteren (um 1525–1569; Kunsthistorisches Museum in Wien) ist eine Gruppe von Personen zu sehen, die an den um Lope veranstalteten Kampf zwischen Ritter Karneval und Quaresima anläßlich der Valencianer Doppelhochzeit des Jahres 1599 denken läßt. Die Verkörperung des Karnevals, wie Lope in roten Hosen, sitzt hier jedoch nicht auf einem Esel, sondern auf einem auf Kufen montierten Weinfaß, in der Hand einen Spieß mit einem gebratenen Schweinskopf. Gegenspieler dieser Figur ist die hagere und in strenges Grau gekleidete Gestalt in der rechten Bildhälfte, deren Kopfbedeckung einem Bienenstock ähnelt. Die beiden Kontrahenten stehen sich gegenüber wie Ritter eines mittelalterlichen Turniers, die Lanzen gestreckt. Diese Anklänge an eine andere, die höfische Kultur inmitten eines durchaus bäuerlichen Szenariums muß überraschen. Arnold Hauser hat dafür eine plausible Erklärung: er hält diese Kunst, die fast durchweg als volkstümlich gilt, was ihrem Maler auch den Namen „Bauern-Bruegel" eingetragen hat, für zutiefst unvolkstümlich und rechnet sie der manieristischen Strömung zu. „Man ... verfiel in den Irrtum, daß eine Kunst, die das Leben der kleinen Leute schildert, auch für kleine Leute bestimmt sei, wo doch in Wirklichkeit eher das Gegenteil wahr ist. Das Abbild der eigenen Lebensweise ... suchen in der Kunst gewöhnlich nur die konservativ denkenden und fühlenden Gesellschaftsschichten ... Niedergehaltene und aufwärtsstrebende Schichten wünschen Lebensumstände dargestellt zu sehen, die ihnen als Ziel vorschweben, nicht solche, aus welchen sie sich herauszuarbeiten trachten. Eine sentimentale Beziehung zu einfachen Lebensverhältnissen empfinden in der Regel nur Leute, die über diesen Verhältnissen stehen."

1600 Lope kündigt seinen Dienst beim Marqués von Sarria auf und zieht mit Micaela nach Sevilla. Das Leben in Madrid behagt ihm nicht mehr: seit der Hof nach Valladolid gezogen ist, dominiert hier wieder das Provinzielle, und außerdem stört ihn, daß Frau und Geliebte so nahe beieinander sind. Er hat nun zwei Familien, die in Madrid mit Juana de Guarda und ihrer Tochter und die in Sevilla. Lope quartiert sich im Haus des Schriftstellers Matéo Alemán y de Enéro (um 1550–1610/1620) ein, dessen 1599 veröffentlicher Schelmenroman „Das Leben des Guzmán de Alfarache" neben dem anonymen „Lazarillo de Tormes" und dem „Buscón" Francisco de Quevedos zu den Glanzstücken dieses Genres zählt. Das Zusammenleben der zwei Autoren sorgt schnell für großes Aufsehen, doch nicht so sehr deswegen, weil man sich viel von einer Kooperation der beiden verspräche, denn daß Autoren, auch sehr berühmte, zusammenarbeiten (wozu es in diesem Fall übrigens kaum kommt), ist in der Literaturgesellschaft des Siglo de oro durchaus an der Tagesordnung. Die Neugier entzündet sich vielmehr an der privaten Seite der beiden Dichterexistenzen. Alemáns Ruf in Sevilla ist ohnehin nicht der beste. Er wohnt mit drei Frauen zusammen: seiner Ehefrau, einer Haushälterin und deren Schwester, der augenblicklichen Favoritin. Und jetzt gesellt sich auch noch dieser Lope nebst Begleitung dazu. Als eines Tages die Polizei erscheint, mögen den Neuankömmling, der sich in Sevilla und im Haus des Freundes recht wohl fühlt, unangenehme Erinnerungen an frühere Zeiten und Erlebnisse überkommen haben. Doch gilt das Interesse der Ordnungshüter diesmal Alemán, den sie seiner hohen Schulden wegen schnurstracks ins Gefängnis abführen. Ob Lope einen nennenswerten Beitrag zu seiner baldigen Freilassung geleistet hat, ist nicht bekannt; wahrscheinlich nicht, denn seine finanzielle Situation dürfte sich nicht nur nicht verbessert, sondern aufgrund seines „Doppelhaushalts" eher noch verschlechtert haben. Lope hat zwar den Parnaß längst erreicht, doch in klingender Münze zahlt sich das nicht aus.

Wie schon in Valencia, steht Lope auch in Sevilla sofort im Mittelpunkt des literarischen Lebens, das in dieser Stadt sehr ausgeprägt ist. Es gibt hier eine Art Dichterakademie, die Lope sofort zu ihrem ungekrönten König ausruft. Er lernt in diesem Kreis den Dichter und Mäzen Don Juan de Arquijo kennen, in dessen palastartigem und mit einer reichausgestatteten Bibliothek versehenem Haus er immer ein gerngesehener Gast ist. Lope bedankt sich für die ihm erwiesenen Freundlichkeiten und Vergünstigungen auf die Art, die er am besten versteht; in seinem späteren *Laurel de Apolo* schreibt er über Arquijo:

„Hier Don Juan de Arquijo, des
heiligen Apoll und der Musen Sohn.
Lebte er, welcher Rang wäre nicht der seine?
Jedoch, wer hätte Rang, wenn er noch lebte?"

Zu der Künstlergesellschaft, die Arquijo um sich versammelt, gehört neben vielen Schriftstellern, deren Namen heute fast niemand mehr kennt, auch der Maler Francisco Pacheco, der ein Porträt Lopes anfertigt. Konkurrenz findet die Tafelrunde Arquijos nur in der nach ihrem Gründer Juan de Ochoa Ibáñez, einem Freund Cervantes', benannten „Academia de Ochoa", die sich natürlich Lope zur bevorzugten Zielscheibe ihrer Polemiken aussucht. Wie schon in Madrid, bemängelt man auch hier seinen unsteten Lebenswandel und seine erotischen Eskapaden und verbindet diese Kritteleien mit oft recht plumpen Angriffen auf den Lope, wie man meint, zu Unrecht erwiesenen Respekt:

„Man sagt, Lope sei gekommen."
„Nicht möglich."
. . .
„Ich hab ihn gesehen."
„Unmöglich, er ist unsichtbar."
„Unsichtbar, Martin? Das ist eine Täuschung, denn Lope de Vega ist ein Mensch, ein Mann wie ich, wie Ihr, wie Diego Díaz."
„Ist er groß?"
„Ja, so etwa meine Statur."
„Wenn er nicht so groß ist wie sein Name, scheiß ich auf Euch, auf ihn und auf seine Gedichte."

Lope schreibt die Comedias *La contienda de Gareia de Paredes y el capitan Juan de Urbina* und *Los tres diamantes* und hat die Arbeit an zwei weiteren Stücken zu diesem Zeitpunkt sicher schon abgeschlossen: *La hermosa Alfreda* und *La prison sin culpa*.

1601

Lope erkrankt in diesem Jahr zweimal schwer. Dennoch arbeitet er an einem Band mit Sonetten, den er bald publizieren will. Er geht, ohne daß wir wissen warum, später für einige Zeit nach Antequera. Lope ist von einer sonderbaren Unruhe besessen, die es ihm nicht erlaubt, sich längere Zeit an einem Ort aufzuhalten.

Was bei ihm hauptsächlich psychisch bedingt sein dürfte, gerät vielen seiner Zeitgenossen zur unumgänglichen Notwendigkeit: sie müssen auf die Straße, weil sie an ihrem bisherigen Aufenthaltsort keine Möglichkeit mehr sehen, ihr Auskommen zu finden. Land ist knapp, der Boden oft karg, und die kleinen Erträge, die er abzuwerfen imstande ist, fließen meist ungeschmälert den Großgrundbesitzern zu. Arbeit im gewerblichen Sektor zu finden ist fast unmöglich, denn dieser Wirtschaftsbereich verfällt von Jahr zu Jahr mehr und erleidet nach der letzten großen Maurenvertreibung 1609 zudem einen für lange Zeit nicht mehr gutzumachenden Aderlaß. So bleiben eigentlich nur das Dienstleistungsgewerbe und der Handel sowie, da auch hier die Stellen und Möglichkeiten sehr begrenzt sind, als letzte Chance allein die Halb- und Unterwelt, die gerade in diesen Jahren einen starken Zuwachs zu verzeichnen hat. Die Straßen sind unsicher, und die „Heilige Hermandad", die für den Schutz der Reisenden verantwortlich ist, muß zu immer brutaleren Mitteln greifen. Erfolg hat sie damit begreiflicherweise nur wenig. In den Städten haben sich bereits regelrechte Organisationen in Sachen Kriminalität gebildet. Sevilla, der Hauptwohnsitz Lopes, belegt sogar den zweifelhaften Rang der in dieser Beziehung berüchtigtsten Stadt Spaniens. So ist es kein Zufall, daß Cervantes, der die Verhältnisse in Sevilla aus eigener Anschauung gut kennt, den Schauplatz seiner im Gaunermilieu spielenden Novelle von „Eklein und Schnittel" gerade dorthin verlegt. Überhaupt ist festzustellen, daß die spanische Prosa – und hier an erster Stelle das pikareske Genre – diese neuen Entwicklungen geradezu seismographisch festhält. Der Weg des in die Welt ziehenden Pikaro des Schelmenromans führt zu Beginn fast immer schnurstracks in die Fänge einiger Wegelagerer; darauf folgt meist die Ausplünderung durch gewitzte Betrüger, vor allem solche weiblichen Geschlechts, die ihr Quartier in einem der vielen Gasthöfe aufgeschlagen haben; gegen Ende des ersten Abschnitts seiner Wanderschaft bleibt dem dermaßen Geschädigten, der von dem Wenigen, das er sein eigen nennen konnte, keinen Heller mehr besitzt, nichts anderes übrig, als sich der großen Zahl der Glücksritter in den Städten anzuschließen.

Lopes Stück *Los amantes sin amor* ist auf dieses Jahr datierbar. Am 20. Mai erhalten die Comedias *Los amigos enojados y verdadera amistad* und *Carlos es perseguido* ihre Approbation durch die Zensur.

1602

Die Ankunft des Schauspielers Diego Díaz, des Gatten seiner Freundin Micaela, zwingt Lope zu einigen längeren Aufenthalten in Madrid, wo er wohl im Hause seiner Frau wohnt und einen Vertrag abschließt, der ihn verpflichtet, in kürzester Zeit zwei Stücke zu liefern. Danach geht es nach Toledo, von wo aus er „Lucinda" die folgenden Verse zukommen läßt:

„Lucinda, ohne deine süße Begleitung
und ohne die Schätze deiner schönen Brust
ist alles nur Klagen von der Nacht bis in den Tag."

Das auf der folgenden Doppelseite wiedergegebene Gemälde (Museo Municipal in Madrid) zeigt König Philipp III. mit seiner Garde auf der Plaza Major in Madrid, in deren Mitte heute ein Reiterstandbild dieses Herrschers steht. Zur Zeit Lopes ist die Plaza Major das Zentrum der Stadt und oft auch Schauplatz der verschiedensten öffentlichen Veranstaltungen (vgl. die Abbildungen auf S. 92/93 und 284/285). Turniere werden abgehalten, Stierkämpfe ziehen die Massen an, und großangelegte Theateraufführungen unter freiem Himmel finden hier eine ansprechende Kulisse. Madrid, seit 1561 die Hauptstadt des spanischen Königreichs, kann sich, wie Fritz Rudolf Fries schreibt, „wenige Jahre nach seiner königlichen Bestimmung schon in der Dichtung der Zeitgenossen wiederfinden. Wesentlich ist dabei der Kontrast zwischen Stadt und Land. Für Gracián ist Madrid einfach nur der ‚große Schwamm', der ansaugt, was in seine Nähe gerät. Als das große Babel wird es von allen apostrophiert, auch von Lope [in ‚La Dorotea'] und zuerst von Luis Vélez de Guevara in seinem Roman ‚Der hinkende Teufel'. In Lopes Comedia ‚Ya anda de la Mazagetos' beklagt sich der junge Bauer Pascal: ‚Voll sind die Städte / von Eifersucht, Tod und Schmach …'" Das Madrid Lopes hat aber auch noch eine andere Seite: es ist ihm, der sich in dieser Szenerie durchaus wohlfühlt, nicht nur die Stadt der Karrieristen und Abenteurer, sondern auch die Stadt des hl. Isidro. Weltliche Hinwendung und weltabgewandte Kontemplation sind in diesem Bild verwoben.

Chronik 1602

Chronik 1602

Mit den „Schätzen deiner schönen Brust" sind die insgesamt sieben Kinder Lucinda-Micaelas gemeint, von denen wohl nur zwei den ihr angetrauten Ehemann zum Vater haben.

Das Jahr 1602 gilt als Entstehungsdatum der Dramen *El cuerdo loco y veneno saludable, El principe despeñado, La piedad ejecutada, La ocasión perdida, El caballero de Illescas* und *La escolastica celosa*. Die 1604 in seinem *El peregrino en su patria (Der Pilger in seinem Vaterland)* veröffentlichte Liste der Lopeschen Komödien umfaßt 62 zum Teil schon viele Jahre zuvor entstandenen Comedias, wie sie zum Jahresende 1602 vorliegen.

1603

Lope verbringt den Sommer in Ocaño und schreibt dort die Comedia *El cordobes valeroso, Pedro Carbonero (Der tapfere Corduaner Pedro Carbonero)*.

Völlig überraschend stirbt in diesem Jahr Diego Díaz. Micaela ist jetzt Witwe und erhebt Anspruch auf das Erbe ihres Gatten, das sich auf ungefähr 600 Dukaten beläuft. Vor der mit der Nachlaßverwaltung betrauten Behörde gibt sie an, daß alle ihre sieben Kinder den Verstorbenen zum Vater hätten. Das sich ob dieser Behauptung äußerst reserviert zeigende Gericht verlangt, daß sie einen Bürgen herbeischaffe. Sie nennt Lope, den sie auch zum gesetzlichen Vormund ihrer Kinder machen will. Da der gute Ruf Lopes indes den Schriftsteller meint und nicht den Privatmann, muß er jetzt ebenfalls einen Bürgen angeben, der seine Redlichkeit bezeugen kann. Ein solcher Mann ist mit Matéo Alemán schnell gefunden, und das Gericht scheint dessen beschönigenden Aussagen auch Glauben zu schenken: Micaela bekommt das Erbe zugesprochen, und Lope wird zum Vormund ihrer Kinderschar. Der Dichter hat jetzt also das Sorgerecht für zwei Familien und bleibt mit jener Micaelas zunächst einmal in Sevilla. Im Oktober wird dort sein Sohn Félix getauft, als dessen Vater man allerdings den verblichenen Diego Díaz angibt.

Neben dem bereits erwähnten Drama über den tapferen Corduaner Pedro Carbonero verfaßt Lope unter anderem die noch als Manuskript vorhandene *Corona merecida*. In den Jahren zwischen 1587 und 1603 muß das Schauspiel *El cerco de Santa Fe e ilustre hazaña de Garci-laso de la Vega* entstanden sein, zwischen 1596 und 1603 *La mocedad de Roldan*, zwischen 1599 und 1603 *El gallardo catalan, Lucinda perseguida*, zwischen 1601 und 1603 *El arenal de Sevilla* sowie 1602 oder 1603 *Angelica en el catay* und *La tragedia del Rey Don Sebastian y bautismo del principe de Marruecos*.

1604

Lope zieht mit Micaela nach Toledo und läßt Juana und ihre Tochter kurze Zeit später nachkommen. Die beiden Familien leben nicht weit voneinander entfernt, und das sorgt natürlich für Gesprächsstoff unter den Toledanern. Doch auch in dieser Stadt findet Lope im Grafen von Mora schnell einen ihm wohlgesonnenen Mäzen, und er wird wie schon in Madrid, Valencia und Sevilla gleichsam über Nacht zur alles beherrschenden Figur. Der junge Toledaner Dichter Baltasar Elisio Medinilla (1585 bis 1620) geht in seiner Bewunderung für sein Vorbild sogar soweit, daß er Lopes Habitus im täglichen Leben nachzuahmen versucht.

Vielleicht ist es die besondere Atmosphäre Toledos, der alten Hauptstadt Kastiliens und Spaniens und mit dem Sitz des Erzbischofs noch immer dessen religiöses Zentrum, vielleicht aber auch der Wunsch, sich in der großen epischen Form einen Namen zu machen und als spanischer Torquato Tasso gefeiert zu werden — jedenfalls nimmt Lope die Arbeit an einem breitangelegten Epos auf, dem er in Nachahmung des großen Italieners, dessen „Erobertes" und „Befreites Jerusalem" die Bibliothek Moras gleich in mehreren Exemplaren ziert, ebenfalls den Titel *Jerusalén conquistada (Befreites Jerusalem)* gibt. Der Versuch geht indes gründlich daneben. Das in einem feierlichen und würdevollen Ton gehaltene Vorbild wirkt so stark nach, daß der ganz anders geartete Lope fast mit innerer Konsequenz einem aufgesetzten und zudem den Intentionen des Werks zuwiderlaufenden Akademismus verfallen muß. Er will das Hohelied spanischen Heldentums in den Kreuzzügen des Mittelalters singen, doch statt auf die Auseinandersetzungen im eigenen Land zu rekurrieren, befleißigt er sich, die historisch nicht nachweisbare und auch nicht haltbare Teilnahme eines spanischen Heers unter der Führung des kastilischen Königs Alfons VIII. (um 1155–1214, König ab 1158) am Feldzug des englischen Königs Richard Löwenherz (1157–1199, König ab 1189) zu beweisen. Im Vorwort heißt es dazu: „Um meinem Vaterlande zu dienen, das von den fremden Geschichtsschreibern immer so schlecht behandelt wird, habe ich dieses Werk geschrieben ... Und wenn dennoch in Wahrheit alles ganz anders war, so darf das kein guter Spanier glauben, sondern muß sich mit den Worten des Aristoteles bescheiden, demzufolge es nicht Sache des Dichters ist, das rein Tatsächliche zu berichten, sondern wie die Dinge gegangen sein konnten oder wahrscheinlicher – oder gar notwendigerweise – gehen mußten."

Der Zwang, einen nicht verbürgten und auch kaum bekannten Stoff allein durch die eigene Phantasie zu epischem Leben zu erwecken, steht dem Ziel, der dargestellten Wirklichkeit den Charakter ursprünglicher Lebendigkeit und poetischer Unmittelbarkeit zu verleihen, diametral entgegen. In der Gestalt des Cid prägen sich spanisches Wesen und das Ideal romantischer Ritterschaft, denen Lope huldigen will, nun einmal bei weitem sinnvoller und eingängiger aus. Ein persönlicher Erfolg wird das 1609 publizierte, einige Tausend Achtzeiler umfassende Werk für Lope indes dennoch, hat er ja damit all seinen akademischen Kritikern bewiesen, daß er nicht nur ausgezeichnete Theaterstücke zu schreiben versteht, sondern auch mit anderen, angeseheneren poetischen Formen recht gut umgehen kann.

In dieser Beziehung kann er 1604 einen weiteren Erfolg feiern, denn in diesem Jahr erscheint sein Abenteuerroman *El peregrino en su patria (Der Pilger in seinem Vaterland)*, dessen Haupthandlung in den Reisen Pánfilo de Lujáns, des im Titel genannten Pilgers, durch sein Vaterland besteht. Den Gepflogenheiten dieses seit der Antike zum verbürgten und anerkannten Literaturkanon zählenden Genres entsprechend werden die Hauptpersonen, vor allem aber Liebhaber und Geliebte, andauernden Trennungen unterworfen, wobei sie sich zu bewähren haben und für die Aufrichtigkeit ihrer Freundschaft oder Liebe einstehen müssen. Lope läßt in den Roman nicht wenige autobiographische Details einfließen, lyrische Einlagen sind zahlreich vertreten, und auch für vier mit der eigentlichen Handlung in keinerlei Zusammenhang stehende geistliche Dramen sowie eine Zusammenstellung seiner dramatischen Werke findet sich noch Platz. Das Ganze gleicht einem almanachartigen Sammelsurium und wird als solches, als Lektüre zur Zerstreuung, auch angeboten und gut verkauft.

Gegen Ende des Jahres erscheinen die ersten Sammelbände mit Comedias des Dichters. Sie enthalten neben bereits erwähnten Stücken *La vida y muerte del rey Wamba, La amistad pagada* und *El casamiento en la muerte y hechos de Bernardo del Carpio*. Um 1604 schließt Lope weiters die folgenden Dramen ab: *La prueba de los amigos, Carlos V en Francia, La nueva victoria del marques de Santa Cruz* und *El secretario de si mismo*. Auf den Zeitraum zwischen 1602 und 1604 datierbar sind *El amante agradecido* und *Don Juan de Austria en Flandes*.

1605

Mit seiner Bewertung des in diesem Jahr erscheinenden ersten Teils des „Don Quijote" von Miguel de Cervantes greift Lope gründlichst daneben. 1604 bereits schreibt er in einem Brief: „Über die Dichter will ich nichts sagen: ein schönes Jahr! Viele treiben's fürs nächste, aber keiner ist so schlecht wie Cervantes, und keiner ist so hohlköpfig, daß er den ‚Don Quijote' loben wollte." Das Verhältnis zwischen den beiden Autoren ist ohnehin nicht das beste. Lope weiß mit dem viel älteren, bedächtigen und etwas ungelenken, sich mit dem Verseschmieden schwerer tuenden Cervantes, der so gar nicht seiner Vorstellung eines Musensohns entspricht, kaum etwas anzufangen. Cervantes, der sich durch Lope an einer Theaterkarriere gehindert sieht, geht es ähnlich. Die überscharfe Reaktion Lopes dürfte aber ursächlich in einem in den „Don Quijote" eingefügten Diskurs über die dramatischen Dichter der Gegenwart begründet liegen. Cervantes wirft dort den Dramatikern und insbesondere Lope, der ja „einer der reichbegabtesten Geister dieses Landes sei", vor, sich wider besseres Wissen dem allgemeinen, schlechten Publikumsgeschmack nicht nur zu unterwerfen, sondern ihm willenlos zu willfahren; letzten Endes liege dies daran, daß „die Bühnenstücke zur käuflichen Ware geworden seien" und die Dichter, wollten sie ihr Produkt verkaufen, sich an den Mechanismen des literarischen Marktes orientieren müßten. Die Kritik Cervantes' ist also nicht persönlich, denn er versucht zu ob-

Blick auf Toledo. Die Stadt erhebt sich über dem Fluß Tajo, sanft in Terrassen ansteigend. 1590, als er die Funktion eines Hofdichters in den Diensten des Herzogs von Alba übernahm, besuchte Lope die Stadt wohl zum erstenmal; 1604 läßt er sich mit seinen zwei „Familien" dort nieder. Ein letzter längerer Aufenthalt fällt in das Jahr 1616, in dem Lope seine Aufgabe als Verwalter der Apostolischen Kammer des Erzbischofs von Toledo übernimmt. Da aber dieses Amt, das mehr ehrenamtlicher Natur ist, genausogut von Madrid aus versehen werden kann und er diese Stadt dem provinziell gewordenen Toledo vorzieht, beschränken sich Lopes Besuche in der Folgezeit auf ein unumgängliches Minimum.

jektivieren und fragt nach den Ursachen. Lope fühlt sich aber dennoch scharf angegriffen und glaubt, im Verweis auf die Abhängigkeit der dramatischen Dichter von ihren Auftraggebern, den Schauspieldirektoren, und dem Publikum eine Invektive auf sein verklärtes und idealisiertes Poetendasein sehen zu müssen, mit Hilfe dessen er ja gerade die andauernde Subordinierung in seiner außerliterarischen Existenz zu kompensieren sucht. Als 1614 ein dreistes Plagiat des „Don Quijote" erscheint, munkelt man denn wohl nicht zu Unrecht, daß dessen Verfasser, der Anonymus „Lizentiat Alonso Fernández de Avellaneda", dem Kreis um Lope angehören müsse.

Ende 1604 oder Anfang 1605, genau läßt sich das nicht mehr feststellen, tritt Lope in die Dienste des jungen Herzogs von Sessa. Der Grande, mit vollem Namen Don Luis Fernández de Córdoba y Aragon (geb. 1582), aus ältestem spanischem Adel stammend, ist ein galanter Schöngeist, der sich ausgiebig mit den Künsten beschäftigt. Er sammelt Bücher und, obwohl mit einer Tochter des Marqués de Poza jung verheiratet, Liebschaften. Lope hat ihm bei beiden Liebhabereien behilflich zu sein, wobei das Übergewicht deutlich auf der letzteren liegt. Er übernimmt, wie das auch schon früher des öfteren der Fall war, die intime Korrespondenz des Adeligen. Und da auch die umschwärmtesten Damen sich einen Schreiber-Poeten halten, der die Verehrerpost in ihrem Namen beantwortet, führt das nicht selten zu der kuriosen Situation, daß zwei Lohnschreiber sich „fremde, unechte Gefühl ausmalen, die aber in den Adressaten und Unterfertigten eine wahrhaft glühende Leidenschaft entzünden" (Francisco A. de Icaza). Als in diesem Genre geübtem Verfasser gehen Lope solche Episteln leicht von der Hand, und sie entzücken nicht nur ihre Empfängerinnen, sondern auch den Absender, der sich viele dieser Schreiben kopieren läßt und seiner literarischen Sammlung einverleibt.

Lopes Funktion ist indes nicht auf die eines poetischen Exekutors beschränkt, denn er wird dem Herzog schon nach kurzer Zeit so unentbehrlich, daß er auch für konkretere und profanere Aufgaben herangezogen wird. Er knüpft Kontakte zu den umworbenen Damen, arrangiert Zusammentreffen und leistet so Dienste, die an Fernando de Rojas „Celestina" erinnern, die Titelfigur des Lesedramas, das Lopes *Dorotea* als Vorbild dient. Die Zusammenarbeit zwischen Herr und Diener wird so eng, daß dieses äußere Abhängigkeitsverhältnis bald aufgegeben wird. Lope und der Herzog von Sessa gleichen eher zwei Brüdern, wobei dem Dichter, der zwanzig Jahre älter ist, eine führende Rolle zufällt. Er sieht in Sessa das Idealbild einer adeligen Existenz, der er, wie in einem durchaus ernst gemeinten Brief zu lesen ist, „einen Altar im Herzen" errichte und zu der er aufschaue „wie zu einer götterähnlichen himmlischen Erscheinung". Der Herzog wiederum bewundert an Lope dessen poetisches Genie und die Ungebundenheit seiner Lebensführung, für die er ein auffallendes Interesse zeigt.

„Die Verehrung dieses Mäzens kannte freilich keine Grenze der Ehrfurcht. Wahllos hortete Sessa alle Relikte von Lopes Hand, wie um die Strahlen seines Genius beständig in ungeteilter Nähe um sich zu haben. Ein Kult, der zum Fetischismus entartet. Sessas Sammelwut brachte die großartigste Kollektion von Lopehandschriften zusammen. Diese Liebhaberei, in der sich der Leerlauf einer blasierten Existenz bindet, trägt die zukunftsweisenden Züge einer

---

Das spanische Theater hat seine Ursprünge auch in kirchlichen Festen wie der Palmsonntagsprozession. Umzügen wie diesem war die Aufgabe zugedacht, den Gläubigen das Evangelium oder Teile der Liturgie plastisch vor Augen zu führen, nachvollziehbar zu machen. Aus diesen anfangs nur stummen oder von Gebeten begleiteten Demonstrationen des Glaubens entwickelte sich allmählich ein religiöses Drama, zu dessen ältesten Zeugnissen ein Dreikönigsspiel aus dem ersten Viertel des 13. Jahrhunderts gehört, das in der Kathedrale von Toledo zur Aufführung kam. Mit der Zeit wurden diese Stücke nicht nur zu bestimmten Anlässen gespielt, und sie lösten sich auch insofern von der Kirche, als ihr Schauplatz immer öfter ins Freie verlegt wurde.

später methodisch der Wissenschaft aufgezwungenen Haltung. Das Streben nach Vollständigkeit, dieser eigentümliche Systemzwang in jeder tief wurzelnden Leidenschaft, kam der ungeordneten Natur des Dichters schon im Leben zur Hilfe: Bei der Drucklegung seiner Sammelbände fand Lope seine eigenen Originale oder authentische Abschriften, sauber gebunden, im Archiv des Herzogs von Sessa. Alles war hier zusammengerafft worden: außer den Komödien und Romanzen ganze Konvolute mit Briefen sehr verschiedenen und zum Teil belastenden Inhalts. Der Sammelwert eines Stücks wächst für den Sammler mit der Schwierigkeit der Beschaffung. Lope muß auf dem Altar einer ihm huldigenden Passion das letzte Opfer der Scham und Würde bringen. Er zögert nicht, die eigenen Liebesbriefe seiner Lebensgefährtin abzulisten und sie dem Herzog für seine einzigartige Sammlung zu überreichen. Selbst die unmündige Tochter dieses Liebesbunds wird darauf abgerichtet, aus der Briefschatulle der Mutter die begehrten Schriftstücke zu entwenden" (W. Krauss).

Karl Vossler interpretiert diese in der Tat recht sonderbaren Handlungen als Kumpanei „der gemeinsamen Erniedrigung", geht hierbei aber wohl doch etwas zu weit. Niemand hätte Lope zwingen können, sich wider eigenen Willen bis an sein Lebensende an diesen Adeligen zu binden. Er bleibt freiwillig in dessen Diensten, und das wohl nicht zuletzt, weil Sessa ihm als Inkarnation dessen erscheint, was er hätte sein können, wenn er nicht gerade als Sohn eines Kunststickers geboren wäre. Außerdem sieht die damalige Zeit in der Libertinage eine dem Adel durchaus angemessene Existenzform, denn in einem absolutistischen System erlaubt sie es den an der Entfaltung ihrer Möglichkeiten gehinderten Kreisen der Gesellschaft, das Bewußtsein vom Wert der eigenen Person aufrechtzuerhalten. Hierzu dient zum ersten der Hof, wo der Adel, der dort nicht viel mehr als eine prunkvolle Staffage abgibt, immerhin noch demonstrieren kann, was er einst war. Zum zweiten bieten sich Malerei und Literatur an, die dem Adel bildhaft und idealisiert vor Augen führen, was er zu sein glaubt. Zum dritten fungiert in diesem Sinne ein hypertrophierter Ehrbegriff, wenn man so will nicht nur als Subjektivierung, sondern in seiner jetzigen Ausprägung auch als Verinnerlichung eines objektiv geschmälerten Selbstbewußtseins, das wie zur Kompensation dessen nun um so mehr auf Selbstdarstellung drängt. Und da gibt es schließlich das amouröse Abenteuer, das, falls es mit der Ehre kollidieren sollte, ja noch die Möglichkeit zu heroischem Tun in sich birgt: obwohl polizeilich streng verboten, werden jeden Tag im Park des Prado mehrere Duelle ausgetragen.

Das einem heutigen Beobachter nicht leicht verständliche Handeln Lopes und Sessas ist vor diesem Hintergrund, wenn es darum überhaupt gehen kann, durchaus entschuldbar. Lope wird durch diese gegenseitige Offenheit und Kumpanei gleichsam in den Adelsstand erhoben. Und warum soll er sich dann anders verhalten, als es dort nun einmal Usus ist? Hinzu kommt, daß der Lope unterstellte Verrat an der eigenen Intimsphäre, die er dem Herzog ja schonungslos preisgegeben hat, auf Anschauungen gründet, die erst knapp hundert Jahre später an ideologischer Durchschlagskraft gewinnen und als Gegenreaktion auf die oben kurz skizzierten Lebensformen verstanden werden müssen. Das sich emanzipierende Bürgertum setzt der auch repräsentative Funktionen wahrnehmenden Libertinage des Adels das Ideal der Tugend und der nach außen hin abgeschlossenen Familie als ideologisch-politischen Kampfbegriff entgegen.

Im Mai erhält Lope vom Magistrat Toledos die ehrenvolle Aufgabe übertragen, einen aus Anlaß der Geburt des Prinzen und späteren Königs Philipp IV. angesetzten Dichterwettstreit auszuschreiben. Er nimmt unter dem Pseudonym Lucinda Serrana selbst am Wettbewerb teil. Das Gedicht des, wie es in der Ankündigung heißt, berühmtesten Dichters von Toledo wird indes nicht prämiert, da es, so das Preisgericht, die Sprache des Hofes nicht adäquat zum Ausdruck bringe.

Lope wird in diesem Jahr mit Marcela eine Tochter geboren, zu der er ein besonders inniges Verhältnis entwickelt. Sie erbt seine poetische Ader und steht in späteren Jahren im Mittelpunkt einer literarischen Verehrerschar; dazu gehört der berühmte Dramatiker Guillén de Castro y Bellois (1569–1631), der ihr 1621 einige seiner Comedias widmet.

Um 1605 schreibt Lope die Stücke *La noche toledana*, *El rustico del cielo* und *La gallarda toledana*.

1606

Lope bereitet den Umzug seiner beiden Familien nach Madrid vor. Am 7. Februar läßt er dort einen Sohn Micaelas auf den Namen Lope oder Lopillo taufen. Noch in Toledo wird am 28. März der einzige Sohn, der Lopes Ehe mit Juana de Guarda entstammt, auf den Namen Carlos Lope getauft. Paten des ersteren sind der Hofmann und Poet Antonio Hurtado de Mendoza und die berühmte Schauspielerin Jéronima de Burgos. Obwohl Lope den Sohn später geradezu anfleht, sich nicht mit der Schriftstellerei und der Poesie abzugeben, und ihm dabei die eigene Person als abschreckendes Beispiel vor Augen führt, beteiligt sich der knapp Vierzehnjährige 1620 an einem Dichterwettstreit zu Ehren des hl. Isidro. Er ergreift dann aber doch den Beruf eines Soldaten, und Lope sieht ihn schon – die Wendung ist bekannt – als neuen Alexander.

Auf das Jahr 1606 datierbar sind folgende Comedias: *El hombre de bien, El gran duque de Moscovia y emperador perseguido* und *El testigo contra sí.*

1607

In Spanien kommt es zu einer innenpolitischen Katastrophe. Die enorme Schuldenlast von hundert Millionen Dukaten, die Philipp II. seinem Nachfolger hinterlassen hat, ist noch weiter angewachsen, und die Regierung muß daraufhin den Staatsbankrott erklären. Man versucht von den eigenen Fehlern abzulenken und will das Desaster der maurischen und jüdischen Minderheit anlasten. Die Kampagne zeitigt Wirkung und entlädt sich zwei Jahre später in einem fürchterlichen Pogrom.

Lope mietet für Micaela ein Haus in Madrid, beginnt sich aber allmählich von ihr zu lösen. „Zum Glück waren die Kinder da und bewahrten das alternde Liebespaar vor dem Untergang in der Metapher" (Vossler). Micaelas überraschender baldiger Tod, dessen genauer Zeitpunkt nicht bekannt ist, erspart ihr vermutlich eine große Enttäuschung.

1608

Lope gerät nach dem Tod der Geliebten in eine schwere Krise und wird – vielleicht auch deswegen – Vertrauensmann des Offiziums der Heiligen Inquisition. Nicht wenige Historiker, unter ihnen Marcelino Menéndez y Pelayo (1856–1912), sehen darin wie auch in der Tatsache, daß noch viele andere Schriftsteller, unter ihnen so berühmte wie Francisco de Quevedo, in die Dienste der Inquisition treten, einen Beweis für eine den kulturellen Prozeß letztlich nicht oder nur wenig beeinträchtigende Wirkung der von dieser Glaubensbehörde ausgehenden Zensur. „Aber sie vergessen dabei zu erwähnen", so Jossif Romualdowitsch Grigulevic, „daß die Größe der Schriftsteller nicht darin bestand, daß sie folgsame Diener der Inquisition waren, sondern darin, daß sie trotz des Terrors der Inquisition die großen humanistischen Ideale verteidigten, wobei sie allerdings zu zahlreichen Tricks und Listen greifen und riskieren mußten, sich plötzlich in den Kellern des ‚heiligen Tribunals' wiederzufinden; denn über jedem von ihnen hing beständig das Damoklesschwert der Suprema."

Um 1608 schreibt Lope die Comedias *La batalla del honor* und *El piadoso veneciano,* zwischen 1603 und 1608 *El castigo del discreto* und *El Divino africano, San Agustín.*

1609

Lope tritt einer religiösen Bruderschaft bei. Es handelt sich hierbei um die Gesellschaft der „Sklaven des Heiligen Sakraments des Oratoriums", wo er auf bekannte Berufskollegen trifft. Cervantes gehört zu ihnen, Francisco de Quevedo und auch der Spötter und Satiriker Alonso Jerónimo de Salas Barbadillo (1581–1635). Die geistliche Vereinigung gleicht so eher einem literarischen Zirkel, und es ist zu vermuten, daß die hier Versammelten hoffen, im Kleid der Laienbruderschaft der Aufmerksamkeit einiger ihrer Kunst oder ihrem Lebenswandel nicht gerade wohlwollender Herrschaften zu entgehen. Schlechte Erfahrungen haben sie alle schon machen müssen: Cervantes hat bereits vor dem Inquisitionstribunal gestanden, Quevedo ist im Gefängnis gewesen und Barbadillo seiner poetischen Verklärung der schönen Helena wegen in die Verbannung geschickt worden. Die schärfsten Angriffe galten und gelten indes Lope de Vega. Und das von katholischer Seite noch immer geforderte Verbot aller öffentlichen Theateraufführungen muß vor allen anderen Autoren ihn, den nicht nur produktivsten, sondern auch erfolgreichsten Dramatiker, treffen. Der Jesuitenpater Pedro Hurtado de Mendoza (1578–1651) schreibt später: „Mehr als tausend Comedias schrieb einer von ihnen und veröffentlichte davon 20 Bände, womit er mehr Sünden auf die Welt brachte als tausend Teufel." Im Spanien jener Zeit kann eine so geartete Kritik leicht unerwünschte Folgen nach sich ziehen.

Die lavierte Federzeichnung „Die Austreibung der Mauren" (Prado in Madrid) von Vincente Carducho (1576–1638) bezieht sich auf ein Ereignis des Jahres 1609, und zwar den Erlaß Philipps III., wonach auch die letzten noch im Land verbliebenen Mauren Spanien zu verlassen haben. Ein großer Teil der Bevölkerung, der seine materielle Misere den Andersgläubigen anlastet, sie zum Sündenbock macht, unterstützt diese Anordnung. Für Spanien bedeutet dieser Aderlaß eine so schnell nicht wiedergutzumachende Schwächung. Handel und Gewerbe leben vom Fleiß und vom Einfallsreichtum dieser Bevölkerungsgruppe. Das muß selbst Philipp III. anerkennen, der aus diesem Grunde wohl befiehlt, daß sechs Prozent der von dieser Bestimmung betroffenen Familien im Lande zu bleiben haben. Über einen längeren Zeitraum hinweg war auch die Haltung gegenüber den Mauren und Juden durchaus schwankend. „Landesverweisungen wechselten mit Auswanderungsverboten. Es gab Zeiten, in denen ein Schiffskapitän, der einen Juden oder Morisco nach dem Ausland brachte, mit dem Tode bestraft wurde, während in anderen Perioden den Verfolgten sogar genehmigt wurde, den Gelderlös ihrer Liegenschaften mitzunehmen. Und wiederum gab es Zeiten, da bestimmten die Auswanderungsedikte, daß die Vertriebenen Hab und Gut zurücklassen mußten, nur das nackte Leben konnten sie dann retten" (Walter Petry). Im Rahmen dieser Verfolgungen verlassen nach realistischen Schätzungen etwa 1,5 Millionen Menschen das Land. Bei einer Gesamtbevölkerung von ungefähr acht Millionen führt das dazu, daß einige Städte fast ganz entvölkert werden und viele Landstriche, der fleißigen Hände beraubt, zu veröden beginnen. Die meisten der Unglücklichen islamischen Glaubens setzen nach Nordafrika über, einige Juden folgen ihnen. Andere gelangen über Portugal und Amsterdam nach Westeuropa. Der noch in der Weimarer Republik geläufige Ausdruck „portugiesische Juden" erinnert an diese Epoche der Judenverfolgungen.

In diesem Jahr erscheint Lopes Abhandlung *Arte nuevo de hacer comedias en este tiempo (Die neue Kunst des Komödienschreibens in diesen Zeitläuften)*, in der aber nicht, wie der Titel verspricht, ein ernstgemeintes pedantisches Lehrgedicht zu sehen ist. Lope grenzt sich von den Aristotelischen Regeln der Komödie und Tragödie ab, denen er ihre Bedeu-

tung indes nicht abspricht, und sieht in den Comedias in erster Linie ein Mittel zur Unterhaltung des Publikums, über dessen Wunsch, sich zu amüsieren, der Autor sich nicht hinwegsetzen dürfe: „Da es ja zahlt . . ., gehört es sich auch, in seiner Art zu sprechen, um ihm zu gefallen." In diesem Satz ist jedoch eher eine bewußte Provokation der akademischen Schule und des Kreises um Cervantes zu sehen und nicht so sehr eine in letzter Konsequenz behauptete Grundüberzeugung des Autors selbst, der hierin sicher auch mit seinem „schlechten" Künstlergewissen kokettiert und zu erkennen gibt, daß diese kleine Dichtung in erster Linie ein persönliches Bekenntnis sein soll. In der hierin zum Ausdruck gelangenden Subjektivität der Kunstanschauung, die sich vom Tradierten löst und mit der Comedia, die durch Lope ihr bleibendes Gesicht erhält, auf etwas Neues zielt, äußert sich zugleich persönlicher Stolz über das Geschaffene. Deutlich wird dies auch in der Passage, wo er mit überlegener Nonchalance der Comedia lediglich einen untergeordneten Rang zuweist und nur der Lust am Handwerk, der Technik einen wahren Wert zubilligt, was, so Vossler, typisch sei für einen Geist, „dem das Schaffen so leicht und das Gewissen so wenig beschwerlich ist".

Auf die Zeit um 1609 lassen sich die folgenden Comedias datieren: *El ruiseñor de Sevilla, El Hamete de Toledo, Los mudanzas de la fortuna y succesos de D. Beltran de Aragon* und *La octava maravilla*.

1610

Lope kauft mit Unterstützung Sessas ein zweistöckiges Haus in der Madrider Calle de Francos, in dem sich heute das Lope-Museum der Spanischen Akademie befindet. Der Dichter richtet das Haus nach dem Vorbild der Wohnsitze seines herzoglichen Dienstherrn ein. Wandteppiche und Bilder schmücken die Wände; dominierend sind Porträts der Kinder und allegorische Sujets seines Freundes Francisco Rómulo. Das meist aus ausgemusterten Beständen Sessas zusammengestellte Mobiliar ist gediegen, auffallend sind die vielen Spiegel. Wertvolle Schreibtische und eine für nichtadelige Kreise ungewöhnlich große Büchersammlung zeugen von dem kleinen Wohlstand, dessen sich die Bewohner dieses Hauses anscheinend erfreuen können. Und das sind nicht wenige, denn Lope hat zum Verdruß seiner unglücklicherweise zur Eifersucht neigenden Ehefrau nach dem Tod Micaelas deren vielköpfige Kinderschar in seine Wohnung aufgenommen. Nach den vielen turbulenten Jahren beginnt Lope nun ein eher zurückgezogenes Leben zu führen. Er gestaltet den kleinen Patio (Innenhof) seines Hauses in einen Garten um, in dem er Blumen- und Gemüsebeete anlegt. Hier hält er sich gerne auf:

„Es hat mein Garten, kürzer als ein Komet,
zwei Bäume nur, zehn Blumen,
zwei Reben, eine Pomeranze, eine Muskatrose.

Darin sind zwei Knaben Nachtigallen,
und zwei Wasserkessel die Fontäne
auf Steinen oder farbigen Muscheln.

Mag Natur sich hier auch scheiden,
für mich ist's der wilde Hibla, der schreckliche
                            Berg,
das tiefe Temper Tal, die Hesperiden und die
hängenden Gärten der Lustbarkeit."

Diese zeitweilige Phase der Ruhe ist allerdings auch darauf zurückzuführen, daß der Herzog von Sessa, der sich bei einem seiner Liebesabenteuer etwas zu auffällig benommen hat, auf Befehl des Königs Madrid für einige Zeit verlassen muß.

In diesem Jahr dürften folgende Dramen geschrieben oder fertiggestellt worden sein: *El hermosa Esther, La buena guarda, El caballero del sacramento, Don Juan de Castro I. y II. parte, El santo negro Rosambuco* und *El premio de la hermosura*.

1611

Um die Gesundheit Doña Juanas steht es nicht zum besten. Im Sommer wird sie schwer krank, und Lope schreibt an Sessa: „Hier verbringe ich, exzellenter Herr, mein Leben über dieser beschwerlichen Krankheit meiner Frau und übe mich in Geduld, die, auch wenn das Leiden nicht weniger als der Anfang des Fegefeuers wäre, ebenso freiwillig wie notwendig ist. Ich weiß nicht, was aus mir werden würde, wenn mich nicht ihre große Tugend und Güte verpflichtete, ihr behilflich zu sein."

Doch damit der Sorgen nicht genug: „Verzeihen Euer Exzellenz, daß ich so und mit so schlechter Schrift schreibe, aber ich stecke in einem großen Mißgeschick, und zwar, als ich

am Montag um acht Uhr abends aus den Descalzos kam, verpaßte man mir eine Reihe von Messerstichen, ohne daß ich mich hätte zur Wehr setzen können. Ich ward nicht verletzt, und die meinen Mantel gesehen haben, halten's für ein Wunder; vielmehr stürzte die Person über ein paar Steine und mußte dort viel Blut lassen, woraus ja hervorgeht, daß ich schuldlos und sie im Unrecht sein mußte. Nun ist hier alles aufgeregt, als wäre ich die Hauptperson, und die Richter suchen mich auf."
Über den unbekannt bleibenden Attentäter sind nur Spekulationen möglich; vielleicht ist es der Ehemann, Vater oder Bruder einer Schönen, der die Ehre seiner Familie durch ein Abenteuer Lopes oder des Herzogs befleckt glaubte.
Nach diesem Schock sucht Lope wieder Zerstreuung im gesellschaftlichen und literarischen Leben. Lose Zusammenschlüsse gelehrter Häupter und Künstler kommen in Spanien wie im gesamten Europa des 17. Jahrhunderts gerade in Mode, und Lope, der überall ein gerngesehener Gast ist, wird von der „Literarischen Akademie", in der der Graf von Saldaña den Ton angibt, sogar zu ihrem Sekretär ernannt.
Der Dichter nutzt die aus Anlaß des Todes der Königin Margarete verhängte Theaterpause, um mit den *Pastores de Belen (Die Hirten von Bethlehem,* erschienen 1612) ein geistliches Gegenstück zu seiner *Arcadia* zu entwerfen. In dem seinem Sohn Carlos gewidmeten Vorwort schreibt er, daß die weltlichen Arkadier seiner Unerfahrenheit, die geistlichen dagegen seiner Ernüchterung entsprungen seien. Doch auch hier will es Lope nicht gelingen, sich ganz im „desengaño" zu versenken, und die Inquisition glaubt sich zu umfangreichen Streichungen gezwungen, denn Lope hat in den *Pastores* nun wirklich keine biblische Geschichte im eigentlichen Sinn des Wortes in Szene gesetzt. Seine Hirten von Bethlehem ziehen schon Wochen vor der Geburt Christi aus den Tälern und von den Höhen auf die Wiesen vor der Stadt. Sie erzählen sich Geschichten, verlieben und streiten sich und spekulieren darauf, was es mit diesem neuen Messias auf sich haben könnte. Da dominiert nicht die Andacht, sondern der Zeitvertreib, und wie in den höfischen Schäferspielen stehen Spiel, Scherz und eine kaum verhüllte Erotik im Mittelpunkt des Geschehens, dessen theologischen Gehalt man in der damit propagierten „zweckfreien Hingabe des Gemütes an das Göttliche der Natur" (Vossler) sehen kann.

1611 verfaßt Lope die Schauspiele *Barlaam y Josafá (Barlaam und Josaphat,* ein aus Indien stammender Legendenstoff), *La discordia en los casados* und *El mejor mozo de España.*

1612

Die „Literarische Akademie" des Grafen von Saldaña löst sich auf. Lope tritt daraufhin einer sich zuerst „El Parnaso" und später nach ihrem Gründer Francisco de Silva y Mendoza, einem Bruder des Herzogs von Pastrana, „Academia Selvaje" nennenden Neugründung bei. Ihr gehören neben vielen anderen auch Cervantes, Luis Vélez de Guevara (1578 bis 1645), Pedro Soto de Rojas (1590–1655) und der frühere Lehrmeister Lopes, der Lyriker und Musiker Vicente Espinel, an. Auf den Sitzungen dieser gelehrten Männer geht es, wie die folgende Schilderung Lopes belegt, nicht immer sonderlich diszipliniert zu: „In der letzten haben zwei Lizentiaten sich mit ihren Mützen bombadiert. Ich selbst las Verse von mir mit einer Brille des Cervantes auf der Nase, die wie mißratene Spiegeleier aussah." Einen Monat später geraten Soto und Guevara in einen hitzigen Streit, der anfangs mit Versen und schließlich sogar mit dem Degen ausgetragen wird, denn die anwesenden adeligen Gönner ergreifen für ihren jeweiligen Schützling Partei und wollen es nicht zulassen, daß ihr eigener Kunstverstand in Zweifel gezogen werde. So hat es auch mit dieser Akademie schnell ein Ende. Lope, der sich recht gern in solchen aus Künstlern und zahlungskräftigen Dilettanten zusammengesetzten Gesellschaften bewegt, findet jedoch bald eine neue Wirkungsstätte.
Im Sommer erkrankt Lopes Sohn Carlos schwer an Wechselfieber. Der besorgte Vater bittet den sich noch immer außerhalb Madrids aufhaltenden Sessa um Hilfe: „... wenn es dort etwas Fleischbrühe geben sollte, sagen Euer Exzellenz es Bermudez, damit er sie schicke." Alle Hilfe, an der es der Freund und Mäzen sicher nicht fehlen läßt, kann jedoch den raschen gesundheitlichen Verfall des Jungen nicht aufhalten. Er stirbt, kaum daß er acht Jahre alt geworden ist.
Lope schreibt in diesem Jahr die Comedias *El bastardo Mudarra* und *El nacimiento de Cristo.*

1613

Der Tod ihres einzigen Sohnes hat Doña Juana so schwer getroffen, daß sie darob selbst krank wurde. Sie ist ans Bett gefesselt und stirbt nach langem Leiden im August des Jahres. Ihr Testament zeigt, daß die Familie keine Reichtümer besitzt und dem behaglich eingerichteten Haus in der Calle de Francos wohl nur der Rang einer schönen Fassade zukommt, denn Juana kann nichts hinterlassen. Die spärliche Mitgift ist längst verzehrt und vom Familienschmuck, der zum Großteil ins Pfandhaus getragen worden ist, nichts mehr übrig. Lope sieht sich gezwungen, sogar die Anzahl der Totenmessen auf das Minimum zu reduzieren, und das heißt viel im streng katholischen und auf äußerliche Ehren und Würdigungen großen Wert legenden Spanien.

Kurz nach der Beerdigung seiner Frau wird Lope in die Reisegefolgschaft Philipps III. aufgenommen. Er zieht mit dem königlichen Hof zuerst nach Segovia und dann nach Burgos und Lerma weiter. Von Trauer über den Verlust seiner Frau ist in den Briefen, die er Sessa zukommen läßt, nichts zu spüren: „Ich, Herr, ließ es mir wohl ergehen bei meiner Gastgeberin Jerónima. Die Herrschaften sind mir hier ums Haus geschlichen, es kommen Galane, aber sie haben weniger Geld, als wir nötig haben ... Man ruft mich schon in die Kutsche ... Jerónima war zugegen, als ich Euer Exzellenz schrieb, sie bat mich, Ihnen viele Handküsse zu schicken, obschon ich Euer Exzellenz lieber das schickte, was diese Feste gekostet haben."

Lopes Gastgeberin ist die Schauspielerin Jerónima de Burgos, die er seit Jahren kennt und die Taufpatin seines Sohnes Lopillo ist. Die Verbindung zwischen den beiden scheint recht eng zu sein, und Lope widmet der Schönen mit *La dama boba (Die kluge Närrin)* eines seiner besten Lustspiele, doch ist hierbei auf seiten Jerónimas auch eine gehörige Portion Berechnung im Spiel: sie hofft, mit Hilfe Lopes die Bekanntschaft des reichen Sessa zu machen.

Das Ende des Jahres gilt als späteste Datierungsmöglichkeit folgender Stücke: *El nuevo mundo descubierto por Cristobal Colon, El asalto de Mastrique por el principe de Parma, La boda entre dos maridos, El cuerdo en su casa, El duque de Viseo, El llegar en ocasión, El mejor maestro el tiempo* und *La obediencia laureada y primer Carlos de Hungria*.

1614

Der mittlerweile 52 Jahre alte Lope bemüht sich, wie er selbst schreibt, etwas Ordnung in sein Leben zu bringen und hofft, dies in enger Anlehnung an die Kirche zu bewerkstelligen, deren große Macht ihn „verteidigen und schützen" könne: „Denn nötig war's für meine Unordnung, daß ich mich ordinieren ließ." Der Dichter tritt in den geistlichen Stand und erhält im März in Madrid die sogenannten niederen Weihen, die er vom Erzbischof von Toledo noch bestätigen lassen muß. Lope reist also nach der alten Hauptstadt und antichambriert dort sowohl beim Patriarchen als auch bei Jerónima de Burgos, deren Truppe hier gerade ein Gastspiel gibt. „Kaum angekommen, legte ich mein Bewilligungsschreiben dem Troya vor, so heißt nämlich der Bischof, und er gab mir seine Epistel. Exzellenz müssen wissen, daß ich nun bald Ihr Kaplan werde. Und wie gut das paßt: ein Mann mit soviel Feuersbrünsten wie ich konnte nur durch einen von Troya ordiniert werden und gar durch einen so fürchterlichen wie den, der das hölzerne Pferd durch die Stadt zog; denn er hielt mir eine Strafpredigt wegen meines Schnurrbarts, und in gerechter Zerknirschung ließ ich ihn mir abnehmen, so daß Eure Exzellenz mich kaum mehr erkennen werden ... Ich bin hier aufgenommen und beherbergt in großer Freundschaft bei Frau Gerarda [Jerónima]. Sie ist zwar viel weniger lustig als früher, aber schöner geworden und läßt Eure Exzellenz untertänig und vielmals grüßen."

Dem Adressaten dieser Zeilen, es ist natürlich Sessa, kommt diese Entwicklung der Dinge nicht zupaß, auch wenn dem Ganzen wohl kaum eine „plötzliche Bekehrung" zugrunde liegt, wie dies einige Lope-Interpreten – wohl zu Unrecht – nicht ganz ausschließen wollen. Der Herzog befürchtet anscheinend, daß Lopes neue Würden ihn an der Ausübung seiner bisherigen Aufgaben hindern könnten. Und zunächst soll er damit recht behalten, denn Lope, der am 24. Mai seine erste Messe liest, gerät schon bald mit der Kirchenaufsicht aneinander, und sein Beichtvater verweigert ihm unter Hinweis auf seine stadtbekannte Tätigkeit als Verfasser der amourösen Korrespondenz des Herzogs von Sessa sogar die Absolution. Lope teilt dies Sessa umgehend mit: „Machen Sie sich nicht die Mühe, abends hierher zu kommen, und ich darf es Ihnen, der Sie ein so großer Herr sind und dem ich zu eigen bin, in diesen klaren Worten sagen. Da ich jeden Tag das Schreiben dieser Briefe beichten muß, wollte mir der von San Juan keine Absolution erteilen, sofern ich ihm nicht mein Wort gab, davon zu lassen, und er versicherte mir, ich befände mich im Zustand der Todsünde; das hat mich so betrübt, daß ich glaubte, ich hätte die Weihen nicht genommen, wenn ich gewußt hätte, daß ich dann Euer Exzellenz nicht mehr dienen kann, vor allem nicht in den Dingen, die so sehr nach Ihrem Geschmack sind. Ein Trost freilich bleibt mir, zu wissen, daß Eure Exzellenz so viel besser als ich schreiben kann, mein Lebtag sah ich keinen, der darin gleichkäme..." Sessa läßt sich durch Lopes Schmeicheleien indes nicht besänftigen und will den bewunderten Poeten unter keinen Umständen von seinen Verpflichtungen entbinden. Er ködert Lope denn auch durch eine seiner neuen Profession angemessene Schenkung: er macht ihn zum Nutznießer der kleinen Pfründe einer Kirche in dem zu seinem Besitz gehörenden Dorf Alcoba. Lope erhält jedoch keinen einzigen Heller, und der mit der Einziehung der Gelder beauftragte Pedro Duque de Velasco würdigt die häufigen Anfragen des Dichters oft nicht einmal einer Antwort.

Ganz im Gegensatz zu seinen privaten, vor allem aber finanziellen Schwierigkeiten weist die Kurve seiner öffentlichen Anerkennung steil nach oben. Lope gehört mittlerweile zu den Sehenswürdigkeiten der Hauptstadt: „Man zeigte ihn in Madrid den Fremden wie an anderen Orten einen Tempel, einen Palast oder Gebäude. Die Männer liefen ihm nach, wenn sie ihn auf der Straße trafen, und die Frauen segneten ihn, wenn sie ihn vom Fenster sahen" (Juan Pérez de Montalbán). Vervielfältigte Porträts des Dichters zieren die Wohnstuben, er muß an allen öffentlichen Veranstaltungen teilnehmen, und das aus Valencia nach Madrid importierte Lope-„Vaterunser" wird von der Inquisition sogar offiziell verboten. Als im Oktober die Seligsprechung der spanischen Mystikerin Teresa de Jesus von Avila ansteht, wird Lope ins Festkomitee berufen und darf, was durchaus ungewöhnlich ist, als Preisrichter auch selbst am Wettbewerb teilnehmen.

Zwei Dramen Lopes lassen sich 1614 datieren: *Peribañez y el comendador de Ocaña* und *El principe perfecto. Parte primera*.

1616

Im Sommer unternimmt Lope eine ausgedehnte Reise in Richtung Valencia, wo er einen seiner Söhne, der dort als Barfüßermönch leben soll, besucht. Dies ist zumindest die offizielle Version Lopes. Einige Biographen vermuten jedoch, daß sein Hauptinteresse in Valencia nicht dem Sohn, sondern einer im Dienste des ehemaligen Markgrafen von Sarria und jetzigen Herzogs von Lemos, dem früheren Arbeitgeber Lopes, stehenden Theatergruppe gilt, und hier insbesondere der Schauspielerin Lucía Salcedo, die der Dichter seit einiger Zeit kennt. Der 54jährige Lope spielt noch einmal die Rolle des jugendlichen Liebhabers, doch bei weitem nicht mehr so gekonnt wie in den Jahren zuvor. Die Salcedo, allgemein nur „die Tolle" genannt, zeigt sich indes nicht abgeneigt, und der Dichter erhält bald Gelegenheit, seinen geistlichen Stand gründlichst zu diskreditieren. Doch schon nach wenigen Tagen überfällt Lope ein heftiges Fieber, das ihn zu 17tägiger Bettruhe zwingt und von der informierten Valencianer Öffentlichkeit natürlich recht doppelsinnig interpretiert wird. „Mögen die Leute über mich reden", so Lope selbst, „wie sie über die großen Herren reden. Wenn die großen Schiffe im Meer der Nachrede untergehen, kein Wunder, daß meine kleine, erbärmliche, im Gewoge kaum sichtbare Barke ertrinkt, und doch könnten die Wellen und Winde des müßig neidischen Geschwätzes ein so unbedeutendes Fahrzeug verschonen." All dem zum Trotz erhält Lope noch in diesem Jahr das geistliche Amt eines „Procurator fiscal de la Cámera Apostólica" übertragen. „Die öffentliche Meinung vergaß rasch und stellte an die Lebensführung geistlicher Herren keine kanonischen Forderungen" (Vossler).

Ein paar Monate zuvor noch hatte Lope nicht soviel Glück. Er bewarb sich in Segovia um die Stelle eines Kaplans und predigte, so ein Augenzeuge, wie ein Demosthenes. Alle Beredsamkeit half jedoch nur wenig, und Lope wollte schon enttäuscht nach Madrid zurückreisen, als ihn der Schauspieldirektor Sánchez so lange zum Bleiben nötigte, bis er das ihm versprochene Stück *El mayor imposible (Die größere Unmöglichkeit)* endlich fertiggestellt habe. Lope beeilte sich; in einem Brief an Sessa klagte er über das viele Ungeziefer, das ihn im Hause des Schauspieldirektors plage,

BEATA VIRGO THERESIA DE IESV FRATRVM CARMELITARVM DISCALCEATORVM MONIALIVMQ· FVNDATRIX·

1615 wird Lope mit der Aufgabe betraut, den Dichterwettstreit anläßlich der Heiligsprechung der hl. Teresa von Avila (1515–1582) zu leiten. Das Schaffen dieser großen spanischen Mystikerin ist ohne die Bewegung der Gegenreformation kaum denkbar, wie das auch aus ihrem religiösen Traktat „El camino de perfección" („Der Weg zur Vollkommenheit") hervorgeht, in dem sie die Katholiken dazu aufruft, sich gegen die „Feuersbrunst" des Protestantismus zur Wehr zu setzen. Einziges Mittel zu diesem wahren Glauben ist ihr die mystische Vereinigung mit Gott. Diese Unio mystica sei allerdings nur bei Einhaltung der Grundtugenden möglich: umfassende Nächstenliebe, Abwendung von der Welt, Selbstkasteiung und Demut.

und außerdem könne er die Bachforellen, die dieser ihm Tag für Tag und Mahlzeit für Mahlzeit vorsetze, nicht mehr sehen, geschweige denn essen.

Wieder in Madrid, rückt Lope erneut einer privaten Affäre wegen in den Mittelpunkt des Interesses. Und auch Góngora hält wieder einmal ein Schmähgedicht bereit:

„Brieflich habe ich erfahren,
wie du, Mann vom Bühnenbrette,
affenartig vor Altaren,
marderartig bist im Bette."

Lopes letzte große Liebschaft heißt Doña Marta de Nevares Santoyo, ist 26 Jahre alt und bereits die Hälfte ihres Lebens mit einem Kaufmann namens Roque Hernandez de Ayala verheiratet. Der Ehemann soll genau das Gegenteil seiner Gattin sein: nicht gerade anziehend, etwas plump in Gestus und Denken und ohne Sinn für Poesie und Kunst. Davon aber hat Marta im Überfluß. Sie widmet die viele freie Zeit, die einer vornehmen spanischen Dame bleibt, den schönen Künsten und gehört zu den glühendsten Verehrerinnen Lopes, noch ehe sie ihn persönlich kennenlernt. Er ist für sie die Personifikation des freien, ungebundenen Lebens, das sie selbst nur aus Büchern kennt und das sie in der Nähe des Dichters jetzt auch persönlich zu erfahren hofft. Lope akzeptiert diese Schwärmerei nicht nur, sondern geht auch eine enge Bindung mit seiner Verehrerin ein, die sich noch über lange Jahre erstrecken soll und stets von gegenseitiger Zuneigung geprägt ist.

Auf die Zeit zwischen 1615 und 1616 sind nicht weniger als 36 Comedias datierbar.

1617

Gegen Mitte des Jahres läßt sich die Schwangerschaft Martas nicht länger verheimlichen, und Lope lebt von da an in ständiger Angst vor der Rache des eifersüchtigen Ehemanns der Geliebten, der dem spanischen Ehrenkodex zufolge verpflichtet wäre, diese Verunglimpfung seiner Person mit Blut reinzuwaschen. „Ich habe die ganze Nacht kein Auge geschlossen; ich mag nicht mehr essen und bin so verzweifelt, daß ich Gott gebeten habe, mich aus dem Leben zu nehmen." Hernandez de Ayala geht hier jedoch seiner Profession entsprechend ganz kaufmännisch vor, wägt Risiko und etwaigen Gewinn genau ab, entscheidet sich zunächst für ein grimmiges Stillhalten und läßt sich dann ganz unheroisch einfach scheiden. Am 12. August bringt Marta ein Mädchen zur Welt, als dessen Vater der ehemalige Ehemann ins Geburtsregister eingetragen wird. Das Kind wird auf den Namen Antonia Clara getauft und hat Antonio de Cabra, einen Sohn Sessas, zum Paten. Der herzogliche Gönner hat sich anfangs selbst als Pate angeboten, seine Zusage dann aber wieder rückgängig gemacht. Vielleicht fürchtete er etwaige Unannehmlichkeiten, die mit dieser Aufgabe verbunden sein könnten. Er hat damit nicht einmal unrecht, denn in der Folgezeit wird um das Kind mit aller Vehemenz gestritten: Hernandez, der nominelle Vater, der um die wahre Vaterschaft indes nur zu gut Bescheid weiß, versucht sich jetzt zu rächen, indem er Anspruch auf Antonia Clara erhebt. Er möchte das Sorgerecht übertragen bekommen und spricht der Mutter alle moralischen Qualifikationen hierfür ab. Lope und Marta können sich jedoch durchsetzen, und im Haus an der Calle de Francos, nun auch ständige Wohnung der Geliebten, leben von jetzt an Kinder des Dichters von drei verschiedenen Frauen einträchtig nebeneinander.

Lope wird Ehrenmitglied der von dem vornehmen Madrilenen Sebastián Francisco de Medrano gegründeten Dichterakademie „La Peregrina", die sich jedoch, das Schicksal vieler dieser Zusammenschlüsse teilend, bereits ein Jahr später wieder auflöst. Über das Jahr verstreut erscheinen jetzt auch die Bände 9 bis 20 einer Werkausgabe Lopes, der er ein selbstverfaßtes Vorwort beigibt.

Auf oder vor das Jahr 1617 datierbar sind *El desden vengado, Lo que pasa en una tarde, Los matires de Japon* und sechzig weitere Stücke.

1618

Die Universität von Salamanca feiert das Fest der Unbefleckten Empfängnis Mariae und beauftragt Lope mit der Abfassung eines Festspiels *(La limpieza no manchada, Santa Brígida)*, in dem sich volkstümliche und gelehrte Töne zu einer recht gelungenen Mischung fügen. Den Professoren und Studenten wird so ein vergnüglicher Nachmittag bereitet.

In einem etwas später geschriebenen Stück gibt Lope in poetischer Verkleidung seinem

Wunsch Ausdruck, das Amt eines königlichen Hofchronisten übertragen zu bekommen:

> „Herr, dein Chronist will ich sein,
> deinen erhabnen Willen aufzuschreiben;
> denn wenn ich die Wahrheit sagen soll,
> so möcht ich nicht, daß der Tod
> zur Freude vieler mich dran hindert,
> denn keiner vermöchte es so wie ich."

Lopes Option auf diese Stellung entspringt sicher dem Wunsch, von der Welt des poetischen Scheins in die Sphäre faktischen Geschehens überzuwechseln.
Um 1618 entstehen die Stücke *La esclava de su hijo, De cuando acá nos vino* und *La limpieza no manchada*.
(Zu der 1617/1618 geführten literarischen Fehde um Lope de Vegas Schaffen siehe Chronik 1636.)

1619 Der Tod Hernandez de Ayalas ist Lope Anlaß genug, seine unverhohlene Freude über dieses Ereignis einer breiteren Öffentlichkeit mitzuteilen. Im Vorwort zu seiner *Witwe von Valencia (La viuda valenciana)*, die er Marta, der Geliebten, widmet, schreibt er: „Es lebe der Tod! Ich weiß nicht, was man gegen ihn vorzubringen hat. Wo die Heillehre sich nicht zu helfen wußte, schaffte er es in fünf Tagen mit einer eiligen Purganz, einem antizipierten Aderlaß und auch weil der Arzt der Freiheit Euer Gnaden mehr Zuneigung entgegenbrachte als dem Leben Ihres Gatten..." Worte wie diese sind wohl nur vor dem Hintergrund der Angst, die Lope um sich selbst auszustehen hatte, und der Schwierigkeiten, die der nun Verstorbene ihm und Marta bereitete, zu entschuldigen. Lopes Witz kennt hier keine Pietät. Kurz vor oder nach diesem Ereignis tritt Lope einer weiteren geistlichen Vereinigung bei. Diese, die „Congregación del Oratorio de la Calle de Olivar", gehört zu den reputiertesten Madrids. Berühmt und beliebt sind die von ihr veranstalteten öffentlichen Umzüge und Prozessionen, die stets durch die Entfaltung größter Pracht gekennzeichnet sind und Lope auch die Möglichkeit eröffnen, solche Szenen selbst zu inszenieren und zu schreiben. Vorbild hierbei sind ihm die „Trionfi" der Italiener Francesco Petrarca (1304–1374) und Torquato Tasso (1544–1595), aber auch, wie bereits erwähnt, die allegorischen Sujets eines Peter Paul Rubens.
Auf oder vor das Jahr 1619 datierbar sind *Ver y no creer, Los españoles en Flandes* und *Las almenas de Toro*.

1620 Dieses Jahr gehört zu den unbeschwertesten Lopes. Ein Geldgeschenk des Herzogs von Osuna enthebt ihn zunächst einmal der materiellen Sorgen, und Lope ist unsäglich glücklich darüber, „daß ich nicht ein Dichter sein mußte, der sein täglich Brot erwerben muß". Er findet genügend Gelegenheit, sich seinen Kindern zu widmen, und verbringt fast alle freie Zeit, die ihm bleibt, „zwischen Büchern und Blumen" in seinem kleinen Garten. Eine willkommene Abwechslung bringt ihm das unter großem Aufwand zelebrierte Madrider Isidro-Fest, dessen Ablauf typisch ist für die vielen Veranstaltungen dieser Art, die die Physiognomie des Siglo de oro nicht unwesentlich bestimmen: „In der Gemeindekirche des heiligen Andreas, die mit prächtigen Teppichen und mit neuen silbernen Altaraufsätzen geschmückt war, fand die Festsitzung statt. Der Körper des seligen Isidro lag in einem silbernen von den Madrider Goldschmieden gestifteten Sarkophag aufgebaut. Ein Schaugerüst hatte man gezimmert und mit seidenen Fußteppichen ausgelegt, mit prächtigen Lehnstühlen für die Preisrichter und einem brokatüberzogenen Tisch besetzt. Links davon, auf karmesinrotem Samt prangten neunmal drei Preisgeschenke für je die beste Kanzone, das beste Sonett, die besten Dezimen, Oktaven, Glossen, Hieroglyphicos oder Allegorien, Romanzen, Redondillen und Scherzglossen. Es waren Schalen, Teller, Krüge, Statuetten, Leuchter, Ketten, Becher, Kränze, Schiffchen, Schreibzeug, Börsen, Bänder, Tücher usw. aus kostbarem Material, im Wert von je 400 bis 150 Reales. Den Preisrichtern gegenüber, an einem eigenen Tisch saß Lope, der Präsident und Vorleser. Adel, Geistliche, Humanisten, Schriftsteller, Damen und neugieriges Volk erfüllten den Raum, so daß es ‚aussah wie ein Blumengarten im Frühling'. Nach einer musikalischen Einleitung nahm Lope de Vega Platz und verkündete schmunzelnd, daß man ihm draußen einige Zettel gegeben habe, die er verlas und jeweils zerriß. Es waren Bittschriften armer Hospitalpoeten. Der eine hatte 27 Komödien geschrieben und fand keine Bühne dafür und bat, sie gegen weißes Papier eintauschen zu dürfen; ein anderer hatte sich aus Not die Nägel abgebissen, zwei anderen hatte man auf ihrer Pilgerfahrt auf den Parnaß ihre geborgten Einfälle abgenommen, einem anderen war ein Reim in der Kehle steckengeblieben, usw. Alle diese Bittsteller fertigte Lope mit launigen Witzen ab ... Dann wurde er ernst und sprach in madrigalischen Versen eine lange feierliche Oración zum seligen Isidro. Hörnerklang und Beifallklatschen beschlossen den majestätischen Prolog, in dem er den Ruhm des Heiligen und seiner Stadt und der Obrigkeit entfaltet hatte. Jetzt begann er, die neun Preisaufgaben zu verlesen, und sodann die Gedichte der Bewerber: 100 Stück. Darunter waren Arbeiten von Guillén de Castro, Vicente Espinel, Belmonte, Montalbán, Jauregui, Antonio de Mendoza, ja sogar von dem zwanzigjährigen Calderón und einem unehelichen Sohn unseres Lope. Als ob es damit nicht genug und übergenug wäre, schob der Unerschöpfliche unter dem Decknamen Maestro Tomé de Burguillos in jede der neun Abteilungen ein Stückchen ein, das auf drollige Weise gegen die Vorschriften verstieß, und erfrischte durch solche Entspannungen die für unsere Begriffe fabelhafte Geduld seiner Zuhörer" (Karl Vossler).

Seinem schon poetisch vorgetragenen Wunsch, das Amt eines königlichen Hofchronisten zu übernehmen (siehe 1618), läßt Lope eine offizielle Bewerbung folgen: ,,Herr: Lope de Vega Carpio, Beauftragter des Heiligen Offiziums und Verwalter der Apostolinischen Kammer, sagt: durch den Tod des Pedro de Valencia, Chronist Eurer Majestät, ist besagte Stelle vakant geworden. Demütigst bittet er Eure Majestät, ihm die Gnade zu erweisen, sich seiner bedienen zu wollen, denn die Liebe und die Bereitschaft, die er stets gezeigt, sich in den Dienst Eurer Majestät zu stellen, wie er es bei den gebotenen Gelegenheiten unter Beweis stellen konnte, werden ihm dabei helfen, Eurer Majestät richtig zu dienen in dieser Berufung, die ihm eine große Ehre sein wird." Doch wie schon Jahre zuvor Cervantes, hat auch Lope mit seinem Gesuch keinen Erfolg. Ausschlaggebend für die Nichtberufung dürfte wohl Lopes Privatleben sein, dessen Freizügigkeit, wie man meint, sich nur schwer mit diesem große Zuverlässigkeit und Disziplin verlangenden Amt vertrage.

Um das Jahr 1620 verfaßt Lope u. a. die Comedias *La Felisarda, Las grandezas de Alejandro, La inocente Laura, Lo fingido verdada, Mirad a quien alabais* und *El gallardo Jacimin.*

1621

Auf eine Anregung Martas hin versucht sich Lope auch in der Novellistik. Er tritt damit in die Fußstapfen Cervantes', der diese als unmoralisch verpönte Literatur in Spanien heimisch zu machen versucht hat, indem er sie moralisierte und dem diesseitsbejahenden und an sich pragmatischen Genre einen das unmittelbare Geschehen transzendierenden Bezug überstülpte. Lope steht dieser Gattung jedoch noch immer äußerst reserviert gegenüber, denn da sie sich im Fundus der tradierten Genres nicht auffinden läßt und somit dem zeitgenössischen Literaturverständnis zufolge nicht unter der Rubrik ,,wahrer" Kunst geführt wird, kann eine Betätigung in dieser Sphäre des Literarischen niemals auf Anerkennung durch die akademisch-humanistische Intelligenz hoffen. Doch eben darauf zielt Lope mit fast allen seinen nichtdramatischen Arbeiten ab. Und so entschuldigt er sich gleich: ,,Ich denke mir", so schreibt er im Vorwort, ,,daß für die Novellen dieselbe Vorschrift gilt wie für die Komödien, deren Zweck ist, das Volk nach seinem eigenen Geschmack zu befriedigen, wenn schon die Kunst dabei erdrosselt wird." So von vornherein gegen alle besserwisserische Kritik abgesichert, formt Lope seine Novellen (beispielsweise *Las fortunas de Diana*) allein den ihn zu dieser Arbeit motivierenden Beweggründen gemäß: er dediziert sie Marta nicht nur, sondern macht die Geliebte gleichsam zur direkt ins Geschehen integrierten Rezipientin, deren primärer Wunsch, unterhalten zu werden, wichtiger sei als die Regeln der Poetik, über die er sich eben deswegen bewußt hinwegsetze: ,,Ihnen [Marta] gegenüber wage ich mich mit allem heraus, was mir in die Feder fließt, denn da Sie nicht Rhetorik studiert haben, werden Sie wohl auch nicht wissen, wie sehr dort längere Abschweifungen verpönt sind." An solchen läßt es Lope in der Tat nicht fehlen, wie hier überhaupt ein Ton vorherrscht, der von einem vertrauensvollen Verhältnis zwischen Autor und Leser getragen ist. Unterstützt wird

Zeichnung nach Pachecos Bildnis des Francisco de Quevedo (1580–1645), zu dessen bekanntesten Werken der Schelmenroman ,,Historia de la vida del Buscón'' (,,Der abenteuerliche Buscón'') und das politisch-moralische Traktat ,,Politica de Dios...'' (,,Politik Gottes, Herrschaft Christi: Tyrannei des Satans'') gehören. Quevedo, der mit Lope gut bekannt ist, zählt zu den größten Bewunderern seines Schaffens: ,,Allgemein sprichwörtlich zu gelten für alles Gute, wie Lopes Name, dieses Vorrecht hat keinem anderen die Fama gegönnt.'' – Die folgende Doppelseite zeigt das Arbeitszimmer Lopes in seinem Haus in der Madrider Calle de Francos. Der Raum ist reich ausgestattet, ausgewählte Bilder und die vielen Bücher, für einen Privatmann damals durchaus nicht üblich, zeugen von dem kleinen, aber immer bedrohten Wohlstand des Dichters und Dramatikers.

diese Tendenz noch rein formal durch einen epistolaren Erzählton.
Lopes Tochter Marcela (geb. 1605), die selbst eine poetische Begabung besitzt und vielfache Verehrung erfahren hat, tritt, für alle überraschend, in ein Kloster ein. Der verwunderte und zugleich gerührte und stolze Vater kommentiert diesen Schritt in einer seiner schönsten Versepisteln:

„Marcela, meiner Liebe Sorgenkind,
wollt' heiraten, und eines Abends frei
gestand sie mir den Namen des Verlobten.
Ich sah, daß es ein Gebot der Klugheit war,
des Mädchens Vorsatz besser erst zu prüfen,
denn es gibt Dinge, die der Zufall lenkt.
Ich sah mich vor und sorgte nur, ihr nicht
den guten Willen zu entkräften, der
vielleicht aus tiefer Seele wahrhaft kam.
Doch täglich wuchs in ihr die Ungeduld,
und ich beschloß, dem Bräut'gam sie zu
                                    gönnen,
der um sie warb mit so gewalt'ger Liebe.
Er war ja fein und klug und reich und schön
und hochgebor'ner Sohn von einem Vater,
der nichts Geringres als allmächtig ist.
Und, wahrlich, was die Mutter anbetrifft,
sie ist von königlichem Stamm und herrlich
und aller Ruhm und Preis gebühret ihr.
Sie ist der Hoheit und der Anmut Mutter,
durch die uns Gott, der Herr, die Welt
                                    verschönt,
ist Lilie, Rose, Palme und Zypresse.
Mit diesem nun – so schwer mir's wird, das
Kind von mir zu trennen, – schließ ich den
                                    Vertrag,
auf liebevolle Einigkeit gegründet. –
Die Gottesbräute, jene reinen Seelen,
die trinitarischen Barfüßerinnen,
die barfuß wandeln und so sicher gehn,
setz ich in Kenntnis und bereite vor
und schmücke ihren Tempel sorglich aus
mit Teppichen und reichem Schmuckgehäng,
indessen sie zum Fest den Bräut'gam laden,
der selbstverständlich vorbereitet war
und doch nur im Verborgenen sich vermählt.
Man schmückt den Knaben, den die Sonne
                                    schmückt,
(doch nein, die Sonne schmückt ja er), und
                                    alsbald
verkündet man mit heller Stimm: Er kömmt.
Marcela tritt hervor..."

Nach dem Tode Philipps III. am 31. März übernimmt sein Sohn Philipp IV. (1605–1665) die Regentschaft. Der noch jugendliche Herrscher gerät recht schnell unter den Einfluß von Gaspar de Guzmán, Graf von Olivares (1587–1645), ab 1625 Herzog von Sanlúcar, der jedoch – anders als der Herzog von Lerma, der Günstling Philipps III. – nicht allein auf seine persönliche Bereicherung aus ist, sondern auch dem imperialen Gedanken der großen spanischen Könige des 16. Jahrhunderts neues Leben einzuhauchen versucht. In Spanien wird wieder mit dem Säbel gerasselt. „Eure Majestät sind unter den Königen und Herrschern der mächtigste der Welt", schreibt Olivares an den König und fährt fort: „Eure Majestät sind der wichtigste Schutzherr und Verteidiger des katholischen Glaubens: zu diesem Zwecke wurde der Krieg gegen Holland und die anderen Feinde der Kirche geführt, die dieses Land unterstützten, und die wichtigste Aufgabe Eurer Majestät ist, sich zu verteidigen und diese anzugreifen." Philipp läßt seinen „privado" schalten und walten, wie er gerade will. Zwar hat er zu Beginn seiner Regentschaft – das abschreckende Beispiel seines Vaters vor Augen – geäußert, er wolle die Macht nie einem Günstling überlassen; doch schon bald sind die guten Vorsätze vergessen, und der König widmet sich fortan nur noch den Vergnügungen des Hofes. Politik interessiert ihn wenig, die Kunst dagegen sehr. Spanien verliert unter seiner Herrschaft alle Macht, die es einst besessen hat, und sinkt zu einer europäischen Mittelmacht ab, doch geht dieser Regent als einer der größten Mäzene aller Zeiten in die Kunst- und Literaturgeschichte ein. Er beruft den Maler Diego Velázquez (1599–1660) an seinen Hof, überträgt Jahre später Pedro Calderón de

Don Fernando Niño de Guevara, um 1600 dargestellt von El Greco (Metropolitan Museum of Art in New York). Der Erzbischof von Toledo und damit Primas der spanischen Kirche nimmt, was ihm fast anzusehen ist, auch die Funktion eines Großinquisitors wahr. Seine Züge sind feierlich-ernst und streng, von einer beinahe fanatischen Askese. Das prunkvolle erzbischöfliche Ornat verleiht ihm ein wenig die Aura eines weltlichen Regenten. Und in Spanien ist die Verfolgung der Häresie ja auch staatliche und kirchliche Angelegenheit zugleich. Verteidiger der Inquisition wie der Hispanist Marcelino Menéndez y Pelayo (1856–1912) sehen in dieser Institution ein göttliches Instrument, dessen Ziel es sei, die ideale christliche Sozialordnung zu garantieren. Der Katholizismus wird zur Staatsdoktrin.

la Barca die Leitung seines Hoftheaters und versucht sich selbst als Schauspieler und Dramatiker. Die der spanischen Literatur schon immer eigene Kompensationsfunktion hat nunmehr auch den letzten Bereich gesellschaftlichen Seins überzogen. Der Versuch, eine nicht mehr realisierbare Politik zu verwirklichen, der es zudem an jeder materiellen Absicherung mangelt, transformiert die großangelegte Offensive für die das spanische Selbstbewußtsein bestimmenden christlichen und imperialen Ideen in einen fortwährenden Rückzug mit Niederlage auf Niederlage. Die niederländischen Besitzungen gehen in der Folgezeit endgültig verloren, der für die Finanzierung der vielen Kriegszüge notwendige Aufwand führt zu einer weiteren Auspowerung und verursacht Unruhen und Aufstände im eigenen Land, so daß man, statt um die Einheit Europas unter spanischer Vorherrschaft, bald um die Einheit der spanischen Kernlande kämpfen muß.

Um 1621 entstehen folgende Dramen: *Amor, pleito y desafio, La honra por la mujer, Mas mal hay en la aldegüela de lo que se suena, Quien ama no haga fieros* und *El hijo de los leones*.

1623

Über die Mittel, mit der die in starker Konkurrenz stehenden Autoren und Schauspieldirektoren einander bekämpfen, mag die folgende, in einem Brief Góngoras geschilderte Episode Auskunft geben: „Die Komödie, ich meine den ‚Antichrist' von Juan de Alarcón, wurde am vorigen Mittwoch aufgeführt. Sie wurde ihm an jenem Tag zunichte gemacht mit Hilfe eines gewissen Riechmittels, das man mitten im Hof eingegraben hatte und das so infernalisch stank, daß viele von denen ohnmächtig wurden, die nicht beizeiten hatten hinauseilen können. Don Miguel de Cardenas rief sogleich laut nach dem Ordnungshüter, damit dieser Lope de Vega und Mira de Mescua festnähme . . ." Theaterspielen ist ein hartes Geschäft, und Gunst oder Ungunst des Publikums entscheiden über den finanziellen Erfolg. Eine besondere Rolle kommt hierbei den „mosqueteros" zu, die im Stehparterre unmittelbar vor der Bühne postiert sind und von Schauspielern wie Autoren gefürchtet werden. Allzuoft schafft eine dort aufkommende Unzufriedenheit sich nicht allein mit gellenden Pfiffen oder höhnischen Zurufen Luft, sondern auch mit einem über die Akteure hereinbrechenden Geschoßhagel von verdorbenem Gemüse. Viele Dramatiker stellen ihren Stücken deshalb eine schmeichelnde Würdigung gerade dieser Publikumsschicht voran oder versuchen es gar mit Bestechung. Da indes die anderen Autoren oft zu denselben Mitteln greifen, hängt der Erfolg eines Dramas bald nicht mehr von seiner Qualität, sondern von der Höhe der an die Anführer der Mosqueteros von beiden Seiten bezahlten Summen ab.

Lopes Schaffenskraft läßt in seinen späteren Jahren nicht nach, wie eine von seinem Freund, Kollegen und Biographen Juan Peréz de Montalbán festgehaltene Anekdote belegen kann: „Es befand sich damals der Schauspielunternehmer Roque de Figueroa in Madrid, und es fehlte ihm so sehr an Stücken, daß der Spielhof zum Kreuz geschlossen werden mußte, und dabei ging es auf Fastnacht, und Figueroa drängte uns derart, daß Lope und ich uns zusammentaten, um ihm in aller Eile etwas zu schreiben, nämlich *La tercera orden de San Francisco,* ein Stück, bei dessen Aufführung Arias die Rolle des Heiligen mit der größten Wahrhaftigkeit spielte, die man je gesehen hat. Lope sollte den ersten Akt übernehmen und ich den zweiten, was wir denn auch in zwei Tagen fertigbrachten, und den dritten verteilten wir derart unter uns, daß jeder acht Blätter schreiben sollte; und da gerade schlechtes Wetter war, blieb ich an jenem Abend bei Lope über Nacht. In der Treffsicherheit konnte ich es ihm nicht nachtun, das sah ich wohl, so wollte ich wenigstens in Fleiß und Schnelligkeit mit ihm wetteifern und erhob mich schon zur zweiten Morgenstunde, und um elf Uhr war ich fertig mit meinem Pensum und ging ihn suchen, und fand ihn im Garten mit einem Orangenbäumchen beschäftigt, das zu erfrieren drohte. Ich frug ihn, wie weit er mit seinen Versen sei, und er antwortete: ‚Um fünfe habe ich angefangen zu schreiben und vor einer Stunde bin ich mit dem Akt fertig geworden; dann habe ich eine geröstete Speckscheibe gegessen und eine Epistel in fünfzig Terzinen geschrieben und habe den ganzen Garten hier begossen und davon bin ich müde geworden.' Dann zog er seine Papiere hervor und las mir die acht Blätter Drama und die Terzinen vor,

worüber ich baß hätte staunen müssen, wenn ich nicht sein überströmendes Naturell und seine Beherrschung der gereimten Formen schon lange gekannt hätte."
Die Jahre 1622 und 1623 gelten allgemein als Entstehungszeit der folgenden Stücke: *La nueva victoria de Don Gonzalo de Cordoba, La inocente sangre, La juventud de San Isidro, La niñez de San Isidro, El diabolo predicador, El labrador venturoso, El vencedor vencido, La vengadora de las mujeres, Dineros son calidad, Selvas y bosques de amor, Amar sin saber a quien, El medico de su honra, El poder en el discreto, La boba para los otros y discreta para si, La corona de Hungria y la injusta venganza, Aldegüela y el gran prior de Castilla, Lo que ha de ser, Lo cierto por lo dudoso, La discreta venganza* und *Quien bien ama, tarde olvida.*

1624 Lopes Tätigkeit für die Inquisitionsbehörde bringt auch Verpflichtungen mit sich, die der Dichter sicher nur ungern auf sich nimmt. Am 21. Januar ist er Zeuge der öffentlichen Verbrennung eines des Calvinismus beschuldigten Ordensbruders namens Benito Ferrer, dem zudem eine Hostienschändung zur Last gelegt wird. Ein solches Autodafé (von „auto da fé": „Akt des Glaubens") wird meist recht feierlich begangen und oft auch mit einem kirchlichen Fest oder einer gewichtigeren Staatsaktion verbunden. Vorbereitet wird eine solche Zeremonie, die Gerichtssitzung und Hinrichtung in einem ist, mit einer großen Prozession durch die Straßen der Stadt. An ihrer Spitze marschieren bewaffnete Kohlenhändler, die das Holz für den Scheiterhaufen liefern; nach ihnen kommen die Dominikaner, Träger des Inquisitionsverfahrens; ihnen folgen die „familiares", die Vertrauensleute der Inquisition. Und unter diesen befindet sich auch Lope, der erleben muß, wie der feierliche Prunk des Zuges, der von ungefähr 150 schwarzweißgekleideten Wächtern beschlossen wird, die ohnehin aufgebrachte Menge noch mehr erregt und auf das den Tag abschließende schreckliche Ereignis einstimmt.

Gegen Ende des Jahres schließt Lope die Arbeit an zwei mythischen Epen ab. Seiner *Circe* und *La rosa blanca*, aber auch den bereits zwei Jahre zuvor entstandenen *Filomena* und *Andrómeda* ist indes deutlich anzumerken, daß eine unvoreingenommene Rezeption der antiken Mythen im Spanien des 17. Jahrhunderts nicht mehr möglich ist. Der im Mythos vorherrschende Glaube an einen Selbstwert der Natur und der in ihr obwaltenden Kräfte, der im Neoplatonismus der italienischen Renais-

Die Radierung von Louis Meunier zeigt das königliche Schloß (Alkazar) in Madrid zur Zeit Philipps IV., der im Jahr 1621 im Alter von 16 Jahren seinem Vater Philipp III. auf den spanischen Thron folgt (er regiert bis 1665).

Chronik 1624

Francisco Rizzis Gemälde aus dem Jahr 1683 (Prado in Madrid) zeigt das grausame Spektakel eines „Auto da fé" („Akt des Glaubens") auf der Plaza Major in Madrid, das anläßlich der Hochzeit des spanischen Königs Karl II. (der höchstpersönlich den Scheiterhaufen in Brand setzte) mit Marie Louise von Orléans veranstaltet wurde. In einem offiziellen Bericht wird dieses Ereignis genau beschrieben: „Ein Gerüst, fünfzig Fuß lang, war auf dem Platz errichtet, und zwar bis zur gleichen Höhe mit dem als Sitzplatz für den König vorgesehenen Balkon. Am Ende und entlang der ganzen Breite des Gerüstes, zur Rechten vom Balkon des Königs, war ein Halbrund errichtet, zu dem fünfundzwanzig oder dreißig Stufen hinaufführten, und dieses war bestimmt für die Räte der Inquisition und die anderen Räte Spaniens. Oberhalb der Stufen, unter einem Baldachin, war das Rednerpult des Großinquisitors plaziert, und zwar viel höher als der Balkon des Königs. Zur Linken vom Gerüst und Balkon war ein zweites Halbrund von gleicher Größe errichtet, und in diesem hatten die Verbrecher zu stehen ... Diese Verbrecher schritten, in der erwähnten Reihenfolge, unter dem Balkon des Königs vorbei und wurden, nachdem sie um die Tribüne gegangen waren, in dem Halbrund zur Linken aufgestellt, wobei jeder einzelne von den ihm zugeteilten Vertrauten und Mönchen umgeben blieb. Einige Granden, die zu den Familiares gehörten, setzten sich auf zwei für sie bereitgestellte Bänke im

sance noch zum Ausdruck kommen konnte, kann im Spanien der Inquisition nur dämonisiert oder idylisiert werden. Entweder ist die Natur Antipode des Spirituell-Göttlichen, also Bedrohung, oder aber artifizielles Refugium eines eben hierdurch zum Bewußtsein gebrachten Defizits, greifbar etwa als Kulisse eines von Mal zu Mal stärker formalisierten Schäferspiels. Beide Möglichkeiten verlangen jedoch nach einer Stilisierung der überlieferten Motive, was dazu führt, daß dieses Genre immer mehr in den Bann des Kulteranismus gerät. Eine sich dem unmittelbaren, natürlichen Bewußtsein entziehende, weil mit moralischen und theologischen Vorbehalten befrachtete Welt wird mit Hilfe der Sprache neu geformt und allein auf diesem Weg ideologisch sanktioniert. Auch ein Lope kann sich diesen Mechanismen nicht entziehen. Wie Karl Vossler feststellt, klafft zwischen mythischen und persönli-

Chronik 1625

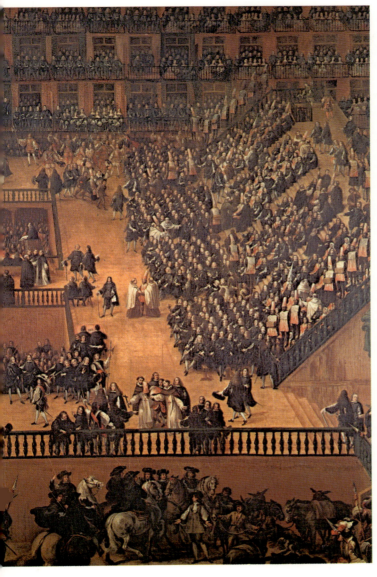

untersten Teil des anderen Halbrunds. Die Beamten des obersten Rates der Inquisition und die Inquisitoren sowie die Beamten der übrigen Ratskörperschaften und etliche andere Personen hohen Ranges, weltliche wie geistliche, allesamt zu Pferde, trafen in feierlichem Aufzug ein und plazierten sich bei dem Halbrund zur Rechten, beiderseits vom Rednerplatz für den Großinquisitor. Er kam als letzter von allen, in purpurfarbenem Gewand, begleitet vom Vorsitzenden des Rates von Kastilien, welcher sich, sobald der Großinquisitor Platz genommen hatte, zurückzog. Dann begannen sie mit der feierlichen Messe... Etwa um zwölf Uhr wurde mit der Vorlesung der Strafen für die verurteilten Verbrecher angefangen. Die Namen der im Gefängnis Verstorbenen sowie der Geächteten kamen zuerst. Ihre Abbilder aus Pappe wurden auf ein kleines Gerüst emporgetragen und dort in kleine, für diesen Zweck angefertigte Käfige gestellt. Dann ging es weiter mit dem Verlesen der Strafen jedes einzelnen Gefangenen, die daraufhin einer nach dem andern in besagte Käfige gestellt wurden, damit alle Anwesenden sie sehen konnten. Die ganze Zeremonie dauerte bis neun Uhr abends, und als sie dann zum Schluß noch eine Messe zelebriert hatten, entfernte sich der König. Die zum Feuertod verurteilten Verbrecher wurden dem weltlichen Gericht überantwortet und, auf Esel gesetzt, durch das Foncaral genannte Tor gebracht und um Mitternacht in dessen Nähe alle hingerichtet."

chen Gedanken ein unüberwindbarer Riß, was auch die Vermutung nahelegt, „daß die mythischen Epen Lopes ihr Dasein zum großen Teile dem Wunsch verdanken, sich als gelehrter Könner auszuweisen..."

Das dramatische Werk Lopes umfaßt in diesem Jahr die Schauspiele *El marques de las Navas, Nunca mucho costó poco, La paloma de Toledo, El premio del bien hablar* und *Amar, servir y esperar*.

1625 Im Juni tritt Lope der „Congregación de San Pedro" bei, einer heute noch bestehenden Vereinigung der Priester Madrids. Der Dichter findet also Zugang zur offiziellen Geistlichkeit und nimmt es mit seinem priesterlichen Amt von nun an ein wenig ernster: „Ich besuche täglich aus freiwilliger Frömmigkeit und jeden Samstag meinem Gelübde gemäß das Heiligtum von Atocha und versehe häufig in den

Krankenhäusern den heiligen Dienst." Dieser „Sinneswandel" hat indes sicher auch außerreligiöse Beweggründe; in diesem Jahr nämlich untersagt der Herzog von Olivares jedwede Veröffentlichung von Comedias und droht all denen, die diesem Verbot zuwiderhandeln sollten, harte Strafen an. Das Theater scheint Olivares einer Realisierung seiner hochgesteckten Ziele im Wege zu stehen. Vielleicht glaubt er, der auf der Bühne erzeugte schöne Schein spanischer Größe werde für so wahr genommen, daß das Publikum sich damit vollends begnüge und nicht mehr bereit sei, dieses Bewußtsein auch in konkrete Aktion umzusetzen. Die Theaterfeindlichkeit dieses Günstlings eines theaterbesessenen Königs, der sich selbst natürlich nie diesem Verdikt unterwirft, geht schließlich sogar soweit, daß man dekretiert: „Es ist verboten, Theater zu besuchen und dramatische Werke zu lesen oder zu besitzen." Es ist zu vermuten, daß aufgrund dieser Verordnung viele Stücke Lopes, die zu diesem Zeitpunkt nur als Manuskript vorhanden sind, für immer verlorengehen. Für Lope selbst, den ersten Dramatiker des Landes, bringt dieser einschneidende Wandel eine nicht zu unterschätzende Gefahr mit sich, wird er durch die Verordnung doch in die Nähe staatsfeindlicher Kräfte gerückt. Seine von Jahr zu Jahr stärker werdende Bindung an kirchliche Institutionen kann vor diesem Hintergrund auch als vorsorgliche Absicherung gegen mögliche Angriffe von seiten der Obrigkeit oder religiöser Eiferer gesehen werden.

Die ihm solchermaßen aufgezwungene Theaterpause läßt Lope genügend Zeit für seine Arbeit an dem kleinen historischen Poem *Virgen de la Almudena,* das er Isabella von Bourbon (1603–1644), der ersten Gemahlin Philipps IV., zueignet. Konkreter Anlaß für dieses Werk ist die Einweihung der Kirche der Virgen (Jungfrau) von Almudena unweit Madrids. Der Name dieses Gotteshauses erinnert an ein Madonnenbild, das einst vor den Mauren verborgen wurde und nach deren Abzug glücklicher Umstände halber wiederaufgefunden werden konnte. Lope schildert die abenteuerliche Geschichte dieses Bildnisses und der Wunder, die in schwerer Zeit von ihm ausgegangen sein sollen. Er preist in erster Linie die Frömmigkeit der Spanier und den von ihnen bewiesenen Mut in den Befreiungskriegen und verschmilzt hierbei die Sprache des Hofes mit den volkstümlichen Tönen der Romanze und der populären Geschichtsüberlieferung.

Dem offiziellen Theaterverbot zum Trotz stellt Lope seine Arbeit für die Bühne nicht ein, sondern verfaßt um 1625 die folgenden Stükke: *La niñez del padre Rojas, El Brasil restituido, La esclava de su galan, La mayor desgracia de Carlos V y hechicerias de Argel, San Julian de Alcalá de Henares, Pobreza no es vileza* und *Ay, verdades, que en amor.*

1627

Bereits 1626 hat Olivares wohl einsehen müssen, daß sich allein durch ein Verbot des Theaters die spanische Misere nicht beheben läßt, und sein Dekret zurückgezogen. 1627 kann Lope einen weiteren kleinen Triumph feiern: Urban VIII. (1568–1644, Papst ab 1623) ernennt ihn zum Doktor der Theologie im „Collegium Sapiente", wodurch er ohne weiteres Zutun auch Mitglied des Ordens der Johanniter von Jerusalem wird. Er kann nunmehr den Titel „Fray" („Bruder") seinem Namen voranstellen und glaubt sich, wie er Sessa leicht ironisch mitteilt, nun endgültig vor allen etwaigen Nachstellungen theaterfeindlicher Kräfte gefeit: „Gestern schickte mir Seine Heiligkeit ein Sendschreiben, in welchem er mir die Gnade erweist, daß ich Ordensmitglied der Johanniter werde. Ich hab es gleich nach Malta weitergeleitet, damit der Großmeister es bestätige. Was sagen Euer Exzellenz zu diesen Dingen? Da ist die Torheit bei Troste. Er sagt, er wird anweisen, daß man es mir hier durch eine Person von geistlichem Stande aushändige, oder will veranlassen, daß ich deshalb nach Malta komme, und ist es an dem, dann möge Gott mich nicht eher in den Tod schicken, bis ich nach Malta reise... Von Monsignore habe ich famose Briefe; er ist der Neffe seiner Heiligkeit. Ich werde Euer Exzellenz bei Gelegenheit die Abschriften schicken." Lope bedankt sich beim Papst auf seine Weise und widmet ihm seine 1627 fertiggestellte *Corona tragica,* ein knapp fünftausend Verse umfassendes Epos über Leben und Sterben der 1587 hingerichteten Maria Stuart. Als Quelle diente ihm die 1624 in Würzburg veröffentlichte Schrift „Vita Mariae Stuardae Scotiae Reginae" des schottischen Priesters Georgius Conaeus, den Lope persönlich kennt. Lope versucht sich hier in apologetischer Rhetorik und hält sich streng an die offizielle päpstlich-katholische Version der Auseinandersetzung zwischen Elisabeth I. von England und Maria. Das führt allerdings dazu, daß Lope statt der Personen, die er in ein striktes Schwarzweißschema zwängt, lediglich einen fast unübersehbaren Rechtsstreit schildert und so eher als Jurist denn als Dichter in Erscheinung tritt.

1628

Lope wird von der „Congregación de San Pedro" zu ihrem Ersten Kaplan gewählt und erhält den Auftrag, das Preisgedicht auf die Gründung eines neuen Studienkollegs der Madrider Jesuiten zu verfassen. Diesen Ehrungen folgt ein Schicksalsschlag, der Lope schwer trifft. Marta de Nevares, seine Geliebte, verliert ihr Augenlicht. Lope ruft daraufhin sogar eine englische Ärztin zu Hilfe, doch kann diese nicht mehr bewirken als ihre spanischen Kollegen auch, die Lope in Scharen herbeizitiert. Und es soll sogar noch schlimmer kommen: Marta verliert „nach dem Licht des Leibes auch noch das der Seele" (Fries). Sie vegetiert nur doch dahin, auf Teilnahmslosigkeit folgen Anfälle von Tobsucht, und mit der Ruhe und Beschaulichkeit im Haus an der Calle de Francos ist es auf Jahre hinaus vorbei. Aber auch an Sorgen anderer Art fehlt es nicht. Verbittert schreibt Lope an Sessa: „Es geht, Herr, hier schlimmer als sonst zu. Denn wenn es noch einen rosigen Hoffnungsschimmer gab, so hat sich dieser längst in den Wolken von soviel Unbestand aufgelöst. Es mangelt an Lebensmitteln, Kleidung, Geld."

Anläßlich einer am 24. August abgehaltenen Gedenkfeier zu Ehren des 1624 verstorbenen Vicente Espinel gibt Lope seinen *Laurel de Apolo (Apollos Lorbeerkranz)* in Druck, ein großangelegtes Panorama der spanischen Literaturgesellschaft im 17. Jahrhundert. An die dreihundert spanische Poeten werden im Auftrag Apollos auf den Parnaß geladen, wo ein Dichterwettstreit stattfinden soll. Lope lehnt sich mit seiner Darstellung stark an die „Reise nach dem Parnaß" von Cervantes an, die ihrerseits in der Tradition italienischer Vorbilder steht. Denn dort, im Italien der Spätrenaissance, entstanden der Begriff der Nationalliteratur sowie der Gedanke, literarisch und künstlerisch mit den Alten, den Griechen und Römern, aber auch mit anderen Nationen zu wetteifern. Das Wissen um den Wert des eigenen Schaffens ist Grundlage all dieser literarischen Schaustellungen und Dichterparaden. Lope kommt mit seinem *Laurel de Apolo* aber auch einigen persönlichen Verpflichtungen nach: er gibt das ihm in anderen Werken dieser Art gespendete Lob nun reich zurück, versäumt dabei jedoch nicht, an seinen schärfsten Kritikern aus dem Lager der Góngoristen und Kultisten Rache zu nehmen:

„Doch war Apoll mit Recht verstimmt, zu sehn,
wie vorlaut stets die Buchgelehrten schmähn
und auf das Schauspiel speien.
Er wollte die Versammlung nicht entzweien
und wußte ja, wie eben
die, so es oft besuchen,
in Grund und Boden es zumeist verfluchen."
(Übersetzung Karl Vossler)

Lope verfaßt in diesem Jahr nur ein Stück: *La competencia en los nobles.*

Die beiden Abbildungen der folgenden Doppelseite geben zwei Porträts Lopes mit jeweils anderem Akzent wieder. Das linke, vermutlich von dem Maler Caxes (Museo Lázaro Galdiano in Madrid), zeigt den Geistlichen Lope. Das Gemälde kann frühestens 1627 entstanden sein, denn das Johanniterkreuz, das Lope als Zeichen seiner Mitgliedschaft im Orden der Johanniter von Jerusalem trägt, wird ihm zusammen mit der theologischen Doktorwürde von Papst Urban VIII. per Handschreiben in diesem Jahr verliehen. Lope ist von nun an auch berechtigt, den Titel „Fray" („Bruder") zu führen. Das andere, anonyme Porträt (Museo Lázaro Galdiano in Madrid) zeigt den alternden Dichter in seinem Arbeitszimmer, auch hier ganz in Schwarz gekleidet. In der hölzernen Nische befindet sich ein Apollo-Standbild, davor zwei Bücher, von denen eines als Lopes „El laurel de Apolo" zu identifizieren ist. Am linken Schreibtischrand ist sein Schäferroman „Arcadia" plaziert. Es fällt auf, daß nichts auf das dramatische Schaffen des Dichters hinweist. Lope gibt sich hier als normativer, als gelehrter Poet. Die neuere Dramendichtung, auch seine eigene, schätzt Lope ja selbst als eine den tradierten Kunstlehren widersprechende Kunstform ein. Die Comedia ist eine Dichtung des Lebens, nur ihm verpflichtet und nicht der poetischen Doktrin. Indes, die Komposition des Bildes ist konventionell, einem repräsentativen Zweck verpflichtet – und die ausgebreitete Literatur dem, so betrachtet, nur angemessen. Das hier vor Augen geführte Bild ist aber auch Wunschbild. In seiner „Ekloge an Claudio" schreibt Lope, daß er, dem kein rechter Mäzen beschieden sei, seinem Pech „nur mit der Feder trotzen konnte". Und dies habe zur Folge, daß er sich um alltägliche Dinge kümmern müsse, für die es „keinen sublimen Stil" gebe.

1632

Felicia, Lopes Tochter aus seiner Ehe mit Juana de Guardo, verheiratet sich. Ihre Kinder gelten als die einzigen bekannten Nachkommen des Dichters. Einen gewissen Namen erwirbt sich Luis Antonio de Usátegui y Vega, ein Hauptmann, der in Mailand der spanischen Infanterie vorsteht.

Auf den Zeitraum zwischen 1629 und 1632 datierbar sind folgende Stücke: *La vida de San Pedro Nolasco, La selva sin amor, La gran columna fogosa, La amistad y obligación, El hiji por engaño y toma de Toledo, El pleito por la honra o el valor de Fernandico, Las dos bandoleras y fundación de la Santa Hermandad de Toledo, No son todos ruiseñores, El animal profeta, La ilustre fregona y amante al uso, El castigo sin venganza, La noche de San Juan, La moza de cantaro, Amar como se ha de amar, La hermosa fea, El milagro por los celos y Don Alvaro de Luna, Los milagros del desprecio, El amor bandolero*, und *Sino vieran las mujeres*.

1634

Dieses Jahr gehört zu den unglücklichsten Lopes. Marta de Nevares stirbt nach über sechsjährigem Leiden. Und auch die Tochter der gemeinsamen Liebe geht ihm verloren: Antonia Clara läßt sich von Don Cristóbal Tenorio, einem Schützling Olivares' und Ritter des Santiago-Ordens, entführen. Lorenza Sánchez, die Haushälterin Lopes, ist in das Komplott eingeweiht und der Wachhund, der den Dichter alarmieren könnte, aus dem Haus geschafft worden. So geht alles reibungslos vonstatten, und der unglückliche Vater, der an Treue und Ehre seiner Tochter nicht zweifeln will, schiebt alle Schuld auf die verräterische Bediente:

„Nein, nicht Filis konnte soviel Schuld tragen, es war Lidia, denn eine Dritte nur vermochte mit ihrer Natterzunge, was aus Anstand taub war, zu verblenden..."

Dem Sohn Lopillo (geb. 1606) widmet Lope seine *Gatomaquia*, ein lustiges Epos über einen Katzenkrieg. Doch als das Werk die Druckerei verläßt, hat Lope bereits Nachricht vom Tod seines Lieblingssohnes bekommen, der beim Perlenfischen vor der Küste Venezuelas Schiffbruch erlitten hat.

Lope schreibt 1634 mit *Las bizarrias de Belisa* seine vermutlich letzte Comedia. Bereits fertiggestellt sind bis dahin *El desprecio de Olmedo, La carbonera, El amor enamorado, Contra valor no hay desdicha y primero rey de Persia, Las cuentas del gran capitan, La envidia en la nobleza, El guante de Doña Blanca, El mayor virtud de un rey* und *El major alcalde el rey*.

1635

Lope verliert bei all diesen Schicksalsschlägen viel von seinem Lebensmut und seiner Schaffenskraft. Er erkrankt schwer (vermutlich handelt es sich um die Folgen einer syphilitischen Infektion) und lebt zurückgezogen in seinen vier Wänden. Ende August scheint das Ende nahe zu sein. Lope schreibt noch ein umfangreiches Gedicht mit dem Titel *Das goldene Zeitalter* und verfaßt ein Sonett auf den Tod eines portugiesischen Edelmannes. Am Abend des 27. August schlägt seine Todesstunde. Juan Peréz de Montalbán, Lopes Freund und Biograph, hat die Ereignisse dieses Tages festgehalten: „Lope starb sehr rasch, sein Herz hatte es ihm schon vorausgesagt... es war ein Freitag, der Tag des hl. Bartholomäus, er stand sehr früh auf, betete, hielt die Messe in seiner Kapelle, begoß den Garten und schloß sich in seinem Arbeitszimmer ein. Mittags fühlte er sich erkältet, sei es, weil er sich zu sehr angestrengt hatte beim Sprengen der Blumen oder, wie alle in seinem Haus bestätigen, weil er sich in einer edleren Übung zu sehr angestrengt hatte, denn er hatte die Gewohnheit, an jedem Freitag in Erinnerung an die Passion unseres Herrn sich zu geißeln... Nachmittags hatte er eine Einladung, an einer öffentlichen Verteidigung medizin-philosophischer Art teilzunehmen, die der Arzt Fernando Cardoso drei Tage lang abhielt... und dort überkam ihn jäh eine Ohnmacht... man brachte ihn in einer Sänfte nach Hause. Er legte sich zu Bett, man rief die Ärzte, die, nachdem man ihnen gesagt hatte, er habe hartgekochte Eier und gebratene Fadennudeln gegessen..., ihm ein Abführmittel zum Purgieren gaben, und dann, weil das Fieber es erforderlich machte, ließen sie ihn zur Ader... Es ergab sich, daß zufällig Doktor Juan de Negrete, Kammerarzt seiner Majestät... auf der Straße vorbeiging, und man sagte ihm, Lope de Vega fühle sich unwohl. Und so kam er ihn zu sehen, nicht als Arzt,

Lope Félix de Vega Carpio   Chronik 1635

Die Abbildung zeigt einen spanischen Farbholzschnitt aus dem 17. Jahrhundert. Lope projiziert in seiner 1634 veröffentlichten „Gatomaquia" („Die Katzenschlacht") den Kosmos des klassischen Epos in parodistisch-ironischer Weise auf eine Welt heroischer und verliebter Katzen und Kater, die sogar einen Olymp mit Katzengöttern über sich hat. Heroisches Pathos schlägt ins Scherzhafte um.

weil er nicht gerufen worden war, sondern als Freund, der ihm Genesung wünschen wollte. Er fühlte ihm den Puls, sah auch die angegriffene Brust, prüfte die Beschaffenheit des Blutes und erkannte, was kommen mußte, und so sagte er ihm überaus schonend, man solle ihm sogleich das Heilige Sakrament reichen, denn dies diene dem, der sterben müsse, als Erleichterung und dem, der gesunde, als Hilfe. ‚Wenn es Euer Gnaden also sagen', sagte Lope, überaus einverstanden damit, ‚dann wird es schon nötig sein.' Und er drehte sich auf die Seite, um wohl darüber nachzudenken, was ihn erwartete . . ."

Das „Begräbnis Lope de Vegas"; Historiengemälde von Ignacio Suárez Llanos (1830–1881; Museo Municipal in Madrid). Lopes poetisches Vermächtnis ist die Comedia. Zu seinen größten Bewunderern und Nachahmern zählt Tirso de Molina (1584–1648), ein Pseudonym, hinter dem sich der Mönch Gabriel Téllez verbirgt. In seiner Novellensammlung „Los Cigarrales de Toledo" („Die Obstgärten von Toledo") ist zu lesen: „Da Lope de Vega das spanische Schauspiel zu der Vollkommenheit und feinen Ausbildung gebracht hat, in welcher wir es jetzt sehen, so brauchen wir bei keinem anderen in die Schule zu gehen. Und wir, die wir uns rühmen dürfen, seine Schüler zu sein, müssen uns glücklich preisen, einen solchen Lehrer zu haben, und beständig seine Dichtungsart gegen ihre leidenschaftlichen Angreifer zu verteidigen." Die Comedia ist zwar eine typisch spanische Literaturform, doch keineswegs eine isolierte Erscheinung in der europäischen Literatur des 16. und 17. Jahrhunderts. Die Renaissance mit ihrer Einschätzung der Natur als Lehrmeisterin aller Dinge, wie Pietro Aretino (1492–1556) postuliert, führt zu einer dezidierten Herausstellung der dichterischen Improvisationsgabe und schafft auch im Publikum das Bedürfnis nach lebhaften und vor allem immer mehr Stücken. Die unglaubliche Produktivität Lopes wäre ohne diesen wachsenden Literaturmarkt nicht möglich gewesen. „Produktiv" sind die Dichter aber nicht allein in Spanien. Der französische Dramatiker Alexandre Hardy (1570–1631/1632) gibt an, etwa 600 Stücke geschrieben zu haben, und in England brüstet sich Thomas Heywood (um 1570–1641) damit, daß er mehr als 120 Dramen verfaßt habe. Lope bleibt nicht nur numerisch unübertroffen, sondern er ist auch der bedeutendste Protagonist einer umfassenden Theaterreform.

San Sebastián, die Grabkirche Lopes in Madrid, in deren Gruft, einem Massengrab, die Gebeine des Dichters verscharrt werden, nachdem der Herzog von Sessa es entgegen seinen Versprechungen versäumt hat, die Gebühren für ein ordentliches Grab zu entrichten.

Testamentsvollstrecker ist der Herzog von Sessa, der auch für ein prunkvolles Begräbnis sorgt. In Spanien ist es seit Jahren Brauch, etwas besonders Gutes, Schönes oder Ausgefallenes mit der Bezeichnung „wie von Lope" zu schmücken. Als nun der Trauerzug durch die Straßen Madrids zieht, äußert Montalbán zufolge eine alte Frau, die vom Ableben des Dichters noch nichts gehört hat: „Ohne Zweifel, diese Beerdigung ist wie von Lope, so gut ist sie." An der Spitze des Trauerzuges marschieren auf Bitten Marcelas die Barfüßerinnen, ihnen folgen Abordnungen aller Bruderschaften, denen der mit dem Ordenskleid der Johanniter bekleidete Verstorbene angehört hat. Neun Tage dauern die Trauerfeierlichkeiten. Sessa verspricht höchst feierlich, Lope ein Monument zu errichten, doch vergißt er dies ebenso, wie die Miete für das Ehrengrab des Dichters in der Kirche San Sebastián zu bezahlen. Die Gebeine Lopes werden deshalb in einem Massengrab verscharrt. Dies ist, wie Fritz Rudolf Fries urteilt, in der Tat ein tragisch-grotesker Ausgang.

1636

Lope de Vega starb, wie der Literaturwissenschaftler Ramón Menéndez Pidal schreibt, „im Glanze höchsten Ruhms und Ansehens". Die Vita des Dichters wird zur Legende, wozu die beschönigende „Fáma postuma", die der Lope-Freund Juan Peréz de Montalbán in diesem Jahr herausgibt, nicht wenig beiträgt. „Alle ansprechenden Züge der Vorbildlichkeit in einem harmonischen Dasein waren hier für die Nachwelt zusammengetragen" (Werner Krauss). Dies sowie andere Formen eines sich unmittelbar nach dem Ableben des Dichters noch verstärkenden Lope-Kults können jedoch nicht verhindern, daß die poetischen Positionen des Verstorbenen fortwährenden Angriffen ausgesetzt sind. Die hierbei vor allem von den Anhängern eines klassizistischen Theaters und von seiten der Kultisten angeführten Argumente sind im Grunde genommen dieselben, denen sich Lope schon zu Lebzeiten stellen mußte. 1617 bereits hat ein Grammatikdozent der Universität von Alcalá, Pedro de Torres Rámila, in der mittlerweile verschollenen Schrift „Spongia" die gängigsten Vorwürfe gegen Lope polemisch zusammengefaßt. Aus der ein Jahr später (1618) von Freunden Lopes verfaßten „Expostulatio Spongiae" sowie anderen Schriften Rámilas selbst lassen sich dessen Positionen rekonstruieren: kritisiert wird eine angebliche Stil-, Geist- und Inhaltslosigkeit der Comedia, die ihren inferioren ästhetischen Rang zuallererst der verantwortungslosen Anbiederung des Autors an die rohen und plumpen Bedürfnisse des Pöbels, des „vulgo", verdanke. Dies führe dann dazu, daß die Schreiber solcher Komödien sich sonder Skrupel über alle tradierten Regeln der Kunst und des guten Geschmacks hinwegsetzten, weswegen es auch nicht verwunderlich sei, daß einige Autoren (hier wird auf Lope angespielt) so viele Schauspiele hätten schreiben können, denn dazu brauche man weder Kunstverstand noch eine gewisse Gelehrsamkeit. In der „Expostulatio", hinter deren Anonymus Julio Columbario sich Francisco López de Aguilar, Tomas Tamayo de Vargas, Simon Chauvel, Baltasar Elisio de Medinilla und Lope selbst verbergen, wird das Theater Lopes beredt verteidigt und sein Dichter als Inkarnation einer wahrhaften Poetenexistenz dargestellt, Rámila hingegen des bloßen Neides bezichtigt.

Auf einer akademischeren Ebene schließlich griff ein Kollege Rámilas, Alonso Sánchez, Professor für alte und neue Sprachen in Alcalá (gest. 1663), in die Debatte ein. Sein „Appendix ad Expostulationem Spongiae" spricht unter Berufung auf Poetiken der Antike und solche der Renaissance Lope ausdrücklich das Recht zu, seiner Kunst andere Regeln zu geben. Lope habe sich, so Sánchez, immer die Natur als Maß und Vorbild des eigenen Schaffens genommen und somit dem obersten Grundsatz der Alten Genüge getan. Er habe aber auch gesehen, daß die im Vergleich mit der Antike neuen gesellschaftlichen Verhältnisse, Sitten, Gebräuche und Anschauungen nach einer neuen Art und Weise künstlerischer Darstellung verlangten, denn dieses Neue den tradierten Formen zu unterwerfen sei gegen die Natur der Kunst. Und insofern dürfe man in Lope auch nicht einen Verderber klassischer oder klassizistischer Ideen sehen, sondern müsse ihn als einen durchaus originären Schöpfer einer modernen Kunst begreifen, der den Vergleich mit antiken Größen durchaus nicht zu scheuen brauche.

Bereits zwei Jahre vor der Schrift Alonso Sánchez' hat Ricardo de Turia in seinem „Apologetico de las Comedias Españolas" mit der „naturaleza española" einen anderen wichtigen Begriff der Verteidiger der Comedia geprägt: in den antiken Poetiken spiegele sich der Geist des alten Griechenland und des alten Rom, der sich jedoch von der Natur der Spanier grundlegend unterscheide. Diese aber sei durch ein homogenes Durchdringen komischer und tragischer Elemente bestimmt, das in der Comedia adäquat zum Ausdruck gebracht werde. Francisco Barreda griff wenig später (1627) diese Argumentation auf und nahm sie zum Anlaß, das von der Antike bis zur Renaissance nicht in Frage gestellte Primat des Epos anzuzweifeln. Er erklärt die Comedia als ein den Geist der Zeit in sich kristallisierendes Gesamtkunstwerk (Werner Brüggemann) und macht Lope, in dem er den Begründer und Vollender dieser neuen Kunst sieht, zur Autorität der „modernos".

Obwohl sich das Für und Wider auch nach Lopes Tod nahezu die Waage hält, wird die an sich volkstümliche Gattung der Comedia schließlich sogar auf dem höfischen Theater heimisch. Die dort gegebenen technischen Möglichkeiten sowie das Vorbild der italienischen Oper, deren Darstellungsformen auf die Comedia transponiert werden, führen zu einer Verfeinerung dieses Genres, was durch die partielle Übernahme eines góngoristisch-kultistischen Sprachduktus seitens vieler Autoren noch unterstützt wird. Zentrale Gestalt dieser Entwicklung ist Pedro Calderón de la Barca, der nicht selten die tradierten Sujets Lopes wieder aufgreift, diese aber sprachlich ganz neu formt und es versteht, ihnen hierdurch einen anderen Gehalt zu verleihen. Alles Geschehen wird auf eine höhere Ordnung bezogen; die bei Lope noch eher naiv gegebene transzendentale Ausdeutung profanen Tuns wird immer abstrakter und allegorischer, was nicht zuletzt darauf zurückzuführen ist, daß das Bewußtsein über einen Konnex irdischen und himmlischen Seins angesichts der von Jahr zu Jahr offensichtlicher zutage tretenden spanischen Misere immer brüchiger wird und so eine solche Stilisierung geradezu erzwingt. Calderóns Dramen sind zwar noch immer ein Abbild der Wirklichkeit wie die Lopes auch, doch ist die Wirklichkeit hier schon fast nur noch Hieroglyphe eines anderen, sie bildet eine künstlerische Chiffre und Arabeske.

1652

In Hamburg erscheint eine erste separat veröffentlichte deutsche Übertragung eines Lope-Stücks: *El palacio confuso* wird von Georg Greflinger (um 1620 bis um 1680), der seiner Bearbeitung eine holländische Fassung zugrunde legt, unter dem Titel *Der verwirrte Hof* herausgegeben.

Auch spätere deutschsprachige Lope-Publikationen gehen meist nicht vom spanischen Original aus, was dazu führt, daß die in Deutschland gespielten Stücke Lopes mit ihrem Urbild kaum noch etwas gemein haben. Eine Ausnahme macht da nur der Nürnberger Georg Philipp Harsdörffer (1607–1658), Mitbegründer des „Pegnitz-Schäferordens", der in seinen „Frauenzimmergesprächsspielen" (1641–1649) die Comedias *La fuerza lastimosa* und *Escolástica celosa* in ihrer ursprünglichen Form beläßt und nicht zu harmlosen Hanswurstiaden umgestaltet. Harsdörffer erhofft sich von den zwei Lope-Dramen etwas, das „viel löblicher ist als ärgerliche Liebesmär, närrische Fratzengeschichten und abscheuliche Trauerhändel".

Lope Félix de Vega Carpio   Chronik 1674

1674

Das spanische Theater – und so auch die Comedia Lopes – findet bald auf allen europäischen Bühnen eine feste Heimstatt. Allerdings ist dieser Rezeption, deren Bedeutung für die dramatische Literatur des 17. Jahrhunderts nicht hoch genug eingeschätzt werden kann, zumeist eine Mittlerstelle vorgeschaltet. Fast alle spanischen Stücke treten ihren Siegeszug von Italien aus an. Die Ursachen hierfür sind vielfältig. Ein großer Teil Italiens ist im Besitz der spanischen Krone, und den dort stationierten Soldaten und Beamten ist der regelmäßige Theaterbesuch zu einer aus der Heimat übernommenen, nicht zu missenden Gewohnheit geworden. Spanische Theatergesellschaften durchziehen die Lande und üben einen starken Einfluß auf die seit längerer Zeit stagnierende Commedia dell'arte aus, deren tradiertes Arsenal sich gut mit der Comedia verträgt. Gracioso und Arlecchino sind schon immer enge Verwandte gewesen. Das typisch Spanische, mit dem man sich in Italien nicht anfreunden kann und will, wird gern melodramatisiert und damit dem Gechmack im übrigen Europa angeglichen.

Wirklich produktiv wird die Comedia indes nicht in Italien, sondern in Frankreich, wo bereits mit dem 1636 erschienenen „Cid" von Pierre Corneille (1606–1684) die erste außerspanische Kontroverse um dieses Theater ihren Anfang nimmt. Corneille handelt (wie das im Vorbild des „El Cid" von Guillén de Castro ebenso der Fall ist) den tragische Züge aufweisenden Konflikt zwischen Ehre und Leidenschaft ab, bemüht sich aber, die dem spanischen Vorbild eigenen Exaltationen zu glätten und zu psychologisieren. Auch das in der Comedia recht lax behandelte Postulat von der Wahrscheinlichkeit des dargestellten Geschehens erhält bei Corneille einen ziemlich hohen Stellenwert. Die spanischen Sujets werden einer klassizistischen Doktrin angepaßt. Es ist dies eine Tendenz, die sich während der folgenden Jahrzehnte von Jahr zu Jahr verstärkt. Spätestens bei Jean Racine (1639–1699) und Jean-Baptiste Molière (1622–1673) ist dann zu beobachten, wie die Aufnahme spanischer Stoffe letzten Endes so bewußt gesteuert wird, daß das fertige Resultat seiner kaum noch auszumachenden thematischen Vorlage fast schon diametral entgegengesetzt ist.

1674 schließlich belegt der Schriftsteller und Kunsttheoretiker Nicolas Boileau-Despréaux (1636–1711) in seiner Poetik die Stücke Lopes stellvertretend für die gesamte Gattung mit einem schweren Verdikt. Eigentlich dürfe man diesen Autor überhaupt nicht ernst nehmen, denn seine Werke seien so lächerlich, daß sie sich gleichsam selbst das Urteil sprächen. Denn wie könne, so fragt er polemisch, ein gebildeter Mensch, der es verstehe, sein Urteil mit gewissen Regeln in Übereinstimmung zu bringen, sich mit einer Kunst abgeben, wo es nicht selten sogar vorkomme, daß ein Held zu Beginn des Stücks ein Kind, an seinem Schluß aber ein Greis sei? Noch offensichtlicher könne man die Einheit von Ort, Zeit und Handlung wirklich nicht verletzen. In dieser unerbittlichen und Lope keinesfalls gerecht werdenden Kritik Boileaus kommen Tendenzen zum Vorschein, die an die drei Jahre zuvor erschienene Schrift „Les entretiens d'Ariste et d'Eugène" des französischen Jesuitenpaters Dominique Bouhours (1628–1692) erinnern. Dort wird erstmals der Begriff vom „génie espagnol" verwendet, der in der Folgezeit die weitere Diskussion um die Comedia prägen soll. Die „naturaleza española", einst Hauptwaffe der „modernos" im Kampf mit ihren klassizistischen und kultistischen Antipoden, verkehrt sich im „génie espagnol" in ihr Gegenteil. Aus dem Positivum wird ein Negativum. Auch aus der spanischen Sprache, der man einst dieselbe Geltung wie dem Lateinischen, dem sie ja entwachsen ist, zudachte, wird nunmehr ein chaotisches dunkles Wirrwarr, das eine rationale Aussage fast unmöglich mache. Der ihr eigene Drang zur Deklamation und Schaustellung einer hohlen Pracht, zu Hochmut und Übertreibung ähnle, so Bouhours, einer dramatischen Figur, die ihre Charakteristika allein ihrem Äußeren verdanke. Wahre Königin der Sprachen sei vielmehr das Französische, in dem Sein und Schein nicht auseinanderfielen, sondern eine feste Einheit bildeten, die es ermögliche, die Realität adäquat wiederzugeben. Verständlich sind solche Thesen nur vor dem Hintergrund tiefgreifender Veränderungen im europäischen Machtgefüge im Zeitalter des „Sonnenkönigs" Ludwig XIV. (1638–1715, Regierungsübernahme 1661) beziehungsweise des in Frankreich zur vollen Entfaltung gelangenden Absolutismus.

1688

Ganz anders als der Nürnberger Patrizier Georg Philipp Harsdörffer schätzt der Polyhistor Daniel Georg Morhof (1639–1691), der als einer der ersten in Deutschland den Begriff des „génie espagnol" aufnimmt und diesen „Romainschen Geist" für eine spanische Krankheit hält, die Bedeutung Lopes ein. In seinem 1688 zum erstenmal erschienenen „Unterricht von der Teutschen Sprache und Poesie" schreibt er: „In dem lächerlichen zu unterscheiden / haben die Spanier eine sonderliche Art / und sind ihre Comoedien voll von sonderlicher Erfindung. Hierinnen hat bey ihnen den Preiß gehabt Lope de Vega ... Es ist aber auch kein Wunder / daß er so viel geschrieben. Denn / weil er keiner Reime sich gebraucht [hier ist zu erkennen, daß Morhof noch nie ein Stück Lopes gelesen hat] / so hat er viel eher damit fertig werden können ... Er hat sich an keine Regeln der Kunst gebunden / sondern seine Feder lauffen lassen / wohin sie die Gedanken geführet. Bey ihm machte die Unitas Actionis, probalitas und andere Dinge keine große Sorge. Dieses fand sich gar selbst / und die Gabe seiner sinnreichen Einfälle machte alles angenehm."

Frankreich ist zumindest auf dem Kontinent die führende und bestimmende Macht, Spanien dagegen nur noch ein hohler, kraftloser Koloß, nicht mehr imstande, eigene Initiativen zu ergreifen und dem französischen Hegemoniestreben ernsthaft entgegenzutreten. Diese politische Auseinandersetzung wiederholt sich in anderen Sphären. Die spanische Mode weicht der französischen, das spanische Hofzeremoniell dem Prunk der Hofhaltung Ludwigs XIV., die zunehmend überall in Europa nachgeahmt wird. Auch im Bereich der Sprache und Literatur will und muß sich das Überlegenheitsgefühl der Franzosen Geltung verschaffen. „Frankreich repräsentiert in diesen Darlegungen eine von der Vernunft geleitete und durchgeformte Kultur, die auf die Antike zurückweist; Spanien dagegen ist Beispiel einer phantastischen, bizarren, vernunftwidrigen Geisteshaltung, die dem Orient und dem Mittelalter verpflichtet ist. Eine verhängnisvolle, sich immer mehr verhärtende Herausstellung einander ausschließender Positionen bestimmt für lange Zeit die Auseinandersetzung um den Sinn der eigenständigen spanischen Kultur" (Werner Brüggemann).

1700

Mit dem Tod des Habsburgers Karl II. (1661–1700, König ab 1665) und der Übernahme der Herrschaft durch den Bourbonen Philipp (V.) von Anjou (1683–1746), einem Enkel Ludwigs XIV., macht sich ein verstärktes Eindringen französischen Gedankenguts auch in die innerspanische Diskussion bemerkbar. Das bisherige Leitbild des auf die Kultur Italiens ausgerichteten „español inserto en italiano" wird nunmehr abgelöst vom Typus des „afrancesado". An die Stelle der noch von Gracián propagierten Gegensätzlichkeit von Spaniern und Franzosen tritt jetzt die These von der Verwandtschaft der beiden Völker. Benito Jerónimo Feijóo y Montenegro (1676–1764), ein spanischer Frühaufklärer, fordert seine Landsleute auf, die ihnen überreich verliehenen Kräfte des Herzens („corazón") mit den im Vergleich dazu unterentwickelten Verstandeskräften („cabeza") zu versöhnen, und empfiehlt aus diesem Grund das Erlernen der französischen Sprache, denn diese sei die Sprache der Wissenschaft. Die eher noch zurückhaltende Position Feijóos äußert sich in seinen Schriften zur Poetik in einem aus der Tradition der Comedia herzuleitenden Postulat der künstlerischen Freiheit, der durch die Aristotelischen Regeln, die man nur brauche, um die größten Fehler zu vermeiden, keine Beschränkungen auferlegt werden dürften. Einen radikaleren Standpunkt nimmt hierzu die 1737 erstmals publizierte Poetik des Ignacio de Luzán (1702–1754) ein, in der Lope vorgeworfen wird, er habe Maximen aufgestellt, die aller Vernunft, dem guten Geschmack und den tradierten Regeln zuwiderliefen. Mit Lope

---

Das Denkmal Lope de Vegas vor dem Konvent in Madrid. Ähnlich wie Goethe im deutschen Sprachraum steht Lope „als nationales Denkmal entrückt ... in Spanien auf dem Sockel der Verehrung – solange man ihn nicht spielt, solange man glaubt, einzelne Züge seines Lebens nicht mit der Würde des nationalen Dichters par excellence vereinbaren zu können" (Fries). Es ist wohl kein Zufall, daß gerade García Lorca, der wie die Schauspielertruppen zur Zeit Lopes mit seiner „Barraca" durch die Lande zieht, Lopes Theater wieder einen aktuellen Bezug abzugewinnen versucht. Daß ihm das gelingt, zeigen die Reaktionen auf seine Aufführungen: bei einer Vorstellung von „Fuente Ovejuna" am 18. November 1933 etwa verläßt ein großer Teil des Publikums aus Protest gegen die Darstellung des Komturs den Saal.

habe auch die bedingungslose Ausrichtung der dramatischen Kunst am schlechten Geschmack des Publikums seinen Anfang genommen.

Die Vorwürfe sind bekannt, doch weil jetzt die breite Masse des Publikums mit dem „génie espagnol" identifiziert wird, erhalten sie eine andere Stoßrichtung. Objektive Grundlage dieser Einschätzung ist der mit dem Tod Calderóns 1681 einsetzende rasche Verfall der Comedia. Die sie hervorbringenden sozialen und gesellschaftlichen Phänomene sind, falls überhaupt noch existent, von keiner produktiven Relevanz, sondern nur noch bloßer Abglanz eines toten Vergangenen und damit Mittel zum Zweck der Restauration des Bestehenden. Erinnert sei hier etwa an den mittlerweile zum Fossil verkommenen ritualisierten Ehrbegriff. Luzán verlegt den Beginn der von ihm beklagten Dekadenz in die Regierungszeit Philipps III.; diese historische Dimension der Kritik ermöglicht es ihm, sein Urteil zu relativieren. So weiß er an Lope immerhin noch dessen „natürliche Leichtigkeit des Stils" zu loben. Blas Antonio Nasarre y Ferriz (1689–1751) hingegen, der 1749 die Comedias und Zwischenspiele des Cervantes neu herausgibt und ihnen eine Abhandlung über die spanische Komödie voranstellt, sieht in Lope nur den „ersten Verderber des Theaters". Er beruft sich dabei auf Cervantes, dessen Einschätzung der Kunst Lopes er in fast allen Einzelheiten wiederaufnimmt. Es ist überhaupt ein Charakteristikum dieser Diskussion, daß Cervantes gegen Lope ausgespielt wird, was schließlich dazu führt, daß die Traditionalisten Cervantes als Verräter am spanischen Geist ansehen, die aufgeklärteren Kräfte dagegen in seinem Werk die ideelle Keimzelle eines neuen und besseren Spanien finden. Diese Sicht der Dinge soll, wenngleich in eingeschränktem Maße, bis ins 20. Jahrhundert hinein Geltung behalten. Für die Afrancesados des 18. Jahrhunderts bringt das postulierte Gegeneinander von Lope und Cervantes natürlich auch die Verpflichtung mit sich, einen neuen nationalen Traditionsbezug für die am klassischen Vorbild orientierte gegenwärtige Dramenproduktion zu finden – und man entdeckt so die klassizistischen Tragödien des 16. Jahrhunderts wieder, deren Rationalität den ästhetischen und inhaltlichen Verirrungen im Schaffen eines Lope und Calderón bei weitem überlegen sei.

1763

José Clavijo y Fajardo (um 1730–1806, Vorbild des Clavigo im gleichnamigen Drama Goethes) erhebt in der von ihm edierten und nach dem Muster des englischen „Spectator" Joseph Addisons (1672–1719) gestalteten Zeitschrift „El pensador" die Forderung nach einem Verbot der Comedia, da sie ihm „eine Schule der Korruption", „eine Quelle der größten Fehler und Vorurteile" sowie eine „Zuchtanstalt für Unzüchtigkeiten und schlechte Beispiele" scheine. Ausländer, die diese Stücke sähen, würden so einen denkbar schlechten Eindruck von Spanien erhalten. Und dem könne man nur entgegenwirken, wenn man das alles verratende Corpus delicti verschwinden lasse. Unausgesprochen steht hinter diesem Verdikt das äußerst negative Spanienbild Voltaires (1694–1778), dem die vom Katholizismus bestimmte spanische Gesellschaft des Siglo de oro Inkarnation des Barbarischen und Kindischen zugleich ist. Clavijo und der ihm nach vielen Angriffen auf seine Person zu Hilfe kommende Nicolás Fernández de Moratín (1760–1828) versuchen augenscheinlich, die Ehre Spaniens zu verteidigen, indem sie die an eine weniger rühmliche Vergangenheit erinnernden Indizien einfach aus dem Verkehr ziehen. Mit diesem radikalen Vergessenmachenwollen der Comedia korrespondiert ein intensives Bemühen um ein den Anforderungen der Zeit genügendes neues Theater, das insbesondere während der Regierungszeit Karls III. (1716–1788, König ab 1759), auch staatliche Unterstützung erfährt. Sein Ministerpräsident Pedro Pablo Abarca de Bolea, Graf Aranda (1718–1799) macht „die Verwerfung des spanischen Nationaltheaters zum Programm. Durch die Verbindung des Klassizismus mit dem aufgeklärten Absolutismus erhält die Bewegung gegen das traditionelle Theater eine Stoßkraft, die, wäre das Problem auf organisatorische oder administrative Weise zu lösen gewesen, zu dem ersehnten Ziele geführt hätte. Der erstrebte Bruch mit der Vergangenheit sollte sich für jedermann sichtbar in der Neuformung des Theaters manifestieren und das Bewußtsein breiter Schichten erfassen. Nur so läßt sich der unermüdliche Einsatz um eine Theaterreform erklären. Die Bühne als moralische Anstalt und Erzieherin des Volkes sollte in ihrer gereinigten Form eine neue rationalistische Daseinsordnung repräsentieren und die überkommenen Ideen und Anschauungen, die das alte Theater dem Volk immer wieder vor Augen führte, verdrängen" (Werner Brüggemann).

1767 Die Positionen der Aufklärer bleiben nicht unwidersprochen. Die beredtesten Verteidiger der älteren dramatischen Genres sind unter den Angehörigen des 1767 aus Spanien vertriebenen Jesuitenordens zu finden, von denen sich nicht wenige in Italien niederlassen. Hier treten sie der von den Gelehrten Francesco Saverio Quadrio (1695–1756), Girolamo Tiraboschi (1731–1794) und Saverio Bettinelli (1718–1808) vertretenen Auffassung entgegen, wonach Spanien schon zweimal einen Niedergang der europäischen Kultur eingeleitet habe: ein erstes Mal in der Antike durch Seneca und Martial, das zweite Mal durch die politische und kulturelle Durchdringung des in Blüte stehenden Italien der Renaissance. Im Zusammenhang mit diesen Vorwürfen gegen die spanischen Emigranten muß auch das zwischen 1778 und 1781 in italienischer Sprache erschienene mehrbändige Werk „Saggio Storico Apologetico della Letteratura Spagnuola" des Jesuiten Francisco Javier Llampillas (1731–1810) gesehen werden. Lope erscheint darin als der Vater einer Kunst, die es fertiggebracht habe, die in Italien schon längst erstarrten und durch die strenge Fixierung auf die antiken Vorbilder unzeitgemäß gewordenen dramatischen Formen zu neuem Leben zu erwecken, und das nicht obwohl, sondern weil er Spanier gewesen sei. Das „génie espagnol" wird umgedeutet und ins Positive gewendet. In Anlehnung an die Schriften des auch auf den deutschen Sturm und Drang großen Einfluß ausübenden Engländers Anthony Ashley Cooper, Earl of Shaftesbury (1671–1713) mit ihrer Aufwertung des Enthusiasmus und der Originalität erfahren bislang eher abschätzig verwendete Begriffe wie „überquellende Einbildungskraft" und „die Regeln sprengende dichterische Begeisterung" eine Umdeutung. Ebenso erscheint der bereits im Frankreich des 17. Jahrhunderts den Spaniern vorgeworfene „Orientalismus" nunmehr in einem neuen Licht und gilt als Bereicherung der europäischen Kultur. Es ist sicher kein Zufall, daß dieser Gedanke nicht zuletzt bei Johann Gottfried Herder (1744–1803) auftaucht, der 1767 in dem in der spanischen Literatur zu beobachtenden Aufeinanderprallen abend- und morgenländischer Ideen den ersten Funken einer neu heraufziehenden Kultur zu erkennen glaubt. Das mittelalterliche Spanien und das des Siglo de oro werden als Heimstatt einer postantiken, modernen Kunst identifiziert. Deswegen sei es – das ist die feste Überzeugung der Verteidiger der Comedia – auch falsch, spanisches und französisches Theater als bloße Antipoden zu sehen, denn die vollendete Form, die das letztere erreicht habe, sei ohne die bahnbrechende Wirkung des ersteren nicht vorstellbar.

1767 bringt Gotthold Ephraim Lessing (1729 bis 1781) in den Stücken 60 bis 70 der „Hamburgischen Dramaturgie" seine Überlegungen über das spanische Theater zu einem ersten Abschluß. Er polemisiert scharf gegen die von Voltaire vertretene Auffassung, wonach die Franzosen das spanische Theater zu seiner eigentlichen Vollendung geführt hätten, und postuliert statt dessen, daß die der Comedia eigene Ungebundenheit und Leichtigkeit im Klassizismus verlorengegangen sei. Die auch von Lessing an der Comedia bemängelte „unsinnigste Abwechslung von Niedrig und Groß, von Aberwitz auf Ernst, von Schwarz auf Weiß" ist ihm allerdings immer noch willkommener „als die kalte Einförmigkeit, durch die mich der gute Ton, die feine Welt, die Hofmanier und wie dergleichen Armseligkeiten mehr heißen unfehlbar einschläfert". Unmittelbar an diese Ausführungen schließt sich die folgende Passage über Lope de Vega an: „Lope de Vega, ob er schon als der Schöpfer des spanischen Theaters betrachtet wird, war es indes nicht, der jenen Zwitterton einführte. Das Volk war bereits so daran gewöhnt, daß er ihn wider Willen mit anstimmen mußte. In seinem Lehrgedicht über ‚Die Kunst, neue Komödien zu machen' ... jammert er genug darüber. Da er sah, daß es nicht möglich sei, nach den Regeln und Mustern der Alten für seine Zeitgenossen mit Beifall zu arbeiten, so suchte er der Regellosigkeit wenigstens Grenzen zu setzen; das war die Absicht dieses Gedichts. Er dachte, so wild und barbarisch auch der Geschmack der Nation sei, so müsse er doch seine Grundsätze haben; und es sei besser, auch nur nach diesen mit einer beständigen Gleichförmigkeit zu handeln als nach gar keinen. Stücke, welche die klassischen Regeln nicht beobachten, können doch noch immer Regeln beobachten, und müssen dergleichen beobachten, wenn sie gefallen wollen. Diese also, aus dem bloßen Nationalgeschmacke hergenommen, wollte er festsetzen; und so ward die Verbindung des Ernsthaften und Lächerlichen die erste... Ist es wahr, daß uns die Natur selbst in dieser Vermengung des Gemeinen und Erhabenen, des Possierlichen und Ernsthaften, des Lustigen und Traurigen zum Muster dienet? Es scheinet so. Aber wenn es wahr ist, so hat Lope mehr getan, als er sich vornahm; er hat nicht bloß die Fehler seiner Bühne beschöniget; er hat eigentlich erwiesen, daß wenigstens dieser Fehler keiner ist; denn nichts kann ein Fehler sein, was eine Nachahmung der Natur ist."

Dieser eher positiven Einschätzung zum Trotz kann Lessing selbst das spanische Theater kein nachahmenswertes Vorbild sein. Seine Theorie der Katharsis, der Reinigung der Leidenschaften durch Erweckung von Furcht oder Mitleid, läßt sich mit wesentlichen Charakteristika der Comedia nicht vereinbaren. Die ihr eigene und, wie Lessing selbst sagt, an Shakespeare erinnernde Vermischung tragischer und komödienhafter Elemente steht dem moralischen Zweck seines Theaters entgegen. Dieses nämlich soll die Realität nicht in all ihrer Widersprüchlichkeit abbilden, sondern muß hier den Maßstäben des zu erreichenden Ziels gemäß aussondern. Hinzu kommt, daß die Katharsis ein Primat der Tragödie und des Trauerspiels impliziert.

1769

Gegen die auch in der deutschen Aufklärung weit verbreiteten Vorbehalte gegen die spanische Literatur ist die 1769 veröffentlichte „Geschichte der spanischen Literatur, aus dem Spanischen übersetzt und mit Anmerkungen erläutert" von Johann Andreas Dieze gerichtet. Als Vorlage diente ihm die Literaturgeschichte Luis Joseph Velázquez', der den Afrancesados zuzurechnen ist. Dieze korrigiert dessen Auffassungen jedoch in wesentlichen Punkten. Lope, der dort recht schlecht wegkommt, wird zu den „würklich großen Genies" gerechnet. „Der Reichthum seiner Einbildungskraft ist erstaunenswürdig, und hierinnen kömmt ihm kein Dichter, weder aus alten noch neuen Zeiten, gleich ... Es ist fast keine berühmte Geschichte alter oder neuer Zeiten, die er nicht als Hauptdrama, oder als Episode auf die Bühne bringt. Viele Sujets, die man kaum der Bühne fähig halten sollte, hat er bearbeitet, und seine Pläne und Entwickelungen sind oft unerwartet, und zeugen bey aller Unregelmäßigkeit von dem erstaunenden Genie des Dichters."

1780

Der erste Band des von dem Weimarer Buchhändler Friedrich Justin Bertuch (1747 bis 1822) herausgegebenen „Magazins der spanischen und portugiesischen Literatur" enthält Auszüge aus Lopes *Gatomaquia* sowie eine Biographie des Dichters mit einem Verzeichnis seiner gedruckt vorliegenden Werke. Bertuch geht es, wie er im Vorwort schreibt, vor allem darum, die gegen diese Literatur bestehenden Vorurteile durch die Bereitstellung geeigneten Materials zu entkräften; denn diese strikte Ablehnung beruhe zu einem großen Teil auf der einfachen Unkenntnis dessen, was da kritisiert werde. In seiner Lope-Biographie, die meist Juan Peréz de Montalbán folgt, schreibt er: „Pygmäen wollten dich messen, legten den Maßstab ihrer Zwergenglieder an deinen Riesenleib und fanden dich – reglos und ungeheuer... [Lopes] feurige und überschwenglich fruchtbare Imagination konnte und wollte sich nicht durch magere Regeln fesseln und in ihrem edlen Flug aufhalten lassen. In seinen Werken sieht es aus wie in einem großen herrlichen Park; alles scheint da auf der Hand der Natur gepflanzt, nichts ist, was Gartenschnur und Scheere verriethe."

1800

Cervantes und Calderón spielen in der deutschen Romantik eine wesentliche Rolle, Lope dagegen kommt nur am Rande vor, was vor allem im romantischen Kunstbegriff begründet ist. Nach der Desillusionierung über die von der Französischen Revolution hervorgebrachten Verhältnisse und der damit einhergehenden Umwandlung des Citoyen zum Bourgeois wird Kunst und Literatur die Aufgabe zugesprochen, die auseinanderstrebenden Seinsbereiche des Ideellen und des Seienden zu einer höheren Einheit zu verschmelzen. Die konkrete Utopie der vorrevolutionären Aufklärung wird abstrakt, ästhetisiert. Die Kunst allein ist der neue Kosmos reiner Menschlichkeit. Der durch Arbeitsteilung und unverhüllte Dominanz der Ware-Geld-Beziehungen hervorgerufenen Verkümmerung persönlicher Humanität scheint nur noch durch die poetische Verwirklichung umfassender Individualität entgegenzuwirken zu sein. Kunst und Poesie sind Produkte eigenen Tuns, zugleich aber auch Mittel der Selbstbehauptung gegenüber den zerstörerischen Kräften der Realität. Dies ist indes nur mittels einer subjektivistischen Verinnerlichung möglich. Der dennoch unverzichtbare intersubjektive Zusammenhang wird schließlich unter anderem durch den Katholizismus hergestellt, in dessen festgefügter Ordnung man einen akzeptablen Gegenentwurf zur disparaten Wirklichkeit sieht. Das hier fragmentarisch skizzierte ästhetische und philosophische Gefüge begünstigt die Rezeption spanischer Literatur in einem bisher nicht gekannten Ausmaß. Im modernen Roman, der mit Cervantes beginnt, sieht man die höchste poetische Gattung. Als alle anderen Literaturformen in sich kristallisierendes Gesamtkunstwerk tendiere der Roman, so Friedrich Schlegel (1772–1829), in seinen vollendetsten Ausprägungen zur Arabeske, zur allegorischen Offenbarung der tiefsten Wahrheiten. Symbolisch geformt glaubt man dies bereits in der spanischen Literatur des Siglo de oro, vor allem aber bei Calderón entdecken zu können. Friedrich Schlegel, der führende theoretische Kopf der Frühromantik, erkennt in den Autos sacramental und den Comedias Calderóns eine bisher einmalige Ausprägung der „progressiven Universalpoesie", in der sich Katholizismus und Rittertum literarhistorisch, nationalcharakterologisch, soziologisch, ästhetisch und metaphysisch-theologisch in einem darbieten. Spanien wird zum Mythos, in den sich das Werk Lopes indes nicht so einfach einfügen läßt. Schlegel geht von drei Formen und Entwicklungsstufen der dramatischen Kunst aus. Am höchsten stehe die Kunst Calderóns, der es verstehe, Welt nicht nur darzustellen, sondern auch deren Gestaltungsprinzipien und Geheimnisse offenbar werden zu lassen. Indem er zeige, „wie sich das innere Leben in dem äußeren Kampfe gestaltet und in welcher Richtung und Bedeutung und wie bezeichnet das Ewige aus dem irdischen Untergange hervorgeht" (Schlegel), müsse man Calderón sogar noch über Shakespeare stellen, der das Leben zwar umfassend und in all seinen Widersprüchen und Nuancen darstelle, dessen Rätsel aber nicht auflöse. Lope schließlich gehöre der untersten Stufe an, weil er nur die äußere Erscheinung der Dinge beschreibe, ihr Wesen aber nicht zu fassen vermöge.

Der Bruder Friedrichs, August Wilhelm Schlegel (1767–1845), schreibt in seinen „Vorlesungen über dramatische Kunst und Literatur" über die Comedias Lopes: „Alle enthalten neben wahrhaft interessanten Situationen unvergleichliche Späße und vielleicht sind nur wenige darunter, mit denen man nicht, wenn sie gehörig bearbeitet und erneuert würden, noch heutzutage auf der Bühne eine große Wirkung hervorbringen könnte. Ihre Mängel sind ungefähr die nämlichen: verschwendete, nicht zu Rat gehaltene Erfindung und vernachlässigte Ausführung. Sie gleichen den Gruppen, die ein geistreicher Skizzist, ohne alle Vorbereitung, ohne sich nur die gehörige Zeit zu nehmen, auf das Papier hinkritzelt, wo ungeachtet dieses eilfertigen Leichtsinnes jeder Strich Leben und Bedeutung hat. Außer der sorgfältigen Bildung fehlt es Lopes Werken nur an Tiefe und an jenen feineren Beziehungen, welche eigentlich die Mysterien der Kunst ausmachen. Wenn es bei dem Bisherigen, nämlich den Werken des Lope und seiner vorzüglicheren Zeitgenossen, eines Guillen de Castro, Montalban, Molina, Matos-Fragoso, ein Bewenden gehabt hätte, so müßte man an dem spanischen Theater mehr den großen Entwurf und die versprechenden Anlagen als die reife Vollendung loben."

1824 Franz Grillparzer (1791–1872) entwirft einen Plan für sein Drama „Die Jüdin von Toledo", das jedoch erst 1872 in Prag uraufgeführt wird. Die gleichnamige Comedia Lopes, die er lang und ausgiebig studiert hat, dient ihm hierbei als wichtige Quelle. In jüngeren Jahren steht auch Grillparzer noch ganz im Bann der romantischen Calderón-Verehrung, später freilich gelangt er, der Lope im Original liest, „für die deutsche Vorstellung zu einem neuen Verstehen von Lope de Vega..., wie es so ehrenvoll, vor allem durch die Vermittlung der Ro-

mantiker, bislang nur Calderón vorbehalten war" (Fritz Rudolf Fries).
Die folgenden Äußerungen Grillparzers können die Stadien dieses Aneignungsprozesses verdeutlichen:
„Ich habe bis jetzt erst zwölf Schauspiele des Lope de Vega gelesen. Wenn ich ihn gegenwärtig mit Calderon vergleichen sollte, so fiele auf seinen Teil: Ein männlicher Geist, weniger Manier, weniger prunkhafte Rhetorik, weniger Bombast im allgemeinen; von der anderen Seite aber: ein bei weitem geringerer Fond von Poesie, unendlich weniger Kunst in dem Bau und in der Anordnung, keine Spur der Calderon'schen Vollendung. Es ist eine Art Korrektheit, eine gewisse Klassizität in Calde-

Esther, Rahel und der König (als Bildnis), die Protagonisten in Franz Grillparzers Drama „Die Jüdin von Toledo", dargestellt in einer Federzeichnung des Autors. Erste Tagebuchnotizen Grillparzers zu seinem „historischen Trauerspiel" datieren aus dem Winter 1815/1816; die Lektüre von Lope de Vega Comedia „Las paces de los reyes y La Judía de Toledo" veranlaßt 1824 die Ausarbeitung des Dramenplanes, dessen Ausführung sich jedoch über Jahrzehnte hinzieht (zu den zeitgeschichtlichen Anregungen gehört die Affäre des bayerischen Königs Ludwig I. mit der spanischen Tänzerin Lola Montez); die Uraufführung erfolgt postum 1872.

ron. In der organischen Entfaltung seiner Stücke kommt Calderon kein Dichter gleich. Shakespeare kaum in einigen Stücken. Von den Alten etwa Ödipus Tyrannos" (1824).
„Calderon, der Schiller der spanischen Literatur, Lope de Vega ihr Goethe. Calderon großartiger Manierist, Lope Naturmaler. Schiller und Calderon scheinen philosophische Schriftsteller, Goethe und Lope de Vega sind es. Jene scheinen es vorzugsweise zu sein, weil sie philosophische Diskussion geben, diese haben nur die Resultate" (1837).
„Ich erschrecke manchmal über den Gedankenreichtum in Lope de Vega. Indem er immer im Besonderen zu bleiben scheint, streift er jeden Augenblick ins Allgemeine hinüber, und kein Dichter ist so reich als er an Beobachtungen und praktischen Bemerkungen. Man kann wohl sagen, daß kein Lebensverhältnis ist, das er in dem Kreise seiner Hervorbringungen nicht berührt. Und das alles geschieht so nebenbei, wie es ihm in die Feder kommt, scheinbar rein im Dienste der Fabel und der Wirkung. Deshalb ist es auch seinen bisherigen Beurteilern entgangen, die keine Lehre kennen, als in der Form der Abstraktion" (1839).
„Calderon und Lope de Vega sprechen in Bildern. Aber Calderon ist bilderreich und Lope de Vega ist bildlich. Calderon schmückt seinen Dialog mit ausgesponnenen und prächtigen Vergleichungen. Lope de Vega vergleicht nichts, sondern beinahe jeder seiner Ausdrücke hat eine sinnliche Gewalt und das Bild ist nicht eine Ausschmückung, sondern die Sache selbst" (1850).
„Lope de Vega ist natürlich, was aber das Übernatürliche, ja das Unmögliche nicht ausschließt; Calderon ist künstlich, ohne darum auf das Unmögliche oder Übernatürliche Verzicht zu leisten. Lope de Vega geht aber von der natürlichen Empfindungsweise des Spaniers zu jeder Zeit aus; Calderon nimmt die künstliche Verbildung seiner Zeit zum Ausgangspunkt" (1863/1864).

1890

In Spanien erscheint in einer postumen Neuauflage die „Nueva biografía de Lope de Vega" von Cayetano Alberto de la Barrera y Leirado, die erstmals die bereits Jahrzehnte zuvor entdeckte Briefsammlung Lopes aus dem Besitz des Herzogs von Sessa in die Darstellung miteinbezieht. Das seit der ersten Lebensbeschreibung des Dichters durch Juan Peréz de Montalbán nie in Zweifel gezogene Bild des vorbildlichen Menschen Lope wird dadurch entscheidend korrigiert. Die Spanische Akademie als Herausgeber der „Obras" Lope de Vegas hält dies für so schwerwiegend, daß sie die erste Auflage des zweibändigen Werkes Barreras (1864 bis 1871) nur stark zensiert freigibt. Denn Lope, der im 19. Jahrhundert infolge der Begeisterung der deutschen Romantik für die spanische Literatur des Siglo de oro auch in seiner Heimat wiederentdeckt wird, gehört mittlerweile erneut zu den meistgespielten Autoren, und man will dem Publikum offensichtlich die „Demaskierung" seines neuen alten Heroen ersparen. Als nun das „geheime" Material Barreras, das bis dahin nur in Gelehrtenkreisen weitergegeben wurde, als Band I der von Marcelino Menédez y Pelayo (1856–1912) besorgten Gesamtausgabe der Werke Lopes, die zwischen 1893 und 1895 erscheint, einer breiteren Öffentlichkeit zugänglich gemacht wird, ist „die moralische Schockwirkung... unausbleiblich... Allzumenschlich stand das ,Ungeheuer der Natur' vor einer verehrungswilligen Nachwelt. Alles hätte man der Freiheit des Genius zugutegehalten, auch den Amoralismus, wo er vor seinem eigenen Prinzip nicht zurückscheut, wo Gesinnung oder Größe eines Charakters aus chaotischer Ungeformtheit hervortritt. Lopes mangelnder ,Lebensernst' stieß aber gegen das einzige Vorurteil, mit dem die Toleranz ihren eigenen Lebensgrund festhält. Das moralische Ärgernis ließ den ästhetischen Beitrag der kostbaren Hinterlassenschaft ungehoben. Lopes ,Fall' war geeignet, das Verhältnis von Kunst und Sittlichkeit in eine neue problematische Beleuchtung zu versetzen. War es nämlich erwiesen, daß die Grenze zwischen dem Ethischen und Ästhetischen einen unüberbrückbaren Abgrund auftut, so bedeutet das den Verlust der inneren Einheit des Menschen, die gerade den unverlierbaren Ausgangspunkt jeder geschichtlichen Anschauung bildet. Darum fehlt es in der Folgezeit nicht an Versuchen, Lopes Ehrenrettung psychologisch oder historisch zu betreiben, die Kraßheit des Tatbestandes abzuschwächen oder das Maß des Sittlichen im Eingehen auf Lopes Mitwelt zu verkürzen" (Werner Krauss).

1932 In seiner umfangreichen Monographie (1975) über das Theater Federico Garcia Lorcas (1898–1936), dessen Schauspieltruppe mehrere Stücke Lopes aufführt, kommt Carlos Rincón auch auf die Bedeutung Lopes für die dramatische Konzeption Lorcas sowie die literaturtheoretische Diskussion der bewegten zwanziger und dreißiger Jahre insgesamt zu sprechen:
„Die Gesellschaft des Siglo de oro wird als eine demokratische rekonstruiert und entsprechend auch das Theater als demokratisch angesehen. Dabei stützte man sich auf einige Werke und verallgemeinerte sie, insbesondere auf Stücke wie Lope de Vegas *Peribañez* oder *El cuerdo en su casa*. Diese Stücke aus den Jahren 1608 bis 1610 sind Ausdruck des Aufbegehrens der kastilischen Bauernmassen gegen die höfisch-feudale Ordnung, sie blieben zwar von der herrschenden Ideologie bestimmt, bedeuteten aber einen Angriff auf das System und gestalteten seinen Hauptwiderspruch. Francisco López Estrada hat nachgewiesen, wie in *Fuenteovejuna* der Neoplatonismus und sein Echo in der Idee einer gesellschaftlichen Harmonie die Grundlage dafür schaffen konnte, auf gesellschaftspolitischer Ebene ein Beharrungsvermögen und einen Standestraditionalismus zu propagieren, wobei die Allmacht des Herrschers sowohl die Rechte der Unterschichten vertrat als auch die Macht der Aristokratie sicherte. Wenn aber ein Stück wie *Fuenteovejuna* im Spanien der Zweiten Republik, als im Januar 1932 in dem kleinen Dorf Castiblanco die Dorfbewohner – ebenso wie im Stück – Zivilgardisten töteten, in einer aktualisierenden Inszenierung auf die Bühne gebracht wurde, die die Aktion der Volksmassen in den Vordergrund rückte, dann erhielt es eine ganz andere politische Resonanz: in dem Versuch, den Massen ihre geschichtliche Tradition bewußt zu machen, wurde es ein Aufruf zum Klassenkampf. Die neue Lesart der Komödien des Siglo de oro lenkte die Aufmerksamkeit auf Stücke, die als einen entscheidenden Zug in den veränderten Beziehungen der Standesgesellschaft den sich herausbildenden Gegensatz zwischen reich und arm aufnahmen. Das in der höfisch-feudalen Ordnung herrschende Dreigestirn Adel – Tugend – Reichtum und die den neureichen bäuerlichen Schichten eigene Dreiheit Reichtum – Tugend – Adel haben zur Folge, daß sich eine Gruppe der Besitzenden gegenüber den Nichtbesitzenden behauptet.

Lorcas Bauerntragödien liefern uns ein Beispiel für die wirkungsgeschichtlich bedeutsame Neuaneignung des Theaters des Siglo de oro. Lorca wandte sich zu einem Zeitpunkt dem nationalen Theater zu, an dem es fast gänzlich von den spanischen Bühnen verdrängt war ... In der Übernahme thematischer und formaler Elemente und selbst theatralischer Verfahrensweisen gewinnt das überkommene künstlerische Material eine neue Ausarbeitung und einen neuen Funktionszusammenhang, da es in den Dienst der Entzifferung der Gegenwart gestellt wird. So vollzieht sich der Rezeptionsprozeß des nationalen Theaters in den Anfängen der Zweiten Republik nicht als ein rein innerliterarischer Prozeß, sondern impliziert einen bestimmten Funktionszusammenhang. In diesem Sinne ist die Wiederentdeckung und Aneignung des nationalen Theaters durch Lorca als Teil des revolutionären Prozesses in Spanien zu sehen. Dabei ist zum Beispiel der Rückgriff auf das Thema der Ehre exemplarisch. In den Stücken des Siglo de oro brach der Ehrkonflikt im Schoße der Familie, in den Beziehungen zwischen Mann und Frau auf, und das heteronome und konventionelle Konzept der Ehre wurde im Namen des natürlichen Rechts angefochten. Die neue Komödie behielt diese Konfliktsituation bei, zielte aber auf die Unterordnung unter den Ehrenkodex. In der auf Lope de Vegas Theater unmittelbar folgenden Dramatik war die Ehre abstrakte Subjektivität, ebenso im romantischen Theater, im Melodrama der Jahrhundertwende und im sozialen Drama, denken wir etwa an das Stück ‚Juan José' von Joaquín Dicenta. Seine Handwerker sind aus einer sonst dem Melodrama eigenen Sicht dargestellt. Triebfeder der Handlung ist das Thema der Ehre. Hier aber wird der Unterschied zum nationalen Theater unübersehbar, denn die Handlungsmotivation der Figuren ist grundlegend subjektiver Natur: Juan José tötet seine frühere Geliebte und ihren Rivalen aus Eifersucht. Das Gefühl der Eifersucht, das für ein sich seiner selbst bewußtes Individuum in einer bestimmten gesellschaftlichen Entwicklungsstufe charakteristisch ist, kann im nationalen Theater naturgemäß kei-

Republikanische Spanier in einem französischen Internierungslager. Der Spanische Bürgerkrieg (1936–39) und in seiner Folge die Herrschaft der nationalistischen Reaktion unter Franco führen auch zu einer Unterbrechung der kritischen Aneignung des literarischen Erbes und damit der Comedias Lope de Vegas. Vor allem die von Garcia Lorca, der 1936 von den Faschisten ermordet wird, eingeleitete Rückbesinnung auf den sozialen Charakter insbesondere der im bäuerlichen Milieu spielenden Comedias, wird zu Gunsten ahistorischer Interpretationen zurückgenommen; Lope de Vega erscheint als Inkarnation einer wahrhaft spanischen Romantik.

nen Raum haben, denn dort war die Gefühlsebene ausschließlich durch die ‚öffentliche Meinung' bestimmt. In den zwanziger Jahren behandelten Dramenautoren wie Francisco Viu oder López Pinillos das Thema der Ehre in ihrem Thesentheater. Garcia Pavón stellt in seinem Buch ‚El teatro social en España' auf der Grundlage von Stücken des naturalistischen Theaters bis hin zu Thesenstücken eine Typologie dieser Dramatik auf und ermittelt einige ihrer Konstanten. Dabei findet er einen ihrer beiden Grundtypen im ‚Drama bäuerlicher, im allgemeinen andalusischer Atmosphäre'. Dieses Drama gewinne den Kernpunkt seiner dramaturgischen Anlage stets aus dem Rückgriff auf einen ‚Ehrkonflikt', der in seiner Handlung einen Klassenwiderspruch impliziert.
Andalusisches bäuerliches Theater und Ehrkonflikt werden von niemand anderem als von Lorca aufgenommen. Im Theater der Brüder Machado ist dem Konflikt der Ehre direkt kein Raum gegeben. In ‚Bodas de sangre' tritt die Ehre in Form der Familienehre auf, die als Tugend und vor allem als gesellschaftlicher Ruf höchster moralischer Wert der Mitglieder einer Gemeinschaft darstellt. Das Stück nähert sich in der Behandlung des Themas dem klassischen spanischen Theater zum Beispiel auch darin, daß ein Gefühl wie die Eifersucht überhaupt keine Rolle spielt. Es erreicht eine neue Qualität sowohl im Vergleich zu den Autoren, die sich zu Beginn des Jahrhunderts dem Thema zuwandten, als auch zu Lorcas früheren Werken. Mit der faktischen Überschreitung der Zielsetzungen der bürgerlich-demokratischen Revolution durch die spontanen Kampfaktionen der Volksmassen treten die über Jahrhunderte abgelagerten und erstarrten Strukturen in Basis und Überbau zutage und

Gedenktafel an der Plaza de Lope de Vega in Valencia, wo Lope nach seiner Verbannung aus Madrid eine neue Heimat fand. 1599 reiste er im Gefolge des Hofes noch einmal in diese Stadt, um an den Feierlichkeiten anläßlich der Hochzeit Philipps III. mit der Erzherzogin Margarete von Österreich teilzunehmen.

zeichnen sich als überwindbar ab. Gerade auf dem Lande machte die radikale Forderung nach einer Agrarreform die feudalen Rückstände zum totalen Anachronismus. Die Bewegung der Massen brach überall die Kruste überalterter Traditionen gewaltsam auf und wies gleichzeitig die Macht der Tradition und der Vergangenheit als eine aktive strukturierende Wirklichkeit aus. In diesem geschichtlichen Moment findet Lorca zum nationalen Theater, zur Tragödie und zum Ehrbegriff in der bäuerlichen Welt, und auf diese Weise setzt sich in ihm die demokratische Tradition der Literatur seines Landes fort, und zwar auf der Grundlage des lebendigen Überdauerns von Überbaustrukturen, in denen die demokratische mittelalterliche bäuerliche Ordnung waltet."

1955 Lion Feuchtwanger (1884 bis 1958) verteidigt im Nachwort zu seinem in diesem Jahr erstmals erschienenen Roman „Die Jüdin von Toledo" das ihm auch als Vorlage dienende gleichnamige Drama Lopes gegen das harte Urteil Heinrich Laubes (1806–1884), der es für ein rein äußerliches Theaterstück gehalten hat. „Ich las Lopes Drama. Gewiß ist es theatralisch, es ist sichtlich in wenigen Tagen hingeschmissen und höchst unbedenklich. Da dem Dichter der Stoff, den er in seiner Vorlage, einer alten Chronik fand, für die drei Akte seines Stückes nicht zu genügen schien, füllte er damit nur seine beiden letzten Akte und verwandte für seinen ersten Akt aus der gleichen Chronik ein paar Kapitel, die dort der Geschichte der Jüdin unmittelbar vorausgehen, doch nichts mit ihr zu tun haben. Da aber Lope ein passionierter und überaus geschickter Theatermann ist, überträgt sich die Freude, die er an den Effekten seines Theaters hat, auf den Leser und Zuschauer, seine Sorglosigkeit tut der Wirksamkeit seines Stückes kaum Eintrag. Seine *Julia de Toledo* ist ein überaus kräftiges, farbiges, wild patriotisches Theaterstück geworden, und ich verstehe sehr gut, was Grillparzer daran anzog."

1968 Heinz Gerstinger gibt in seiner Lope-Monographie einen Überblick über die in den vorhergegangenen Jahren gebotenen Aufführungen Lopescher Comedias:
Der Ritter vom Mirakel 33 Inszenierungen und 594 Aufführungen,
Was kam denn da ins Haus? 31 Inszenierungen und 539 Aufführungen,
Die kluge Närrin 21 Inszenierungen und 492 Aufführungen,
Tumult im Narrenhaus 20 Inszenierungen und 324 Aufführungen,
Die schlaue Susanne 16 Inszenierungen und 454 Aufführungen,
Bei Tag und bei Nacht oder Der Hund des Gärtners 9 Inszenierungen und 177 Aufführungen,
Die Launen der Donna Belisa 4 Inszenierungen und 69 Aufführungen,
Die spanische Witwe 2 Inszenierungen und 49 Aufführungen,
Die Sklavin ihres Geliebten 2 Inszenierungen und 35 Aufführungen,
Liebe bricht der Torheit Schranken 1 Inszenierung und 78 Aufführungen,
Der Tanzmeister 1 Inszenierung und 18 Aufführungen,
Wenn Frauen keine Augen hätten 1 Inszenierung und 12 Aufführungen.
Zu den wichtigsten Inszenierungen gehört die 1956/1957 von Dietrich Haugk am Berliner Schloßparktheater gegebene *Kluge Närrin,* die von der Kritik widersprüchlich beurteilt wird. Das moderne, karge Bühnenbild (H. W. Lenneweit) erscheint den einen als dem Theater Lopes angemessene Umgebung, die anderen dagegen sehen in diesem „Baukasten für Hansaviertelarchitektenkinder" (so ein Kritiker) alles Spanische völlig eliminiert. Große Publikumserfolge sind die Inszenierungen des gleichen Stücks am Karlsruher Stadttheater (Regie Helmut Kissel) und am Münchner Residenztheater (Regie Ernst Ginsberg), die sich mehr am konventionellen Geschmack orientieren (Karlsruhe) oder zum Mittel der trivialen Vereinfachung greifen (München).
Der Ritter vom Mirakel in der Inszenierung Ulrich Bettacs gehört zu den Höhepunkten der Saison 1952/1953 am Wiener Burgtheater. Der Publizist Friedrich Heer (geb. 1916), ab 1961 Chefdramaturg des Burgtheaters, schreibt dazu in der „Furche": „Diese Narrenwelt des 17. Jahrhunderts vermag auch im 20. noch zu erheitern. Warum? Vielleicht, weil alles in ihr so großartig sicher, sauber, auf seine Weise, auf seinem Platz ist. Alle Tugenden, alle Laster haben ihre Namen und ihre Repräsentanten. ‚Korruption', ‚Verderbnis' der Sitten, Luxuria, Geiz und Gier – was sind sie hier anderes als bunte Farbkleckse auf dem Gesicht des Menschen, das unzerstört durchleuchtet durch alle Schelmerei und Schurkerei?"
1967 versucht sich Claus Peymann im Frankfurter Theater am Turm an einer eigens für ihn geschriebenen Prosafassung der *Irren von Valencia*. Peymann geht es bei seiner Inszenierung vor allem darum, Lope vom Etikett „Barock" zu befreien und die Thematik des Stücks für die heutige Zeit neu aufzubereiten. Allerdings verstößt er hierbei gegen fast alle Darstellungsprinzipien Lopes.

1970

Am 11. November wird in Bremen das als Auftragsarbeit entstandene Stück „Das brennende Dorf. Nach Lope de Vega" von Rainer Werner Fassbinder (geb. 1945) uraufgeführt (der Text erscheint im Frankfurter Verlag der Autoren). Obwohl Handlung und Szenenfolge der Vorlage, nämlich *Fuente Ovejuna*, im wesentlichen beibehalten sind, geht doch in der Inszenierung von Peer Raben, von dem auch die Bühnenmusik stammt, ein ganz neues Drama über die Bühne. Das beginnt schon beim Stil: wohl auch aus der Überlegung heraus, daß die Volkstümlichkeit des Lopeschen Theaters heutzutage vielen als akademisch, zumindest aber stilisiert vorkommen muß, herrscht hier ein derber, bisweilen auch vulgär-obszöner Ton vor. Besonders ausgeprägt ist er unter den höheren Schichten (Hof und Adel), wo das Erotische ohnehin nur noch ein Mittel des Zeitvertreibs ist. Die Bauern sind da, was sich auch in ihrer Ausdrucksform widerspiegelt, weniger ehrlich. Frondoso, bei Lope ein Beispiel selbstloser Liebe, spricht zwar große Worte („Gerade in diesen Zeiten kann nur Liebe helfen"), doch die halten ihn nicht davon ab, seine Laurentia mit Jacinta, der Dorfhure, zu betrügen, zu deren besten Kunden er zählt. Doch um Laurentia, die ihm deswegen eine große Szene macht, steht es nicht viel besser: als der Komtur, ein gewissenloser Adeliger, sich ihr gewaltsam zu nähern versucht, schreit sie zwar um Hilfe (wohl weil Frondoso lauscht), hat dabei aber, wie die Regieanweisung verlangt, „sichtlich Spaß gehabt". Lopes *Fuente Ovejuna* ist immer auch ein Diskurs über die verschiedenen Liebesauffassungen seiner Zeit, die platonische wird der „natürlichen" und der Libertinage des Adels eine Echtheit und Unverfälschtheit der Gefühle unter der Landbevölkerung gegenübergestellt. Bei Fassbinder ist davon nur noch wenig zu spüren. Die wichtigste Diskrepanz besteht im Grad des Verklemmtseins.
In der Sphäre des Politischen, bei Lope mit der Liebe immer in einem engen Zusammenhang, sieht das ähnlich aus. Der Aufstand der Bauern ist keine Bewegung selbstbewußter Individuen mehr, die die Wahrung der ihnen seit jeher zukommenden Rechte verteidigen, sondern eher die Tat betrogener Kleinbürger. Die Honoratioren der Stadt sehen in der Willkürherrschaft des Komturs lange Zeit eine Inkarnation von „Zucht und Ordnung". Erst als der Tyrann beschließt, alle Bürger zu enteignen, regt sich Widerstand. Lopes Bauern ist die Ehre und das Recht heilig, denen Fassbinders allein das Eigentum. Als Laurentia, vom Komtur geschändet, vor ihren Vater tritt, bekommt sie von dem zu hören: „Ich weiß, daß dich das schwer getroffen hat. Jedoch darf dieses Geschehen unser Denken [es geht gerade darum, wie die Enteignungen rückgängig gemacht werden können] nicht vernebeln. Das hat mit Politik doch wirklich nichts zu tun."
Lope löst die sozialen Konflikte durch den Sprung in die harmonische Utopie eines idealisierten Königtums. Einer modernen Version des Stoffes ist ein solcher Schluß von vornherein verwehrt. Und doch haben *Fuente Ovejuna* und „Das brennende Dorf" eins gemein: sie eint die Hermetik des jeweiligen Weltbildes. Bei Lope ist es ein noch von mittelalterlichen Vorstellungen bestimmter moderater Absolutismus, bei Fassbinder die Welt des Bürgertums. Sie umfaßt von der Aufklärung über die Romantik bis hin zu Nihilismus und Anarchismus fast alle Spielarten bürgerlichen Denkens. Bewegung scheint nur innerhalb dieses Kosmos möglich: so werden pragmatische Kleinbürger im Handumdrehen zu zähnefletschenden Anarchisten. Es ist dies jedoch eine Transformation, die letztendlich keine Veränderung des Ganzen bewirken kann, denn die Deformation des Menschen wird dadurch nicht aufgehoben. Revolution ist hier auch keine Art der Befreiung, sondern ein Kannibalenschmaus. Und insofern endet auch dieses Stück des „Bürgerschrecks" (als ein solcher gilt Fassbinder in dieser Zeit noch) gutbürgerlich: die Kritik der Gegenwart als bar aller Vernunft und Humanität erschöpft sich in der Fixierung dieses Seins als etwas Endgültigem. Mit anderen Worten: Utopie, bei Lope noch als positive denkbar, ist hier nur noch als negative möglich, als Repräsentation einer sinnentleerten Wirklichkeit.
Fassbinders Schlußszene lautet (vgl. S. 243ff):

FERDINAND: Sind das die Bürger von Fuente Ovejuna?
DON MANRIQUE: Sie weigern sich zu sagen, wer den Commandor erschlug.
FERDINAND: So werden alle Köpfe rollen, alle. Habt ihr verstanden? *Sie schweigen.*

ISABELLA: So in der Masse sind sie gar nicht mehr so hübsch.
DON MANRIQUE: Nein.
LIBELLA: Sie riechen schlecht. Wäscht man sich auf dem Lande selten oder nie?
DON MANRIQUE: Ich würde sagen, selten. Man ist im Land mit dem Gebot der Pflege nicht vertraut.
ISABELLA: Ist wirklich nicht sehr angenehm, so viele ungewaschne Menschen.
LIBELLA: Erzeugt das denn nicht Seuchen oder ähnliches?
DON MANRIQUE: Wohl nicht. Jedoch sie haben alle Läuse oder Krätze.

ISABELLA: Läuse?! Wie schrecklich! Alle?
DON MANRIQUE: Fast alle, alle fast. Jedoch, wenn man sie nicht berührt, so wird nicht eine Laus den Standort wechseln wollen.
LIBELLA: Und nimmermehr wird meine Hand, die zarte, das berühren.
ISABELLA: Sind das denn Menschen, eigentlich, Manrique, ich mein, im eigentlichen Sinn?
DON MANRIQUE: Ja, das ist schwer zu sagen, wirklich schwer. Sie haben Glieder zwar, und einen Kopf wie Menschen, ob nicht zuletzt das Aussehn aber trügt, das weiß ich nicht zu sagen, wirklich nicht.

Szenenfoto aus der Bremer Inszenierung (1970) der von Rainer Werner Fassbinder vorgenommenen Bearbeitung von „Fuente Ovejuna": der rebellische Großmeister des Calatravaordens (Jörg Sörensen) wählt nach verlorener Schlacht ein Kind aus, das als Opfer ans Kreuz geschlagen werden soll: „Knabe: Ich liebe das Leben. Großmeister: Gerade darum wird deine Seele unsere befluchten Seelen retten. (Er kniet nieder.) Mein Herr, hörst du mich. (Er ist einen Augenblick still, hört, dann kreischt er hysterisch.) Ich will sprechen mit dir!

Schlagt ihn ans Kreuz! ... Herr, wir bringen dir ein Opfer dar, den schönsten aller meiner Knaben. Errette uns von unserem Leid. Laß unsre Seelen Ruhe haben. Wir haben nicht verdient, daß wir in Furcht vorm Jenseits leben. Gib uns den Frieden!" Die Szene geht über in die Hochzeitsfeier Laurentias und Frondosos, aus der heraus der Commodor (= Komtur) Laurentia mit Gewalt auf sein Schloß bringen läßt. Die Regieanweisung hierzu: „Es sieht einen Moment so aus, als wollten sie über ihn herfallen. Dann gehen sie doch stumm ab."

„Das brennende Dorf. Nach Lope de Vega" von Fassbinder; Szenenfoto (das Verhör der Bewohner von Fuente Ovejuna) der Bremer Inszenierung (1970), mit Margit Carstensen in der Rolle der Laurentia. Im Hinter-

ISABELLA: Ach ja, wie interessant. Ihr wißt so hübsch zu plaudern, Freund, wo habt ihr das nur her.
FERDINAND: Arran! Hol jetzt den Henker her, daß wir den Zeitplan machen. Auch machen wohl die Köpfe solcher Leute andre Schwierigkeiten, als die Köpfe, die er sonst vom Leib zu trennen hat. Bitte sehr.
LAURENTIA: Fuente Ovejuna!
Die Bürger von Fuente Ovejuna lösen sich aus ihrer Erstarrung und fallen über die Leute vom Hof her, die sich nicht lange wehren können.

grund, diese wie alle übrigen Szenen überragend, Ferdinand, der König von Spanien, dargestellt von Werner Rehm. Wilfried Minks gestaltete das Bühnenbild sowie (gemeinsam mit Erich Wonder) die Kostüme.

JACINTA: Wir fressen alle auf!
MENGO: Wir reißen ihnen alle Glieder aus, und fressen sie bis auf die Knochen auf.
LIBELLA: Läuse!
PASQUALA: Sie schmecken wie verfaultes Fleisch.
LAURENTIA: Besser, das Fleisch ist faul, als hungern.
LIBELLA: Läuse!
ALLE *sechsstimmig:* Fuente Ovejuna!
LAURENTIA: Ich liebe dich!
Ende

THEMEN

Natur und Kunst
Zur Dichtungstheorie Lope de Vegas

Als Lope de Vega 1609 von der Madrider Akademie aufgefordert wird, seine Form der Comedia dichtungstheoretisch zu rechtfertigen, gibt er dem daraufhin entstandenen und noch im selben Jahr erschienenen Verstraktat den Titel „Arte nuevo de hacer Comedias en este tiempo", zu deutsch: „Die neue Kunst der Komödiendichtung in dieser Zeit". Dem heutigen Kunstrezipienten, der es gewohnt ist, im Ästhetischen immer auch ein historisches Verhältnis zu sehen und in der Originalität, dem Novum, ein Signum jedweder künstlerischen Produktion zu finden, muß die in diesem Titel verborgene Provokation verborgen bleiben. Kunst gilt in den Zeiten eines Lope de Vega – zumindest in der akademischen Diskussion – als etwas Ewiges und Zeitloses, dessen Gesetze und Regeln in den antiken Poetiken eines Aristoteles oder Quintilian kodifiziert vorliegen. Von einer „neuen Kunst" zu sprechen ist da entweder Sakrileg oder ein bewußt geschaffenes Paradoxon.

Obwohl, wie noch zu sehen sein wird, unzweifelhaft letzteres der Fall ist, verschafft die in akademischen Kreisen immer gezeigte Bescheidenheit Lopes auch der ersteren Interpretation eine gewisse, indes nur vorläufige Plausibilität. Lope de Vega behauptet nämlich, daß er, der einst am Scheideweg zwischen einer am klassisch-humanistischen Kunstideal ausgerichteten Schreibweise und dem schlechten Geschmack des Pöbels gestanden habe, sich wider besseres Wissen für dessen barbarisches Empfinden entschieden habe. Diese Äußerung wörtlich zu nehmen wäre allerdings vollkommen verfehlt, denn zum einen käme sie einer unverständlichen Herabsetzung des eigenen Schaffens gleich, zum anderen aber machte sie aus einer komplexen literaturtheoretischen und -geschichtlichen Bewegung, dem mit dem Auftreten Lope de Vegas eingeleiteten Aufschwung des spanischen Nationaltheaters, einen einfachen voluntaristisch-dezisionistischen Akt. Und daß dem nicht so ist, weiß Lope selbst nur zu gut, so etwa, wenn er im Prolog zum 13. Band seiner „Comedias" schreibt, daß nicht ihm, sondern dem auch von Cervantes überschwenglich verehrten Lope de Rueda (1510–1565) das Privileg zukomme, erstmals eine eigentlich spanische Komödie auf die Bühne gebracht zu haben. Alles Neue bedient sich partiell der gegebenen Normen und Konventionen, auch wenn es diese letztlich umformt und verändert. „Traditionsbruch vollzieht sich", wie Hans Heinz Holz anmerkt, „auf dem Boden der Tradition."

Das im „Arte nuevo"-Traktat propagierte Ideal einer natürlichen und volkstümlichen Dichtung ist in der spanischen Romanze bereits vorgegeben. In ihr, so der Herausgeber des „Romancero General" (1609), der auch einige Romanzen Lopes enthält, dominiere ein „ingenio elevado" (etwa: Muse der Verzückung), das sich leicht über alle akademisch-poetologischen Maßregeln hinwegsetze und sich von diesen nicht einengen lasse. Der Kunst indes sei dies nur förderlich, denn allein das, was die Natur ohne die Kunst erreiche, sei wahrhaft vollkommen.

Die hier postulierte Antinomie von Kunst und Natur läßt an Platon denken, für den Kunst sich auf die einfache Reproduktion des empirisch Seienden reduziert, dieses also nur verdoppelt. Kunst ist Kopie und kann ihr Urbild deshalb nie erreichen, geschweige denn übertreffen; sie ist scheinbar, „jedoch nicht in Wirklichkeit seiend" („Politeia" X). Lope, der immer um eine wissenschaftliche Begründung seiner poetischen Doktrin bemüht ist und diese Argumentation daher gern aufgreift, sie aber verständlicherweise nicht pejorativ gegen die Kunst schlechthin wendet, sondern nur auf die das antike Reglement zur unangreifbaren Maxime erhebende Gruppe der Klassizisten bezieht, steht hier nicht allein da. In Frankreich beispielsweise begründet Michel Eyquem Montaigne (1533–1592) seine hohe Wertschätzung des Volksgutes der Gascogne auf fast identische Art und Weise. Ein Zufall ist das nicht, denn die für die Renaissance charakteristische Verherrlichung der Natur führt auch zu einer Renaissance Platons, zum Neoplatonismus.

Neuplatoniker ist Lope jedoch weniger mit dem Kopf als aus Notwendigkeiten, die sich aus der aktuellen dichtungstheoretischen Auseinandersetzung ergeben. Aristoteles ist von der Gegenpartei vereinnahmt. Der in dessen Poetik behauptete und Platon widersprechende Wirklichkeitscharakter von Kunst wird in Renaissance und Barock zu eng ausgelegt, formalisiert. Der berühmte Satz, wonach es nicht die Aufgabe eines Dichters sei, das Geschehen bloß darzustellen, sondern vielmehr zu zeigen, was gemäß der inneren und äußeren Notwendigkeit oder Wahrscheinlichkeit möglich gewesen wäre oder hätte geschehen können – dieser Satz wurde nicht in seiner vollen Tragweite verstanden, da man die Gleichwertigkeit der Begriffe „Wahrscheinlichkeit" und „Notwendigkeit" meist übersehen hat. Das subjektive Element des „Wahrscheinlichen" dominiert über das objektive des „Notwendigen". Was schließlich bleibt, ist ein strenges, dem Vorbild des antiken Theaters entlehntes Konstrukt von Regeln. Wie Rámon Menéndez Pidal zu Recht schreibt, „wird der Konflikt, innerhalb dessen sich das dramatische Schaffen Lopes durch die Opposition zu den gängigen Lehren entfaltet, zum fernen Echo des ewigen Zwiespalts zwischen Platon und Aristoteles. Durch die Renaissance vor die Wahl zwischen zwei Wegen gestellt, läßt Lope den des antiken Theaters als ein totes Gleis links liegen und folgt dem anderen, dem lebensnahen, dem zum neuen Drama."

Jenes Gegeneinander von Kunst und Natur bedeutet indes nicht, daß Lope der Romanze und der Comedia, die natürliche Formen seien, den Kunstcharakter absprechen will, wie einige Interpreten, darunter auch Marcelino Menéndez y Pelayo, dem Traktat „Arte nuevo" glauben entnehmen zu können. Im Spanien der Zeit Lopes kursieren zwei verschiedene Auffassungen von Kunst. Die eine, mehr barocke, meint damit eine „Kunstfertigkeit", die es dem Dichter zwar nicht erlaube, die Natur insgesamt zu übertreffen, sie aber in einer gewissen Weise partiell zu vervollkommnen imstande sei. Die andere, enger gefaßte Anschauung begreift Kunst als überliefertes und mittlerweile unbrauchbar gewordenes, weil starres und normatives Regelwerk. In seinem „Fingido verdadero" legt Lope, der sich meist zur letzteren Interpretation des Kunstbegriffs bekennt, dem Kaiser Diokletian die Worte in den Mund:

„Willst du die Andria des Terenz? – Die ist alt.
Willst du den Miles Gloriosus des Plautus? Gib
    mir lieber eine neue Fabel
mit mehr Erfindungsgeist; sie kann ruhig ohne
    Kunst geschrieben sein,
denn darin habe ich den Geschmack eines
    Spaniers.
Wenn sie mir Wahrscheinliches bietet,
dann schau' ich nicht so sehr auf die Regeln,
eher ermüdet mich deren Strenge, und ich
    habe gesehen,
daß diejenigen, die sich bemühen, die Kunst zu
    wahren,
nie einen Bruchteil dessen erreichen, was die
    Natur hervorbringt."

Geht man vom heutigen Kunstbegriff aus, dann scheint Lope hier der Comedia jeglichen höheren Kunstwert absprechen zu wollen. Diokletian, der wohl auch Lopes Auffassungen vertritt, sagt letztlich aber nur, daß eine bestimmte Gattung, die Comedia, sich nicht in das überlieferte Schema ästhetischer Formeln pressen lasse, weil deren Prämissen diesen anderen Gesetzmäßigkeiten diametral gegenüberstünden. Die eigentliche Frage, die sich jetzt stellt, ist weniger die, o b, sondern w a r u m jener außerhalb der normativen Kunstlehre stehenden neuen Dramatik das Epitheton „künstlerisch" beigefügt werden darf; eine positive Antwort hätte auf jeden Fall eine Aufweichung des enggefaßten Dichtungsbegriffs der Zeit zur Folge, wonach Poesie eine erlernbare Wissenschaft ist, im Grunde genommen nichts anderes als die Fähigkeit, einen erkenntnismäßig fixierbaren Tatbestand anders und vor allem in Versen darzustellen oder neu zu fassen.

Ein erster Angriff auf diese Position erfolgt bereits in der Renaissance, die sich intensiv um eine Kultivierung der Kunstprosa bemüht, also unter Verzicht auf eine Versifizierung sich der Wirklichkeit ästhetisch zu nähern versucht. Auf den ersten Blick scheint es schwer, Lope mit diesen Bemühungen in Verbindung zu bringen, denn im Gegensatz zur Comedia oder zur Romanze, die auf keine Drucklegung angewiesen sind, verlangen diese Prosatexte nach einer schriftlichen Fixierung, stehen also im Gegensatz zur tradierten mündlichen Verbreitung der gereimten und versifizierten Literaturformen. Hinzu kommt, daß Lope selbst sich in Versen oft behender, besser und schneller auszudrücken versteht als in der bei allem Pragmatismus doch recht anspruchsvollen Prosa, zu deren bedeutendsten Zeugnissen die Werke eines Erasmus von Rotterdam (1466/1469–1536), Thomas Morus (um 1478 bis 1535) oder Leon Battista Alberti (1404–1472) zählen. Der didaktische Impetus dieser Literatur hat jedoch zur Folge, daß der empirischen Realität, auf die sie ja einwirken soll, ein bis dahin nicht gekanntes Gewicht zukommt. Auch die profanen, alltäglichen Dinge des Lebens finden in der Folgezeit verstärkt Eingang in die Literatur, in der nicht länger allein antike Heroen, verliebte Schäfer und abenteuerliche Phantasieritter das Wort führen. Mit dem Leben des einfachen Volkes wird der Kunst eine neue Provinz erschlossen. Und auch wenn über abstrakt-wissenschaftliche Dinge geschrieben wird, befleißigt man sich jetzt eines Tons, dem, bei aller noch vorhandenen Esoterik, eine bessere Verständlichkeit, zumindest im Vergleich mit früheren Epochen, nicht abgesprochen werden kann. Die Tendenz geht dahin, daß selbst wissenschaftliche Bücher in anderen Sprachen als dem bisher unumschränkt herrschenden Latein geschrieben und auch veröffentlicht werden. Und Autoren, die sich – zumeist aus politischen Gründen – direkt ans Volk wenden, sind geradezu gezwungen, sich dessen Ausdrucksweise wenigstens partiell anzueignen. Dies, aber auch die neue Gattung der Novelle, in der eine gehobene Alltagssprache vorherrscht, führt der Literatur ein neues, nichtadeliges Publikum zu.

In Spanien indes kommen diese Tendenzen, wie die Renaissance insgesamt, nicht voll zum Durchbruch, und wenn, dann nur in einer den besonderen Verhältnissen des Landes angepaßten Art und Weise. Erinnert sei hier etwa an die Novellistik eines Cervantes, die die dem italienischen Vorbild eigene Libertinage in das enge Korsett einer althergebrachten Moral steckt, das Genre also „hispanisiert". Auch Lope nimmt, was seine Comedias angeht (in den anderen dramatischen Gattungen ist das anders), diese Errungenschaften der Renaissance nur in sehr verallgemeinerter Form auf. Dem von dieser Bewegung hin zum eher Volkstümlichen kaum tangierten, sondern meist einem strengen Akademismus verhaftet bleibenden Renaissancetheater kann er wenig abgewinnen, übernimmt von diesem aber vor allem in seinen späteren Jahren das Bestreben, erzieherisch auf das Publikum einzuwirken. Hauptziel seines pädagogisch eingesetzten Spotts sind fast immer die Müßiggänger, die mit ihrer Zeit nichts anzufangen wissen und deren Kontemplation deswegen unproduktiv bleiben muß. Der dabei festzustellende Schematismus in der Charakterisierung dieser Zeitgenossen, die in schöner Regelmäßigkeit als schnurrbarttragende Haudegen geschildert werden, ist so betrachtet keine darstellerische Schwäche; sie entspricht vielmehr der alten Schulmeisterweisheit, wonach stete Wiederholung den Lernerfolg unterstützt, bildet also ein bewußt eingesetztes didaktisches Mittel. In der Comedia „La Francesilla" wird ein solch müßiggängerischer Adeliger wie folgt beschrieben:

„... und er treibt sinnlosen Klatsch
in Gesellschaft von Haudegen
mit gewichstem Schnurrbart
und mit einem Dolch im Gewand."

Und in „El cuerdo en su casa" heißt es:
„Es gibt tausend dümmliche Haudegen
mit Weibersorgen,
die geboren wurden,
um Märtyrer ihres Schnurrbarts zu sein."

Der Comedia kann eine gewisse pädagogische Funktion also nicht abgesprochen werden, sie hat auch Erkenntnisqualitäten. Und da bereits Aristoteles der Kunst zuschrieb, einen Zweck der Aufklärung *(Anagnoris)* zu verfolgen, hätte Lope dies eigentlich für eine Rechtfertigung des Kunstcharakters der Comedia heranziehen können. Daß er davon absieht, hängt ursächlich mit der, wie Lope selbst weiß, ungleichgewichtigen Relation des *prodesse* mit dem *delectare,* des Nutzens mit dem Vergnügen in der Comedia zusammen, die primär unterhalten und nicht belehren soll. Lope anerkennt dies und zieht die entsprechenden Schlußfolgerungen: „Wenn man so unterhalten soll, ist das am angemessensten, womit man gefällt." Um zu gefallen muß man jedoch wissen, womit man ankommt. Sehr aufschlußreich ist hier ein Bericht Ricardo del Zirias aus dem Jahr 1616: „Beim Anhören eigener oder fremder Comedias pflegt Lope de Vega die Stellen zu vermerken, die Staunen erregen und Beifall hervorrufen, und diese Stellen, selbst wenn sie nicht passen, ahmt er bis ins letzte nach, wobei er in seinen neuen Comedias eigens Gelegenheit für sie schafft." Eine solche Vorgangsweise enthält stets die Gefahr eines bedingungslosen Anbiederns an das Publikum. Da diese Dichtung sich nicht am „kritischen" Verstand ausrichtet, ist ein anderes Regulativ vonnöten, um der diesem dramatischen Genre eigenen Tendenz, ins Gewissenlose abzugleiten, entgegenzuwirken. Im Werk selbst ist das poetologisch nicht festzumachen, folglich muß es ihm vorausgehen, in der Person des Autors begründet sein. In Übertragung der poetologischen Kategorien Natur und Kunst auf eine anthropologische Ebene gelangt Lope zu dem Gegensatzpaar Tugend und Adel. Die Tugend wird, weil kodifizierbar, der Kunst, der Adel dagegen, verstanden als innere Veranlagung, der Natur zugeordnet. Den Ausschlag gibt in den Augen Lopes immer das Natürliche, wie ein Zitat aus der Comedia „La corona de Hungria" belegt:

„Wenn ihr natürliche Begabung besitzt,
ist es gut, daß ihr das Dichten lernt,
das seelenlos ist mit Kunst allein,
ohne die Gunst des Himmels.
Zum Dichten muß man geboren werden,
später muß dann die Kunst helfen ...
und ich bleibe dabei,
daß das Dichten eher eine naturgegebene
als eine erworbene Wissenschaft ist."

Die Stoßrichtung ist eindeutig: das dichterische Handwerk ist nicht erlernbar, die Beherrschung der Regeln allein macht noch kein Kunstwerk. In die Ästhetik wird ein ethisches Element eingebaut. So wie die Natur die Kunst übertrifft, so steht auch der „Adel der Person" über der Tugend. Die elementarste Empfindung des Menschen ist die Liebe, deren Regungen indes sehr schnell Konflikte mit den normierten Formen menschlichen Zusammenlebens heraufbeschwören können. Hier der Natur zu folgen kann zu einem wider die öffentliche Moral gerichteten Handeln führen, was allerdings im Namen des wesentlichen, von der Natur determinierten Prinzips immer entschuldbar ist und keinem grundsätzlichen Infragestellen des sekundären Systems gleichkommt. Liebe entschuldigt alles, muß aber immer wahr und ernst sein; nur dann stellen die konventionellen Gebote der Sittlichkeit kein unüberwindbares Hindernis dar. Ramón Menéndez Pidal, der als erster auf diese Korrespondenz zwischen Vita und Poetik Lopes aufmerksam gemacht hat, sieht hierin eine Möglichkeit, einige auf den ersten Blick unversöhnlich erscheinende Charaktermerkmale miteinander zu versöhnen, etwa Lope den Ehebrecher mit jenem Lope, der die Betrogene in schlechten Zeiten rührend umhegt und pflegt. Da ist auch Lope der Geistliche und jener Lope, der sich zur selben Zeit ausgiebig der intimen Korrespondenz des Herzogs von Sessa widmet. Um wieder auf die poetologische Diskussion zurückzukommen: da ist der volkstümliche Lope der Comedia und der Romanze, und da ist der seine Gelehrsamkeit demonstrierende, sich im Epos, der Pastorale und im Mythologischen, also den antiken Kunstformen versuchende Lope.

Damit ist aber die Frage, warum die Comedia der Kunst zuzurechnen sei, bereits beantwortet: Sie trägt einen höheren ästhetischen und ethischen Wert in sich; ihr Verhältnis zueinander gleicht dem zwischen Liebe und Ehe – wobei man im Unterschied zu dieser Sphäre, in der ein Ausgleich zwischen dem Adel des Geistes und der Moral durchaus möglich, ja sogar erwünscht ist, bei der dramatischen Literatur keine Kompromisse eingehen darf.

In der Comedia kristallisiert sich die Poesie eines neuen Zeitalters, eine natürliche Poesie. Natur ist ihre Grundlage, bildet aber keinen Wert an sich, sondern ist immer auf den Menschen bezogen, der sie bearbeitet, sich an ihr erfreut oder von ihr bedroht wird. Sie steht also in Relation zur Geschichte und zur Gesellschaft. Sich jetzt sklavisch an die Regeln des Aristoteles zu klammern hieße folglich, eine längst vergangene Wirklichkeit künstlich wiederzuerwecken; es hieße aber auch, die Natur der Griechen und Römer der Natur der Spanier vorzuziehen, das jetzige Sein nolens volens nicht nur ästhetisch herabzusetzen, sondern auch auf eine angemessene Widerspiegelung desselben insgesamt zu verzichten. Die ihm eigene Mannigfaltigkeit käme in den Fesseln der Tragödie, so Lope, unwiderruflich abhanden. Eine strenge Befolgung der Aristotelischen Maximen und Regeln würde zu einer Kollision mit dessen eigenem Diktum führen, wonach Kunst zum Erfassen der gesellschaftlichen Existenz des Individuums befähigen solle.

Lope de Vega und der Góngorismus

Gefährlicher noch als die Feindschaft der Klassizisten erscheint Lope der Spott des Luis de Góngora y Argote (1561–1627), denn hier mischen sich, zumindest auf seiten Lopes, Abneigung und aufrichtige Bewunderung. Hinzu kommt, daß Góngora im Unterschied zu den akademischen Gegnern Lope de Vegas – die es zwar verstehen, über Literatur zu schreiben und zu richten, in der Poesie selbst aber so gut wie nichts zuwege bringen – auch Werke geschaffen hat, die für Lope eine Herausforderung bilden; dies nicht zuletzt deswegen, weil die beiden nahezu gleichaltrigen Dichter vor demselben Problem stehen: der Entscheidung zwischen einer volkstümlichen und einer kunstmäßigen Literatur. Karl Vossler hat überzeugend nachgewiesen, daß die allgemein übliche Zuordnung Lopes zur einen und Góngoras zur anderen Seite wohl zu weit geht; eher sei es so, daß beide Dichter sich gegenseitig beeinflußt haben, wobei Lope sich hier allerdings viel offener zeigte.

Ein erster Grund für das gespannte Verhältnis ist in der öffentlichen Kritik Góngoras an Kunst und Lebensführung Lopes zu sehen, die sich in vielen Spottgedichten nachweisen läßt:

„Für solchen Donners mächtiges Geroll
ein kleiner Blitz, der mich nicht blenden kann.
Mit vollen Segeln, schlechter Steuermann.
Ein kräftig Fohlen, zügellos und toll.
In zarten weichen, holden Lauten hallt
Kastiliens Sprache unter seiner Feder,
wie eines Kindes Mund aus seinen Windeln
lallt."

Aus diesen Versen geht hervor, daß Góngora (wie auch Lope) einen engen Zusammenhang zwischen der Natur, dem „Adel" des Dichters, und seiner künstlerischen Produktion sieht, diesen hier aber nur pejorativ faßt. Die Zügellosigkeit (eine deutliche Anspielung auf Lopes sexuelle Eskapaden ist nicht zu übersehen: „ein kräftig Fohlen"), sein Großtun („mächtiges Geroll"), hinter dem sich nur ein kleines Licht verstecke („ein kleiner Blitz"), müssen, das die Überzeugung Góngoras, zu einer hemmungslosen, hohlen und unkontrolliert-kindischen Literatur führen. Daß in diesen Versen auch die eigene Person eingeführt wird („der mich nicht blenden kann"), ist ein weiteres Indiz dafür, daß die Auseinandersetzung zwischen Lope und Góngora nicht nur die zweier Kunst-, sondern auch zweier Lebenseinstellungen ist. Im Grunde geht es hier um das Problem der Distanz. „Kunst-Dichtung" begibt sich bewußt auf eine kulturelle Höhe, hebt sich von der breiten Masse ab; eine volkstümliche und natürliche Dichtung dagegen, die versucht, deren Bedürfnisse zu erfüllen, läßt hier nie eine unüberbrückbare Kluft aufreißen.

Wir können sagen: In der mit dem Beiwort „manieristisch" zu kennzeichnenden Poesie Góngoras offenbart sich eine Kluft zwischen der Psyche und einem Sein, das von ihr abgespalten ist. Dieses subjektive Empfinden wird in der Literatur objektiviert. Sprachlich äußert sich dies in der Abweichung vom regulären Sprachgebrauch, dem dieses Dilemma fremd ist. Die Kunst steht nun vor der schwierigen Aufgabe, Vernünftiges, den für real erachteten Bruch zwischen „Ich" und „Welt", unvernünftig, weil dem allgemein Vorausgesetzten und Selbstverständlichen zuwiderlaufend, zu fixieren. Verständlich und rezipierbar ist ein solches Vorhaben aber nur, wenn es wiederum konventionalisiert wird; das führt jedoch letzten Endes zu einer Technik, die Gefahr läuft, das zu harmonisieren, was sie provoziert. Der „Kunst-Dichter", der dies nur zu deutlich vor Augen hat, versucht nun, durch immer komplexere rhetorische Herausforderungen jenes Staunen hervorzurufen, das diese Widersprüchlichkeit des Seins zutage treten lassen soll. Dies hat ein Virtuosentum zur Folge, dessen geheime Dialektik darin besteht, daß die sinnliche Freude am Aufzeigen dieser Diskrepanzen fast immer vom Wissen um dessen Zustandekommen eingeholt wird – ein Zustand, der notwendigerweise zu Schwermut und Melancholie führt. Nicht zufällig stehen am Anfang der „Soledades" Góngoras die Verse:

„Es sind wie Schritte eines irren Wanderers
die Verse, die mir hold die Muse leiht
in trüber Einsamkeit,
verlor'ne bald und bald erhellte Schritte."

Lope sieht das natürliche Ingenium Góngoras und hat von daher, seiner eigenen Doktrin gemäß, auch Verständnis für diesen Stil, dessen „Dunkelheit und Vieldeutigkeit" (so Lope in seinem „Discurso sobre la nueva poesia") jedoch nicht nur vielen Lesern Schwierigkeiten machen müsse, sondern auch zu einer bloßen Nachahmung formaler Elemente führe: „Auch haben viele durch die Neuigkeit der Mode sich zu dieser Art Poesie hinreißen lassen, und zwar mit Recht; denn in dem alten Stil hatten sie es ihr Lebtag nicht dazu gebracht, Poeten zu werden, was sie dank dem modischen mit einem Schlage sind. Mit den bekannten Umstellungen, mit vier Rezepten und sechs Latinismen und emphatischen Wendungen schwingen sie sich flugs auf eine Höhe, wo sie sich selbst nicht mehr kennen und wohl auch nicht mehr verstehen... So bringen die Nachahmer dieses Edelmannes Wundergebilde hervor, die aus der Art schlagen, denn sie glauben seinem Ingenium dadurch nahezukommen, daß sie seinen Stil nachäffen. Wollte Gott, sie eiferten ihm in seinen echten Vorzügen nach, die ihm selbst seine Gegner lassen müssen, und nicht in jenen Sonderlichkeiten, die in ein Dunkel gehüllt sind, an dessen Verständnis ich ernste Männer, denen Vergil und Tertullian keine Schwierigkeiten machten, habe verzweifeln sehen... Ein ganzes Gedicht mit solchen Figuren zu füllen, kommt mir so unangebracht vor, wie wenn eine Frau nicht etwa nur, wie sich's gehört, die Wangen sich färbte, sondern auch die Nase, die Stirne und die Ohren... Der Doktor Garay, poeta laureatus der Universität Alcalá, pflegte zu sagen, daß eine Poesie zwar ihrem Verfasser große Mühe, aber eine desto geringere ihrem Leser kosten müsse. Mit diesem ohne Zweifel unfehlbaren Dilemma treten wir dem göttlichen Ingenium unseres Edelmannes nicht zu nahe, denn es bezieht sich ja nur auf den Sprachstil, den er einzuführen strebt. – Wie dem auch sei, ich kann diesem Manne meine Achtung und Liebe nicht versagen und nehme von ihm mit Bescheidenheit an, was ich verstehe, und bewundre mit Verehrung, was ich nicht verstehe. Aber den Nachahmern, die mit schwachen Flügeln und falschen Federn ihm folgen, werde ich nie gut sein, denn sie beginnen, wo er aufhört."

Daß Lope, wie er selbst sagt, Góngora das eine Mal versteht, das andere Mal aber nicht, hängt sicher auch damit zusammen, daß dessen Unzufriedenheit mit der Welt sich in ihren Anfängen noch gut mit einer „Freude am schönen Sein" (Karl Vossler) verträgt, die manchen Gedichten einen scherzhaften und volksnahen Ton verleiht. Es sind, was nicht unterschlagen werden darf, auch nicht wenige Romanzen aus der Feder Góngoras geflossen. Bei weitem stärker aber dürfte Lope die Sprachgewalt Góngoras bewundert haben, der er nie seinen Respekt verweigert. Ihre Dunkel- und Vieldeutigkeit lehnt er ab, auch die Flucht vor der Wirklichkeit in das Refugium einer Kunst-Sprache, die die Welt neu bezeichnet und den eigenen Wünschen gemäß umformen soll; die geistige Wendigkeit Góngoras jedoch ist ihm stets ein anerkennenswertes Vorbild. Er rühmt ihn in mehreren kunstvollen Sonetten, seinem „Laurel de Apolo" und widmet ihm schließlich sogar die Comedia „Amor secreto hasta celos", die er mit Versen einleitet, die ihn selbst der kritisierten Jüngerschar des Meisters zuordnen:

„Die dich verteidigen in ihren Wälzern,
die stellen eifrig nur sich selbst zur Schau
und schlagen Schaum auf deinem weiten Meer.
Lassen wir sie den Flug des Ikarus
verherrlichen, der deiner Sonne naht –
und stürzt, versengt von deinem Himmelslicht."

Häufiger indes als diese Huldigungen sind die mit Vorliebe in seine Comedias eingearbeiteten Witzeleien Lopes über den góngoristischen Stil. Besonders gelungen ist der folgende Dialog aus dem Lustspiel „Acertar errando":

JULIA: Du bist ein Grobian, bist ein Bauer.
 Mir gefällt der feine Stil.
TARQUIN: Feine Stil? Ich lösch das Licht.

(Er bläst die Kerze aus.)

JULIA: Narr, was machst du?
TARQUIN: Merkst du's nicht.
 Jetzt sind wir im feinen Stil.
 Kann es dunkler doch nicht sein
 in dem Limbus der Kultraner,
 dank den Versen ihres Dichters,
 als es hier ist, das ist klar.
 Darum, Julia, sei mir gut.
 Wenn der Feinstil dir beliebt,
 sprech ich nur noch Kauderwelsch.

Karl Vossler zieht nicht zu Unrecht gerade aus dieser Passage den Schluß, daß Lope weder als Kritiker noch als Philosoph den Góngorismus zu überwinden versteht, „sondern lediglich kraft seines dramatischen Sinnes". Die Verwendung eines góngoristischen Sprachduktus dient hier meist der äußeren Charakterisierung einer Figur; er wird nach außen getragen und ist nicht länger Instrument eines resignativ-stolzen Selbstgenusses; er ist exoterisch, nicht esoterisch.

Anders sieht das in einigen Stücken Lopescher Lyrik aus, in denen der Dichter glaubt, Góngora mit dessen eigenen Waffen bekämpfen zu müssen. Beispielhaft kommt dies in dem folgenden Sonett aus dem Jahr 1621 zum Ausdruck, das ohne die (auf Philipp IV. bezogene) Überschrift „Da seine Majestät einen Keiler im Prado erlegte" kaum verständlich wäre:

„Entgegen streckt dem Spanier, wie dem Thebaner,
das Tier, das Venus so sehr beleidigt,
die Halbmonde, die es gegen die Sonne verteidigt,
mit schäumender Wut vergebens versilbert.

Den künstlichen Blitz die zarte Hand,
einer Sonne beraubend, in die Luft hinschleudert:
es teilt Augenblicke, entzündet Atome
auf schmalem Pfad Donnerer Vulkan.

Es fiel der Schrecken des Prado; der Horizont
allüber erzitterte; und unter dunkler Feuchtigkeit
Adonis gab seine vollkommensten Blüten.

Es rächte sich Venus. Staune nicht, Berg,
daß ein kleiner Blitz des hehren Philipp
Fixsterne verwandelte in verglühende Kometen."

Die in diesem Sonett enthaltenen Anspielungen sind so zahlreich, daß es hier kaum möglich ist, sie alle aufzuzählen. Das erwähnte Tier, das Venus so sehr beleidigte, ist der Eber, der Adonis, ihren Liebhaber, tötete. Mit dem Thebaner ist Herkules gemeint, der der Mythologie zufolge ein besonders fürchterliches Exemplar dieser Gattung zur Strecke brachte. Der mit dem antiken Heros verglichene Philipp IV. wird derart in dessen Ahnenreihe aufgenommen. Die glänzenden Halbmonde symbolisieren die mächtigen Hauer des Tieres, die es frevelhaft gegen die Sonne, die königliche Majestät, richtet. Im zweiten Quartett des Sonetts wird mit dem Bild des Raubs einer Sonne der Vorgang des Zielens umschrieben: der Monarch kneift ein Auge (= Sonne) zu. Sein Schuß stellt ihn dem Gott Vulkanus gleich, der für Jupiter die Blitze schmiedete. Philipp ist damit Gott dieser Welt, deren zeitliche und elementare Konstituenten (Augenblick, Atom) er aufzuheben versteht. Mit der dunklen Flüssigkeit (erstes Terzett) ist das schwärzliche Blut des Ebers gemeint, das die Anemone, in die Adonis verwandelt wurde, zur vollen Blütenpracht bringt. Das zweite Terzett feiert Philipp als Rächer der Venus. Damaso Alonso hat dem Bild des über die Verwandlung der Fixsterne in verglühende Kometen staunenden Berges sogar eine politische Bedeutung abgewinnen können: „Anspielung auf die hartnäckige Verfolgung und Ausmerzung der Günstlinge der vorangegangenen Regierungszeit: Uceda ebenso wie der königliche Beichtvater Aliaga und wie Lerma – der schon früher in Ungnade gefallen war – wie auch Rodrigo Calderón, der bereits im Kerker lag, aber nun schonungslos auf das Schafott geführt wurde; Veränderungen, die sogleich die Thronbesteigung Philipps IV. anzeigten: die alten Günstlinge, Fixsterne am politischen Himmel, wurden jetzt zerschmettert und verschwanden wie flüchtige Kometen."

Zwar sind die meisten der über dreitausend Gedichte Lopes von einer solch „schwülstigen" Dunkelheit des Ausdrucks weit entfernt, doch ist in dem hier zutage tretenden Bemühen, in der Darstellung eines im Grunde einfachen Geschehens eine andere, höhere Wirklichkeit zu finden, ein wesentliches Merkmal fast aller spanischen Dichtung des Siglo de oro in hypertropher Ausprägung zu erkennen: der Conceptismo. Er hat seine Quellen im Begriffsrealismus der Scholastik, der in der Welt mit all ihren Erscheinungsformen verborgene und geheime Sinnbezüge sieht, die man indes nicht offen aufdeckt: es wird mit ihnen gespielt. So auch der Conceptismo: „Er riß den Gestalten die üblichen Masken vom Gesicht und entkleidete sie, nicht um sie in naturhafter Nacktheit zu schauen, sondern um sie für neue und wieder neue, immer sonderlichere Kostümierungen frei zu machen" (Karl Vossler).

Das Theater Lope de Vegas

Traditionen und Quellen der Comedia

Die für den Conceptismo (vgl. S. 128) zentrale Kategorie des Scheins bestimmt auch die Comedia, an deren Herausbildung die Romanze, das geistliche Theater des Mittelalters und die italienische Commedia dell'arte nicht unwesentlich beteiligt sind.

Über den Einfluß der Romanze ist an anderer Stelle bereits einiges gesagt worden: sie führt die Comedia „auf den Weg der Natürlichkeit" (Ramón Menéndez Pidal). Aufschlußreich ist indes auch, daß mit dem Niedergang der Romanzendichtung gegen Ende des 16. Jahrhunderts der Aufschwung der Comedia seinen Anfang nimmt. Sie führt auf neue Art und Weise weiter, was jene begonnen hat. In der Romanze löst sich der Erzählton der mittelalterlichen Epen in lyrische und dramatische Klänge auf. An die Stelle eines ausführlichen Erzählens tritt eine pointierte Darstellung einzelner Situationen oder Episoden, was schließlich dazu führt, daß auch der Modus des Vortragens sich entscheidend verändert. Der Leser soll von dem geschilderten Ereignis gebannt werden, er soll es richtiggehend miterleben; und so greift der Romanzensänger zu mimischen Gestaltungsmitteln, fast schon dramatisch zu nennenden Gesten, der Ton wird sprunghaft, es kommt zu Pausen und Zuspitzungen, die das Publikum zum Mitdenken und Mitfühlen anregen sollen.

Gegen Ende des 16. Jahrhunderts ist die Romanze in vielen Fällen so sehr mit literarischem und dramatischem Ballast beladen, daß ihre Funktion, das Publikum unterhaltsam an seine große Vergangenheit zu erinnern und wesentliche Züge seines jetzigen Daseins idealisiert wiederzuspiegeln, von der Bühne weit besser realisiert werden kann. Ein wichtiges Datum dieser Entwicklung ist das Jahr 1579, in dem die Uraufführung der nach einer Heldenromanze geschriebenen „Tragödie der sieben Infanten von Lara" von Juan de la Cueva de Garoza (1550 bis nach 1606) stattfindet. Auch das älteste noch erhalten gebliebene Schauspiel Lopes, „Los hechos de Garcilaso de la Vega", beruht auf einem Romanzenstoff.

Auf die partielle Rezeption der Commedia dell'arte nicht nur in Spanien, sondern überall in Europa verweist die dort lange Zeit übliche Personalunion des Dichters mit dem Komödianten. Die Renaissancebühne ist ein rein akademisches Theater und nur einem gebildeten Zuschauerkreis zugänglich. Dies zwingt die Direktoren der durch die Lande ziehenden und auf ein breitgestreutes Publikum angewiesenen Wanderbühnen dazu, sich nach neuen Stoffen umzusehen. Da solche nicht aufzutreiben sind und es auch an Autoren hierfür fehlt, sucht man Zuflucht bei der schauspielerischen Technik. Das Handlungsgerüst wird in etwa festgelegt, die konkrete Ausgestaltung der Rolle und alles andere aber ist Aufgabe der Akteure. Bald schälen sich die beliebtesten „Masken" heraus, und da deren Charaktere recht starr festgelegt sind, erstarrt auch die Handlung zur unermüdlichen Variation des Immergleichen. Einige Schauspieldirektoren, die sich mit solchen Darbietungen nicht zufriedengeben wollen, greifen nun selbst zur Feder und versöhnen die lebensfremd gewordene dramatische Kunst mit den Erfordernissen der Theaterpraxis. In Spanien ist es Lope de Rueda (um 1510–1565), der Elemente der Commedia dell'arte mit den Gesprächsspielen, den „Pasos", und den Sujets der Romanze zu einer neuen Einheit verbindet und deswegen wohl auch als der eigentliche Wegbereiter Lope de Vegas angesehen werden muß. Bartolomé de Torres Naharro (1476–1521), ein Vorgänger Ruedas und der wohl wichtigste Dramatiker aus der Frühzeit des spanischen Theaters, schöpft dagegen fast nur aus dem reichen Fundus der „Celestina", ist aber als Theoretiker und Reformator des Theaters von großer Bedeutung. Von ihm stammt eine erste Einteilung der Komödien in verschiedene Grundtypen und der Versuch, dieser Gattung eine feste Form zu geben. So fordert er eine Einteilung des Dramas in fünf Akte, die er „jornadas" („Tagreisen") nennt, und stellt dem eigentlichen Stück einen Prolog („introito") oder eine Inhaltsangabe voran.

Eine andere und bei weitem wichtigere Personalunion als die von Schauspieldirektor und

Autor, die im Spanien des Siglo de oro oft anzutreffen ist und seinem Theater das Gepräge gibt, ist die von Bühnendichter und Geistlichem. Dies ist ein erster Hinweis auf den dritten Eckpfeiler der Comedia: das geistliche Spiel des Mittelalters.

Die Kleriker greifen schon recht früh zu dramatischen Mitteln, um die Aufmerksamkeit der des Lesens und der lateinischen Sprache unkundigen Gläubigenschar auf biblische Themen zu lenken. Gern stellt man beispielsweise die Weihnachtsgeschichte in lebendigen Bildern dar, und so ist auch das älteste noch in Fragmenten erhaltene religiöse Schauspiel, das „Misterio de los reyes magos", das zu Beginn des 13. Jahrhunderts in der Kathedrale von Toledo aufgeführt wurde, ein Dreikönigsspiel. Den Eigengesetzlichkeiten des dramatischen Genres kann jedoch auch die Kirche keinen Riegel vorschieben. Bald schon bildet die kirchliche Thematik nur noch einen lockeren äußeren Rahmen, in den von Mal zu Mal ein Scherz und ein Tänzchen mehr eingestreut wird, so daß eine richtige Andacht nicht mehr möglich scheint und die Kirche um ihre Seriosität bangt. In zahlreichen Edikten und auf etlichen Konzilen wird den Geistlichen die Unterstützung oder gar Teilnahme an solchen Belustigungen untersagt. Hier nimmt jene theaterfeindliche Einstellung ihren Anfang, die dem „fahrenden Volk" den Empfang der hl. Sakramente verbietet und einige Jahrhunderte später sogar einem Molière ein christliches Begräbnis verweigert. In der „Siete partidas", einem zwischen 1252 und 1257 verfaßten und von König Alfons dem Weisen herausgegebenen Gesetzeskodex, werden „alle Sänger, Mimiker und Schauspieler, welche für Geld singen und tanzen oder Vorstellungen geben" zu unehrenhaften Personen erklärt. Und auch in einer anderen Beziehung ist dieser Text recht aufschlußreich: da eine Versinnbildlichung des Lebens Jesu ausdrücklich gebilligt wird, sofern dadurch der Glaube nicht beleidigt wird und auch kein Gelderwerb damit verbunden ist, kann angenommen werden, daß es damals bereits eine Trennung zwischen geistlichen und weltlichen Schauspielern gegeben hat.

Einen weiteren Aufschwung erlebt das Drama durch die Einführung des Fronleichnamsfestes in Spanien im Jahr 1264. Auf Wagen, „carros", die durch die Stadt gezogen werden – weswegen dieser Feiertag im Volksmund auch „fiesta de los carros" genannt wird –, werden lebende Bilder aufgebaut; und als diese sich zu bewegen und die reich kostümierten Darsteller zu sprechen anfangen, ist die Geburtsstunde eines neuen dramatischen Genres, des Auto sacramental, gekommen.

Das religiöse Thema dieser Spiele ist, dem Anlaß angemessen, immer dasselbe: die Verherrlichung des Altarsakraments, die Erlösung des Menschen durch den in Brot und Wein symbolisierten Opfertod Jesu. Der theologische Streit um das Dogma der Eucharistie veranlaßt die Autoren solcher Autos sacramental, nahezu die gesamte offizielle Heilslehre theatralisch zu fixieren. Nur durch eine eingängige und sinnbildhafte Darstellung kann dem diesen Aufführungen immer zugrunde liegenden didaktischen Auftrag Genüge getan werden. So verzichtet man durchgängig auf eine Darstellung des Abendmahls Jesu mit seinen Jüngern und greift statt dessen auf Sujets des Alten und Neuen Testaments zurück, aber auch auf solche der antiken Mythologie und der älteren und neueren Geschichte, ja sogar auf Ereignisse der Gegenwart. Wichtiger als das Dogma selbst ist dessen Bedeutung für das alltägliche Leben.

Die Situation des Theaters

Um die Wende vom 16. zum 17. Jahrhundert sind fast nur noch die kleineren Orte und Dörfer auf improvisierte, in der Regel auf öffentlichen Plätzen gegebene Vorstellungen angewiesen. In den Städten stehen meist schon feste Theater, an denen die verschiedensten Gruppen Gastspiele geben. Das erste Bauwerk, in dem regelmäßig dramatische Vorführungen stattgefunden haben, soll um die Mitte des 16. Jahrhunderts in Valencia entstanden sein. Es folgte Sevilla, und in dem 1561 zur Hauptstadt erhobenen Madrid wurde 1565 schließlich der im selben Jahr gegründeten „Bruderschaft vom Heiligen Leiden und Blute Jesu" das Privileg erteilt, Lokale an Schauspieltruppen zu vermieten. Das Geschäft scheint sich gelohnt zu haben, denn drei Jahre später wurde bereits an drei Orten gespielt. Eine andere Bruderschaft mit dem Namen „Unserer lieben Frau von der Einsamkeit" übernahm

1567 eines dieser Lokale und schloß sich mit der ersten Gesellschaft zu einem gemeinsamen Geschäftsbetrieb zusammen. Die Gewinne sollten wohltätigen Zwecken, so etwa einem Hospital für Findelkinder, zukommen. 1579 wurde an der Calle de la Cruz ein neues Theater errichtet, das bald alle anderen Schauspielhäuser übertraf und aus der Gunst des Publikums verdrängte. 1582 schließlich kaufte dieselbe Gruppe den Corral an der Calle del Principe und richtete ihn nach dem Muster des stilbildenden Haupthauses ein.

Solch ein Corral gleicht eher einem Spielhof als einem Theater im heutigen Sinn. Die halbrunde, recht breite, jedoch nicht sehr tiefe und überdachte Bühne, die sich etwa einen Meter über den Patio erhebt, wird von drei bis vier Häusern eingeschlossen, deren Fenster und Balkone von den Besitzern – zunächst von den Bruderschaften und ab 1632, als eine Kommunalisierung des Theaterwesens erfolgt, von der Stadt Madrid – an die Zuschauer vermietet werden. Als einfachste Dekoration verwendet man primitiv bemalte Vorhänge, die mit einem Schlitz versehen sind, aus dem heraus die Auftritte erfolgen können. Hinter dem Vorhang befindet sich der Ankleideraum der Schauspieler („vestuario"), der mit zur Seite gezogenen Vorhängen auch als Bühneninnenraum genutzt wird. Außerdem gibt es Dekorationen, die, auf Pappe oder Leinwand gemalt, etwa in Höhe des zweiten Stockwerks der angrenzenden Häuser entrollt und an den Balkonen befestigt werden. Stabilere Konstruktionen dieser Art werden als Versatzstücke rasch auf die Bühne getragen oder mit Hilfe von Versenkungen, über die das spanische Theater fast von Anfang an verfügt, dem staunenden Publikum vor Augen geführt.

Direkt vor der Bühne, vom Stehparterre durch einen Balken getrennt, stehen einige Bänke, die jeweils drei Personen Platz bieten. Die Zuschauer, die sich dort niederlassen, gehören wohl dem gutsituierten Mittelstand an, denn schließlich kostet dieser Rang gut ein Real (zum Vergleich: für ein Kilogramm Brot sind 0,20 Reales zu bezahlen). Logenplätze („aposentos") zeichnen sich durch einen hohen Komfort und ein dementsprechendes Preisniveau aus. Hier ist ein begütertes und privilegiertes, vielleicht auch gebildetes Publikum zu finden, das in seinen Äußerungen eher zurückhaltend ist. Wesentlich lauter geht es da auf den Stehplätzen im Parterre zu, die hauptsächlich von jüngeren Männern eingenommen werden. Dieser dichtgedrängte, mit allerlei Geräusch- und Wurfinstrumenten ausgerüstete Haufen ist bei allen Autoren gefürchtet. Hier wird über Erfolg oder Mißerfolg eines Stücks entschieden.

Die im Verhältnis zum Einkommen eines Tagelöhners, Bedienten oder Handwerkers recht hohen Preise selbst für diese niedrige Platzkategorie bringen es mit sich, daß für diese Schichten ein Theaterbesuch ein nicht alltägliches Erlebnis bleiben muß. Schnell wird es so zum Volkssport der Madrilenen, möglichst ohne Entrichtung eines Obolus in den Genuß dieses Vergnügens zu kommen – und die Theaterbesitzer sehen sich gezwungen, sogenannte „Algauciles" (Theaterpolizisten) zu beschäftigen, deren Aufgabe es ist, den Besucherstrom zu kontrollieren und den Kassier vor Handgreiflichkeiten zu schützen. Getrennt von den übrigen Zuschauern, in einer geschlossenen Galerie im Hintergrund des Hofes, der „cazuela", sitzen die Frauen, die in ihrer Mehrzahl dem Dienstleistungszweig angehören, wobei allerdings diejenigen unter ihnen, die recht spezielle Dienste anzutragen haben, sich nicht scheuen, mitten in der Vorstellung durch Zeichen und Gelächter und andere das Interesse der Männerwelt auf sich lenkende Gesten ihre Vorzüge zu demonstrieren.

Überhaupt darf man sich das Ganze nicht als Theaterereignis im heutigen Sinne vorstellen. So eine Aufführung gleicht da schon eher einem Volksfest, auf dem man unterhalten und belustigt werden will. Erfrischungen werden verkauft, und die Händler, die Süßigkeiten oder Früchte feilbieten, werden oft mit lauter Stimme herbeizitiert. Kommen die Vorstellung gefährdende Tumulte auf, greift die jetzt mehr auf den Innenraum achtende Theaterpolizei schnell ein und sorgt zumindest vorübergehend für Ruhe und Ordnung. Um die Menge einigermaßen ruhig halten zu können, müssen sich die Dichter und Schauspieler, die nie vergessen, ihr Publikum um Nachsicht für das Dargebotene zu bitten, schon einiges einfallen lassen. Pomp und technische Finessen, die auf dem Volkstheater ohnehin nie richtig heimisch werden, reichen dazu nicht aus. Es gilt, die Phantasie des einzelnen anzuregen, ihn zum Miterleben des Bühnengeschehens anzuspornen. Ist das erst einmal gelungen, so werden selbst die „Unnatürlichkeiten" des Theaters – wie die oft rasch und innerhalb eines Aktes vollzogenen Ortswechsel, das Überspringen der physischen Gesetze und der geschichtlichen Wahrheit – zur eigenen Wirklichkeit, die zumindest so lange anhält, bis der Vorhang zum letztenmal fällt.

Kommt das Stück beim Publikum an, so findet es sowohl auf der Bühne als auch im Stehparterre statt. Man spielt mit, gibt seinen Kommentar ab, schreit sogar dazwischen, freut sich, wenn alles ein gutes Ende zu nehmen scheint, oder ist betrübt, wenn das Glück sich der anderen Seite zuneigt. Das Publikum ist im besten Sinne des Wortes naiv. Karl Vossler meint dazu: „Nach heutigen Begriffen sollte man denken: ein halbgebildeter oder unwissender Großstadtpöbel. Aber so war es nicht. Urteilslose Köpfe, die allerhand gehört und zusammengelesen haben, aber nichts ergründen, nichts Sicheres wissen, glauben und verstehen, ein so uneinheitliches atomisiertes Publikum gab es im damaligen Spanien noch nicht. Der Gesichtskreis jener Schauspielbesucher war vielleicht enger, aber klarer, einheitlicher und geschlossener, ihr Urteil und Geschmack daher auch viel sicherer. Christlich und spanisch national erzogen von ihren Eltern und Großeltern und von ihrer Kirche waren sie alle. Über Ehre, Anstand, Sitte, Charakter, über Gott, Ewigkeit, Nation, Adel, Ehe, Liebe, Galanterie, Kampfspiele, Volkssage, spanische Helden- und Großtaten, über spanische Weltherrschaft und Spanisch-Amerika wußten sie Bescheid und hatten ihre glaubensstarken, unerschütterlichen Meinungen und Begriffe."

Ein derart vom Theater besessenes Publikum vergöttert natürlich seine Helden, was dazu führt, daß im Verlauf des 17. Jahrhunderts der Stand der Schauspieler nicht nur finanziell immer besser gestellt wird, sondern auch an gesellschaftlicher Reputation gewinnt. Das ist allerdings auch dringend nötig, denn noch zu Beginn des Jahrhunderts hat es damit sehr schlecht ausgesehen. Ein wohl authentischer Bericht von Augustin de Rojas aus dem Jahre 1604 beschreibt die verschiedenen durch Spanien ziehenden Schauspielertruppen:

„Bululu ist ein einzelreisender Schauspieler, der den Pfarrer beredet, seine Komödie hersagen zu dürfen. Auch der Barbier und der Sakristan finden sich dazu, er steigt auf einen Kasten und rezitiert, indem er die Auftritte der Personen erzählend hinzufügt. Der Pfarrer sammelt in seinem Hute einige Kupfermünzen, der Komödiant erhält noch eine Suppe und ein Stück Brot und zieht weiter. – Naque sind zwei Männer, die einen Barte von Pelz tragen und die ein paar Loas, im besten Fall ein Auto aufzusagen wissen. Schlafen in ihren Kleidern, essen sich selten satt, spüren im Winter der Kälte wegen das Ungeziefer nicht. Eintrittsgeld in Aragón ein Dinarillo. – Gangarilla ist bereits eine kleine Truppe von drei oder vier Männern, einen für die Narren und einen jungen Menschen, der die Frauenrollen gibt. Sie haben Bärte und Perücken, Frauenkleider leihen sich aus, was für die Besitzer nicht ungefährlich ist. Der Platz ein Cuarto; auch Brot, Eier und dergleichen wird als Eintrittsgeld angenommen. Gehen stets mit untergeschlagenen Armen, da sie nie einen Mantel besitzen. – Cambaleo besteht aus einer Frau, welche singt, und fünf Männern, die heulen; die Frau wird auf einem Tragsessel getragen, ein Bett wird ihr gemietet, die anderen schlafen auf der Streu. Die Frau verteilt auch das Essen. Besitzen alle fünf nur eine Serviette. – Garnacha ist eine Gesellschaft von fünf oder sechs Männern, einer Frau, die die erste Dame spielt, und einem Knaben für die zweite. Garderobe bereits in einer Kiste, von einem Esel getragen, auf dem rückwärts die Frau sitzt. Schlafen zu vieren in einem Bett, bleiben acht Tage im Orte. Privatvorstellungen für ein Huhn oder vier Realen. – Boxiganga: zwei Frauen, ein Knabe, sechs oder sieben Männer. Sechs Komödien, drei oder vier Autos im Repertoire, eine Kiste für Maschinerie, eine zweite für Kostüm. Vier Lasttiere, für die Frau und die beiden Kisten, auf dem vierten reitet abwechselnd die ganze Truppe. Schlafen gern bei Schornsteinen, aus Interesse für die darin aufgehängten Würste. – Farándula führt drei Frauen, achtzehn Komödien und zwei Koffer mit sich. Essen gut, zeigen sich nur in größeren Ortschaften. Viele Galane und Verführer unter ihnen, die den Mantel umschwingen, Blicke schleudern und Zeichen machen. – Compañia: die große Gesellschaft, wohlerzogene und gebildete Männer, auch sehr anständige Frauenzimmer. ‚Denn wo sich alle Klassen von Menschen treffen, kann das nicht fehlen.' Fünfzig Komödien, dreihundert Arroben (zu etwa 25 Pfund) Gepäck, reisen nur zu Maultier, zu Pferde, zu Wagen, in Sänften, niemand will sich mehr mit dem Karren begnügen. Sechzehn Personen, welche spielen, dreißig, welche essen, und Gott weiß wie viele, die stehlen."

Der Aufschwung des Theaterwesens interessiert natürlich auch die Obrigkeit, die eine Gefährdung von Moral und Sitte durch solche Vorführungen befürchtet. Besonders große Sorgen macht ihr das Auftreten von Frauen, was den sittenstrengen Philipp II. veranlaßt, diesen das Theaterspielen generell zu verbieten. Frauenrollen müssen von nun an von Knaben gespielt werden. Dieses Edikt wird aber im Jahre 1580 recht schnell wieder aufgehoben, denn abgesehen von den Einbußen an Illusion führt es zu Konsequenzen, die man noch weniger billigen kann. Die Hüter der öffentlichen Moral veranstalten 1587 sogar eine förmliche Enquete über die Statthaftigkeit der Komödien. Ein Teil der hierzu einberufenen Kommission plädiert für die gänzliche Abschaffung des Theaters, ein anderer, der sich schließlich durchsetzen kann, für dessen Modifizierung. Selbst der als besonders sittenstreng bekannte Augustiner Fray Alonso de Mendoza soll zugegeben haben, daß Theaterspielen nicht gerade eine Todsünde sei; allerdings müsse dabei bestimmten Anforderungen entsprochen werden. So wird unter anderem festgelegt, daß Frauen nur dann auftreten dürfen, wenn sie verheiratet sind und auch ihre Männer der Truppe angehören. Das Spielen von Hosenrollen, auf der Bühne damals schon gang und gäbe, wird ihnen streng untersagt. Allen Einschränkungen zum Trotz ist Spanien damit nach Italien das zweite Land in Europa, das berufsmäßige Schauspielerinnen kennt. In Deutschland ist es erst gut hundert Jahre später, 1686, soweit.

Form und dramatisches Weltbild

Lopes Theater ist nicht nur volkstümliches Theater, sondern es entspricht auch der Interessenlage des Volkes. Die Bühne ist populär, Lope als ihr Heros ist ein populärer Heros, seine Kunst eine populäre Kunst. Und so vielschichtig und mannigfaltig wie sein Publikum sind auch seine Spiele, deren Regeln, wie das bei allen erfolgreichen Spielen der Fall ist, einfach, klar und fest sind. Karl Vossler erklärt sie wie folgt: „Drei Akte, zwei bis zweieinhalb Stunden, meistens zwei Liebespaare in den galanten Stücken und die entsprechende Dienerschaft dazu, Zurückhaltung der Lösung bis zur letzten Szene, Steigerung der Überraschungen und des Tempos bis gegen Schluß." In seinem Traktat über die „Arte nuevo" fordert Lope selbst, daß die Bühne nie leer sein dürfe, da es ansonsten zu einer nur schwer wieder zu besänftigenden Unruhe im Publikum komme. Auch muß, um das Diktum der Natürlichkeit zu wahren, jede Person in der ihrem Stand angemessenen Ausdrucksweise reden. Der erste Akt soll die dramatische Aktion in Gang bringen, der zweite sie entwickeln und die Lösung nicht vor der Mitte des dritten angedeutet werden. Das Versmaß muß immer der Situation des Sprechenden angepaßt sein:

„Die Zehnerstrophen passen gut zur Klage,
Sonette schicken sich für die Erwartung,
Berichte gibt man gern in der Romanze,
doch in Oktaven wirken sie noch stolzer,
Terzinen sind für ernste, würdige Dinge,
und für das Liebeswesen Redondillen."

Der Dramatiker muß, so Lope, Rücksicht auf die Erwartungen seines Publikums nehmen, darf ihm aber nicht nach dem Mund reden, da dies zur Konsequenz haben könnte, daß die Grenze zwischen Leben und Theater überschritten wird und zum Beispiel derjenige, der auf der Bühne den Verräter und Bösewicht spielt, auch außerhalb des Theaters den Haß und die Wut des Volkes auf sich zieht.

Diese letzte Forderung Lopes verweist auf das wohl wichtigste Charakteristikum der Comedia: Theater wird zum Sinnbild des eigenen Lebens, das als ebenso halbwirklich und mehrdeutig begriffen wird. Dem Dasein des Spaniers ist im Siglo de oro ein transzendenter Zug stets immanent. Dies hängt eng mit der Auffassung des Mittelalters zusammen, wonach alles Leben nur insofern wirklich sei, als es auf die göttliche Ordnung hinweise; als für sich seiendes habe es keine Bedeutung. Diese wahre Wirklichkeit zu suchen ist Aufgabe des Individuums. Doch kann es dahin nur gelangen, wenn es sich der realen Welt entzieht, dessen Signum so allein die Illusion sein kann. Theater ist eine Kompensation dessen: es verleiht dem irdischen Dasein den ihm von der herrschenden Ideologie verweigerten Glanz. Maske, Kostüm und die Lust am Verstellen sind die Kehrseite des „desengaño", der Enttäuschung und Entsagung. Das Volk berauscht sich am Theater, ist ihm verfallen wie einer Droge und wird wie jeder Süchtige doch immer wieder von der Realität eingeholt: hier dem nicht anzuzweifelnden Gedanken von der Nichtigkeit allen weltlichen Seins. Die Theaterdichter, und Lope an ihrer Spitze, versuchen dem Einhalt zu gebieten, indem sie das Jenseits in die Darstellung miteinbeziehen und das „Wunder" zum unabdingbaren Bestandteil der Comedia machen.

„Besonders im Fronleichnamsspiel und in der Comedia de ruido war das Wunder unentbehrlich. Grundsätzlich ausschließen konnte man es aber auch aus den Degen- und Mantelstücken nicht. Denn wenn man die Wirklichkeit als eine Stufung von unwirklich, halb und ganz wirklich mit allerlei Legierungen oder Graden von Realitätswert zu denken gewohnt war, so konnte man auch zwischen natürlichem und übernatürlichem, rationalem und irrationalem Geschehen, Wunder und Nichtwunder keinen Bruch zulassen. Die plötzliche Sinnesänderung eines Menschen, eine religiöse Bekehrung, eine Anwandlung von Eifersucht, Liebe, Begierde, Angst, Zorn – war das nicht alles mehr oder weniger wunderbar? Wenn zwei sich fanden oder verfehlten, sich mißverstanden, war es Zufall oder Wunder? Das spanische Denken versagt sich solchen Alternativen. Jede Überraschung konnte Wunder sein. Das, was man gemeinhin dramatische Spannung nennt, ist für Lope und sein Publikum mehr als ein technischer Bühnenkniff, es geht aus einem Zusammenspiel der irdischen mit den über- und unterirdischen Wirklichkeitsschichten hervor. War doch das ganze damalige Spanien von der Unberechenbarkeit aller menschlichen Dinge und von der Überzeugung durchdrungen, daß Zufälle und Wunder keine Ausnahmen, sondern die Regel sind, und das ganze Leben ein Abenteuer: zerbrechlich, glänzend, bunt und todesnahe wie eine Seifenblase" (Karl Vossler).

Je tiefer indes das Jenseits in die ästhetische Darstellung des irdischen Seins eindringt, desto enger wird der Raum für die eigentliche dramatische Handlung, die einem Symbolismus oder Deus ex machina weichen muß. Da dies nach Auffassung Lopes keine allzu großen Anstrengungen erfordert, sieht er im Mantel- und Degenstück, bei dem der Dichter sich nur auf seinen Einfallsreichtum verlassen könne, die höchste und kunstvollste Form der Comedia. Er gibt ihr ihre endgültige Gestalt und führt nach eigenem Bekunden die „figura del donaire", Gracioso und Graciosa, ins dramatische Spiel ein. In dieser Figur des „Spaßmachers" verschmilzt ein parodistisches Element mit dem der graduellen Abstufung. Der Gracioso imitiert gern seinen Herrn und ahmt dessen Taten nach, ist in der Regel aber bei weitem besser über den Verlauf des Geschehens informiert als sein Herr; das führt dazu, daß er in vielen Fällen zu einem scherzhaften, manchmal auch zynischen Kommentator desselben wird. Diese Kritik geht aber nie in ein prinzipielles Infragestellen der gegebenen sozialen Ordnung über; die Hegelsche Herr-Knecht-Dialektik trifft hier nicht zu. Auch Lope selbst steht der spanischen Gesellschaft seiner Zeit im Grunde genommen immer bejahend gegenüber, was ihn jedoch nicht hindert, bestimmte Auswüchse des Systems einer kritischen Darstellung zu unterziehen.

„Fuente Ovejuna" – die soziale Wirklichkeit der Comedia

Eine Betrachtung der Comedia „Fuente Ovejuna" bietet sich in diesem Zusammenhang an, denn zum einen schildert das Stück die Rebellion eines ganzen Dorfes gegen die Willkürmaßnahmen des Feudalherrn, zum andern gehen die Meinungen der wissenschaftlichen Kritik hier so weit auseinander, daß es zu diametral entgegengesetzten Deutungen kommt. Marcelino Menéndez y Pelayo sieht in „Fuente Ovejuna" ein Revolutionsstück: „Im spanischen Theater gibt es kein demokratischeres Werk, und wir haben es nun nicht mehr mit der patriarchalischen Demokratie der ‚Richter von Kastilien' zu tun, sondern mit der stürmischen und überschäumenden Wut der anarchischen Aufstände, die mit ihrem unheimlichen Licht den Ausgang des Mittelalters und das Morgengrauen der Neuzeit beleuchten..." Joaquín Casalduero dagegen erklärt den Aufstand als Rebellion des Instinkts gegen die christliche Vernunft. Alexander A. Parker vermutet seine Ursachen im übertriebenen Stolz des Komturs, der, indem er Laurencia, einem versprochenen Bauernmädchen, nachstellt, die Ehre des ganzen Dorfes angreift und seinen Pflichten als Herr nicht gerecht wird. Er macht sich so nicht nur der Dorfgemeinschaft, sondern dem Staat insgesamt gegenüber schuldig. Für Geoffrey W. Ribbans zeigt Lope, daß nur die Respektierung der Rangunterschiede zwischen den Menschen die gegebene soziale Ordnung vor dem Chaos bewahren könne: „Lopes Originalität besteht im Aufzeigen dessen, daß eine Störung der Ordnung sowohl vom unteren Ende als auch von der Spitze der sozialen Leiter ausgehen kann." Leo Spitzer wiederum glaubt im Aufstand Fuente Ovejunas einen Akt der Liebe zur Wiederherstellung einer im Stück auch musikalisch symbolisierten Harmonie erkennen zu können. Für Bruce W. Wardropper resultiert er aus der Kollision der politischen mit der sittlichen Sphäre; Noel Salomon begreift ihn als Ausdruck eines Antifeudalismus im Schoß des Feudalismus, und Alexey Almasov erklärt ihn aus der Fortdauer eines mittelalterlichen und den Stand der Bauern in sich integrierenden Ehrbegriffs.

Zur Handlung des Stücks: Zwei Stränge verlaufen parallel zueinander. Der Führer des Calatrava-Ordens schließt sich einer Rebellion gegen die Katholischen Könige Ferdinand und Isabella an, an der sich auch der ebenfalls diesem Ritterorden angehörende Komtur von Fuente Ovejuna beteiligt. Dieser selbst führt in dem von ihm beherrschten Dorf ein strenges, von Willkür und Härte bestimmtes Regiment. Anlaß des Aufstands der Bauern sind aber nicht etwa materielle Beschwernisse, sondern daß die Heirat Frondosos mit Laurencia, auf die der Komtur schon lange ein Auge geworfen hat, vereitelt wird. Die Burg wird gestürmt und der Feudalherr ermordet. Die mittlerweile siegreichen und ihre Gegner immer großmütiger behandelnden Katholischen Könige schicken eine Untersuchungskommission in das Dorf, die dort selbst vor der Folterung von Frauen und Kindern nicht zurückschreckt. Sie muß aber trotz allem ohne Erfolg abreisen, denn auf ihre Frage nach dem Täter wird ihnen immer das in Spanien daraufhin zum geflügelten Wort gewordene „Fuente Ovejuna hat es getan" zugerufen. Am Schluß des Stücks steht die Großmut des Königs, der inzwischen die Ursachen des Aufstands kennt.

„Demokratisch" ist das Stück nur in bezug auf eine mittelalterliche Sicht der Gesellschaft, von einer modern-individualistisch gefaßten Freiheit ist dagegen nur sehr wenig zu spüren. Denn zum Aufstand kommt es ja nicht, weil die Bauern das Joch feudaler Abhängigkeit sprengen, sondern weil sie sich, und da hat Noel Salomon recht, gegen die Pervertierung dieser Ordnung verteidigen wollen. Ihr „Antifeudalismus" ist, so paradox das klingen mag: feudalistisch. Der dem Grundbesitzer unterstellte und zur Leistung von Frondienst und Abgaben gezwungene Bauer ist auch im Mittelalter nicht völlig unfrei, da dieses Herrschaftsverhältnis keinen willkürlichen Maßnahmen freigegeben werden darf. Der Historiker Aaron J. Gurjewitsch schreibt dazu: „Der Herr war verpflichtet, bestimmte Rechte dieses Bauern zu wahren, die Gewohnheit zu berücksichtigen, die das Maß seiner Ausbeutung und anderer Ansprüche festlegte, die der Herr an die Arbeit und Persönlichkeit des Bauern stellen konnte. Die Herren hatten es nicht mit einzelnen Bauern zu tun, sondern mit Gemeinden, ganzen Dörfern und Gauen, die den Bauern die Möglichkeit boten, in jenen Fällen den Herren Widerstand entgegenzusetzen, wo diese versuchten, die Gewohnheit zu durchbrechen und die Ausbeutung sowie die persönliche Abhängigkeit der Bauern zu verschärfen."

In Spanien, wo infolge der Reconquista die Trennung zwischen Ritter und Bauer nie so streng eingehalten werden kann wie im übrigen Europa und auch für den Bauer die Möglichkeit besteht, zum Schwert zu greifen, kristallisiert sich dieses gesellschaftliche Verhältnis im Ideologem der Ehre, deren Bestimmung und Absicherung der Persönlichkeit religiös und weltlich zugleich ist. Denn dient nicht der Knecht seinem Herrn, wie dieser Gott dient, und sind so nicht alle Diener des Höchsten?, fragt Anselm von Canterbury und versucht damit die ökonomische und politische Ungleichheit der Menschen zu rechtfertigen. „Wenn alle Menschen auf diese Weise arbeiten und dienen, und der Serf [Sklave; Diener] ein Freier Gottes und der Freie ein Serf Gottes ist, was hat es dann, außer dem Hochmut vor der Welt oder vor Gott, noch eine Bedeutung, wer Serf oder Freier genannt wird?"

135

Nach kirchlicher Auffassung ist die Gesellschaft nach dem Vorbild der Dreifaltigkeit organisch und dreigliedrig strukturiert: die Geistlichkeit ist für die geistige Gesundheit des Staates verantwortlich, der Ritter schützt und der Bauer ernährt ihn. Ähnlich streng definiert wie dieses soziale Gefüge ist auch der daraus resultierende Ehrbegriff, dessen verbindendes Element, eine Theorie der Freiheit, in Spanien jedoch besonders stark ausgeprägt ist. Die heidnischen Götter sind vom Schicksal bestimmt, der christliche Gott, so das Dogma, hingegen unbegrenzt frei. Und diesem Gott entspricht ein Mensch, der ein freies Urteil sein eigen nennt. „Die Freiheit, das göttliche Prinzip, wird zur Würde des Menschen. Nach dieser Freiheit stellt jedes menschliche Wesen eine Arena des Kampfes dar, der zur Rettung oder zum Verderben führt" (Aaron J. Gurjewitsch).

Diese ideelle Freiheit, die auch in der theologischen Diskussion im Spanien des Siglo de oro ihren Widerhall findet und in der molinistischen Gnadentheologie am reinsten und pointiertesten zum Ausdruck gebracht wird, muß indes immer in ihrer Relation zur weltlichen Ordnung, in der man in ein Abbild der göttlichen zu finden glaubt, gesehen werden, und sie verwirklicht sich deshalb nicht zuletzt auch im bedingungslosen Anerkennen der dem einzelnen in dieser Ordo übertragenen Aufgaben. Rechte und Freiheiten der Gemeinschaft und des einzelnen verschmelzen zu einer untrennbaren Einheit. Die Übergriffe des Komturs, vor allem aber sein unsittliches Verlangen nach der schönen Bauerstochter Laurencia, berühren so nicht nur die persönliche Ehre seiner Untertanen, sondern widersprechen auch der streng kodifizierten Ehre eines Ritters, dessen Protektionspflicht seinen Untertanen gegenüber er geradezu ins Gegenteil verkehrt. Er wird zum Verräter an den Leuten von Fuente Ovejuna und an seiner eigenen Ehre.

Interessant in diesem Zusammenhang ist, daß die Begriffe Verrat und Treue in der zeitgenössischen Diskussion hauptsächlich auf zwei Ebenen propagiert werden, nämlich im Hinblick auf die Ehe und die Politik. Ein solcher Verrat befreit die Untertanen (oder den Ehemann – der Ehefrau wird dieses Recht nicht zugebilligt) von der einst beschworenen Treuepflicht und ermöglicht es ihnen, wie Alexey Almasov für die Sphäre der Politik feststellt, „die Differenz mit dem Herrn auf die politisch-gesellschaftliche Ebene zu verlagern".

Lopes Bild der sozialen Wirklichkeit ist also in wesentlichen Punkten mittelalterlich. Da sein Theater volkstümlich ist, und zwar volkstümlich im besten Sinne, kann vermutet werden, daß auch das Publikum zum Großteil noch diesen Ideen anhängt. Dies muß überraschen, denn konkrete Ausformungen mittelalterlichen Wirtschaftens und Produzierens sind im Siglo de oro kaum noch auszumachen. Die Ideologie indes lebt weiter und wird auch für wahr genommen. Der Heroismus der Reconquista und der unerschütterliche Glaube, Teil eines riesigen Imperiums zu sein, überstrahlen eine unheroische Gegenwart, die diesen Impetus oft einzig und allein ins Irreale verweisen kann und muß. Diese Diskrepanz verlangt also nach Idealisierung eines solchen Seins auf dem Theater – eine Tendenz, die ihre vollendetste Ausprägung in einer verklärenden Darstellung des spanischen Ehrbegriffs findet, in dem das mittelalterlich-ständische Denken sich mit einem renaissancehaften Individualismus verbindet. Die organische Ganzheit des Mittelalters wird individualisiert und diese Individuation gegen eine sie bedrohende Umwelt verteidigt, was notwendigerweise zu einem Widerspruch zwischen göttlicher und weltlicher Ehre führen muß. Der folgende Dialog aus Lopes „Fuerza lastimosa" entspricht in etwa der zwiespältigen Auffassung des Dichters:

DER KÖNIG:
Die Ehre, Graf, gehöret Gott allein,
Und Gott zum Trotze gibt es keine Ehre.
DER GRAF:
Doch Gott befiehlt auch dem Geohrfeigten,
daß er zum Streich die andre Backe biete,
was eine Schand ist vor der Welt. Die Ehre
will Rache haben. Rache aber ist
bei Gott verhaßt, bei Menschen sehr beliebt.
DER KÖNIG:
Was in der Welt als Recht im Brauche ist –
in einer Christenwelt – ist ungerecht,
wenn es zum göttlichen Gesetz nicht stimmt.

Aller Rhetorik zum Trotz gelten indes auch für Lope Verbrechen, die um der Ehre willen begangen werden, als unumstößliche Pflicht; sie sind Sünde, jedoch entschuldbar und fallen unter die Absolution.

TEXTE

Der Titel dieser 1621 erschienenen Komödie bezieht sich nicht nur auf den Protagonisten des Stücks, den Lebenskünstler Luzman, sondern enthält auch ein Stück heiterer Kritik an bestimmten Erscheinungsformen der spanischen Gesellschaft. Die Hoffnung auf ein „Mirakel" dient zum einen der Charakterisierung Luzmans, der es immer wieder versteht, sich aus den verwickeltsten Situationen zu befreien, zum anderen aber auch als Verweis auf ein dramaturgisches Prinzip. Die für die spanische Comedia typische Eigenschaft, daß Zufälle und Wunder „keine Ausnahme, sondern die Regel sind", wie Karl Vossler schreibt, erfährt bei Luzman eine Instrumentalisierung zum Zweck persönlicher Vorteile und verliert ihre religiös-metaphysische Bedeutung: „Dann hilft ein Mirakel!" ist von Luzman des öfteren zu hören. Er verläßt sich auf ein Höheres, das infolge dieser Erwartungshaltung entwertet wird. Es kann vermutet werden, daß Lope hier den übertriebenen Wunderglauben vieler seiner Zeitgenossen im Auge hatte, der sich ihm allerdings in zwei sehr divergierenden Ausprägungen zeigte: einmal religiös, ein andermal, und das ist hier gemeint, säkularisiert, als Spekulation auf einen sehr irdischen und nicht immer ehrlichen Ausweg aus einer Misere. Beide Positionen erwuchsen indes dem gleichen sozialen Nährboden. Daß Lope trotz dieser Kritik fest auf dem Boden der spanischen Gesellschaft stand, belegt allein schon der untragische Ausgang des Ganzen. Er wollte nur extreme Ausformungen treffen, brachte aber auch dafür noch ein augenzwinkerndes Verständnis auf.

Der Ritter vom Mirakel
El caballero del milagro

Übersicht über Inhalt und Aufbau des Dramas

I: *Winkeliger Platz in Rom.* Der Spanier Luzman (der „Ritter vom Mirakel") führt mit Tristan ein Streitgespräch über ihre divergierenden Ansichten in bezug auf Ehe, Liebe und Frauen. Luzman erklärt seinem Diener, daß er sich von den Frauen, die er hasse, zwar lieben lasse, doch nur weil ihm dies erlaube, ein angenehmes Leben zu führen. Octavia, seine Geliebte, beklagt sich über die Nachstellungen des Fähnrichs Leonato. Luzman gibt daraufhin chevaleresk kund, sich an diesem Nebenbuhler rächen zu wollen. Er erfindet eine galante Geschichte, die es ihm ermöglicht, mit dem Fähnrich die Kleider zu tauschen. Neue Personen betreten die Szene: Filiberto, ein Sergeant, und in seiner Begleitung die französische Kurtisane Beatrice und der Diener Lombardo. Tristan kümmert sich um den Diener, ein Kuppler attackiert den Sergeanten, und als auch der vom Schauplatz verschwindet, entführt Luzman Beatrice. Als Urheber dieses Plans nennt Luzman dem Sergeanten den Fähnrich Leonato. Vor Octavia gibt sich Luzman nun als Rächer seiner Eifersucht an: er erklärt, Leonato getötet zu haben, und schwindelt der Geliebten ein teures Kleid und eine kostbare Kette ab. Nach Luzman tritt der Fähnrich auf, der seinerseits behauptet, Luzman besiegt zu haben, und schließlich vom Sergeanten, der in ihm den vermeintlichen Entführer seiner Freundin sieht, zum Duell gefordert wird.

II: *Platz vor dem Haus Isabellas.* Luzman will die Gunst Isabellas erringen und fingiert mit Tristan und Lofraso ein Duell. Isabella hat für seine Schmeicheleien ein offenes Ohr und nimmt ihn in ihrem Haus auf. Tristan und Lofraso spielen das Liebeswerben im Hintergrund pantomimisch nach. Octavia, die nun sicher ist, betrogen worden zu sein, bittet Deofrido, einen bislang verschmähten Liebhaber, um Hilfe. Sie stoßen auf Beatrice, die das Kleid und die Kette Octavias trägt, und zwingen sie, beides zurückzugeben. Wie es der Zufall nun will, bietet ausgerechnet Patricio, der Gemahl Isabellas, der im Hemd dastehenden Beatrice sein Haus als vorläufige Unterkunft an. Isabella hat nichts dagegen einzuwenden, zumal auch sie einen neuen Hausgenossen aufgenommen hat. Und auch Luzman gelingt es, sich mit Beatrice zu verständigen: er will die Frau, sie den Mann ausnehmen. Luzman tut Tristan und Lofraso kund, daß sein Plan sich gut anlasse. Dem Fähnrich redet er ein, daß nicht er, sondern Octavia an den Verwirrungen (des ersten Aktes) schuld sei. Tristan besorgt seinem Herrn ein gutes Quartier und macht dabei dem Sergeanten kund, daß seine Beatrice in einem Freudenhaus lebe. Er gibt ihm die Adresse Patricios, wo der Sergeant mit seinem Verlangen äußerst unfreundlich empfangen wird. Luzman verhandelt mit einem Reitknecht sowie zwei Pagen und sieht mit an, wie der Sergeant, der sich ans Gericht gewandt hat, verhaftet wird, weil man ihn für verrückt hält.

III: *Platz vor dem Haus Isabellas. Nacht.* Luzman überzeugt Isabella von seiner „Liebe" und bringt sie dazu, ihm 10 000 Dukaten zu versprechen. Leonato und Camillo schimpfen über Luzman, der sie in ein vornehmes Gasthaus geführt und dann dort habe sitzen lassen. Als sie auf den „Übeltäter" treffen, versucht der natürlich, sich herauszureden, was ihm mit Hilfe eines Lobgedichts auf den Fähnrich auch gelingt. Den Diener besänftigt er mit der Aussicht auf eine heiße Liebesnacht. Isabella übergibt Tristan die Truhe mit den Dukaten und einen Brief. Der Diener fällt daraufhin in die Hände des Sergeanten. Luzman verspricht Beatrice einen reichen Freier und schickt ihr statt dessen den lüsternen Camillo. Tristan führt Beatrice und den Sergeanten wieder zusammen und überbringt Luzman die Truhe, der mit dem Geld nach Spanien zurückkehren und dort ein reiches Edelfräulein heiraten will. Seinen Diener speist er mit einem einzigen Dukaten ab. Der geht daraufhin sofort zu Isabella und klärt sie über die Betrügereien seines ehemaligen Herrn auf. Octavia gibt Deofridos Drängen nach und willigt in eine Heirat ein. Luzman wird von den maskierten Tristan, Lofraso und Camillo überfallen und bis aufs Hemd ausgeplündert. Isabella, bei der er erneut sein Glück versucht, weist ihn ab, bei Beatrice und Octavia ergeht es ihm nicht anders. Nach einer ersten Niedergeschlagenheit faßt Luzman neuen Mut: er wendet sich an das Theaterpublikum und sucht dort nach einer neuen Liebhaberin.

Lope Félix de Vega Carpio — Der Ritter vom Mirakel, Übersicht

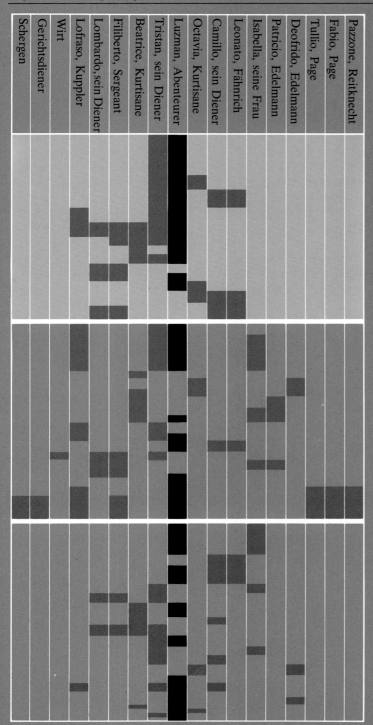

Zweck dieser wie der sieben folgenden Übersichten ist es, unter inhaltlichen und formalen Gesichtspunkten einen Gesamteindruck von den betreffenden Dramen zu vermitteln und zugleich den Zusammenhang anzugeben, in dem die durch hellere Grundflächen markierten, im Anschluß abgedruckten Textbeispiele stehen.

Die graphischen Darstellungen geben Antwort auf die Frage, wer mit wem wie lange auf der Bühne agiert, wobei in der Regel die Person, auf die sich der Titel bezieht, durch dunklere Streifenabschnitte hervorgehoben ist.

Auch wenn diese Graphiken auf den ersten Blick verwirrend erscheinen mögen, so lassen sie sich doch durch bestimmte weitere Fragen erhellen. Sie beziehen sich beispielsweise auf den jeweiligen Anteil der Personen (etwa der Diener!) am Bühnengeschehen, auf den Wechsel von Monolog, Dialog und personenreicher Szene, auf den Rhythmus der Auftritte und Abgänge. Hierbei mögen die Graphiken auch dazu anregen, in Gedanken Regie zu führen, nämlich die Personen im Bühnenraum zu bewegen.

Die graphische Darstellung der Schlußszene läßt erkennen, wie Luzman von allen Seiten eine Abfuhr erteilt wird. Akustisch endet jede der kurzen Erscheinungen Octavias, Beatrices, Isabellas und Tristans mit dem lauten Knall eines zugeschlagenen Fensters.

Das auf der vorhergehenden Doppelseite wiedergegebene Gemälde „Der Liebesgarten" des flämischen Barockmalers *Peter Paul Rubens* (1577–1640; Prado in Madrid), entstanden zwischen 1632 und 1634, thematisiert eine unverzichtbare Grundlage der spanischen Comedia: das amouröse Treiben. Im Unterschied zu dieser indes ist Rubens' Darstellung auf **e i n e** Gesellschaftsschicht beschränkt, nämlich die der Personen von Stand. Eine kleinere Replik des Werkes, die der Maler in seinem Besitz behalten hat, wurde in seinem Nachlaß als „Conversatie à la mode" bezeichnet, was soviel heißt wie ein gesellschaftliches Zusammensein unter Einhaltung bestimmter Umgangsformen. Bäuerliche Vergnügungen gehörten einem anderen Sujet an und wurden gesondert dargestellt. Nicht zu übersehen ist, daß die dort herrschende Ausgelassenheit und Spontaneität in der Anordnung der Figuren dem „Liebesgarten" fast völlig mangelt. Die Personen im Vordergrund scheinen eher gelangweilt und vor allem auf Haltung bedacht. Den Amouretten steht noch ein hartes Stück Arbeit bevor. Die eine schiebt das Paar zur Linken (Rubens und seine Frau Hélène Fourment) in die Szene, eine andere ist auf dem Schoß einer Dame in der Mittelgruppe fast schon am einschlafen. Ein eigentlich amouröses Treiben findet nur in der Laube im Hintergrund statt. Der Langeweile, die eine bewußte Kultivierung der Sitten und Umgangsformen wohl immer begleitet, entgeht die Comedia, die sich selbst stets an gegebenen Normen (etwa dem dogmatisierten spanischen Ehrbegriff) orientiert und diese sogar offen propagiert, durch die Einbeziehung der unteren Schichten ins dramatische Geschehen. Gracioso und Graciosa sorgen dafür, daß die elementaren Dinge des Lebens nicht vergessen werden.

ERSTER AKT

Winkeliger Platz in Rom.

Auf der Szene LUZMAN *und sein Diener* TRISTÁN. *Luzman spiegelt sich selbstgefällig im Wasser des Marmorbeckens. Spätnachmittag; gegen Aktschluß Nacht.*

LUZMAN: Nun schau mich an. Gefalle ich dir gut?
TRISTÁN: So stolz und vornehm von Gestalt wie du
  gibt's keinen zweiten Kavalier in Rom!
LUZMAN: Das weiß ich ohne dich. Du sollst mir sagen,
  ob dies Gewand mich vorteilhaft verschönt.
TRISTÁN: Ein Edelmann muß dich darum beneiden!
LUZMAN: Siehst du, nur darauf kommt es an. Ich weiß,
  daß dem, der meinen Körper formen durfte,
  durch Schöpferkraft ein Meisterstück gelang.
  Jetzt ist es meine Pflicht, das edle Werk
  auch so zu kleiden, wie es ihm gebührt.
  Für die Gestalt hat Gott bereits gesorgt,
  und sie gelang ihm über alle Maßen.
  Ich brauche nur den Spiegel zu befragen,
  er sagt mir, daß der Himmel recht getan,
  denn mit Genie hat er das Bild entworfen;
  nun überließ er mir, es mit Geschmack
  zu dem zu machen, was die Welt verlangt.
TRISTÁN: So ist es, Herr, ich zweifle nicht daran.
LUZMAN: Die Kunst, sich schön herauszuputzen, Freund,
  gilt klugen Menschen als die wichtigste.
  Ich fürchte fast, daß ich die letzte Sorgfalt
  bisher nicht immer auf mich selbst verwandt.
  – Gibt es nicht tausend mißgestalte Männer,
  die unter einem köstlichen Gewand
  den besten Eindruck in der Welt erwecken?
  Ja! Wenn wir noch im Paradiese lebten,
  dann würde jeder ohne Schwierigkeit
  die schönsten Körperformen schnell erkennen!
  Wie mancher mag mit einer Hose schon
  verdecken, was an ihm nicht recht geraten!
  Falls du nur einen guten Schuster hast,
  sieht keiner, wenn dein Fuß nicht wohlgebildet;
  und bist du klein von Wuchs und unscheinbar,
  so nimm dir nur zwei dicke Platten Kork
  und laß sie unter deine Sohlen nageln,
  gleich hast du das, was dir an Größe fehlt.
  – Und dann die Weiber erst! Wo gibt es eine,
  die nicht von früh bis spät mit ihrer Larve
  beschäftigt ist, selbst wenn sie alt und runzlig
  und häßlich ist wie eine fette Spinne!
  Weit mehr legt sie Gewicht auf ihr Gesicht
  als auf die Tugend und die Sittsamkeit!
  Wie manche schmiert sich gelben Pferdetalg

ins schüttre Haar, damit es reicher wachse,
und wenn es grau wird, färbt sie's wieder auf
mit Ingwersaft und ist auf einmal blond;
und wenn das gelbe Haar sie nicht mehr freut,
so macht sie es mit Farbholz wieder dunkel.
Nie sind die Weiber eifriger am Werk,
als wenn sie die Fassade reparieren!
Da gibt es Fläschchen, Tiegel, Salbentöpfchen,
gefüllt mit Mark von hundert Wunderpflanzen,
mit Katzenfett, mit Taubenmist und Honig,
mit Liliensaft, Zitronen, Mandelmilch,
mit Öl von Veilchen, Rosen und Jasmin ...
und ein Getue ist den ganzen Tag,
ob sich das große Wunder auch erfülle,
das aus der Hexe einen Engel macht!

TRISTÁN: Hör auf, du übertreibst!
LUZMAN: Was? Stimmt es nicht?
TRISTÁN: Du bist doch klüger als die dummen Weiber;
so schweige lieber, denn das steht dir besser.
Meinst du, die Frauen hätten nicht gerade
so gut das Recht, uns M ä n n e r zu verspotten,
glaubst du, sie sehen u n s r e Fehler nicht?
Schau dir sie an, die Schar der süßen Stutzer,
gepudert und mit rotgeschminkten Wangen,
Buhlknaben, die dem echten Mann das Blut
der Scham ins Antlitz treiben ...
LUZMAN: Du hast recht;
drum war ich stets von Dankbarkeit zu Frauen
erfüllt, weil eine mich geboren hat.

Die Kunst, sich schön herauszuputzen, muß, so Luzman, allen klugen Menschen als die wichtigste gelten. Diese Überbewertung der äußeren Erscheinung ist indes nicht nur der Eitelkeit des Ritters vom Mirakel zuzuschreiben, sondern zugleich ein Merkmal jedweder ständischen Gesellschaft. Das gestufte soziale Gefüge drückt sich auch in der Kleidung der einzelnen Gesellschaftsmitglieder aus, was durch festgeschriebene und polizeilich kontrollierte Kleiderordnungen staatlicherseits noch gefördert wird. Da auf diese Weise einem jeden schon von weitem anzusehen ist, welcher sozialen Schicht er angehört, und eine nähere Betrachtung darüber Aufschluß zu geben vermag, was für einen Rang er innerhalb derselben einnimmt, hier Kleider also wirklich noch „Leute machen", gehen Luzmans Reflexionen über die Sphäre des bloß Individuellen hinaus – wenngleich sie für jemanden wie ihn, der allein durch sein Äußeres wirken kann und will, natürlich eine besondere Bedeutung gewinnen. Er muß seine natürlichen Vorzüge zur Geltung bringen, um nicht hinter all denen zurückzubleiben, die ihre Fehler durch entsprechende Hilfsmittel zu kaschieren verstehen.

Die links wiedergegebene Karikatur des englischen Romanciers *William Makepeace Thackeray* (1811–1863), der nicht wenige seiner Werke selbst illustriert hat, analysiert das berühmte Porträt *Ludwigs XIV.* von Hyacinthe Rigaud (1659–1740) als prunkvolle Maskerade einer im Grunde armseligen Gestalt, der ohne diese Verzierungen wohl nur sehr schwer das Attribut des „Sonnenkönigs" hätte beigemessen werden können.

Der Ritter vom Mirakel, I   Lope Félix de Vega Carpio

Tristán, der Diener Luzmans, vergleicht seinen stolzen und von sich selbst überzeugten Herrn mit Narziß, einem schönen Jüngling der griechischen Mythologie, der sich beim Trinken an einer Quelle in sein eigenes Spiegelbild verliebte und schließlich, da seine Sehnsucht unerfüllt bleiben mußte, in die nach ihm benannte Blume verwandelt wurde.

Tristáns Rollenverständnis der Frau mag durch den oben wiedergegebenen Ausschnitt aus dem Gemälde „Susanna im Bad" (Kunsthistorisches Museum in Wien) von *Jacopo Tintoretto* (1518–1594) illustriert werden.

TRISTÁN: Du legst die Worte so, wie du sie brauchst!
  Stets war dir Ehrfurcht vor den Frauen fremd,
  du machtest dich nur lustig über alle;
  wirklich geliebt hast du noch niemals eine!
  In Prunkgewändern schreitest du und denkst:
  Bin ich denn nicht der schönste Mann von Rom?
  Du weißt es, und so gleichst du dem Narziß,
  bist in dich selbst vernarrt, wie er es war,
  und hast aus Eitelkeit noch nie dein Herz
  verschenkt und immer nur dich selbst geliebt.
LUZMAN: Kann ich dafür, wenn keine mir gefällt?
TRISTÁN: Die Frau, die ihren Leib im Spiegel schaut,
  denkt an den Mann, dem sie ihn schenken will,
  sie bringt ihm ihre Reize dar als Preis
  und wird noch schöner, wenn sie sich ergibt.
  Dich aber macht die Gier nur häßlicher,
  denn du vermagst dein Herz nicht hinzugeben!
LUZMAN: Du kommst mir reichlich spät mit solchem Rat.
TRISTÁN: Nicht eine liebst du von den vielen Frauen,

du siehst sie, nimmst sie, und du wirfst sie weg
und frevelst wider das Naturgesetz!
LUZMAN: Im Gegenteil! Mir scheint es unnatürlich,
daß du darüber dir den Kopf zerbrichst.

„Narziß" (1600, Galleria Nazionale d'Arte Antica, Palazzo Corsini in Rom) von *Michelangelo Merisi*, gen. *Caravaggio* (1573–1610).

Der Ritter vom Mirakel, I Lope Félix de Vega Carpio

„Die Erde"; Kupferstich von *Crispien de Passe dem Älteren* (um 1565–1637) nach einer Vorlage von *Maerten de Vos* (1532–1603) aus einem Zyklus „Die vier Elemente". Der im Ursprung antiken Lehre von den Elementen entspricht die der Temperamente, wobei das Element Erde der Melancholie gleichgesetzt wird, also dem sich im Anfall der Schwermut äußernden Wissen um die Vergänglichkeit alles Irdischen. Obwohl Luzman von solchen Bedenken frei zu sein scheint, ist seine „Gewissenlosigkeit" doch Ausdruck einer diese Wirklichkeit nicht für voll nehmenden Haltung.

TRISTÁN: Und daß man dich mit solcher Inbrunst liebt,
  hat das dein Herz nie höher schlagen lassen,
  zwang Zärtlichkeit dich nie zu Gegenliebe?
LUZMAN: In mir siehst du den schlagendsten Beweis,
  daß du dich irrst; denn während sie mich lieben,
  bin ich erfüllt von Haß auf ihr Geschlecht,
  und die mir schöntun, die verachte ich.
TRISTÁN: Sei doch nur halb so dünkelhaft und eitel;
  du bist doch sonst nicht auf den Kopf gefallen!
  Was ist der Grund, daß du die Frauen hassest,
  wenn sie mit solcher Leidenschaft dich lieben?
LUZMAN: Hör zu; ich kann ihn dir sogleich verraten,
  und schneller, als du denkst, wirst du verstehn:
  An jeder Frau entdeck ich immer wieder
  zehn Fehler, hundert flache Narreteien
  und tausend grobe Flatterhaftigkeiten;
  gar nicht zu reden von dem Unverstand

und jedem Fehlen eines eignen Urteils.
Manch eine, die wie eine Göttin schön,
verdiente, daß du dich in sie verliebtest,
doch wenn du ihre Seele kennenlernst,
begreifst du, daß du sie nur hassen kannst.
– Ich sage nicht, daß alle Frauen gleich,
denn manche gibt's, die gut und edel sind,
doch schaust du sie ein wenig näher an,
so steht vor dir ein ganzes Heer von Hexen!
Und weil ich nie ein Weib vollkommen fand,
so haß ich ihr Geschlecht. Verstehst du mich?
TRISTÁN: Was bist du für ein Mensch! Wie undankbar!
Meinst du, du selber wärest ganz vollkommen?
So schlecht, wie du sie malst, sind Frauen nicht!
Laß dir erzählen . . .
LUZMAN: Schweig; ich will nichts hören!

Luzmans unversöhnlicher Haß auf die Frauen macht aus der idealisierten Idylle des „Liebesgartens" – unten ein Ausschnitt aus dem Holzschnitt von *Christoffel Jegher* (1596–1652/1653) nach dem gleichnamigen Gemälde von *Peter Paul Rubens* – einen Krieg der Geschlechter. Lope selbst sieht dies ganz anders: zwar ist auch für ihn jedwede Liebesbeziehung ein Abenteuer, bei dem es immer Sieger und Besiegte geben muß, doch bewegt sich der Mann hierbei in einer ihm fremden Sphäre, denn die Liebe ist für Lope die angestammte Domäne der Frau.

Der Ritter vom Mirakel, I

Das Gemälde „*Venus mit dem Orgelspieler*" (Stiftung Preußischer Kulturbesitz, Gemäldegalerie in Berlin-Dahlem) von *Tizian* (um 1477–1576) läßt unwillkürlich an die Worte Luzmans denken: „Denn ganz wie ein berühmter Orgelspieler verfüg ich über allerlei Register..." Dem Ritter vom Mirakel gerät dieser Vergleich jedoch zur einfachen Handlungsanweisung: ihm kommt es vor allem auf den Effekt an. Davon ist zwar auch das Werk Tizians nicht frei, doch offenbart sich in der bildhaften Fixierung einer fast schon alltäglichen Redeweise deren tieferer Gehalt. Die Orgel ist ein Instrument, das in der Regel eine kultische Handlung, den Gottesdienst, untermalt. Diese Sphäre verbindet das Gemälde mit der sinnenfrohen heidnischen Mythologie, verkörpert in der nackten Liebesgöttin Venus. Die gewagte Vereinigung beider Kulte wurde aufgrund dessen, daß in der Figur des Orgelspielers gemeinhin ein Porträt Philipps II. gesehen wird, des zu einer eher asketischen Lebensweise neigenden spanischen Königs, auf den Einfluß der neuplatonischen Renaissancephilosophie zurückgeführt. Dem widerspricht, daß der Maler in einer anderen Fassung dieses Sujets dem Orgelspieler die Gestalt des Komponisten Girolamo Parabosco verliehen hat, eines stadtbekannten Lebemannes, was wohl heißt, daß die erotischen Komponenten der Komposition über die philosophischen dominieren. Durch die Person des spanischen Königs erhält die Darstellung allerdings noch einen politischen Aspekt: wie der Liebhaber alle noch so gewagten Register zieht, um der Geliebten Herr zu werden, so auch der Fürst, der die Disparatheit und Vergänglichkeit des Irdischen (Venus) unter das Zepter der ihm von Gott (Orgel) verliehenen Gewalt zu bannen hat.

TRISTÁN: So wirst du allezeit im Irrtum sein.
LUZMAN: Noch einmal: schweig! Wenn du sie loben willst,
so hör ich dir nicht zu. Ich weiß genau,
warum ich nie ein Weibersklave werde.
Auf diese Weise nützen sie mir mehr,
als wenn ich mich in sie verlieben würde.
Mich hat noch keine in ihr Netz verstrickt;
stets hab ich jede, die mich fangen wollte,
herumgeführt an ihrer eignen Nase.
Denn ganz wie ein berühmter Orgelspieler
verfüg ich über allerlei Register:
Die heißen Seufzer mach ich prächtig nach,
das Ach des Liebeskampfs stöhn ich wie keiner,
mit Tränen wart ich auf, mit Eifersucht,

mit Trotz, mit heller Wut und mit Verzweiflung;
denn alle die erlogenen Gefühle,
ich kann sie heucheln, wenn sie nötig sind.
Die dummen Weiber glauben, es sei echt,
und tun gehorsam das, was ich befehle.
Hast du es denn nicht selbst schon oft gesehn,
daß sie mir alles schenken, was sie haben?
Und solche dummen Wesen sollt ich lieben?
TRISTÁN: Da hast du recht. Was du dein eigen nennst,
das legten s i e dir als Tribut zu Füßen.
LUZMAN: Wenn ich ein willenloser Jüngling wäre
und blind mein Herz an eine einzige hängte,
was wär ich dann? Ein armer Hungerleider,
und schon seit Jahren müßt ich betteln gehn.

„Liebe" ist für Luzman stets auch ein Mittel des gesellschaftlichen Aufstiegs. Doch im Unterschied zu Lope, dem solche Gedanken ebenfalls nicht fremd sind, der sie aber auf die in der Liebesbeziehung zu erfahrende Aufhebung der ständischen Beschränkungen der spanischen Gesellschaft bezieht, sind die Überlegungen Lzmans immer ganz eindeutiger Natur.

Nachdem Lope den Luzman als einen eitlen und dreisten Pseudokavalier vorgestellt hat, dem die Formen ritterlichen Daseins nur noch äußere Hülle und Mittel zur eigenen Bereicherung sind, kann nun die eigentliche dramatische Handlung beginnen, und zwar, wie das in vielen sogenannten Mantel- und Degenstücken (vgl. Seite 167) der Fall ist, mit einem Duell. Das rhetorische Substrat löst sich in Aktion auf, dem „ehrlichen" Dialog mit dem Diener folgt der geschauspielerte mit der verliebten Octavia, die, wie von Luzman vorausgesagt, sein Spiel nicht zu durchschauen vermag. Ausgerechnet ihm, der hier nur mit zynischer und allein auf den Erfolg abgestimmter Ratio vorgeht, wird zu mehr Klugheit geraten, wie er es überhaupt versteht, sich sofort auf die unterschwelligen Vorstellungen und Wünsche seines Gegenübers einzustellen. Denn die Drohung Octavias, den unerwünschten Freier zu einem Duell fordern zu lassen, kann eigentlich nur auf ihn gemünzt sein; allerdings wird diese Meinung nach Erscheinen des Geliebten, der für den Kampf ja viel zu schön sei, von ihr sofort revidiert. Luzman nutzt diese Ängste aus und erweist sich als kluger Kaufmann in Sachen Liebe, der die im vorhergehenden Dialog beschworene Dummheit des Partners in seinem Sinne nutzt. Um in der Sphäre des Ökonomischen, die für ihn ja die ausschlaggebende ist, zu bleiben: er versucht unter dem Hinweis auf ein erhöhtes Risiko den Wert der angebotenen Ware zu steigern, den Preis in die Höhe zu treiben. Gefühle werden ökonomisiert und so zum Gegenstand der Spekulation.	*Heftiger Wortwechsel hinter der Szene. Es klatscht eine Ohrfeige.*
	
	OCTAVIA *draußen:* Ja! Frauen gegenüber seid Ihr tapfer!
	  Da spielt Ihr den Verwegnen, dreister Prahler!
	  Zum Zweikampf werde ich Euch fordern lassen!
	TRISTÁN: Das ist Octavia, Herr . . .
	OCTAVIA: Ich werde Euch . . .!
	  Meint Ihr, daß sich Octavia zwingen läßt?
	  Weit eher würd ich meine Gunst verschenken
	  an einen Sklaven als . . .
	
	                OCTAVIA *tritt auf.*
	
	LUZMAN: Was gibt's, Octavia?
	  Du bist erzürnt und außer dir. So rede.
	  Wenn dich ein Mann gekränkt hat, soll er fühlen,
	  daß er mich selbst noch mehr erzürnt als dich.
	  Von heute ab ist der dem Tod verfallen,
	  der deine Ehre angetastet hat!
	OCTAVIA: Ach, laß ihn nur; er ist ja schon entflohn.
	LUZMAN: So willst du mir verschweigen, wer es war?
	OCTAVIA: Wozu, mein Teuerster?
	LUZMAN: Um ihm die Zunge,
	  die dich beleidigt, aus dem Schlund zu reißen!
	OCTAVIA: Mehr Klugheit, Freund, und weniger Heldenmut.
	LUZMAN: Ich bin betroffen, denn nun wird mir klar,
	  daß du dir über meine Tapferkeit
	  und meinen Mut ein falsches Bild gemacht.
	  Wer ist es, über den du dich beklagst,
	  wie heißt der Schuft, der dich beleidigt hat?
	OCTAVIA: Oh, hätt ich im entferntesten geahnt,
	  daß du, mein Schatz, in meiner Nähe weilst,
	  ich hätte dir verschwiegen, was geschah,
	  denn dich will ich n u r für die L i e b e haben,
	  nicht für den Kampf. Dazu bist du zu schön!
	LUZMAN: Wie kannst du so mir meine Ehre kränken!
	  Bin ich dir nur ein Spielzeug zum Genuß,
	  und hältst du mich für eine feige Memme?!
	  Ah! Wenn du glaubst, daß das, was dich empört,
	  nicht auch die helle Wut in m i r entfacht,
	  so hast du nie begriffen, wer dich liebt.
	  Leb wohl! Noch nie ward ich so tief gekränkt!
	  Ich will dich nicht mehr sehen. Gott befohlen!
	OCTAVIA: Luzman, mein Alles! Welch ein Mißverständnis!
	  Du weißt, ich liebe keinen außer dir.
	  Ich kenne dich und deinen Löwenmut!
	LUZMAN: Versuche bloß nicht, dich herauszureden;
	  ich habe deine Absicht längst durchschaut
	  und fühle, daß du mich betrogen hast.
	  Der ganze Streit mit jenem andern Manne
	  war nichts als nur ein abgekartet Spiel!
	  So geh doch hin zu ihm. Er ist gewiß
	  ein beßrer Schutz als ich für deine Ehre!

OCTAVIA: Luzman, Erbarmen! Das ertrag ich nicht!
Mußt du mich wieder quälen wie so oft?
Hör zu, ich will dir sagen, wie er heißt.
LUZMAN: Weit mehr verlangt es mich zu wissen, wer
dein neuer Liebster ist, damit ich dich
und ihn zur Hölle sende ... Wenn ich dann
mir meine Ehre wieder reingewaschen,
bleibt mir kein andrer Weg, als mich zu töten ...
OCTAVIA: In meiner Brust lebst du allein, Luzman,
ich hätte keine Seele, wär es anders:
kein Wesen gibt es, das dich liebt wie ich!
Hör mich doch an, Luzman! Hast du gezweifelt,
daß ich die Rettung meiner Frauenehre
in andre Hände legte als die deinen?
Damit du weißt, wer mich so schwer gekränkt:
Der junge Fähnrich Leonato war es.
Seit Wochen schon verfolgt mich der Verhaßte;
heut trat er mir entgegen, dumm und dreist,
und brachte seidne Bänder; einem Händler
aus Mailand hatte er sie abgekauft.
Ich rief: „Ich brauche Eure Fetzen nicht,
knüpft Euch damit am Hals auf, wenn Ihr wollt,
m i c h könnt Ihr nicht mit solchem Tand betören;
nur einen Mann gibt es auf dieser Welt,
der mich beschenken darf. Er heißt Luzman!"
Darauf erwidert er mit frecher Stirn:
„Dann sollen mir die Bänder d a z u dienen,
daß ich dem Mann, der mir im Wege ist,
die Hände auf dem Rücken fesseln werde."
Nun packte mich der Zorn, ich rief: „Ihr lügt!"
Da schlug er mich ...
LUZMAN: Kein Wort mehr. Geh nach Haus!
OCTAVIA: So hör mich doch ...
LUZMAN: Hast du mich nicht verstanden!
OCTAVIA: Mein Teuerster ...!
LUZMAN: Du zögerst ...?
OCTAVIA: Nein ... ich gehe ...
LUZMAN: Und bilde dir nicht ein, du könntest mich
versöhnen, wenn du Märchen mir erzählst.
Mir! Meine Hände auf den Rücken binden?!
D e n möcht ich sehn!
OCTAVIA: Geliebter, schone dich!
LUZMAN: Zum Teufel! Geh!
OCTAVIA: Laß deinen Degen stecken!
LUZMAN: Verschwinde! Wenn du nicht verschulden willst,
daß noch geschieht, was ich bereuen könnte.
OCTAVIA: Leb wohl! – Tristán, ich bitte dich, gib acht,
daß ihn die Wut nicht übermannt ...
TRISTÁN: Schon gut.
LUZMAN: Mir will der Bursche meine Hände binden?
Noch heute schlag ich Leonato tot
und reiße ihm die Zunge aus dem Maul!

Luzmans gespielter Wutausbruch und die dabei ausgestoßenen Drohungen gegen den vermeintlichen Nebenbuhler sind – theatralisch gesehen – durchaus konventionell und lassen sofort an den Typus des „Miles gloriosus" denken, benannt nach einem Stück des römischen Dramatikers Plautus (250 bis 184 v. Chr.). Seine wohl populärste Ausprägung hat er in Shakespeares Falstaff gefunden. Der kühnen Behauptung, sich nach vollzogener Rache selbst zu töten, liegen indes wesentliche Elemente des spanischen Ehrbegriffs zugrunde. Der fordert zwar, den mutmaßlichen Beleidiger zu töten, doch kann dies nicht zu einer endgültigen Bereinigung der ganzen Angelegenheit führen, denn die Ehre ist in erster Linie Ausdruck einer verabsolutierten Subjektivität und als solche immer auf sich selbst bezogen. In einer Liebesbeziehung kommt es nolens volens aber stets zu einer Erweiterung dieser „in sich selbst reflektierten Selbständigkeit" (Hegel) auf eine andere Person, was eine endgültige und definitive Gewißheit von vornherein unmöglich macht. Bei einer echten und vollen Zuneigung, die von Luzman natürlich nur vorgegeben wird, ist so bessehen nur der Tod ein Erlöser von allen Zweifeln.

Luzmans Aufforderung an Octavia, sofort zu verschwinden, bevor etwas geschähe, das er bereuen könnte, bezieht sich auf eine ebenfalls vom spanischen Ehrenkodex gebilligte etwaige gewalttätige Handlung gegen die der Untreue verdächtigte Frau. Mit deren Tod wäre ein lebendiger Zeuge der eigenen Schmach aus der Welt geschafft. Octavia muß diese Aufforderung Luzmans als Beweis für die Echtheit seiner Gefühle erscheinen.

TRISTÁN: Du wirst erlauben, daß ich für dich kämpfe.
  OCTAVIA *ist in ihr Haus abgegangen.*
LUZMAN: Solang wir nur mit lauten Worten fechten,
  geschieht uns nichts.
TRISTÁN: So willst du ihn nicht töten?
LUZMAN: Schon hab ich einen schlauen Plan gefaßt.
  Du wirst mich loben, wenn du ihn erfährst.
TRISTÁN: Dann denkst du nicht daran, nach ihm zu fahnden?
LUZMAN: Du weißt es doch, Tristán, ich bin ein Lamm
  und tu nur so, als wäre ich ein Löwe.
  Vergißt du ganz das fünfte der Gebote?
  Es heißt: Du sollst nicht töten; und es paßt
  sehr schlecht zu einem Kavalier wie mir,
  wenn ich das höchste Gut, das ich besitze
  – mein Leben – in die Schanze schlagen würde.
  Man könnte mich verwunden, ja verstümmeln,
  und meine ganze Schönheit wäre hin.
  Ist es nicht schon ein tragisches Geschick,
  daß eines Tags wir alle sterben müssen?
  Ich bin das Muster eines Kavaliers,
  tagtäglich bad ich in Lavendelwasser,
  ich habe schöne Frauen, edle Freunde,
  ich speise, was dem Gaumen grad behagt,
  in seidene Gewänder kleid ich mich,
  ich spiele, ich verliere, ich gewinne,
  und überall hab ich den besten Ruf;
  mich selbst nenn ich den Ritter vom Mirakel.
  Sag selber, ob das kein Mirakel ist!
TRISTÁN: Mir scheint, man kommt ...
LUZMAN: Wer?
TRISTÁN: Deine neuen Feinde!

Der Fähnrich LEONATO *und sein Diener* CAMILLO *kommen.*
  LUZMAN *und* TRISTÁN *treten lauschend beiseite.*

FÄHNRICH: Unmöglich ist's, die Spröde zu erweichen.
CAMILLO: Sie liebt Luzman, deshalb verschmäht sie dich.
FÄHNRICH: Ach, den Verstand hat sie um ihn verloren.
CAMILLO: Ist es denn recht, daß sich ein Mann wie du
  so ohne Maß in diese Frau vernarrt;
  scheint sie dir wirklich so begehrenswert?
FÄHNRICH: Oh, sie ist es!
CAMILLO: Was hat sie denn Besondres?
FÄHNRICH: Zwei Lilienhände, wundertiefe Augen
  und einen Blick, darinnen Feuer schlafen,
  ein süßer Mund ...
CAMILLO: Du mußt es schlauer machen,
  Herr! Spekulier auf ihren Wankelmut.
  Ein Frauenherz, es pendelt mitleidlos
  vom Herzen eines zärtlichen Galans
  zu einem andern Kavaliere hin.
  Es ist nur Sache der Geschicklichkeit,
  nicht der Gewalt; drum möchte ich dir raten,

Luzman lebt als Spanier in Rom und hält sich dabei, was seine Wirkung nach außen betrifft, streng an die gegebenen Regeln und Konventionen, die bei ihm allerdings zu Leerformeln erstarren. Inhalt, wenn man das so nennen will, erhalten sie für ihn allein durch eine visuelle Komponente, wodurch der reale Verlust dessen, was da imaginiert werden soll, übertüncht wird.

Auf eine ganz andere Art und Weise kommt dies auch in dem wohl während seiner zweiten Italienreise 1650/1651 in Rom entstandenen Gemälde „Tor der Villa Medici" (Prado in Madrid) von *Diego Velázquez* (1599–1660) zum Ausdruck. Das mit einer morschen und nur nachlässig ausgeführten Holzverschalung versehene Tor zum Garten der Villa gibt ein recht ungewöhnliches Bildmotiv ab. Es läßt sich kaum mit der sowohl in der Literatur als auch in der Malerei des Barock immer wieder zu beobachtenden Tendenz vereinbaren, mit den Elementen des Verfalls, der Ruine, der Vision von etwas Neuem Gestalt zu verleihen; denn von der dort durchgängig zu beobachtenden Stilisierung ist hier nichts zu spüren. Velázquez beläßt das Objekt so, wie es ist, und reduziert es folglich auf seinen visuellen Eindruck; im Unterschied zum Denken und Handeln eines Luzman, dessen Drang zur Nachbildung und Stilisierung dem Wissen um ein tatsächliches und nur dieserart aufhebbares Defizit entspringt, resultiert dies jedoch stets aus einem Gefühl der Überlegenheit. Die Wirklichkeit ist für Velázquez zunächst einmal eine Erscheinung, etwas Vergängliches, das allein durch die bildhafte Fixierung dieser Sphäre entzogen und in eine neue überführt wird. Dort aber, in der künstlerischen Wiedergabe, hat jeder Gegenstand seinen Platz – auch die häßliche Bretterverschalung am Tor der Villa Medici.

Die Schilderung Luzmans durch Camillo zeigt, wie gut dieser an seinem Bild gearbeitet hat, denn der Bediente des Fähnrichs zeichnet sich ansonsten durch eine recht illusionslose Einschätzung der Lage aus, die, wie es scheint, auf langer Erfahrung beruht: „Darum sag ich dir als wohlerfahrner Arzt..." Im Unterschied zum Verhältnis zwischen Luzman und Tristan, wo der Diener bei seinem Herrn kaum Gehör findet, herrscht zwischen Leonato und Camillo ein offeneres und auch engeres Verhältnis; das ist nicht zuletzt darauf zurückzuführen, daß Camillo sich Leonato gegenüber viel unkritischer verhält und nicht dessen Ziel, sondern nur den Weg dorthin (Geld statt Degen) in Frage stellt.

Eselsohren wachsen dem phrygischen König Midas der Sage nach, als er bei einem mit Flöte und Lyra ausgetragenen musikalischen Wettstreit zwischen Apollo und Pan für den Hirtengott votiert. Mit diesem Vergleich unterstreicht der Fähnrich, daß er glaubt, eine falsche Entscheidung getroffen zu haben.

was du geschworen hast, n i c h t auszuführen.
Warum willst du Luzman die Hände binden?
Das war ein schlechter Schwur, und schlechte Schwüre
sind immer dann nur gut, wenn man sie bricht.
Glaubst du im Ernst, Luzman hielt' ruhig still,
wenn du ihm seine Hände fesseln möchtest?
Er, der dem Kriegsgott gleich an wilder Kraft?
Du kennst ihn nicht, du hast ihn nie gesehn!
Die Fesseln, um Octavia zu gewinnen,
sie dürfen nicht aus Seidenbändern sein;
mit g o l d n e n Ketten mußt du es versuchen!
Du leidest Qualen, weil sie dich verschmäht?
Dann hilft von allen Mitteln nur noch eins,
und das heißt Geld. Für Liebeskranke ward
noch keine beßre Medizin erfunden!
Drum sag ich dir als wohlerfahrner Arzt:
Versieh dich brav mit Geld, und du wirst siegen!
FÄHNRICH: Dein Rat ist trefflich. Doch was soll ich tun,
da ich geschworen habe, ihn zu töten?
CAMILLO: Wozu gleich töten? Hat das einen Sinn?
Erlaube mir, daß i c h den Handel schlichte.
Ich werde mit dem stolzen Spanier reden
und sagen, alles sei nur Scherz gewesen.
Du kannst gewiß sein, daß er dir verzeiht. –
Wo hast du denn die Bänder hingetan?
FÄHNRICH: Schau her! Um meinen Hut sind sie gewunden.
Auf jeder Seite schmückt ihn eine Schleife,
doch komm ich mir wie König Midas vor,
dem Eselsohren aus dem Haupte wuchsen,
die er mit einem dichten grünen Kranz
von Efeublättern vor der Welt verbarg.
Auch meinen Schädel schmücken Eselsohren,
nur: ich verdecke sie mit seidnen Bändern.
CAMILLO: Du sprichst poetisch wie ein Troubadour ...
LUZMAN: Bleib hier, Tristan. Gleich sollst du Zeuge sein,
wie ich die beiden Burschen prellen werde.

LUZMAN *begrüßt den* FÄHNRICH *mit einer Verbeugung.*

Ihr Herren, Gott zum Gruß! Verzeiht die Kühnheit;
ich habe nicht den Vorzug, Euch zu kennen,
doch sehe ich, wir sind aus gleichem Stand.
Darf ich Euch eine Bitte unterbreiten?
Ich bin ein Spanier und ein Edelmann,
der ohne Schuld bei einem Liebeshandel
in eine schwerbedrängte Lage kam.
Ein eifersüchtiger Ritter stellt mir nach;
versteht Ihr mich? Ich muß mich vor ihm retten
und könnte spielend der Gefahr entrinnen,
wenn Ihr mir Mantel, Hut und Wams vertauschtet.
Ihr nehmt dafür von mir das gleiche an,
und keiner kennt mich mehr in Euren Kleidern.
Ich aber könnte ohne Schwierigkeit

zu meiner Dame gehn und mich verbergen.
Ich seh Euch an, Ihr seid ein Kavalier
und werdet mir die Bitte nicht versagen.
FÄHNRICH: Mein Herr, ich sah Euch oft, und immer hat mich
der Wunsch beseelt, mit Euch bekannt zu werden.
Ein Kavalier muß stets dem andern helfen,
besonders wenn der Fall so delikat;
Ihr ehrt mich, wenn Ihr über mich verfügt.
Hier habt Ihr meinen Mantel, Hut und Wams
und wißt, daß ich Euch stets zu Diensten stehe.
LUZMAN: Ich danke Euch. Wo sehe ich Euch wieder?
FÄHNRICH: Zur vierten Stunde, vor San Giacomo.
LUZMAN: Noch einmal: Tausend Dank! Lebt wohl. – Tristán,
komm, hilf mir in die Kleider ...

        LUZMAN *und* TRISTÁN *ab.*

FÄHNRICH: Gott befohlen!
CAMILLO: Das war Luzman, der deine Dame liebt!
FÄHNRICH: Was sagst du? Den ich niederstechen wollte?
Das ist nicht schlecht; das paßt in meinen Plan.
Jetzt werde ich mich diabolisch rächen.
In s e i n e n Kleidern tret ich vor Octavia
und sage ihr, daß ich ihn niederstreckte.
Der Zeuge meiner Tat ist dies Gewand!
CAMILLO: Siehst du, so hältst du ganz von selbst den Schwur ...

    FÄHNRICH *und* CAMILLO *ab;* TRISTÁN *und* LUZMAN *treten auf.*

LUZMAN: Was sagst du nun zu diesem Meisterstreich?
TRISTÁN: Daß du sehr klug bist ... und beträchtlich feige.
Und wozu dient dir denn der Kleidertausch?
LUZMAN: Um diese Bänder von dem Hut zu nehmen.
TRISTÁN: Und mit den Bändern ...?
LUZMAN: ... tret ich vor Octavia!
TRISTÁN: Warum?
LUZMAN: Das wirst du früh genug erfahren.
TRISTÁN: Haha! Du willst sie abermals betrügen?
LUZMAN: Und warum sollt ich nicht?
TRISTÁN: Sie ist sehr schlau!
LUZMAN: Die Kleider überzeugen sie bestimmt,
sie sind von dem, der sie beleidigt hat.
TRISTÁN: Und wenn der Fähnrich den Betrug erfährt,
was wird denn dann?
LUZMAN: Dann, Freund, kommt – ein Mirakel!

        Der Kuppler LOFRASO *tritt auf.*

TRISTÁN: Da ist Lofraso ...
LUZMAN: Nun, was bringst du, Kuppler?
KUPPLER: Wenn nicht dein Beutel stets die Schwindsucht hätte,
so müßtest du mich wirklich jetzt beschenken.
Herr! Als ich heute früh mich von dir trennte
am Kirchportale von San Giacomo
und auf dem Wege nach dem Markte war,
da lief mir eine Beute in den Weg ...

„Dann Freund, kommt – ein Mirakel" (unten): zum erstenmal beschwört Luzman das Wunder. Das Wunder nimmt in der spanischen Dramatik des Siglo de oro eine wichtige Rolle ein und ist als solches Ausdruck des Wissens um die Nichtigkeit allen irdischen Seins, das sich auf dem Theater rauschhaft auslebt: „Das Leben, wie die Bühne es darstellte ..., konnte sich nicht selbst genügen, wenigstens nicht immer. Aus der Sicht des reinen Seins, aus dem Jenseits nur bezog es seine Wirklichkeit. Darum brauchte man den Eingriff von dort" (Karl Vossler). Lope indes versucht immer, die Kategorie des Wunderbaren auf die „Comedia de ruido" und das „Auto sacramental" zu beschränken, die Mantel- und Degenstücke aber, die ganz der Imagination des Autors entspringen sollen, wenn möglich davon frei zu halten. Das Mirakel Luzmans muß also von einer ganz anderen Natur sein, und vielleicht ist es nicht einmal zu weit gegriffen, darin eine Kritik Lopes an bestimmten Auswirkungen dieses „Wunderglaubens" zu sehen. Das in diesem stets gegebene transzendente Element wird durch die Projektion auf die gewagten Unternehmungen Luzmans gänzlich profanisiert. Luzman rechnet mit dem Außergewöhnlichen, nimmt es für sich in Anspruch und glaubt, es für seine eigenen Belange zu nützen und diese dadurch rechtfertigen zu können. Das blinde Vertrauen in das so dem eigenen Nutzen unterworfene Wunder muß eine Gesinnungslosigkeit der Lebensführung zur Folge haben. Da das Wunder und dessen säkularisierte Ausprägung, der Zufall, in der Überzeugung der Spanier das Siglo de oro durchaus die Wirklichkeit zu bestimmen vermögen, kann in Lopes Gestaltung der Person Luzmans das negative Extrem einer nicht zu hinterfragenden Lebenshaltung gesehen werden.

Der Ritter vom Mirakel, I

Eine Szene des zweiten Aktes schildert, wie der in arge Bedrängnis geratene Luzman sich mit einem aus dem Stegreif hingeworfenen Gedicht geschickt aus der Affäre zieht. Daß er **hier** zu einem bereits gedruckten Sonett greift, belegt nur erneut, wie rationell Luzman lukrative Herzensangelegenheiten anzugehen weiß.

LUZMAN: Und war sie schön?
KUPPLER: Ein Wunder!
LUZMAN: Das Mirakel!
  Hör zu, Lofraso; suche schnell das Buch,
  in dem Gedichte stehn für solche Fälle,
  und schreib mir zwei Sonette ab für sie.
KUPPLER: Schenkst du mir dann das alte Wams von dir?
  Ich hab es bitter nötig. Bald ist Winter . . .
LUZMAN: Du weißt doch, daß ich dir's versprochen habe!
TRISTÁN: Den Buckel soll man dir verbleun, du Kuppler!

Der Ritter vom Mirakel, I

Das Gemälde „*Die Unterhaltung*" (Louvre in Paris) von *Diego Velázquez* zeigt eine Gesellschaft vornehmer Kavaliere in der ihrem Stand angemessenen Tracht. Luzman versteht es zwar, sich in solchen Kreisen zu bewegen, bringt aber nicht die Voraussetzungen mit, dies gelassen und im Bewußtsein der vollen Zugehörigkeit zu realisieren. In einem Monolog des zweiten Aktes wird das explizit thematisiert, und es zeigt sich hierbei auch, daß sich Luzman mit dem selbst ausgesprochenen populären Verweis auf die Vergänglichkeit aller irdischen Macht und Pracht nicht zufriedengibt:
„Welch ein Geschenk des Himmels ist der Adel!
Weil du ein Sproß aus einem alten Stamm,
wirst du geboren als ein Edelmann
und erbst den Titel ohne jede Mühe.
Nicht Waffenruhm, nicht Kampf zu Land und Meer
muß deinem Wesen erst den Glanz verleihen.
Du bist von Adel, und dein Name gilt
nur, weil dein Vater schon ein Edelmann.
Und bist du noch dazu aus reichem Haus,
so brauchst du keinen König zu beneiden,
denn jede Schranke fällt vor deinem Schritt!
Wir andern aber, arme Hungerleider,
wir sorgen uns um unser täglich Brot
und um das Kleid, das unsre Blöße deckt,
indes ihr Edlen uns mit Hochmut straft,
weil euer Haus aus gotischem Geschlecht!
Wozu das alles? Einstmals kommt der Tag,
da wir die Augen schließen, ihr und wir.
Seid ihr dann noch edler als wir andern,
meint ihr, die Würmer schonten euren Leib?
Der Hungerleider und der Gotensproß:
Was bleibt am Ende? Nur ein Häufchen Staub."

LUZMAN: Erzähle nun, was hast du aufgespürt?
KUPPLER: Ein herrliches Geschöpf! Ein wahrer Engel!
LUZMAN: Was fang ich denn mit einem Engel an?
  Hab ich dir nicht erst heute früh befohlen,
  Du solltest endlich mir ein Wildbret fangen,
  das schon bei Jahren ist und nicht mehr schön!
  Aus edlem Stande muß sie sein und reich,
  damit ich sie gehörig rupfen kann.
TRISTÁN: Wer immer nur die andern rupfen will,
  der steht am Ende selber kahl gerupft.

> Luzmans Äußerung, daß ein alter Mann ein schlechter Spiegel für eine junge Frau sei, bezieht sich auf einen Vergleich seines Dieners Tristán aus dem Eingangsdialog, wonach eine Frau, die ihren Leib im Spiegel betrachte, an den Mann denke, dem sie ihn schenken wolle.

KUPPLER: Ist es ein Fehler, wenn sie reich u n d schön?
Sie wird dir nützlich sein ... und angenehm!
LUZMAN: Ist sie aus Rom?
KUPPLER: Nein, Venezianerin;
ihr Mann ist ein Patrizier und sehr alt.
LUZMAN: Sehr alt?
KUPPLER: Sehr alt!
LUZMAN: Das ist ein schlechter Spiegel
für eine strahlendschöne junge Frau.
Sie wird sich wohl nicht oft in ihm beschaun,
weil er schon lange blind geworden ist.
KUPPLER: Drum nütz es aus zu deinem Vorteil, Herr!
LUZMAN: Meinst du, daß sie mich lieben wird?
KUPPLER: Sie wird!
LUZMAN: Und glaubst du, sie wird zahlen?
KUPPLER: Sie wird zahlen!
LUZMAN: Und vor dem Gatten bin ich sicher?
KUPPLER: Sicher!
LUZMAN: Du sprichst ja wie das Echo!
KUPPLER: Wie das Echo!
TRISTÁN: Laß ab! Du fängst zuviel auf einmal an,
die Lage ist doch schon verwirrt genug!
Erst mußt du dich an Leonato rächen ...
LUZMAN: Dafür bleibt später mir noch immer Zeit!
KUPPLER: Zum Teufel, Herr! Da kommen neue Leute ...

Sie ziehen sich zurück und bleiben unbemerkt. Es treten auf: BEATRICE, *eine französische Kurtisane, und ihr Liebhaber, der Sergeant* FILIBERTO. *Gleich darauf kommt* LOMBARDO, *sein Diener.*

> Das einfache und naive „Zum Teufel, Herr! Da kommen neue Leute ..." des Kupplers ist Heinz Gerstinger zufolge „typisch für die Unbefangenheit der Spanier in äußeren dramaturgischen Fragen". Lope unternimmt es gar nicht erst, das Auftreten dieser drei neuen Personen aus der bisherigen Handlung abzuleiten. Der dabei zu beobachtende Lakonismus entspricht jedoch der inneren Haltung Luzmans, der jede neue Begebenheit sofort in seinem Sinne auszunutzen weiß und der so, unvorbereitet wie er ist, Gelegenheit erhält, sein improvisatorisches Talent voll zu entfalten.
>
> Die dramaturgische Anweisung, daß der Sergeant sein Lob Roms einem geschriebenen Elaborat entnehmen müsse, zeichnet diesen sofort als Karikatur eines gebildeten Weltmannes, dessen zur Schau gestelltes Wissen die Geliebte beeindrucken soll.

BEATRICE: Ich sehnte mich auf unsrer ganzen Reise
nach meiner Vaterstadt Paris zurück!
Das ist vorbei! Nun bin ich ganz bekehrt!
Welch eine Stadt! Mein Staunen will nicht enden!
Welch stolze Türme, Kirchen und Paläste,
und welche Herrlichkeit aus alten Zeiten;
Ruinen zwar, doch immer noch erhaben ...
Dies alles sagt ein Wort: ich bin in Rom!
SERGEANT *entfaltet eine lange Papierrolle und liest:*
„Ja, Beatrice, diese Stadt war einst
das Haupt der Welt, und ihrer hohen Schönheit
kommt keine andre als die deine gleich.
Die Mutter ist sie heldischer Geschlechter,
die Wiege der Scipionen und Caesaren.
Hier wuchsen jene ehrenwerten Männer,
die Marcier, die Fabricier und die Claudier,
hier stieß Lucrezia sich, die Heldenjungfrau,
das Eisen in die Brust, und Scaevola
ließ kalten Blutes sich die Hand verkohlen.
Horatius schwang sich auf sein stolzes Roß
und stürzte sich in eines Abgrunds Rachen ..."
LOMBARDO: Das stolze Roß, vielleicht war's nur ein Esel!
Beim Himmel! Stundenlang lauf ich herum;

Lope Félix de Vega Carpio — Der Ritter vom Mirakel, I

Herbergen gibt's, doch alle sind besetzt!
Euch aber scheint das alles nicht zu kümmern,
Ihr plaudert von Horatius und Lucrezia,
und ob es recht war, daß sie sich erstach;
könnt Ihr nicht später noch darüber schwatzen?
Mir knurrt der Magen wie ein böser Hund.
Wir sollten doch vor allem einmal essen!
Man sagt, von alten Zeiten reden ist
ein gutes Ding ... wenn man gegessen hat,
doch v o r der Mahlzeit ist es Zeitvergeudung!
Von einer Straße irr ich in die andre
und finde keine Unterkunft zur Nacht,
und Ihr? Ihr schwärmt indessen von Lucrezia!
SERGEANT: Du sprichst, wie du's verstehst, und bist im Irrtum.
LOMBARDO: Zum Teufel mit den alten Heldensagen!
Was kümmern mich Caesaren und Scipionen,
die schon vor mehr als tausend Jahren starben.
Laßt uns doch endlich gehn; ich habe Hunger,
mir knurrt der Magen wie ein böser Hund!
LUZMAN *beiseite:*
Das wär ein Fang! Tristan, die muß ich haben ...
TRISTÁN: Siehst du denn nicht, daß er ihr Liebster ist?
LUZMAN: Das ist ja das Mirakel! Her zu mir ...
KUPPLER: Willst du sie rauben?
LUZMAN: Hört auf meinen Plan ...

Die drei reden leise miteinander.

BEATRICE: Man sagt, in Rom sind viele fremde Frauen?
SERGEANT: Gewiß; doch keine ist so schön wie du;
und Haus und Diener gibt's in reicher Fülle.
BEATRICE: Ja, aber nur, wenn man sie zahlen kann.

Der Sergeant legt eine Vorliebe für die heroischen Gestalten der römischen Geschichte an den Tag und häuft Namen auf Namen, wodurch sich dieser zur Schau gestellte Idealismus als hohl erweist.

Der links wiedergegebene *Holzschnitt* in einer Ausgabe von Giovanni Boccaccios „De claris mulieribus" („Über berühmte Frauen") des Ulmer Druckers *Johann Zainer* aus dem Jahr 1473 zeigt die „Heldenjungfrau" Lucrezia: links die Szene, in der Sextus Tarquinius sich gewaltsam der tugendhaften Frau bemächtigt, rechts ihr Selbstmord ob der ihr angetanen Schmach vor den Augen ihres Gatten Collatinus Tarquinius und Lucius Iunius Brutus, der daraufhin schwört, das Herrschergeschlecht der Tarquinier aus Rom zu vertreiben und eine Republik zu errichten (Livius, „Römische Geschichte", I, 57.7–59.3).

Das bildungsbeflissene Getue des Sergeanten fordert sofort die Gegenreaktion seines auf konkretere Bedürfnisse fixierten Dieners heraus, dem sein Magen in typischer Gracioso-Manier natürlich weit wichtiger ist als die unverdauliche geistige Nahrung seines Herrn. Diese Konstellation läßt unwillkürlich an das wohl berühmteste Herr-Diener-Paar der spanischen Literatur denken, an Don Quijote und Sancho Pansa. Doch ist von der produktiven Schwarmgeisterei des Ritters von der traurigen Gestalt hier nichts mehr zu spüren. Der Sergeant begnügt sich mit der historischen Kulisse und der durch sie beschworenen Erinnerung. Seine heroischen Illusionen sind ihm nicht Verpflichtung zu eigenem Tun, sondern nur noch Abrundung des Bildes, das er gern abgeben möchte, und so kann es auch nicht mehr zu der bei Cervantes zu beobachtenden dialektischen Auflösung des ursprünglich eindeutig fixierten Herr-Knecht-Verhältnisses kommen.

Der Ritter vom Mirakel, I — Lope Félix de Vega Carpio

SERGEANT: Man zahlt doch nicht im voraus! Man verspricht,
daß man am Schluß des Jahres alles regelt,
bis dahin aber hat es gute Zeit,
und deine Schönheit bringt uns Geld ins Haus.
Ich schwöre dir, von einem zarten Hühnchen,
wie du es bist, soll keiner naschen dürfen,
bevor er nicht in barer Münze zahlt.
I c h falle dir gewiß nicht sehr zur Last.
Ein junger Mann kommt schon auf seine Kosten,
wenn er das Leben so versteht wie ich.

LUZMAN *leise:* Was sagt Ihr zu dem Plan?
TRISTÁN: Vorzüglich!
LUZMAN: Vorwärts!

KUPPLER *zum Sergeanten:*
  Verzeiht! Mir scheint, Ihr seid noch ohne Wohnung...
SERGEANT: Ja, leider! Jedes Gasthaus ist besetzt.
  Könnt Ihr vielleicht...?
KUPPLER: Ich will Euch gerne helfen;
  ganz in der Nähe findet Ihr die Schenke,
  wo Ihr am besten aufgehoben seid.
SERGEANT: Seid Ihr der Wirt?
KUPPLER: Nein, Herr! Sein Diener nur
  und auch der Eure, ganz wie Ihr befehlt...
BEATRICE: So führ uns hin. Was meinst du, Filiberto?
  Ich kann schon fast nicht mehr vor Müdigkeit!
KUPPLER: Wär es nicht besser, wenn sich Euer Diener
  zuerst mit mir allein dahin begäbe,
  damit er Euch genau berichten kann,
  ob unser Haus auch seiner Herrschaft würdig?
BEATRICE: Das scheint mir recht...
SERGEANT: So geh mit ihm, Lombardo.
KUPPLER: Ihr werdet ganz bestimmt zufrieden sein.
  Schon oft sind Prinzen, Herzöge und Fürsten
  aus Frankreich, Spanien, Flandern und Burgund
  im Haus „Zum grünen Horne" abgestiegen.
  Rebhühner gibt es, Hasen und Kapaunen.
  Fisch und Geflügel, Früchte jeder Art,
  Papstbrot und alten Wein und Süßigkeiten,
  von Brezeln könnt ich Wunder Euch erzählen,
  und weltberühmt sind unsre Blättertorten...
  Was unsre Betten anbelangt, so nehmen
  sie es an Reinheit auf mit frischem Schnee.
SERGEANT: So geh, Lombardo, und wir warten hier.
KUPPLER: Komm mit; dann kannst du gleich den Wein probieren.
LOMBARDO: Ich seh dir's an, du bist ein echter Römer!
  Habt ihr auch süßen Wein aus Candia?
KUPPLER: Soviel du magst...
LOMBARDO: ...und sag mir, edler Römer,
  kann ich vielleicht beim Trinken etwas essen?
  Mir knurrt der Magen wie ein böser Hund...

Das auf der gegenüberliegenden Seite wiedergegebene Gemälde „Der Geschmack" (Wadsworth Atheneum in Hartford, Connecticut) von *Jusepe de Ribera* (1591–1652) zeigt einen einfachen Mann aus dem Volke beim Verzehr einer reichlich bemessenen Portion Tintenfisch mit schwarzen Oliven und einem Glas Vino tinto in der rechten Hand. Das aus seinem Gesicht sprechende Gefühl der Zufriedenheit erinnert an die Figur des Graciosos, der dafür sorgt, daß in der Comedia die einfache Sinnlichkeit des Lebens immer gegenwärtig ist. Der „Magendienst" des Dieners wird üblicherweise mit den höheren Zielen seines Herrn konfrontiert. In Lopes „Ritter vom Mirakel" kommt diese Tendenz allerdings kaum zum Ausdruck. Dies ist vor allem darin begründet, daß die Brotherren hier nicht adelig sind und sich demnach, was ihre soziale Herkunft anbelangt, kaum von ihren Dienern abheben. Die Herren tun nur so, als ob sie solche wären. Besonders augenfällig wird dies in der Figur des Sergeanten, der sich sogar als potentieller Zuhälter seiner eigenen Geliebten erweist. Wie bei Luzman wird die Liebe gänzlich ökonomisiert, doch steht der Sergeant noch eine Stufe tiefer, denn Luzman hält bei seinem jeweiligen Opfer immer noch die Illusion einer idealischen Verbindung aufrecht, was der Sergeant gar nicht erst versucht. Durch den Vergleich Beatrices mit einem Hühnchen, von dem keiner umsonst naschen dürfe, setzt er sich auch in seinem Wortschatz kaum noch von Lombardo ab.

Die Handlung der Komödie spielt nicht, wie bei Mantel- und Degenstücken sonst üblich, in der Gegenwart, sondern zur Zeit der Herrschaft Karls V., in der Spanien im Zenit seiner imperialen Machtentfaltung steht. Aus diesem Grund halten einige Interpreten, so auch Karl Vossler, es nicht für angebracht, in der Figur des Ritters vom Mirakel einen Zeugen des spanischen Machtzerfalls zu sehen. „Ich glaube, man mißversteht unseren Dichter, wenn man diese und ähnliche Kurtisanenkomödien als wirklichkeitsgesättigte Schilderungen auffaßt. Vielmehr ist die Inspiration eine wesentlich mimische und novelleske, wie man besonders deutlich an Lopes ‚Caballero del milagro' beobachten kann. Der Held, ein aragonesischer Hochstapler auf römischem Boden, ist mit Humor und leichter Persiflage der spanischen Großtuerei gezeichnet und mit offenbarer Freude an schauspielerischer Bravour, vielleicht sogar einem bestimmten Schauspieler auf den Leib geschrieben."

Luzmans Werbung um die schöne Pariserin, an deren Anfang nicht umsonst sein „Ich bin ein Spanier" steht, das Adel, Mut und Reichtum insinuieren soll, scheint diese Einschätzung zu bestätigen. Der Schluß des Stücks indes, der andeutet, daß der betrogene Betrüger sich nicht geläutert hat und sein Spiel wohl weitertreiben wird, verleiht diesem Charakter eine grundsätzlichere Bedeutung und macht ihn, wie Martin Franzbach urteilt, zum Typus. Kritik an bestimmten gesellschaftlichen und politischen Verhältnissen kann sich auch unbewußt und zudem vielleicht ungewollt Raum schaffen.

KUPPLER: Was ist dir lieber: Schinken oder Wurst?
LOMBARDO: Zuerst das eine, dann das andre! Komm!
Kuppler und Lombardo ab.
LUZMAN *leise:* Tristán! Jetzt greife ihn von hinten an!
TRISTÁN: ich gehe schon . . .
LUZMAN: Nur schnell . . .
SERGEANT *zu Beatrice:*   Willst du dich nicht
   ein wenig niederlassen auf die Bank?
               Tristán stürzt sich vor.
TRISTÁN: Hier endlich find ich dich, du feiger Hund!
   Da! Nimm den Schlag zurück, den du mir gabst . . .
SERGEANT: Was fällt dir ein?
Tristán schlägt dem Sergeanten mit der flachen Klinge über den Rücken und flieht. Der Sergeant stürzt ihm nach.
SERGEANT: Du Schurke, warte nur!
             Tristán und Sergeant ab.
BEATRICE: Um Gott, was gibt's?
LUZMAN: Erschreckt nicht, schönste Dame,
   und geht nicht allzu strenge ins Gericht
   mit einem Mann, der sich in Euch verliebte,
   der stundenlang schon Euren Spuren folgte
   und der, um ganz allein mit Euch zu reden,
   sich einer kleinen List bedient. Denn alles,
   was Ihr gehört, war nichts als ein Betrug.
BEATRICE: Das Gasthaus und der Wirt und jener Mann,
   der meinen Freund von hinten angefallen . . .?
LUZMAN: Verzeiht! Die beiden waren meine Diener,
   und m i r erlaubt, daß ich der Eure sei.
   Ich bin ein Spanier, lebe schon seit Jahren
   in Rom und bin mit Gütern reich gesegnet.
   Mein Geld mit vollen Händen zu verschwenden
   ist meine größte Lust, mein einziger Ehrgeiz.
   Treu ist mein Herz wie Gold, und meine Ehre
   ist fleckenlos; doch wer sie mir beleidigt,
   der liegt am nächsten Morgen tot im Sand.
   Wenn ich den Mann, der Euch hierhergeführt,
   n i c h t tötete, geschah es nur, weil ich
   nicht wußte, ob ihm Euer Herz gehört . . .
   O sagt mir, Schönste, ob ich hoffen darf;
   Ihr machtet mich zum seligsten der Menschen!
   Mein Herz und mein Palast stehn Euch zu Diensten.
   Juwelen und Gewänder findet Ihr,
   soviel Ihr wollt, um Euch damit zu schmücken.
   – Der Mann . . . den ich an Eurer Seite sah,
   scheint mir von rohen, ungeschliffnen Sitten;
   fast fürchte ich, daß Euer edles Herz
   schon unter seinem Jähzorn leiden mußte.
   Und wenn Ihr . . . seiner . . . überdrüssig wäret,
   erfaßt die günstige Gelegenheit
   und folgt dem Glück, wenn es Euch strahlend winkt!
   Ich aber werde Euch zur Seite stehn;

ich bin ein Mann voll Mut und wilder Kraft
und schütze Euch vor seiner Rache! – Wie?
Ihr schweigt? So liebt Ihr ihn wohl gar?!
BEATRICE: Ich bin
verwirrter noch, als ich zuvor gewesen...
Ich seh Euch an: I h r seid ein Kavalier.
Und jetzt, wo ich Euch ernstlich zürnen müßte,
verschließt sich mir der Mund vor Eurem Blick,
vor Eurer hohen, adligen Gestalt;
und weil Ihr schön seid und von edlen Sitten,
so... dank ich Gott, daß Eure List gelang!
Ihr habt schon recht. Der Mann, mit dem ich kam,
er ist nur ein Sergeant, und mehr als einmal
bereut ich tief, daß ich ein ganzes Jahr
die Sklavin seiner rohen Launen war.
Befreit mich aus den Fesseln, die ich trage;
ich zürne nicht. Führt mich in Euer Haus,
und meines Dankes sollt Ihr sicher sein!
TRISTÁN *tritt leise auf:*
    Die List gelang vortrefflich...
LUZMAN: Das Mirakel...!
Mein Diener, schönste Frau, begleitet Euch;
erlaubt, daß ich ihm alles schnell erkläre.
BEATRICE *für sich:* Welch unerwartet Glück! Kaum angekommen,
find ich den schönsten, reichsten Kavalier!
D e n will ich rupfen! Eine goldne Kette,
ein Seidenkleid, mit Steinen reich besetzt,
muß er mir heute noch zu Füßen legen.
Wie schön er ist...!
LUZMAN: Dies ist Tristán, mein Diener,
und jetzt der Eure; folgt ihm in mein Haus.
Mich ruft ein dringendes Geschäft von hinnen,
doch komm ich nach, so schnell ich irgend kann.
          BEATRICE *und* TRISTÁN *ab.*
Das Fischlein ging ins Netz. Oh, wenn sie ahnte,
wie reich ich bin, wie treu und tugendhaft!
An mir jedoch ist alles nur Fassade,
von außen reich und prunkvoll, innen... nichts!
Doch eben darin zeigt sich... das Mirakel:
Kein Haus, kein Geld, nur Maulwerk und ein Degen,
und jede Frau ist mein, sobald ich will.
– Nun heißt es aber Geld ins Haus zu schaffen.
Das ist ein wunder Punkt. Wie fang ich's an?
Argwöhnen darf sie nicht; das wär das Ende.
Mein Gott, was mach ich bloß mit dieser Frau?
Nur keine Angst! Vertraun wir... dem Mirakel!
Warum auch nicht? Es lebe die Fassade!

      LUZMAN *geht ab. Der* SERGEANT *tritt auf.*

SERGEANT: Ward so was je erlebt, bei allen Teufeln!
Wenn ich den Kerl beim Kragen packen könnte,
ich gäbe meine Seligkeit darum.

Das Mirakel sei, so Luzman selbst, daß er Erfolg habe, obwohl alles nur Fassade sei, „von außen reich und prunkvoll, innen... nichts". Und bevor er abgeht, macht er sich mit einem „Es lebe die Fassade!" selbst Mut. Die Biographie Lopes zeigt, daß dieser ebenfalls immer sehr großen Wert auf die äußeren Zeichen seiner Persönlichkeit legte, sich ohne Unterlaß um die Adaption adeliger Lebensformen bemühte und schließlich, seiner unberechtigten Führung eines Adelstitels wegen, von ihm nicht gerade wohlwollenden Zeitgenossen sogar selbst der Hochstapelei bezichtigt wurde. Lope war bei all dem aber immer bemüht, diesem Tun durch die Wahrung des dazugehörigen Ethos eine gewisse Berechtigung zu verleihen, wogegen bei Luzman davon nichts zu spüren ist. Die ziellose Werbung Luzmans um Beatrice geschieht letzten Endes aus keinem anderen Grund als dem, die Wirkung seiner zur Schau gestellten Persönlichkeit einer Probe zu unterziehen. Doch während er nicht weiß, was er mit Beatrice anfangen soll („Mein Gott, was mach ich bloß mit dieser Frau?"), weiß sie das sehr wohl: „D e n will ich rupfen!" Luzman trifft auf sein weibliches Pendant, doch hat er im Augenblick noch die besseren Karten in der Hand, denn bei der Kurtisane spielen auch außerökonomische Überlegungen eine nicht unwesentliche Rolle: „Wie schön er ist...!"

> Lope unterstreicht die Inferiorität des Sergeanten noch, indem dieser selbst die Einzigartigkeit seiner Person auf das Hinterteil reduziert: „... ich schlüge ihm den Buckel so zu Brei, daß keiner mehr ihm glaubte, er sei i c h !"

Daß Rom solch einen Hundsfott hat geboren!
Erst schlägt er mich, dann reißt der Feigling aus!
Ob er gemerkt hat, daß er sich geirrt
und mich verwechselte mit einem andern?
Daß zwei sich ähnlich sehen zum Verwechseln,
hat man schon oft gehört. Daß zwei die gleiche
Gestalt, die gleichen Kleider haben können,
mag seltner sein, doch kann auch das geschehn.
Jedoch, von hinten einen überfallen,
von dem man nichts als ein Stück Rücken sieht,
und daraufhin allein ihn zu verprügeln,
das war im ganzen Leben noch nicht da!
Wer ist der Schurke, dessen Hinterteil
man für das meinige gehalten hat?
Wenn er mir jemals vor die Klinge käme,
ich schlüge ihm den Buckel so zu Brei,
daß keiner mehr ihm glaubte, er sei i c h !
Bei Gott! Den Doppelgänger haß ich schon
fast mehr als den, der mich mit ihm verwechselt.
– Doch... wo ist Beatrice? Beatrice!
Aha! Sie ging natürlich schon ins Gasthaus,
Lombardo wird sie hinbegleitet haben,
weil er sie hier allein hat angetroffen.

LOMBARDO *tritt auf.*

LOMBARDO: Nein! So was kann nur einem Mann passieren,
   der zwanzig Stunden nichts gegessen hat,
   sonst hätte ich dem Schurken nie getraut...
SERGEANT: Lombardo?
LOMBARDO: Herr?
SERGEANT: Ist meine süße Freundin
   im Gasthaus schon, und ist das Zimmer gut?
   Hast du vielleicht etwas zu essen bei dir?
LOMBARDO: Ja... ist sie denn nicht hier?
SERGEANT: Was sagst du da?
LOMBARDO: Ich ließ doch dich zurück mit unsrer Herrin,
   nun fragst du m i c h, ob ich sie gut versorgt
   und ob ich dir zu essen mitgebracht,
   wo ich doch selbst seit zwanzig Stunden schon...
SERGEANT: Wo ist sie hin?
LOMBARDO: Ja... ja... wo ist sie hin?
SERGEANT: Du hast sie nicht begleitet in das Gasthaus?
LOMBARDO: Ja, scherze nur! Mir wird der Scherz zum Schmerz;
   mir knurrt der Magen wie ein böser Hund...
SERGEANT: Du gingst doch mit dem Diener fort?
LOMBARDO: Der Schuft
   hat kreuz und quer mich durch die Stadt geführt
   bis vor ein Haus, das zwei Portale hatte.
   Er ging hinein und – kam nicht mehr heraus;
   erst als ich nachstieg, merkte ich den Braten...
SERGEANT: Betrogen hat man uns!
LOMBARDO: Mich schon! Dich auch?

SERGEANT: Mich fiel ein Bursche an, der mich verwechselt
  mit einem andern; ich verfolgte ihn,
  doch konnte ich ihn leider nicht erwischen,
  da e r die Gassen kannte, und ich n i c h t !
  Nun komm ich wieder, suche Beatrice,
  und keine Spur ist mehr von ihr zu sehn.
LOMBARDO: Schön hat man uns genarrt!
SERGEANT: Das weiß der Himmel!

          LUZMAN *tritt auf.*

LUZMAN: Der Plan gelang. Jetzt aber muß ich schnell
  nach einer schönen Wohnung für sie suchen . . .
  Verflucht! Da sitzt ja der Sergeant.
SERGEANT: Vielleicht
  hat sie in einem Hause Schutz erbeten?
LOMBARDO: Frag doch den Edelmann . . .
SERGEANT *zu Luzman:*   Verzeiht, mein Herr,
  wißt Ihr vielleicht, wo eine Dame blieb . . .
LUZMAN: . . . aus Frankreich? Hut und grauer Reisemantel?
  mit Augen . . . ?
SERGEANT: . . . ja! Mit Augen; diese mein ich!
LUZMAN: Da kann ich Euch genaue Auskunft geben,
  ich kam gerad vorbei, als es geschah.
  Die Dame wartete auf dieser Bank,
  ein Mann stand neben ihr. Da kam ein Fähnrich,
  ein schöner junger Bursch, mit seinem Diener.
  Der Diener schlug den Mann mit seinem Degen,
  dann riß er aus. Der Mann verfolgte ihn,
  und da die Dame nun alleine blieb,
  nahm sie der Fähnrich mit.
SERGEANT: Gott steh mir bei!
  Wißt Ihr den Namen?
LUZMAN: Freilich weiß ich ihn;
  es war . . . der Fähnrich Leonato.
SERGEANT: Herr!
  Wo wohnt der Schurke?
LUZMAN: Ja . . . d a s weiß ich nicht.
  Doch könnt Ihr jeden Nachmittag ihn treffen,
  da pflegt er nämlich vor San Giacomo
  mit seinen Freunden auf und ab zu wandeln.
SERGEANT: Und ist er tapfer?
LUZMAN: Bah! Ein Feigling ist er,
  ein Lügenbold, ein hinterlistiger Gauner.
SERGEANT: Ich danke Euch, mein Herr. – Komm mit, Lombardo;
  so wahr Gott lebt, in Stücke hau ich ihn.
LOMBARDO: Herr! Wäre es nicht besser, erst zu essen;
  wie kann man denn mit einem leeren Bauch
  solch einen starken Fähnrich töten!
SERGEANT: Feigling!
LOMBARDO: O armer Magen! – Wohl ist Rom das Haupt
  der Kirche, die allein uns selig macht.

> Daß Lombardo sein unfreiwilliges Fasten mit der Tatsache, sich in Rom zu befinden, erklärt, entspricht der in der Comedia üblichen Denkweise der „figura del donaire", die Ursache und Wirkung nicht zu unterscheiden vermag und so entweder das Besondere falsch verallgemeinert, wie das hier der Fall ist, oder das Allgemeine unzulässig konkretisiert. Zu letzterem etwa gehört, daß der Bediente die Umgangsformen und Ideen seines Herrn zu adaptieren versucht, was indes einer Sprengung der gegebenen Standesgrenzen, einer Egalisierung gleichkommen würde. Zur Zeit Lopes ist das aber nicht revolutionär, sondern nur komisch.

Der Stich von *Giovanni Battista Falda* (1648–1678) zeigt die barocke Kirche *Santa Maria della Vittoria* in Rom. Luzman erzählt dem Sergeanten, daß dessen vermeintlicher Widersacher sich mit ziemlicher Sicherheit auf dem Platz vor einer Kirche aufhalte. Diesem Ort kommt nicht nur im Mantel- und Degenstück – so etwa auch in Lopes „Brunnenkur" („Das Eisenwasser von Madrid") – eine wichtige Rolle zu; hier ist den verliebten Kavalieren eine günstige Gelegenheit gegeben, mit den ansonsten immer gut behüteten Damen ihres Herzens in Kontakt zu treten, Blicke und Briefe zu tauschen und den Erfolg ihrer bisherigen Bemühungen zu überprüfen.

   Hier ist das Fasten an der rechten Stelle,
und heute fast' ich für ein ganzes Jahr!

Der SERGEANT *und* LOMBARDO *ab.*

LUZMAN: Das ging nach Wunsch. D e r läuft zu Leonato
und schlägt ihn tot. Ich aber bin gerächt
und habe keinen Tropfen Blut vergossen.

OCTAVIA *tritt auf.*

OCTAVIA: Bist du's Luzman? Schon machte ich mir Sorgen...
LUZMAN: Komm mir nicht näher. Meine Klinge trieft
von Blut!
OCTAVIA: O Gott, Luzman, was hat's gegeben?
LUZMAN: Der Fähnrich Leonato ist nicht mehr!
Ich schlug ihn nieder!
OCTAVIA: Himmel! Ist er tot?
LUZMAN: Schau her: Ist dieser Mantel dir bekannt,
kennst du den Hut... und wem ist dieses Wams?
OCTAVIA: Die Kleider Leonatos...!
LUZMAN: ... und die Bänder?
OCTAVIA: Die gleichen sind's, die er mir schenken wollte...
Wie konntest du...? Hast du denn nicht bedacht,
daß du d e i n Leben auf das Spiel gesetzt?
LUZMAN: Was ich getan, geschah nur dir zuliebe!
Nun keine Klagen mehr. Denk lieber nach,
ob du mir helfen kannst zu meiner Rettung.
In einer Stunde muß ich Rom verlassen,
sonst fängt man mich und wirft mich in den Kerker.
OCTAVIA: O unglückselige Tat!
LUZMAN: Octavia, höre:
ich fliehe nach Neapel, heute noch.
Wenn du mich liebst, kommst du mir später nach,
denn auf der Flucht kann ich dich nicht gebrauchen;
Tristan bleibt hier! ich danke ihm das Leben,
mit ihm wirst du in meine Arme fliehn,
und nun leb wohl.

OCTAVIA: So rasch...! Ach, bleibe hier!
Weh mir! – Was hast du bei dir?
LUZMAN *zeigt leere Taschen:*   Nichts als das.
OCTAVIA: So willst du fliehen ohne Geld?
LUZMAN: Der Mantel
genügt mir; und mein Degen wird mich schützen.
OCTAVIA: Nein... warte...

OCTAVIA ab.

LUZMAN: Wenn mich jetzt nicht alles täuscht,
geschieht zu meinem Heile... ein Mirakel!
Octavia bringt gewißlich ein Geschenk;
das aber kommt mir wunderbar gelegen
für meine neue Liebste aus Paris.
Wenn ich ihr gleich mit reichen Gaben komme,
verpflichte ich sie mir und werde künftig
Befehlsgewalt auch über Frankreich haben.

Octavia kommt mit einem Kleid und mit einer Kette.

OCTAVIA: Luzman, Geld hab ich nicht, doch nimm das Kleid;
es ist mit edlen Steinen reich besetzt,
auch diese goldne Kette schenk ich dir;
mach beides rasch zu Geld, bevor du fliehst.
LUZMAN: O könntest du in meiner Seele lesen,
die nie so namenloser Schmerz durchwühlt.
Der Gram um den Verlust wird mich noch töten;
doch kann ich anders, wenn man mich verfolgt?!
Leb wohl, mein Herz!
OCTAVIA: Und Gott behüte dich!
LUZMAN: Doch laß mich nicht zu lange trostlos schmachten!
OCTAVIA: Ich komme bald; mein Herz nimmst du schon mit.

LUZMAN ab.
Es ist dunkel geworden.

Wie herrlich eilt er hin in seinem Zorn.
Um meine Liebe hat er sich geschlagen!
Und dennoch muß ich seine Rache tadeln,
nicht nur, weil er den Fähnrich niederstreckte,
nein, weil er selbst sich in Gefahr begab.
Um seidne Bänder wagte er sein Leben,
er ist ein Held; er schwört u n d handelt auch.
Und ihn hat Leonato fesseln wollen!
Nun hat der eitle Prahler seinen Lohn...

Der FÄHNRICH und CAMILLO kommen. Auf den FÄHNRICH fällt schwaches Mondlicht.

OCTAVIA: O Gott! Was seh ich! Ein Gespenst!!
FÄHNRICH: Octavia!
OCTAVIA: Seid Ihr ein Geist?
FÄHNRICH: Warum?
OCTAVIA: Ich fürchte mich...
vor Euch...!

In Luzmans Behauptung, allein mit Mantel und Degen auszukommen, werden die wesentlichen Requisiten genannt, die dieser Form der Comedia ihren Namen gegeben haben. In einer Beziehung stellt Lopes „Ritter vom Mirakel" jedoch eine Ausnahme dar, und auch diese wird hier thematisiert: Luzman will natürlich mehr als nur Mantel und Degen, und ihm fehlt, was in anderen Stücken dieses Genres immer Hauptmotiv ist: Liebe und Ehre. Die sind hier lediglich allen Inhalts beraubte Mittel zum Zweck. Ansonsten aber entspricht dieses Stück allen Charakteristika dieser Gattung: es kommt zu immer neuen und komplizierter werdenden Verwicklungen, Entdeckungen und Verwechslungen, und auch an Duellen mangelt es nicht. Die Dramaturgie wird von der Situation bestimmt und nicht vom Willen der Protagonisten. Diese Bestimmung enthält stets ein metaphysisches Element, das des „Großen Welttheaters", des „Theatrum mundi":
„Vergiß nicht, daß das Leben Schauspiel ist
und diese ganze Welt die große Farce
und sich im Augenblick die Szenen wandeln
und alle wir dabei als Spieler handeln"
(Francisco de Quevedo y Villegas).
Die Tatsache, daß Luzman diese Überzeugung zum „Mirakel" säkularisiert, kann ihre Geltung auch für dieses Stück nicht schmälern.

„Ihr nennt euch Helden", schimpft Octavia und thematisiert hiermit erneut das immer wieder zu beobachtende Auseinanderklaffen von Sein und Schein. Diese Enttäuschung ist indes nicht auf die Comedia beschränkt. Das aus der Reconquista übernommene Ideal des allseitig ausgebildeten und gesellschaftlich einflußreichen Ritters und Helden ist, da die reale Basis dieses Seins mittlerweile verschwunden ist, zum Ideologem geworden. Wer es noch ernst nimmt und ihm gemäß zu handeln und zu leben versucht, wird, wie das Beispiel Don Quijotes zeigt, zur tragikomischen Figur. Die ritterlichen Tugenden werden nicht nur aufgespalten (das Mantel- und Degenstück reduziert sie auf die Minne, die hier zur bloßen Galanterie wird), sondern, da sie nicht mehr in Realität überführt werden können, durch eine spitzfindige Systematisierung in eine nur noch abstrakte Hierarchie von Werten transponiert. Ihr Refugium ist nunmehr das Zeremoniell. „Dem Adel sind die großen Verantwortungen abgenommen; er repräsentiert eifrig bei Hofe, merkt aber nicht, daß er nur deswegen dort zusammengezogen wird, um an seiner alten Stelle nicht handeln zu können. Dazu kommt ein geistiges Verhalten, wodurch die romanischen Völker den Griechen verwandt sind: der ungeheure Trieb zur dialektischen Schulung, zum rhetorischen Ausdruck, zur juridischen Zergliederung und zur Scholastik der Begriffe. Dies führt zu einer weitläufigen Kodifikation des Ehrenpunkts, in dem man das weltliche Gegenstück zur Behandlung kirchlicher Lehrbegriffe sehen kann" (Max Kommerell).

FÄHNRICH: Was hast du denn?
OCTAVIA: Ihr seid nicht tot?
FÄHNRICH: Warum?
OCTAVIA: Ihr lebt?
FÄHNRICH: ... und nur für dich, Octavia!
OCTAVIA: Laßt mich erst fühlen ... fühlen, ob es wahr ist ...
FÄHNRICH: Hier meine Hand!
OCTAVIA: So lebt Ihr wirklich?
FÄHNRICH: Ja!
OCTAVIA: Ihr habt gekämpft?
FÄHNRICH: Gekämpft auf Tod und Leben!
OCTAVIA: Mit wem?
FÄHNRICH: Mein Gegner war Luzman, der Spanier.
  Die Kleider riß ich ihm von seinem Leibe,
  und mit den Bändern, die für dich bestimmt,
  hab ich ihn fest an einen Baum gebunden.
OCTAVIA: Ihr ...? Ihn ...?
FÄHNRICH: Jawohl; und diese reichen Kleider,
  die du ihm einst geschenkt, nahm ich ihm ab.
  Erkennst du nicht den Hut?
OCTAVIA: Nur eins erkenn ich:
  daß ich betrogen wurde und beleidigt
  von Gaunern, die einander würdig sind!
  Doch eine Lehre habt ihr mir gegeben:
  Ihr nennt euch Helden, nennt euch Edelleute,
  und Schurken seid ihr, jämmerliche Memmen,
  ein Schandfleck für die ganze heilige Stadt.
  Um euch vor mir im Siegesglanz zu brüsten,
  habt ihr nur eure Kleider schnell vertauscht!
CAMILLO: Verflucht! Luzman ist uns zuvorgekommen!
FÄHNRICH: Verzeih, Octavia, alles war ein Scherz.
OCTAVIA: O wie ich Euch verachte, feiger Lügner!
FÄHNRICH: Hör mich doch an, ich will es dir erklären ...
  bloß einen Augenblick.
OCTAVIA: Kein Wort mehr. Schweigt!
  Ich werde schon den Mann zu finden wissen,
  der Euch und ihm das Fell verbleuen soll.
FÄHNRICH: Zwei Worte nur, Octavia ...
OCTAVIA: ... Also sprecht,
  denn Euer Leben kostet mich bereits
  ein Seidenkleid und eine goldne Kette!
FÄHNRICH: Wie, wann und wer ist das gewesen, sprich!
OCTAVIA: Wer anders als Luzman! Er kam hierher
  und sagte, daß er Euch erschlagen habe,
  auch Euren Mantel wies er vor ...
FÄHNRICH: Der Gauner!
OCTAVIA: Und selbst die Bänder trug er an dem Hut.
FÄHNRICH: Ich danke dir, denn nun weiß ich genug;
  doch schwör ich dir, noch eh es drei geschlagen,
  bring ich zurück, was er dir frech geraubt.
OCTAVIA: Wenn das gelingt, so will ich Euch verzeihn.
  OCTAVIA *ab*.

CAMILLO: Ein Teufelskerl ist dieser spanische Lump!
FÄHNRICH: Mir scheint, wir sind genauso schlau wie er.
CAMILLO: Was für ein Netz von Lügen und Betrug...!
FÄHNRICH: In diesem Netz wird er sich selber fangen!
Wenn einer solche niedren Ränke schmiedet
und alle Welt begaunert und verhöhnt,
so brennt ihm schnell der Boden unterm Schuh!
Wenn er nicht b a l d sich aus dem Staube macht,
wird ihn sein Schicksal ganz gewiß ereilen.

Der SERGEANT FILIBERTO *und* LOMBARDO *treten auf.*

SERGEANT: Mir scheint, die zwei sind spanische Soldaten.
LOMBARDO: Ob sie vielleicht etwas zu essen haben?
Mir knurrt der Magen wie ein böser Hund.
SERGEANT: Zum Teufel, schweig! Jetzt geht's um andre Dinge.
Seid mir gegrüßt, ihr Herren!
FÄHNRICH: Gruß und Dank!
SERGEANT: Verzeiht mir meine allzu große Kühnheit.
An Euren Kleidern seh ich, Ihr seid Spanier...
Ist Euch vielleicht ein Edelmann bekannt
aus Eurem Vaterland...?
FÄHNRICH: Lebt er in Rom?
Dann kenn ich ihn gewiß. Wie ist sein Name?
SERGEANT: Es ist ein Fähnrich namens Leonato.
FÄHNRICH: Der Fähnrich Leonato bin ich selbst!
SERGEANT: Ihr selbst?
FÄHNRICH: Ich bin erfreut! Was für ein Zufall!
SERGEANT: Erdreistet Ihr Euch noch, mich zu verhöhnen?
Herr! Augenblicklich sollt Ihr Rede stehn,
warum Ihr ohne Grund mich so beleidigt.
Noch heute müßt Ihr mir vor meine Klinge!
FÄHNRICH: Verzeiht mir, Herr. Seid Ihr nicht recht bei Sinnen?
Ich habe Euch mein Lebtag nicht gesehn.
Was tat ich Euch denn an, daß Ihr den Degen
jetzt mit mir kreuzen wollt, ganz ohne Grund?
SERGEANT: Ganz ohne Grund? Mein Leben, meine Ehre
und meinen guten Ruf habt Ihr besudelt,
habt schamlos meine Dame mir geraubt!
FÄHNRICH: Ihr seid voll süßen Weines, wie mir scheint!
LOMBARDO: Hätt ich ein Gläschen nur davon gehabt!
SERGEANT: Zähmt Eure Zunge, Herr! Nehmt Euch in acht,
sonst schließ ich Euch den Mund für alle Zeiten!
FÄHNRICH *zu Camillo:* Nimm den Betrunknen fest...

CAMILLO *springt den* SERGEANTEN *von hinten an, reißt ihn zu Boden, fesselt ihn mit einem Strick und steckt ihm einen Knebel in den Mund. Der* FÄHNRICH *bedroht indes* LOMBARDO *mit dem Degen.*

FÄHNRICH: Scher dich zur Hölle!
LOMBARDO *entflieht; der* FÄHNRICH *kniet über dem* SERGEANTEN *und schnürt ihm die Beine zusammen.*
FÄHNRICH: Nun schlaf dich aus, damit du nüchtern wirst!
             FÄHNRICH *und* CAMILLO *ab.*

Des Fähnrichs Prognose, daß Luzman sich im Netz seiner Intrigen verfangen werde, ist nur bedingt richtig. Er scheitert im dritten Akt vielmehr an seiner eigenen Knausrigkeit. Als er nämlich Tristán, seinen treuen Diener, mit einer armseligen Summe abfinden will, beschließt dieser, sich an seinem Herrn zu rächen. Er und die anderen von Luzman hinters Licht geführten Personen tun dies so gründlich, daß der Ritter vom Mirakel am Ende des Stücks nur im Hemd und völlig durchnäßt allein auf der Bühne steht. Lope könnte jetzt den moralischen Zeigefinger heben, und anfangs sieht das auch so aus: „Wer immer nur die andern rupfen will, der steht am Ende selber kahlgerupft." Doch dann macht Luzman noch einmal kehrt und wendet sich, hierdurch ein schönes Beispiel für die in der Comedia herrschende bewußte Illusion gebend, die, so Heinz Gerstinger, „jederzeit zerstört werden kann, da es ja um Spiel, nicht Wirklichkeit geht", direkt an die Damen im Publikum:
„Es sei denn, daß sich unter all den Damen
ein Wesen fände, das Erbarmen fühlt
und Anteil nimmt an meinem harten Los...
Schönheit und Alter spielen keine Rolle,
nur reichlich Geld, das stellt mich schon zufrieden.
Ich bin ein edler Mensch; mein Herz ist treu,
im ganzen Leben hab ich nie gelogen...
Will wirklich keine es mit mir versuchen?
Ich habe die gepflegtesten Manieren,
bin immer zärtlich, werde niemals grob...
Mag wirklich keine? Will mich keine lieben??
– Verfluchtes Weiberpack; schert euch zum Teufel!
Macht, daß ihr heimkommt! –
Denn das Stück ist aus."

In dieser 1617 im achten Band der Ausgabe seiner Comedias erstmals abgedruckten Komödie greift Lope, der hierbei einer Novelle Boccaccios das Handlungsgerüst entnimmt, das beliebte Thema von der betrogenen Betrügerin auf. Von einer Tendenz, die bei einem solchen Sujet immer naheliegt, ist er aber weit entfernt: dem Moralisieren nämlich. Und es wäre auch sehr schwer und würde den Zuschauer nur vom eigentlichen Bühnengeschehen ablenken, wollte er die turbulente Handlung, der zu folgen seine ganze Aufmerksamkeit erfordert, in einen Teil, der scherzhaft-lustig, und in einen anderen, der voller Vernunft wäre, scheiden. Daß es hier nun wirklich nicht darum gehen kann, Sittliches von weniger Sittlichem zu trennen, wird auch schon durch die Maßnahmen ersichtlich, die die dramatischen Gegenspieler Fenisas ergreifen, um deren Intrigen abzuwehren. Und daß zum guten Schluß allein die Kurtisane an der Angel hängt, die sie selbst ausgeworfen hat, ist wohl auch der Tatsache zuzuschreiben, daß für sie Geschäft ist, was den anderen Vergnügen bereitet: die Liebe. Doch noch etwas kommt hinzu: sie vermischt in ihrer Liebe zu „Juan", der verkleideten Dinarda, beide Sphären, und einer solchen Instrumentalisierung der Gefühle darf, wie auch der „Ritter vom Mirakel" zeigt, in der Comedia kein offensichtlicher Erfolg beschieden sein. Betrügereien sind da durchaus erlaubt, doch nur, wenn das richtige Ethos sie auszeichnet. Einzig der gute Zweck heiligt die Mittel.

Die Angel der Fenisa
(Die Angel der Kurtisane)
El anzuelo de Fenisa

Übersicht über Inhalt und Aufbau des Dramas

I,1: *Am Hafen von Palermo.* Don Camilo warnt seinen Freund Don Albano vor seiner Liebe zu Fenisa, hat damit jedoch keinen Erfolg, denn Albano hält dessen platonische Liebesauffassung für heuchlerisch. Fenisa, die mit Celia, ihrer Zofe, zum Hafen geht, um dort nach einem „Goldfisch" Ausschau zu halten, macht Albano klar, daß Liebe für sie ein Geschäft sei und er sich auch dementsprechend verhalten müsse. Lucindo, ein Kaufmann aus Valencia, scheint Fenisa das bessere Opfer zu sein. Sie gibt sich in ihn verliebt und lädt ihn in ihr Haus. Tristan, der Diener Lucindos, ahnt wohl, was für eine Dame seinen Herrn da an der Angel hat, und steckt deswegen alle Wertgegenstände seines Herrn weg. Zuletzt erscheinen Fabio, Bernardo und die als Mann verkleidete Dinarda, die einen reichen Granden spielen soll, auf der Szene.

I,2: *Garten vor Fenisas Haus.* Fenisa bekundet Lucindo ihre Liebe. Celia macht ihre Herrin darauf aufmerksam, daß Lucindo seine goldene Kette nicht mehr trage. Sie spricht ihn darauf an und bekommt zur Antwort, daß er sie ins Pfandhaus habe tragen lassen. Während Tristan seinen Herrn noch warnt, von den aufgetragenen Erfrischungen zu essen, bringt Fenisa Geschenke, die den Argwohn der beiden zerstreuen. Der Feldhauptmann kommt in der Gesellschaft Fabios, Bernardos und Dinardas zum Essen. Fenisa verliebt sich in die als Mann verkleidete Dinarda.

II,3: *Lucindos Zimmer in seinem Gasthaus.* Der mißtrauische Tristan warnt seinen Herrn erneut vor Fenisa. Lucindo gesteht daraufhin, daß er sich in Fenisa verliebt habe. Wie an jedem der letzten 14 Tage auch erscheint Celia mit einem Geschenk ihrer Herrin. Ein Gegengeschenk Lucindos lehnt sie strikt ab.

II,4: *Garten vor Fenisas Haus.* Albano stellt eine gewisse Ähnlichkeit zwischen dem jungen Kavalier und seiner ehemaligen Geliebten Dinarda fest. Die Vermutung wird zur Gewißheit, als er die Hosenrolle und Fenisa bei einem Gespräch belauscht. Er befragt daraufhin die zwei Pagen, die von nun an selbst einen entsprechenden Verdacht hegen. In einem Monolog gibt Dinarda ihre Identität preis. Enttäuscht über das Verhalten Albanos will sie mit Lucindo zurück nach Spanien.
Fenisa empfängt Lucindo in Tränen und liest ihm einen Brief ihres Bruders vor, der unbedingt 2000 Dukaten brauche, um dem sicheren Tod zu entgehen. Der Kaufmann schickt Tristan nach dem Geld. Fenisa und Celia feiern ihren Erfolg.
Etwas später empfängt Fenisa den Hauptmann und drei weitere Offiziere zu einem Spiel. Der zum Abendessen eingeladene Lucindo wird vor der Tür abgewiesen. Schließlich erklärt ihm die Kurtisane, daß sie seine Dukaten nie erhalten habe.

III,5: *Park vor dem Gasthaus des Hauptmanns. Einen Monat später.* Bernardo und Fabio versuchen, Dinarda zu Lüftung ihres Inkognito zu bewegen, als plötzlich Fenisa die Szene betritt und sich mit der Hosenrolle, die sich umsonst sträubt, auf deren Zimmer begibt. Albano wird natürlich in große Verwirrung gestürzt, als Celia ihm das mitteilt. Lucindo ist in Begleitung von Don Felix nach Palermo zurückgekehrt. Fenisa tritt auf ihn zu, und Lucindo tut so, als lasse er sich besänftigen, und bringt sie dazu, ihm 3000 Dukaten zu besorgen. Sein Warenlager bietet er als Sicherheit, worauf sich die Kurtisane bei Tristan nach dem Wert der Ladung erkundigt und Celia aufs Zollamt schickt. Der Hauptmann hat vor, Fenisa lächerlich zu machen.

III,6: *Garten vor Fenisas Haus.* Der Hauptmann macht Fenisa weis, daß Don Juan (Dinarda) sie heiraten wolle, und Tristan fordert sie auf, das Geld zu überbringen. Dinarda wird von Albano bestürmt, gibt sich aber weiterhin nicht zu erkennen. Von Camilo muß er erfahren, daß Don Felix, der Bruder Dinardas, ihm nachstelle. Lucindo und Tristan gehen voller Schadenfreude noch einmal am Haus der Kurtisane vorbei. Fenisa beschenkt die Pagen und erkennt anschließend die Betrügerei Lucindos, dessen Warenlager nur aus Attrappen besteht. Don Felix fordert Albano zum Duell, der daraufhin erklärt, Dinarda, die sich nun demaskiert, heiraten zu wollen. Fenisa steht zum Schluß als doppelt betrogene Betrügerin da.

Lope Félix de Vega Carpio

Die Angel der Fenisa, Übersicht

2. Diener	1. Diener	3. Offizier	2. Offizier	1. Offizier	Feldhauptmann	Fabio, Page	Bernardo, Page	Dinarda (Juan)	Celia, ihre Dienerin	Fenisa, Kurtisane	Tristán, sein Diener	Lucindo, Handelsherr	Don Felix	Don Camilo	Don Albano

Abweichend von der in den Werkausgaben enthaltenen Reihenfolge der Rollenbezeichnungen ist hier wie bei den übrigen graphischen Darstellungen das Personal so angeordnet, daß die Hauptgestalten im Mittelpunkt stehen. Um so deutlicher wird, wie sich das Geschehen auf das Gespann Fenisa – Celia einerseits und Lucindo – Tristán andererseits konzentriert, wobei die Kurtisane freilich das Gesetz des Handelns nach und nach aus den Händen verliert.

171

Die Komödie „Die Angel der Fenisa" gehört zu den nicht wenigen Lopes, die auf eine italienische Vorlage zurückgehen. Hier ist es die zehnte Erzählung des achten Tages aus dem „Decamerone" von Giovanni Boccaccio (1313–1375), die wie folgt überschrieben ist: „Eine Sizilianerin zu Palermo bringt einen Kaufmann auf eine feine Art um das Seinige. Dieser borgt unter dem Vorgeben, als sei er mit einer noch stärkeren Ladung von Waren denn zuvor gekommen, Geld von ihr und läßt ihr dafür Wasser und Hanf."

Lope hält sich an dieses Handlungsgerüst, nimmt sich ansonsten aber volle dramaturgische Freiheit, sorgt für eine umfangreiche Nebenhandlung, fügt eine der beliebten Hosenrollen ein und erweist sich als Meister im Erfinden neuer und immer komplizierter werdender Verwicklungen. Einen weiteren Reiz erhält die Handlung durch die Konfrontation spanischer und italienischer Lebensformen, die darzustellen der Schauplatz Palermo, Teil eines spanischen Vizekönigreichs, geradezu herausfordert.

Die hier wiedergegebene Szene schildert den gut vorbereiteten und auch erfolgreichen Versuch Fenisas, den spanischen Kaufmann Lucindo um eine größere Summe Geldes zu erleichtern.

Der Phönix ist ein Fabeltier der arabischen Legenden und Märchen, den es, wie in einem Emblembuch des 16. Jahrhunderts, der „Picta poesis. Ut pictura poesis erit" von Bartolemaeus Anulus zu lesen ist, „immer nur einmal gibt, der aus sich selbst geboren wird, der aus sich selbst sich wieder herstellt, der entstehend stirbt, der sterbend entsteht. Denn sobald er sich, dahinschwindend, im Feuer der Sonne verbrannt hat, wird er sogleich erneut aus seinen Flammen wiedergeboren."

ZWEITER AKT, VIERTES BILD

Garten vor Fenisas Haus.
Vorn rechts und links je eine Gartenpforte.

FENISA *tritt auf. Sie ist in Trauerkleidung und trägt einen Brief in der Hand.* CELIA *folgt ihr nach.*

LUCINDO: Was soll denn d a s bedeuten?
TRISTÁN: Weiß der Himmel...
LUCINDO: Fenisa! Wie, du bist in Trauerkleidern?
  Was ist geschehen, Teuerste! Du weinst?
FENISA: Geliebter...! Ja, ich wollte dich nicht sehen,
  um nicht dein Herz unnötig zu beschweren;
  doch als ich drinnen deutlich hören mußte,
  daß du nicht mehr an meine Liebe glaubst,
  da machte es die Ehre mir zur Pflicht,
  mich selber vor dir zu verteidigen.
  Lucindo...! Dir allein gehört mein Leben,
  durch deine Augen schaue ich die Welt,
  und meine höchste Sehnsucht wird erfüllt,
  wenn ich dein ritterliches Antlitz sehe!
  Du, mein Lucindo, bist der Wüstensturm,
  der meines Herzens Blut zum Sieden peitscht;
  du bist es, der mir seinen Atem schenkt,
  damit die Erde mir zum Himmel wird!
  Du wohnst in meiner Seele, du allein,
  durch dich ward mir das Dasein lebenswert;
  der Herrscher bist du über meine Sinne,
  du bist der Antrieb meiner Willenskraft!
  Und wenn ich jetzt in meinem tiefen Schmerz
  vertrauensvoll mein Innres dir enthüllte,
  geschieht es nur, weil ich im Herzen fühle:
  Du bist der einzige, der mich versteht!
LUCINDO: Den holden Namen, den du trägst, F e n i s a,
  vom Vogel P h ö n i x leitet er sich ab!
  In deinen Flammen ist mein Herz verbrannt;
  nun aber stieg's, mit neuer Lebenskraft,
  geläutert, aus der Aschenglut empor!
  Was ist es, Liebste, das dich so bedrückt?
  Du, meiner Augen süßes Unterpfand,
  sag, welch ein Unheil ist dir denn begegnet
  und hat mit einem Strom von bittern Zähren
  die Sonne deines Angesichts verhüllt?
  Was für ein dunkles Trauerkleid verdüstert
  den Glanz, der sonst aus deiner Sphäre strahlt?
  Welch unbarmherziges Ereignis prägte
  des Schmerzes Inschrift in dein Antlitz ein?
  Du, meine Sonne, trauervoll verfinstert
  von Tränen... und von Klagelaut belagert!
  Oh, das ertrag ich nicht!

Lope Félix de Vega Carpio   Die Angel der Fenisa II,4

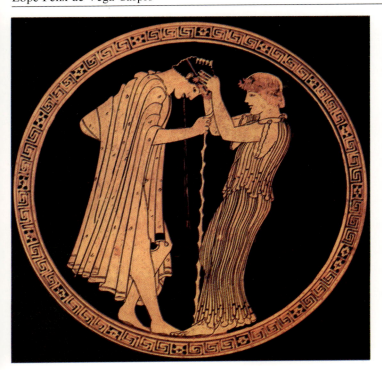

Dieses Innenbild einer um 490/480 v. Chr. entstandenen *griechischen Trinkschale* (Martin-von-Wagner-Museum in Würzburg) des sogenannten *Brygos-Malers* zeigt eine antike Darstellung des Kurtisanenthemas, das in seiner Art einzigartig ist: eine Hetäre bemüht sich um einen offensichtlich zu sehr dem Trunk ergebenen jungen Mann. Die Hetären („Gefährtinnen", „Freundinnen") standen im antiken Griechenland in ihrem Ansehen über den gewöhnlichen Dirnen, besaßen jedoch wie diese die Freizügigkeit, die den durch Recht und Sitte an ihr Haus gebundenen, vom Kulturleben ferngehaltenen Ehefrauen verwehrt war. Dies gehört zu den Gründen, daß sich unter den Hetären außerordentlich gebildete und auch politisch einflußreiche Frauen befanden.

FENISA: Mein edler Freund,
was mich so hoffnungslos verzweifelt macht,
ist ein unsagbar trauriges Ereignis ...
Doch glaube mir: wenn du den Grund erfährst,
so wirst du mich verstehen, mir verzeihen
und diese Tränenflut entschuldigen.
LUCINDO: Oh, so erklär mir doch ...
FENISA: Lies diesen Brief.
LUCINDO *liest:* „Teure Schwester! Es wird das letzte Mal sein, daß ich dich Schwester nennen darf. Nun hat man mich doch noch zum Tode verurteilt und meine Berufung gegen den Spruch verworfen. Auf inständiges Bitten des Fürsten von Butera erklärten die Kläger sich bereit, gegen eine Buße von zweitausend Golddukaten auf die Vollstreckung der Strafe zu verzichten.
Doch woher soll ich, der unschuldig Verurteilte, diese Summe beschaffen? Ich besitze auf dieser Welt keine Möglichkeit, sie aufzutreiben. Wenn es in Palermo einen Menschen gäbe, der mir helfen könnte! Ich bin ja doch dein Bruder, und dieselbe Mutter hat uns beide geboren. Hilf mir, hilf mir; ich beschwöre Dich!! Messina, und so weiter ... Dein Camilo Felix."
 — Ein schlimmer Brief ...
CELIA: O Gott, sie sank in Ohnmacht!
LUCINDO: Geliebte ...!
TRISTÁN: Schnell, bring Wasser!
CELIA: Ja, ich eile ...

El hombre que è hombre fio,
queda qual ciego sin guia.

ABRE EL OIO

De hare hare, nunca me pague
mas vale vn toma que dos te dare.

Tereza llaue
de Pobreza.

Mucho vale y poco cuesta
a mal hablar buena respuesta.

Del bueno, buena prenda
y del malo no fies nada.

A lo que no te agrada
hazte sordo.

El hombre es el fuego
y la muger la estopa
viene el diablo y sopla.

Callar y obrar, por la tierra
y por la mar.

Arrendadorcillos
comer en plata
y morir en grillos.

Miel en boca y guarda la bolsa.

Dame y darte he.

Quien mal pleyto tiene
a barato lo mete.

Qual es la
campana
tal la bada-
jada.

Desta parte
de la bolsa
me quiere bië.

Hazienda
tu dueño
te vea.

Huye del malo
que trae daño.

A cuentas
viejas bara-
jas nueuas.

El bueno sufre,
que el malo no puede.

El mejor lãce d' los dados
es no jugallos.

Haz aquello
que quisieras
hauer hecho
quando mueras.

Entre dos amigos,
vn notario
y dos testigos.

PETRVS ET IOSEPHVS ABADAL EXCVDERVNT MODICIÆ

LUCINDO: Nein, bleibe hier; sie kommt schon wieder zu sich.
FENISA: Mein armer Bruder...
LUCINDO: Fasse Mut, Fenisa;
es wird sich schon ein Ausweg finden lassen.
Was kann ich tun für diesen Unglücklichen?
FENISA: Zu spät; denn alles wird vergeblich sein!
LUCINDO: Verzweifle nicht und laß uns überlegen...
FENISA: Die letzte Hoffnung wäre, wenn... Doch nein..
unmöglich...! Nein, das kann und darf ich nicht!!
LUCINDO: Fenisa, rede; ich beschwöre dich!
Wenn du ein Mittel weißt...
FENISA *schluchzt:* Du sagtest... gestern...
du hättest... alle deine reichen Waren
mit sehr bedeutendem Gewinn verkauft...
Wenn du mir auf dies Haus und meinen Schmuck
zweitausend Golddukaten leihen könntest,
so wäre ich von aller Qual befreit...
LUCINDO: Du bietest mir das Haus, den Schmuck zum Pfand?
Geliebte! Rede doch nicht solche Worte!
Du weißt, wie sehr ich dir verpflichtet bin
und wie ich mich nach deiner Liebe sehne!
FENISA: Du willst mich nur noch fester an dich ketten...
Das ist der wahre, spanische Seelenadel!
LUCINDO: Nur eins mußt du bedenken, Teuerste:
Ein Kaufmann ohne Geld ist wie ein Schiff
mit einem Leck, das man nicht schließen kann...
Du müßtest mir versprechen, daß du mir
die Summe bald zurückbezahlen wirst,
denn meine Heimfahrt ist schon vorbereitet.
Es hieße, mich zugrunde richten, wenn...
FENISA: Sobald mein Bruder frei geworden ist,
verkaufen wir ein paar von unsern Häusern,
die uns mein Vater hinterlassen hat.
Sie liegen in der Nähe von Palermo,
und immer boten sich schon Käufer an.
Das Geld bezahl ich dir mit eigner Hand;
doch n u r, wenn du als Bürgschaft die Juwelen,
die ich besitze, in Verwahrung nimmst.
LUCINDO: Tristán, schnell, lauf zurück in unser Gasthaus
und hole mir aus meiner Stahlkassette
die festverschnürte Geldkatze herbei.
Zweitausend Golddukaten sind ihr Inhalt.
FENISA: Du bist ein guter Mensch.
LUCINDO: Hier ist der Schlüssel.
FENISA: So gibt es einmal wenigstens ein Beispiel
von Edelmut und Freundschaft in der Welt!
LUCINDO: Ich selber bin dir ja zu Dank verpflichtet.
FENISA: Nun fühle ich, wie innig du mich liebst.
LUCINDO *zu Tristán:* Du bist noch hier?
TRISTÁN: Ja, Herr.
LUCINDO: Was willst du denn?
TRISTÁN: Du müßtest die Juwelen an dich nehmen...

„Augen auf" ist der Titel des auf der gegenüberliegenden Seite wiedergegebenen *Plakats mit Ratschlägen für den Kaufmann* der Holzschneider *Pedro und José Abadal* aus dem Jahr 1675. Weil der vor Liebe blinde Lucindo (entgegen dem Rat seines realistischeren Dieners Tristán) eine der wichtigsten Regeln der Kaufmannschaft mißachtet, nämlich die, eine angebotene Sicherheit niemals auszuschlagen, ist sein Schicksal auch schon entschieden. Mit legalen Mitteln kann er sein Vermögen der raffinierten Kurtisane nicht mehr abgewinnen.

LUCINDO: Nicht nötig. Geh.
FENISA: Was wollte denn Tristán?
LUCINDO: Ich sollte mir den Schmuck von dir erbitten...
Die Krämerseele! Nur an Pfänder denkt er,
wenn es ein Menschenleben retten heißt!
TRISTÁN ab.
FENISA: Das Dasein hast du mir zurückgegeben!
LUCINDO: Nein! Nun wird unser b e i d e r Dasein schön!
Ein einzig goldnes Haar auf deinem Scheitel
ist mir ein beßres Pfand als aller Schmuck!
Kein Mensch darf sich erdreisten, zu behaupten,
ich hätte dir in deiner Seelenqual
nur gegen eine Bürgschaft ausgeholfen!
Glaubst du, daß Liebe stark ist?
FENISA: Wie der Tod.
LUCINDO: Es geht die Sage, daß der Liebesgott
an einen einzigen, spinnwebfeinen Faden
vieltausend liebeskranke Herzen hängt.
Welch ein viel beßres Pfand ist dann ein H a a r,
dem sich nur e i n e Seele anvertraute...!
Nun aber lebe wohl; ich will nach Haus
und sehen, ob Tristán auch alles so
erledigt hat, wie ich es anbefahl.
FENISA: Doch heute mittag wirst du bei mir speisen?
LUCINDO: Das tu ich gern.
FENISA: Und dann sollst du erfahren,
was Liebe ist...
LUCINDO: Fenisa...! Habe Dank...!
Ab.
FENISA: Ist er auch fort? Schau nach.
CELIA *an der linken Gartentür:* Er hat es eilig.
FENISA: Jetzt hängt der Goldfisch fest an meiner Angel!
CELIA: Man soll den Tag nicht vor dem Abend loben...
Mach keine Freudensprünge und sprich leise!
Der Weg zum Gasthaus ist zwar kurz, doch könnte
er unterwegs bereun, was er versprach...
Eins aber muß ich sagen: Du verstehst es!
So abgefeimt ist keine andere!
FENISA: Schweig still; das ist doch alles nur zum Lachen.
Jetzt hab ich mir den Hecht gefischt. Er soll
die Angel der Fenisa nie vergessen!
TRISTÁN tritt auf.
TRISTÁN: Damit Ihr nicht in Ungewißheit schwebt,
bin ich zurückgeeilt, so schnell ich konnte.
Hier ist die Geldkatze mit den Dukaten...
FENISA: Gib her, laß sehn... Wahrhaftig! Blankes Gold!
Den Gulden nimm als Botenlohn, Tristán.
Sag deinem Herrn, ich danke ihm von Herzen
und hoffe, ihn zum Mittagsmahl zu sehen.
Jetzt aber kehr zu ihm zurück. Ich muß
noch manches vorbereiten. Grüß Lucindo!
Die Geldkatze geb ich ihm leer zurück.

Die „Venezianischen Kurtisanen auf einem Balkon" (Museum Correr in Venedig) von *Vittore Carpaccio* (1455/1465? bis 1525/1526) gehören zu den wenigen Bildern dieser Epoche, auf denen diese Damen auch als solche dargestellt werden und nicht etwa als Heilige. Daß dieses Werk eine Rarität ist, liegt in den gesellschaftlichen und ideologischen Bedingungen der Renaissancekunst begründet. In seinem Aufsatz „Über den gesellschaftlichen Gehalt ästhetischer Kategorien" schreibt Friedrich Tomberg: „Daß die Renaissancekunst in der zur unmittelbar sichtbaren Darstellung gebrachten Thematik die religiöse Tradition fortsetzte, ist nicht nur eine lästige Äußerlichkeit, die nun einmal aus politischen Gründen nicht zu umgehen war. Zwar steht das Lebensgefühl der Renaissance den Intentionen einer Religion, die den Sinn der Gläubigen ganz in eine jenseitige Welt gelenkt und ihnen erst für das Leben nach dem Tode die Erfüllung all ihrer Hoffnungen versprochen hatte, strikt entgegen. Dennoch bekannten die neuen Heiden sich weiterhin meist noch als Christen, und dies längst nicht immer aus bloß äußeren Gründen. Die Kunstwerke sind dafür ein Indiz: In den Heiden, die sie nach höherem Willen in christlichem Gewand darzustellen hatten, steht eben doch die Antike nicht einfach wieder auf, das christliche Gewand ist ihnen eben doch nicht bloß umgehängt, vielmehr scheint jetzt in die Wirklichkeit hereingeholt, was das mittelalterliche Christentum in ein nichtiges Jenseits verbannt, damit aber gleichwohl untergründig bewußtgehalten hatte: der Anspruch der Menschen nämlich, und zwar ausnahmslos aller Menschen, ihr Leben voll entfalten und in all seinen Kräften bestätigen zu dürfen."

Auf den ersten Blick mag es so scheinen, als stelle Fenisa ein weibliches Pendant zu Luzman, dem Ritter vom Mirakel, dar. Auch sie hat drei Liebhaber, und die Rolle der reichen Isabella nimmt hier der Kaufmann Lucindo ein. Dagegen spricht jedoch, daß die Kurtisane sterblich-unsterblich in den jungen Don Juan, die Hosenrolle, verliebt ist und den gewonnenen Reichtum nicht für sich, sondern für ihren Geliebten verwenden will. Sie ist von der Anarchie der Lebensführung eines Luzman noch ein gutes Stück entfernt.

Der Vorschlag der Graciosa Celia, den Beutel mit Gold „Juan" zu nennen, um ihn im Besitz der Kurtisane belassen zu können, ist ein sehr gutes Beispiel für die der „figura del donaire" eigene Eigenschaft, die Marotten des Herrn oder der Herrin zwar durchschauen, sich letzten Endes aber nicht von ihnen lösen zu können. Der Fetischcharakter des Goldes, der den ohnehin allem ökonomischen Denken und Fühlen äußerst reserviert gegenüberstehenden Spaniern sehr suspekt erscheinen muß, wird nicht prinzipiell in Frage gestellt, sondern im Sinne eines eigenen Vorteils nur uminterpretiert.

„Dame vor Laokoon" von Johann Heinrich Füßli (1741 bis 1825). Die als Kurtisane gekennzeichnete Gestalt scheint dem trojanischen Poseidonpriester indirekt das „beklemmte Seufzen" abzupressen, das im Epos die tödlichen Schlangen bewirken.

TRISTÁN *im Abgehen, für sich:*
  Jetzt hat die Maus die Katze eingefangen!
  Das scheint mir keine gute Vorbedeutung...
    TRISTÁN *ab durch die Gartenpforte links.*
FENISA: Ist er auch fort?
CELIA: Er murmelte etwas.
FENISA: Die Wellen in den Flüssen murmeln auch;
  man hört sie oft sogar ganz deutlich lachen,
  wenn ein besonders fetter, dummer Barsch
  gefangen an des Fischers Angel zappelt...!
    Auf die Geldkatze zeigend:
  Sag: Hältst du es für Unvernunft, wenn ich
  das herrliche Dukatenkätzchen küsse?
CELIA: Das tue nur, denn Gold ist immer sauber.
FENISA: Den Beutel werde ich „Lucindo" nennen;
  komm, mein Geliebter, nimm den ersten Kuß!
  Ich drücke dich ans Herz und schwöre dir:
  ich will dich nie... mit deinem Herrn... betrügen.
CELIA: Wie oft küßt manche Frau ihr kleines Hündchen;
  weshalb sollst du denn nicht ein Kätzchen küssen?
FENISA: Ich will es dem verschenken, den ich liebe:
  Don Juan de Lara!
CELIA: Rede keine Torheit!
  Das wär doch Wahnwitz!
FENISA: Ihm gehört mein Herz!
CELIA: Dann nennst du eben diesen Beutel „Juan",
  verwahrst ihn gut, und alles ist in Ordnung...
  Man kommt!
FENISA: Schnell, bring das Geld in Sicherheit.

CELIA *ab ins Haus. Der* HAUPTMANN *tritt durch die Gartenpforte rechts auf.*
HAUPTMANN: Fenisa, sag mir bloß, was ist geschehen?
  Ganz plötzlich lebst du so zurückgezogen,
  daß sich bei Tag in deiner Wohnung oder
  des Nachts in diesem Hause kaum noch je
  ein lüsterner Galan erblicken läßt.
  Es scheint, als hättest du dein ganzes Leben
  nach „Valencianer Weise" eingerichtet . . .?
  Man pflegt in deinem Hof nicht mehr zu spielen,
  auch wünschst du keine Unterhaltung mehr;
  wie glücklich und zufrieden mußt du sein!
  In früher Zeit galt i c h als dein Beschützer;
  ich war der Mann, der diese Tür bewachte
  und der aus unerwünschten Kavalieren
  mit seinem Degen Rauchfleisch machte . . . I c h
  stand als Gigant vor deinem Zauberschloß!
  Nun schläfst du unterm Fittich deines Liebsten,
  als wärest du ein ängstlich scheues Huhn;
  und weder in den Nächten noch bei Tage
  kommt eine Fliege aus dem Haus heraus . . .
  Du bist verliebt . . .! Soll man's für möglich halten?
  Das hätte ich dir niemals zugetraut!
  Du trägst ein Trauerkleid, machst ein Gesicht,
  als ob du mich verabscheust . . . redest nicht . . .
  Ist es vielleicht Don Juan de Lara, der
  dein ganzes Wesen so verändert hat?
  Das wäre . . . nun, das wär ein starkes Stück!
FENISA: Ich habe immer gern mit dir geredet
  und deinem Degen Hochachtung gezollt.
  Vor dir hatt ich noch niemals ein Geheimnis,
  doch schwör ich dir, daß du im Irrtum bist.
  Den Krämer aus Valencia narr ich bloß,
  und Juan de Lara ist mir viel zu jung.
HAUPTMANN: Du weißt genau, wozu ich fähig bin,
  wenn Eifersucht mich packt!
FENISA: Du bist mein Liebster!
  FENISA *küßt den* HAUPTMANN.
HAUPTMANN: Drei meiner Kameraden stehn am Tor.
  Sei unbesorgt. Es sind beherzte Männer
  und keine Schwätzer oder Süßholzraspler;
  aus ihnen kannst du großen Nutzen ziehn . . .
FENISA: Die Herren sollen mir willkommen sein.
HAUPTMANN *öffnet die Gartenpforte rechts:*
  Auf, Kameraden, kommt, es wird gestattet.
  Drei spanische OFFIZIERE *treten auf.*
ERSTER OFFIZIER: Wir küssen Eure Hände, schönste Dame!
ZWEITER OFFIZIER: Erlaubt auch mir . . .
DRITTER OFFIZIER: Ich steh zu Euern Diensten!
HAUPTMANN: Kommt, Freunde, setzt euch nieder auf die Bank.
FENISA *öffnet die Haustür:*
  Den Tisch laß bringen, Celia.

Der Hauptmann verkörpert ganz das Bild des großsprecherischen Spaniers. Fenisa belegt ihn und seine drei Genossen, ebenfalls spanische Offiziere, in einer späteren Szene mit den folgenden Attributen: Soldaten, federbunte Harlekine, Courmacher, Schwätzer, dünkelhafte Laffen, Krakeeler, Eisenfresser, Übeltäter . . .! Auch hier löst sich das angestrebte Sein von der Wirklichkeit ab: das heroische Bild des seine Geliebte von aller Unbill fernhaltenden und aus jeder Gefahr errettenden Ritters ist zur Beschützertätigkeit eines Zuhälters verkommen. Der Schein indes lebt weiter. Das Haus der Kurtisane wird zum Zauberschloß, seine Bewohnerin entsprechend zur reinen Fee, und als ihr Verteidiger muß sich der Hauptmann, dem Fundus des phantastischen Ritterromans entsprechend, als Gigant vorkommen. Ähnlich paradox, aber dieser Sphäre durchaus angemessen ist auch das Wissen um die vermeintliche Liebesunfähigkeit der Kurtisane bei gleichzeitiger Bekundung der eigenen Eifersucht. Lope legt also großen Wert auf die Schilderung des Milieus der Kurtisanen und setzt sich hier ganz deutlich von Boccaccio ab, der in aller Kürze urteilt: „Der Unkundige muß sie für die vornehmsten und ehrbarsten Damen halten. Stets darauf bedacht, die Mannsleute nicht nur zu rupfen, sondern ihnen möglichst das Fell über die Ohren zu ziehen, erkundigen sie sich, sobald sie einen fremden Kaufmann sehn, in jenem Buch [der Warenliste des Vorratshauses], was er hat und wieviel er vermag, und suchen ihn dann durch einnehmende und verliebte Gebärden und durch Schmeicheleien in ihr Garn zu locken."

Die Autorschaft Lopes an diesem Stück ist umstritten. Sicher ist nur, daß es der Schule Lopes zuzurechnen ist.
Die tragischen Konflikte erwachsen, wie das fast durchgängig im spanischen Theater des Siglo de oro der Fall ist, aus dem in scholastischer Strenge und Enge dargestellten Problem der Ehre: die persönliche Ehre des einzelnen kollidiert, wie das am Beispiel Bustos und Sanchos gezeigt wird, mit einem übergeordneten, an der Person des Königs exemplifizierten intersubjektiven Ehrprinzip. Dieser Gegensatz kann als Widerspiegelung des Gegeneinanders zwischen einem renaissancehaften Individualismus und einem ihn eingrenzenden und als transzendent begriffenen Ordnungsgefüge interpretiert werden. Daß dem auch eine offen politische Dimension innewohnt, zeigt der dritte Akt des Stücks, in dem die Vertreter der Bürger von Sevilla sich weigern, ein Urteil zu sprechen, das dem eigenen Rechtsempfinden widerspräche. Ehre hat also nicht nur das einzelne Individuum, sondern auch der organisatorisch-politische Zusammenschluß der Individuen. Und so handelt dieses Stück auch von dem in Spanien noch immer aktuellen Konflikt zwischen der Zentralgewalt und dem Bestreben nach Behauptung regionaler Selbständigkeit.

Der Stern von Sevilla
La estrella de Sevilla

Übersicht über Inhalt und Aufbau des Dramas

I,1: *Saal im Alcázar.* Die Ratsherren von Sevilla huldigen dem König, der die Schönheit der Stadt rühmt und Arias gesteht, sich in Estrella verliebt zu haben. Der Vertraute gibt ihm den Rat, Busto, den Bruder der Schönen, zum Kammerherrn zu machen. Zwei bewährte Offiziere bewerben sich um die Position eines Feldherrn. Der König legt Busto den Fall dar, der ihn weise entscheidet und daraufhin zum Kammerherrn ernannt wird. Busto, dem diese unverhoffte Karriere unheimlich vorkommt, nimmt diese Ehre an, das Angebot des Königs, Estrella zu vermählen, lehnt er ab.

I,2: *Platz vor Bustos Haus.* Sancho und Estrella gestehen sich ihre Liebe. Busto berichtet Sancho von den letzten Ereignissen, beide hoffen jedoch, daß der König sich nicht in diese privaten Angelegenheiten einmische, wozu er auch kein Recht habe. Der König und Arias wollen Busto mit ihrem Besuch ehren, der lehnt das jedoch ab, da eine unverheiratete Frau im Haus sei. Arias versucht, Estrella für den König gefügig zu machen, doch lehnt dies stolz ab, woraufhin er sich an eine maurische Sklavin wendet, der er die Freiheit verspricht, wenn sie den König einlasse.

I,3: *Saal im Alcázar.* Busto und zwei weitere Kammerherren beschließen, zusammen auszugehen. Der König will in dieser Nacht sein Glück bei Estrella versuchen.

II,4: *In Bustos Haus.* Die Sklavin läßt Arias, der gleich wieder geht, und den König ein. Er wird von Busto überrascht und gibt sich zu erkennen. Busto tut so, als glaube er das nicht. Sie fechten, und der König kann entwischen. Die Sklavin klärt Busto über die Ereignisse auf. Er packt sie und schleppt sie fort.

II,5: *Saal im Alcázar.* Weil Busto das Schwert gegen ihn erhoben hat, will sich der König rächen. Arias findet die tote Sklavin vor der Tür, den Freibrief des Königs in der Hand; er schlägt vor, die Ausführung der königlichen Rache Sancho zu übertragen. Monolog des Königs: „Ich tu nicht recht; und dennoch werd ich's tun."

II,6: *In Bustos Haus.* Busto fürchtet um sein Leben und will, damit Estrella nicht schutzlos wird, deren Heirat mit Sancho rasch in die Wege leiten.

II,7: *Saal im Alcázar.* Der König hat das Todesurteil Bustos unterzeichnet. Sancho, dem nur mitgeteilt wird, daß er einen Mann erschlagen müsse, der den König beleidigt habe, verzichtet auf eine schriftliche Absicherung. Clarindo teilt ihm mit, daß er Estrella sofort heiraten könne. Er öffnet den Brief des Königs und muß erfahren, daß Busto das Opfer ist. Er beleidigt seinen zukünftigen Schwager und tötet ihn. Nach der Tat läßt er sich widerstandslos festnehmen: „Die Tat hab ich getan!"

II,8: *In Bustos Haus.* Estrella schmückt sich zur Hochzeit. Ein Spiegel zerbricht. Clarindo bringt einen Ring, ein Geschenk Sanchos. Die beiden Stadtältesten treten ein, ferner Träger mit der Leiche Bustos. Estrella hört die schreckliche Wahrheit und sinkt verzweifelt an der Bahre Bustos nieder.

III,9: *Saal im Alcázar.* Sancho, so wird dem König berichtet, bekenne sich zwar zu seiner Tat, die Gründe dafür lasse er jedoch im Dunkeln. Estrella bittet den König um die Gewährung des alten Rechts, selbst Richterin zu sein. Dieser, über die Folgen seines Tuns entsetzt, legt das Schicksal des Mörders in ihre Hände.

III,10: *Kerker.* Musikanten spielen schwermütige Lieder. Sancho lehnt das erneute Ansinnen, die Gründe für seine Tat zu offenbaren, ab. Dies sei Sache eines anderen. Im Schlaf erscheint ihm die Verkörperung der Ehre, die seinen Untergang dem Festhalten an der Ehre zuschreibt. Der Burgvogt läßt Estrella ein, die Sancho die Flucht ermöglichen will: „Das Herz ist stärker als die Rache." Sancho dagegen glaubt, nur im Tod an seiner Liebe festhalten zu können. Beide verlassen die Zelle.

III,11: *Saal im Alcázar.* Der König hält es mit seiner Ehre als Herrscher nicht vereinbar, sich als Urheber der Tat erkennen zu geben. Arias rät ihm deswegen, das Gericht milde zu stimmen. Der Burgvogt teilt mit, daß Sancho freiwillig in seine Zelle zurückgekehrt sei, obwohl Estrella ihm die Freiheit geschenkt habe. Das Gericht verurteilt Sancho, den Bitten des Königs zum Trotz, zum Tode, woraufhin dieser sich zu seiner Verantwortung bekennt. Er will Sancho und Estrella miteinander verheiraten, doch zieht Sancho den Tod in der Schlacht und Estrella das Leben im Kloster vor.

Lope Félix de Vega Carpio — Der Stern von Sevilla, Übersicht

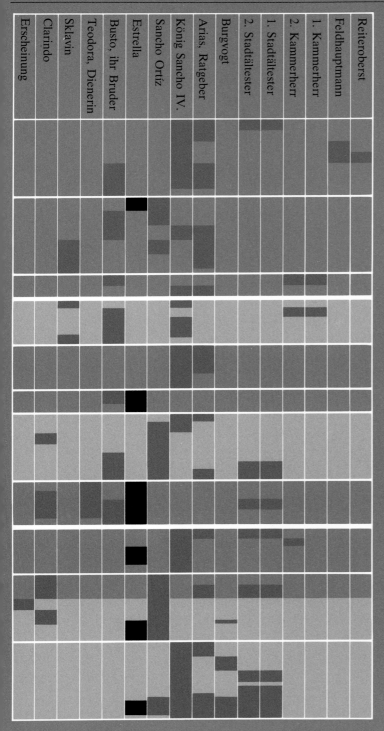

Betrachten wir den geringen Anteil, den die Titelgestalt Estrella am Bühnengeschehen besitzt, so können wir hieraus zumindest die Vermutung gewinnen, daß sie kaum handelnd auf den Gang der Geschehnisse einwirkt. Der Text bestätigt und variiert in vielfältiger Weise die Tatsache, daß Estrella das Objekt von Vorstellungen, Wünschen und Pflichten bildet. So wird sie in I,1 durch die Worte des Königs eingeführt, der die ihm noch unbekannte Estrella über alle Frauen stellt, die ihm bei seinem Einzug in Sevilla zu Gesicht gekommen sind:

„... Doch eine Göttin schaut ich unter allen,
und ihrer denkst du mir mit keinem Wort?
Nur von der bleichen Schönheit sprichst du mir,
und jene dunkelglühende verschweigst du?
Auf hohem Söller stand sie unter Blumen,
gebannt blieb ich, als sie mein Auge traf..."

Zweiter Akt, Viertes Bild

In Bustos Haus.

Die Szene ist dunkel. Durch ein Fenster im Hintergrund rechts fällt ein schwacher Mondstrahl. Nach einiger Zeit schleicht die MAURISCHE SKLAVIN, *eine Laterne in der Hand, von der Mitteltür des Hintergrundes nach der Tür links und verschwindet. Gleich darauf hört man Tritte, dann treten ein: der* KÖNIG, ARIAS *und die* SKLAVIN. *Der König trägt eine Larve.*

> Der in Estrella, den „Stern von Sevilla", verliebte König dringt mit Hilfe einer bestechlichen Maurensklavin in das Haus seines Vasallen Busto ein und wähnt sich dabei, wie er selbst sagt, nicht in Gefahr. Er vertraut auf seine Stellung als Souverän, die ihn auf Erden zur unantastbaren Person macht. Selbst wenn er ein Unrecht begeht, darf er dafür nicht zur Rechenschaft gezogen werden. Der König steht über allem. Da er hier jedoch ein Abenteuer wagt, das die Ehre anderer Personen berührt, muß er nichtsdestoweniger mit einem etwaigen Widerstand rechnen – deshalb auch der seinen Status als sakrosankte Persönlichkeit indirekt aufhebende Verweis auf seine Verteidigungsbereitschaft. Sein Vorgehen zwingt ihn zur Anonymität. Dies aber kann nur heißen, daß auch einem König bestimmte staatsrechtlich relevante Grenzen gesetzt sind. Die absolute Stellung des Fürsten als solche ist unbestritten, doch wird von ihm verlangt, daß er sich gewissen Forderungen unterwirft. Als, so sagt es die zeitgenössische Staatsphilosophie, von Gott eingesetzter Souverän ist er Gott allein verantwortlich und nimmt also die Pflicht auf sich, die Maximen und Prämissen der so begriffenen Ordnung in sich zu personifizieren.

SKLAVIN: Herr, tretet ein, doch besser ganz allein.
Schon ruht das Haus . . .
KÖNIG: Estrella auch?
SKLAVIN: Sie schläft,
das Licht verlosch in ihrem Schlafgemach;
ich goß ihr Mohnsaft in den Abendtrank!
KÖNIG: Hier ist der Freibrief, Weib; das Geld ist dein.
SKLAVIN: Ich küsse Eurer Herrlichkeit die Hände.
ARIAS: Ein Beutel Gold macht alle Schurken gleich.
KÖNIG: Herr sein ist doch ein göttliches Gefühl!
Geh, Arias. Klüger scheint es mir, du läßt
mich jetzt allein. So wird es besser sein.
ARIAS: Allein willst du dich in Gefahr begeben?
KÖNIG: Warum Gefahr? Busto ist mein Vasall;
bin ich denn nicht in meines Lehnsmanns Haus?
Kann also hier für mich Gefahr bestehen?
Und wenn es wär? Bin ich nicht Manns genug,
mit meinem Schwert mich zu verteidigen?
ARIAS: Wo soll ich dich erwarten?
KÖNIG: Im Alcázar.

ARIAS geht ab.

KÖNIG *zur Sklavin:* Was glaubst du? Wann kehrt Busto heim?
SKLAVIN: Erst wenn
die Vögel hell das Morgenrot begrüßen;
das Tor bleibt offen in der Nacht.
KÖNIG: O Liebe,
jetzt steh mir bei zum schönsten Abenteuer!
SKLAVIN: So kommt und haltet Euch dicht hinter mir,
daß Ihr nicht strauchelt in der Dunkelheit.

Ab durch die Tür des Hintergrundes. Die Szene bleibt leer. Kurz nachher hört man Stimmen von der Straße her.

BUSTO: Hier wohne ich.
DON IÑIGO: Lebt wohl.
DON MANUEL: Auf morgen, Busto!
BUSTO: Sonst kehr ich später heim . . .
DON MANUEL: Was wird die Liebste
von Eurer Treue denken, Busto, wenn Ihr
heut nacht nicht unter ihrem Fenster seufzt?
BUSTO: Es ist genug, lebt wohl!

DON IÑIGO: Wir wollen noch
die beiden schönen Tänzerinnen treffen . . .
BUSTO: Gefiel Euch Rita oder Lola mehr?
DON MANUEL: Das werden wir Euch morgen früh erzählen . . .
DON IÑIGO: . . . denn heute wissen wir es noch nicht ganz!
BUSTO: Lebt wohl, ihr Herrn, gute Nacht!
DON MANUEL: Gut Nacht!
DON IÑIGO: Lebt wohl.

Sie verabschieden sich lachend und lärmend. Man hört, wie BUSTO *das Tor öffnet und die Treppe heraufkommt.*

BUSTO: Kein Licht? Das ganze Haus im Dunkel? Ist
kein Diener da? Hollah, Lugán, Osorio!
Hört keiner? Heh! Andrés, Juanico, Justo!
Das ganze Haus in festem, tiefem Schlaf.

Der KÖNIG *und die* SKLAVIN *kommen durch die Mitteltür.*

SKLAVIN: Ich bin verloren! Das ist Bustos Stimme!
KÖNIG: Du sagtest doch, er käme erst am Morgen!?
Der KÖNIG *setzt sich die Larve wieder auf. Die* SKLAVIN *verschwindet durch die Mitteltür.*

BUSTO *tritt auf:*
Wer steht dort? Wer?
KÖNIG: Ein Mann!
BUSTO: Um diese Stunde
in meinem Hause? Euern Namen! Redet!
KÖNIG: Gebt Raum . . . ich muß vorbei . . . laßt mich zur Tür!
BUSTO: Ich bin so höflich nicht. Und wer hinaus will,
hat dieses Degens Klinge zu passieren.
Herr! Heilig ist die Schwelle meines Hauses,
und wer sie mir entweiht, den töte ich!
KÖNIG: Nehmt Euer Schwert weg!
BUSTO: Mann! In diesem Hause
wohnt meine Schwester! Wer sie mir entehrt . . .!
Nennt Euern Namen mir, ich muß ihn wissen!
KÖNIG: Ich bin ein Edelmann von Rang. Laßt ab!
BUSTO: Dies ist mein Haus, und hier befehle ich!
KÖNIG: Zum letztenmal: Laßt mich vorbei und wißt,
ich bin ein Edelmann von hohem Rang.
Wohl bin ich eingetreten in das Haus,
doch ist es nicht geschehn, um Euch zu kränken,
ich tat es, um Euch Ehre zu erweisen.
BUSTO: Wenn meine Ehr Euch so am Herzen liegt,
was kommt Ihr dann zu mir in tiefer Nacht?
Ihr wollt mich ehren und verhüllt den Kopf,
mißachtet mich, indem Ihr Euer Antlitz
unkenntlich macht!? Nein Herr, ich weiß gewiß,
daß Ihr den Blick vor mir verbergt aus Furcht!
Zieht, Ritter, sonst, bei Gott, ich morde Euch!
Mein Degen wird . . .! Es ist ein Mann zuviel
in diesem Haus . . .!
KÖNIG: Halt ein! Ich bin der König!!

Das unerwartete Erscheinen Bustos, des Hausherrn, führt zur Dramatisierung des anfangs nur latent vorhandenen Konflikts zwischen der Souveränität des Regenten und der bedrohten Ehre des ihm untergebenen einzelnen. Eine zentrale Stelle nimmt hier Bustos „Heilig ist die Schwelle meines Hauses" ein, das Wort für Wort ernst genommen werden muß. Das Haus steht für die Sphäre der Frau, deren Unberührtheit vor der Ehe zum Signum der Ehre der ganzen Familie wird. So muß selbst der geringste Verdacht sofort ausgeräumt werden, denn nicht das zählt, was wirklich ist, sondern nur das, was in der Vorstellung ist, was, wie Hegel meint, daher rührt, daß der Mensch in der Ehre „das nächste affirmative Bewußtsein seiner unendlichen Subjektivität, unabhängig vom Inhalt derselben" besitzt. Da diese Zentrierung des irdischen Seins auf ein ausgeprägtes Bewußtsein seiner selbst aber immer vom Wissen um die höhere Sphäre des Religiösen überlagert wird, es nichtsdestoweniger aber für sich selbst steht, hierin die Verletzlichkeit alles Kreatürlichen versinnbildlichend, muß dieses „heilig" Bustos im Sinne einer sich nur strukturell deckenden, doch inhaltlich verschiedenen Koinzidenz der Sorge um das Seelenheil und jener um die Wahrung der Ehre betrachtet werden.

Daß Busto dem Eindringling gestatten will, sein Haus zu verlassen, kann nur heißen, daß er in ihm den König erkannt hat. Wie im spanischen Drama dieser Zeit üblich, obsiegt auch hier im Konflikt zwischen persönlicher Ehre und Vasallentreue immer die letztere. Daß es schließlich dennoch zu einem Duell kommt, folgt daraus, daß Busto den in flagranti ertappten Herrscher mit einem idealisch gezeichneten Bild seiner selbst konfrontiert – was dieser wiederum als Angriff auf seine Ehre betrachten muß, weil die Vorstellung, die er von sich selbst hat, dadurch in Frage gestellt wird. Die Achtung, die ihm bewiesen wird, bezieht sich nicht auf seine Person, sondern allein auf seinen Namen, seine gesellschaftliche Stellung.

Das auf der gegenüberliegenden Seite wiedergegebene Gemälde *„Ein spanischer König"* (Prado in Madrid) von *Alonso Cano* (1601–1667) ist kein strahlendes und idealisierendes Herrscherbildnis. Die äußeren Insignien der Macht (auffällig hierbei die antiken und maurischen Anklänge in der Kleidung) verdecken nicht das sie begleitende Wissen um die Schwere der damit verbundenen Aufgabe; das entspricht der populären Auffassung, wonach der Herrscher immer auch ein Opfer seines Standes ist. Die Totalität der ihm übertragenen Funktion steht im Widerspruch zu der in seinem Menschsein begründeten Unvollkommenheit.

BUSTO: Ihr lügt, denn solche Tat verübt kein Fürst!
  Mein König täte dies? Glaubt Ihr, er käme
  vermummt, allein und ohne sein Gefolge
  und sei so würdelos, die Ehre des Vasallen
  in dessen eignem Hause zu beflecken?
  Ihr nennt Euch einen Edelmann von Rang
  und wagt, was Ihr verbrecherisch begangen,
  als eine Tat des Herrschers hinzustellen?
  Des Königs Ehre stoßt Ihr in den Staub!
  Wenn Ihr kein Feigling heißen wollt: zieht blank,
KÖNIG *leise:* Törichter Träumer! *Laut:* Mann! Ich sage Euch,
  ich bin der König!
BUSTO: Ihr? Ihr wärt . . .? So hört:
  Wer Ihr auch seid: Ihr könnt das Haus verlassen.
  Doch rat ich Euch das eine nur: Erdreistet
  Euch nie mehr, Euch als König auszugeben,
  wenn Ihr auf würdelosen Pfaden wandelt!
  Ihr wißt: Auf Spaniens erhabnem Thron
  regiert ein tugendhafter, tapfrer Fürst!
  Wenn ich Euch ungestraft entwischen lasse,
  geschieht es einzig nur aus Achtung vor dem
  erlauchten Namen Seiner Majestät,
  selbst wenn I h r ihn zu schnödem Tun mißbraucht!
KÖNIG: Nur darum wollt Ihr mich passieren lassen?
  Ich sage Euch: Ich gehe, weil ich will,
  und meinen Weg werd ich mir selber bahnen!
      Zieht das Schwert.
  Wenn ich die Freiheit mir gewinnen soll,
  weil ich mich König nannte und Ihr nur
  den Namen in mir achtet, der Euch schreckt,
  so sollt Ihr sehn, daß ich der Herrscher bin!
  Drum wehrt Euch, Schurke!
Sie kämpfen miteinander. Durch den Lärm angelockt, erscheinen DIENER *mit Lichtern, ferner die* SKLAVIN.
DIENERSCHAFT: Kommt zu Hilfe! Hört!
  Was gibt's?
KÖNIG: Du sollst noch meine Rache fühlen!
  In dem Getümmel entwischt der KÖNIG.
DIENERSCHAFT: Der Euch ermorden wollte, ist entflohen.
BUSTO: Ihm nach! Erschlagt ihn – Nein doch, haltet ein:
  Laßt ihn entwischen, es ist besser so. –
  Geht alle schlafen. Du nur bleibst bei mir.
  Die SKLAVIN *stellt ihren Leuchter auf den Tisch. Die* DIENER *ab.*
BUSTO: Die Hexe ist's, die mich verraten hat!
  Mit List muß ich ergründen, was geschah.
  – Schließ diese Türe fest. Hier knie nieder,
  sonst wirst du sterben. Weib, der König hat
  mir alles eingestanden. Sprich!
SKLAVIN: Wenn er
  geplaudert hat, was brauche ich zu schweigen?
  Herr, alles, was er Euch gesagt, ist wahr!

Das *Emblem* von *Diego de Saavedra Fajardo* (1584–1648), einem Zeitgenossen Lopes, vergleicht die Stellung des Fürsten auf Erden mit der des Mondes, der die Sonne (Gott) in ihrer Abwesenheit vertrete und auch nur durch diese erstrahle. Die in einer Übersetzung aus dieser Zeit (womöglich durch Philipp von Zesen, 1619–1689) wiedergegebene Subscriptio ist denn auch mit „Die Fehler der Fürsten sind offenbar" überschrieben: „Der Mondt vertrit die Sonne in jhrem abwesen weil er der nacht vorstehet an seinen vnterschidlichen veränderungen ab vnd zunehmen hanget die kraft vnd erhaltung der irdischen dingen vnd ob er wol desto schöner ist je mehr dise tunckel vnd an sich selbst schwächlich als welche jhr wesen von dessen liecht hat so ist doch keiner nit der deswegen oder sonsten wegen anderen jhren vnhahlbahren wolthaten sich zu jhm wende ja auch nit damals da er sich in vollen liecht befindet. Aber wan er vnterweilen aus verhinderung der erdkugel eine verfinsterung leidet vnd sich nit also glänzendt als wie zuvor da er das volle licht von der sonnen hatte sehen läst vnd seine dicke vnd unverkünstete mängel außbreitet werden solche also fort von aller augen vnd gemerckt ja lange zuvor ehe solche sich zutragen kommet jhnen die fürwitz vor vnd zehlet jhm seine schrit vnd gänge aufs genaweste. Waß seindt die Fürsten anderst als jrdische Planeten vnd Mondt in welchen die Göttliche Sonne der gerechtigkeit sich außbreitet zur regierung der erden? ..."

BUSTO: Mit deiner Hilfe drang er in das Haus!
SKLAVIN: Die Freiheit hat er mir versprochen. Dafür
 ließ ich ihn ein und führte ihn herauf.
BUSTO: Und weiß Estrella...?
SKLAVIN: Nicht ein Sterbenswort.
BUSTO: Oh, Schwester, wenn an deinem keuschen Namen
 der Schein nur eines Makels haftete,
 du wärst nicht mehr Estrella, jener Stern,
 der in der Unschuld reinem Kleid erblüht.
SKLAVIN: Der König kam, weil er in dieser Nacht
 Estrella schänden wollte. Mir gab er
 dafür den Freibrief.
BUSTO: Einen Freibrief?
SKLAVIN: Und
 auch einen Beutel Gold.
BUSTO: Welch eine Gnade
 auf Kosten meiner Ehre! Komm mit mir!
SKLAVIN: Und wohin führt Ihr mich?
BUSTO: Der König soll
 dir ins Gesicht schaun. Dorthin bring ich dich!
 Denn so erfüll ich das Gesetz der Pflicht,
 das meine Ehre fordert.
SKLAVIN: Habt Erbarmen!
BUSTO: Estrella muß der Stern Sevillas bleiben.
 Kein Schurke soll mir diesen Glanz verdunkeln!
 Er packt sie und schleppt sie fort.

Zweiter Akt, Siebentes Bild

Saal im Alcázar.

ARIAS *hastig und leise:* Sancho Ortíz ist da! Soll er herein?
KÖNIG: Nun darf das Mitleid mich nicht feige machen,
mit kalter List muß ich zu Werke gehn!
– In diesem Schreiben, das mein Siegel trägt,
steht Busto von Taberas Todesurteil.
Das andre aber sagt, daß ich es war,
der Sancho den Befehl gab, ihn zu töten.
So bleibt der Ritter schuldlos. Laß ihn ein,
verschließ die Tür. Du selber wartest draußen.
ARIAS: Warum?
KÖNIG: Damit er glaubt, daß außer mir
und ihm kein Dritter das Geheimnis kennt!
        ARIAS *läßt* SANCHO *eintreten und geht ab.*
SANCHO: Erlaubt mir, daß ich Eure Hände küsse,
nie ward ich jemals so geehrt wie jetzt
von Euch!
KÖNIG: Ich bin Euch wohlgewogen.
Man sagt mir, Ihr seid klug und hochgeschätzt,
tapfrer Soldat ... und streng verschwiegner Mann ...
Das Schweigen ist's, das ich am höchsten achte!
SANCHO: Verzeiht! Nicht solche Worte. – Eure Hoheit
hat mich schon mehr geehrt, als ich verdiene.
Gebt mir Gelegenheit, Euch zu beweisen,
daß dieses Herz für seinen König schlägt!
KÖNIG: Kommt näher, hört, wozu ich Euch gerufen,
zeigt, daß Ihr tapfer und verschwiegen seid.
Ich zog Euch allen andern Rittern vor ...
Was ich Euch sage, wissen nur wir zwei:
Ihr müßt mir einen Mann erschlagen im
geheimen!
SANCHO: Ist er schuldig?
KÖNIG: Ja, er ist es!
SANCHO: Und warum, wenn er schuldig, scheut die Tat
die Sonne? Richtet öffentlich! Das bringt
mehr Ehre Euch, als wenn Ihr im verborgnen
geschehen laßt, was das Gesetz verlangt,
denn sonst beschuldigt Ihr doch nur Euch selbst,
indem Ihr ihn beschuldigt. Jedermann
wird glauben, daß er ohne Grund ermordet
und Ihr Euch nur aus Haß an ihm gerächt.
Wenn aber das Vergehen bloß gering,
dann handelt wie ein König – und verzeiht!
KÖNIG: Ich rief Euch nicht als seinen Fürsprech her,
sein Richter sollt Ihr sein, und weiter nichts!
Wenn ich ihn töten lasse, weil ich muß,
so wird es meine Königsehre fordern!
Ihr zweifelt? Nun: Hat der den Tod verdient,

Der König ist gezwungen, sich zu rächen, muß dies jedoch, da er nicht selbst Hand anlegen kann, einem anderen überantworten. Die Wahl fällt auf Sancho Ortíz. Der erweist sich zwar, wie erwartet, als treuer Gefolgsmann seines Königs, ist aber kein einfaches Werkzeug und macht Einwände geltend, die Rückschlüsse auf das Selbstbewußtsein des Rittertums und seine Stellung dem Herrscher gegenüber zulassen. Die dominierende Position des Königs wird nie in Frage gestellt, doch sind die Grenzen zwischen beiden Sphären nicht so ausgeprägt wie im übrigen Europa. Es ist dies eine Folge der Reconquista, die dem einzelnen Adeligen den Wert der eigenen Person auch in bezug auf den König, der auf ihn angewiesen ist, immer wieder vor Augen führt. Eine Grenze findet dieser Individualismus indes dort, wo die Belange des Königs unmittelbar betroffen sind. Dann nämlich muß sich die rückhaltlose Treue des Vasallen als Hauptzusammenhalt des feudal strukturierten Gemeinwesens erweisen.

Sancho Ortíz ist aufgrund seiner militärischen Leistungen zum Erfüllungsgehilfen der königlichen Rache an Busto gemacht worden. Arias, der Vertraute des Königs, begründet seine Wahl wie folgt: „Ich kenne schon den Mann. Ein tapfrer Krieger, ein Ritter ist es, der mit scharfen Streichen am Fels von Gibraltar die Mauren schlug, als Feldhauptmann für deine Fahnen stritt und nie besiegt ward..."

    der seines Königs heilige Majestät
    besudelt und beschimpft?
SANCHO: Bei Gott, das hat er!
KÖNIG: Wenn ein Vermeßner, dreist und ehrvergessen,
    das Schwert gezückt auf seines Königs Brust?!
SANCHO: Dann bitt ich selber laut darum: Er sterbe,
    er sterbe, wenn er gleich mein Bruder wäre!
KÖNIG: Schwört mir dies schwere Wort in meine Hand!
SANCHO: Nehmt mit der Hand mein Herz und meine Treue!
    Verschwiegenheit bis in den Tod!
KÖNIG: Der Brief
    mit dem Befehl, von meiner Hand geschrieben,
    rechtfertigt Euch, daß ich die Tat gewollt
    und daß sie Euch vergeben sei. Lest vor!
SANCHO *liest:*
    „Den Mann, den Euch das andre Schreiben nennt,
    sollt Ihr auf mein Geheiß erschlagen, und
    wenn Euch Bedrängnis aus der Tat erwächst,
    will ich, der König, Euch daraus befreien,
    durch dies von mir gezeichnete Papier."
    – Ich bin betroffen, Herr, daß Ihr von mir
    so niedrig denkt. Was brauche ich den Brief?
    Des Königs Wort ist mir der beste Bürge!
            Er zerreißt den Brief.
    Wir beide sind uns gleicherweis verpflichtet:
    Ich, Euch zu rächen, und Ihr, mich zu schützen,

Das Foto zeigt eine *Burg im damals spanischen Südfrankreich* aus der Zeit, in der die Handlung des Dramas spielt.

und dafür braucht es Brief und Urkund nicht!
Ich gehe, Euern Auftrag zu vollstrecken,
doch bitt ich, Herr: Gewährt mir dann als Preis
die Hand der Dame, der mein Herz gehört.
KÖNIG: Und wär's Kastiliens reichste Edelfrau,
es sei!
SANCHO: So möge Euer tapfres Schwert
den goldnen Thron der Mauren Euch erringen,
und eine unbesiegbare Armada
soll Euern Ruhm durch alle Meere tragen!
KÖNIG: Ich will Euch königlich belohnen, Sancho!
Gibt ihm den zweiten Brief.
In diesem Schreiben findet Ihr den Namen
des Manns, der sterben muß von Eurer Hand.
Wenn Ihr es öffnet, o erschreckt nicht, denn
der Mann ist stark und tapfer ...
SANCHO: Und ich werde
bald wissen, ob er's ist!
KÖNIG: Kein Mensch kennt das Geheimnis außer uns:
Seid klug und handelt. Und versteht zu schweigen.
Der König ab.

Die gotische *Kathedrale von Sevilla*, erbaut im 15. und zu Beginn des 16. Jahrhunderts. Der 93 m hohe *Glockenturm Giralda*, das Wahrzeichen der Stadt, ist ein ehemaliges Minarett; Sevilla, das die Araber im Jahr 712 erobert und zu der neben Córdoba blühendsten Stadt des islamischen Spanien entwickelt hatten, wurde 1248 durch Ferdinand III. von Kastilien eingenommen.

CLARINDO *tritt auf.*
CLARINDO: Hier bist du, Sancho, endlich find ich dich!
Ich bring dir mehr als eine gute Botschaft.
Er zeigt ihm einen Brief.
SANCHO: Von wem ist dieses Schreiben?
CLARINDO: Von Estrella!
Du werdest mich belohnen, sagte sie,
weil ihr noch heute euch vermählen sollt!
SANCHO: Was sagst du? Gib es her! *Liest:* „Mein Bräutigam,
der Augenblick, den wir ersehnt, ist da.
Mein Bruder suchte Dich in Deinem Hause,
um Dir von unserm großen Glück zu sagen,
so nütz die Zeit und sprich mit ihm. Estrella."
– Nun kommt mein Glück durch meinen guten Stern.
Doch ich will heim erst, dem Gesinde sagen,
daß sie sogleich die Prunkgewänder rüsten.
Die Diener müssen sich die Häupter schmücken
mit wallend-schweren, bunten Federbüschen,
weil sich der Herr ins Ehejoch begibt!
Clarindo, wenn du ein Geschenk begehrst,
nimm diesen Hyazinth als deinen Lohn,
der dir die Sonne selber schenken würde,
wenn sie der goldne Stein im Ringe wäre.
CLARINDO: So mögst du länger leben als der Stein,
und deine Gattin selig dir zur Seite.
Ich liebe dich wie sie und wünsche euch,
daß euer Glück sei wie die Ewigkeit.

Clarindo geht ab.

SANCHO: Ich stehe wie im Traum. All meine Sehnsucht
und all mein Hoffen wird nun Wirklichkeit!
Schnell eil ich fort zu Busto. – Doch: der Brief!
Was mir mein König anbefahl, geht vor.
Laß sehen, wer es ist. *Er liest:* „Der Mann, den Du
erschlagen sollst, heißt Busto von Tabera . . .!"
Heißt Busto . . . Busto von Tabera . . . Gott!
Dies Blatt Estrellas schenkte mir das Glück,
des Königs Brief hat mir den Tod gebracht . . .
Zwei Blätter eines Kartenspiels der Hölle!
Was ist das Leben . . . als ein Kartenspiel,
tückisch gemischt von falschen Teufelsfingern,
die Glück und Tod in wirrer Folge zeugen!
In Rosenfarben stieg mein Glück empor,
nun sind die roten Blüten welk und bleich
und fallen tot aus einer Mörderhand . . .!
Es kann und darf nicht sein! – „Der Mann, den Du
erschlagen sollst, heißt Busto von Tabera . . ."
Verloren bin ich . . .! Gott, was soll ich tun?
Dem König habe ich mein Wort verpfändet,
des eignen Schwagers Mörder soll ich werden;
Estrellas Liebe muß sich von mir wenden!
Sancho Ortíz, halt ein! Das kann nicht sein:

Sancho erweist sich als der Geliebte Estrellas. Daß die Heirat jetzt schnell vollzogen werden soll, hängt ursächlich mit den dramatischen Ereignissen im Hause Bustos zusammen, der seiner Schwester Bericht erstattet und, da er sich in Gefahr glaubt, diese bald in Sicherheit wissen möchte:
„Zu wem, Estrella, kann der Wüstling wohl zur Nachtzeit in das Haus geschlichen sein, wenn du es nicht gewesen, die er suchte?
Die Sklavin nur war bei ihm, niemand sonst.
Ich zog mein Schwert, wir wurden handgemein; er wich und flüsterte: ‚Ich bin der König.'
Ich fühlte wohl, daß er es war. Und dennoch verstellt ich mich, als ob ich es nicht glaubte.
Da drang er wieder auf mich ein. Wir fochten, die Sklavin schlich heran, mit ihr die Diener, die Leuchter trugen. Da entwich der König, um nicht bei Kerzenschein erkannt zu werden.
Die Hexe hat mir eingestanden, daß er die Freiheit ihr versprach, damit sie ihn zur Nacht ins Haus einließ. –
Sie ist gerichtet.
Damit der Gifthauch ihres Atems nicht die Luft im Haus verpeste, schleppte ich sie zum Alcázar. Dort erwürgte ich sie . . .
und legte sie vor das Gemach des Königs, damit er sieht, daß er Vasallen hat, die keine angetane Schmach erdulden!
– Sieh, Schwester; das ist mir geschehn. Mein Leben ist in Gefahr, und ich muß fliehn, so rasch ich kann. Doch vorher will ich dich, Estrella, mit Sancho, den du liebst, noch schnell vermählen.
Bist du sein Weib, stehst du in seinem Schutz, mir aber hilft nichts andres als die Flucht!"

Busto muß leben! – Doch . . . ich gab mein Wort,
mein Manneswort an meinen Herrn und König!
Dann darf auch meine Mannesehre nicht
im Widerstreite stehn mit meiner Sehnsucht!
So sei es denn beschlossen: Busto sterbe . . .!
Doch kann's die Hand, die er so oft gedrückt?
Nein! Busto lebe, weil er leben muß . . .!
Und dennoch handl ich wider meine Pflicht,
wenn ich so fest an jener Treue hänge,
die mit dem Freund und Schwager mich verbindet.
Wo seh ich einen Ausweg aus der Qual,
die härter als der Tod? So will ich fliehn,
um meines Freundes Leben zu erretten . . .
„Der Mann, den Du erschlagen sollst, heißt Busto . . ."
Oh, hätte ich doch nie mein Wort verpfändet,
dann würde meine Liebe nimmer jetzt
im Kampfe stehn mit dem Befehl zu morden . . .!
Sie nennen mich den Cid von Andalusien,
nun würd ich Sancho heißen, der dem König
die Treue brach . . . Und drum muß Busto sterben!
Das Schwert hat er gezückt auf seinen Herrn,
auf seines Königs heilige Majestät!
Ein Edelmann, der so weit sich vergißt,
ist ausgestoßen aus der Ritterschaft!
– Doch wenn er . . . wenn er . . . ihn nur morden ließe,
weil er Estrella selbst gewinnen möchte!
Nein! Gegen meinen König muß ich handeln,
denn was mein Liebstes ist, das schütze ich!
Drum lebe Busto! Busto darf nicht sterben,
ich bin ein Edelmann! – Ein Edelmann, das heißt:
was mir mein Fürst gebietet, muß ich tun!
Am Anfang alles Seins steht das Gesetz,
und dem Gesetz muß der Vasall gehorchen . . .
Doch gibt es kein Gebot, das mich verpflichtet?!
– Und dennoch gibt es eins: Selbst wenn der Herrscher
im Unrecht ist, muß der Vasall gehorchen!
Des Königs Unrecht strafen k a n n n u r G o t t !
Drum wenn es mir auch Trauer bringt und Schmerz,
zum König stehn ist meine höchste Pflicht!
So muß denn Bustos Tod beschlossen bleiben!
Schon mahnt des Herzens Stimme mich nicht mehr,
daß Busto leben soll . . . Verzeih, Estrella,
dich zu verlieren und dein Feind zu heißen,
ist Höllenqual! Ist Marter ohne Ende!
Ich muß es tun . . . Ich muß es eilig tun!

BUSTO *kommt*.

BUSTO: Sancho! Welch glückliches Zusammentreffen! –
Ja, Schwager! Denn die Zeit ist nun erfüllt
zu eurer glücklichen Vermählung, Sancho!
– Was ist geschehen? Wie? Du schweigst verwundert,
wenn ich Estrella dir zur Gattin gebe?

Die Entscheidung zwischen der Treue zu seinem Herrn und der sich dagegen aussprechenden Vernunft sowie der Neigung zu den davon unmittelbar Betroffenen ist der klassische Ehrkonflikt im Drama des Siglo de oro schlechthin. Daß – wie auch hier – dabei die „Pflicht" fast immer die Oberhand behält, ist ein beredtes Zeichen dessen, daß die zeitgenössische Diskussion des Ehr- und Treuebegriffs sich endgültig von der realen Basis losgelöst hat, der diese Denkschemata einst entwachsen sind. Die Treue fungierte im Mittelalter als gesetzliches Fundament der Lehnsherrschaft.
„Das Grundprinzip aber, auf dem das Ganze seinem Ursprunge nach beruht, ist die freie Wahl sowohl in betreff auf das Subjekt der Anhänglichkeit, als auch auf die Beharrlichkeit in derselben. So weiß denn die Ritterlichkeit der Treue das Eigentum, Recht, die persönliche Selbständigkeit und Ehre des Individuums sehr wohl aufrechtzuerhalten und ist daher nicht als eine Pflicht als solche, welche auch wider den zufälligen Willen des Subjekts zu leisten wäre, anerkannt. Im Gegenteil . . . Die Treue und der Gehorsam gegen den Herrn kann deshalb sehr leicht in Kollision mit der subjektiven Leidenschaft, der Gereiztheit der Ehre, dem Gefühl der Beleidigung, der Liebe und sonstigen inneren und äußeren Zufälligkeiten kommen und wird dadurch etwas höchst Prekäres . . . Das schönste Beispiel einer solchen Kollision finden wir im Cid. Er ist dem König und ebenso sich selber treu" (Hegel).

Die Abbildung der vorhergehenden Doppelseite zeigt einen Ausschnitt aus dem Gemälde „*Der Hafen von Sevilla*" (Museo de América in Madrid) des spanischen Hofmalers *Alonso Sanchez Coello* (1531–1588). Die Metropole im Süden Spaniens ist die heimliche Hauptstadt des Landes. „La Maravilla" („das Wunder") nennen sie die Spanier selbst gern. Wie in allen südlichen Ländern spielt sich auch hier ein gewichtiger Teil des Lebens auf der Straße ab.

SANCHO: Da ich sie nicht verdiene, schweige ich!
BUSTO: Wie? Mit verschloßnem, starrem Antlitz schaust
  du auf zum Himmel und zum Boden nieder?
  Was soll dies bleiche Eis des Schweigens, Freund?
  Bist doch durch Ehvertrag mit ihr versprochen.
  So zweifelst du an ihrer Ehrbarkeit?
SANCHO: Und wenn du sie mir schenkst, ich mag sie nicht!
BUSTO: Ich bin dein Freund, und so sprichst du zu mir?
SANCHO: So rede ich, Tabera, denn ich will
  dich kennenlernen.
BUSTO: Da du als Tabera
  mich kennst: Was soll dies Wort?
SANCHO: Ein jedes
  von meinen Worten hab ich wohl erwogen;
  und darum ...
BUSTO: Sancho! Ich bin hergeeilt ...
SANCHO: Ich eilte mehr!
BUSTO: Warum?
SANCHO: Die Ehre will es!
BUSTO: Das sagst du m i r ? Was ist mit meiner Ehre?
SANCHO: Mit deiner Ehre? Nichts ist deine Ehre!
BUSTO: Taberas Ahnenschild ist fleckenlos
  und blank. Kein Makel hat ihn je getrübt!
  Erkühnst du dich, mit hinterhältigem Wort
  argwöhnisch meine Ehre anzutasten,
  so lügst du wie ein abgefeimter Schurke!
  Was ich behaupte, will ich dir beweisen.

Sie ziehen blank.

SANCHO: Was hast du zu behaupten, zu beweisen!
  Verteidige dich!

Sie fechten.

BUSTO: Ich bin getroffen ... ah ...!

Er fällt.

SANCHO: Was tat ich? Busto! Was hab ich getan!
  Mein Bruder Busto ...! Hör mich doch ... Ich bin
  schon wieder ganz bei Sinnen ... Hör mich doch!
BUSTO: Estrella ... meine Schwester ... *Zu Sancho:* Deine Hand.
  Beschütze sie ...! Leb wohl, mein Bruder Sancho.

BUSTO *stirbt.*

SANCHO: Was tat ich? Busto! Was hab ich getan?
  Mein Bruder Busto! *Aufschreiend:* Nein, es ist nicht wahr.

SANCHO *will hinausstürzen.*

Die Stadtältesten DON PEDRO DE GUZMÁN *und* DON FARFÁN
  RIBERA *treten ein. Mit ihnen andre* RITTER *und* DIENER.

DON PEDRO: Was tut Ihr, haltet ein! Zurück die Hand!
SANCHO: Ich habe den gemordet, den ich liebte!
DON FARFÁN: Entsetzlich! Nein!

Sancho tötet Busto im Duell. Über die Funktion des Zweikampfs in der Comedia schreibt Max Kommerell: „Des Duells kann das Drama ebensowenig wie das Leben selbst entraten, da es die Hingabe an den obersten Standesbegriff damit besiegelt, daß er jederzeit mit dem eigenen Blut vertreten und mit dem fremden Blut gerächt wird; für das Drama ist das Duell der eigentlich symbolische Akt des Ehrenkodex."

Lope Félix de Vega Carpio · Der Stern von Sevilla II,7

DON PEDRO: Wer ist es?
SANCHO: Der mir wie
ein Bruder war, den hab ich ... umgebracht!
Ich bin der Kain von Sevilla, der
den Bruder Abel schlug ... der schuldlos war!
Hier liegt er. Schaut ihn an – und tötet mich,
denn da er starb durch meine Mörderhand,
so nehmt mein zwecklos Leben für das seine.

ARIAS *kommt.*

ARIAS: Was ist geschehen?
SANCHO *sinnlos lallend:* Eine schwarze Tat,
die einem Edelmann das Herz zerbricht,
weil er sein Wort gab, die befleckte Ehre
mit heißem Herzblut wieder rein zu waschen.
Geht hin zum König, meinem Herrn, und meldet:
Ein Sevillaner, der sein Wort gibt, hält es,
und wenn er gleich den eignen Bruder mordet,
und selbst den Stern verliert, der seine Liebe!
DON PEDRO: Es ist Herr Busto von Tabera.
ARIAS: Sah
man jemals eine sinnlosere Tat!
SANCHO: Nehmt mich gefangen, fesselt mir die Hände,
schaut doch, welch eine stolze Heldentat
hab ich vollbracht, weil ich die Ehre liebte!
Die Ehre gab mir den Befehl zu morden,
nun fällt sie selber mir den Todesspruch;
so bitt ich wegen meiner Ehre euch:
Gebt mir den Tod, den meine Ehre fordert.
DON PEDRO: Nehmt ihn gefangen. Schafft ihn nach Triana,
damit Sevilla nicht in Aufruhr kommt.

SANCHO *übergibt sein Schwert.*

SANCHO: Mein Busto, Freund!
DON FARFÁN: Er ist von Sinnen, Gott!
SANCHO: Den kalten Leib, in edlem Blut gebadet,
laßt mich, ihr Herrn, auf diesen Armen schleppen,
gleich wie der Atlas, der die Erde trägt,
damit ihm reuevoll mein eigenes Herzblut
das Leben wiedergebe, das ich nahm!
DON PEDRO: In seinen Augen glimmt der Wahnsinn.
SANCHO *lallend zu Farfán:* Hört mich:
Ich handelte entgegen meinem Willen,
doch das Gesetz, das höchste, ward erfüllt.
Das erste konnt ich tun als freier Mann,
indes, das zweite tat ich, weil ich mußte.
Ob Ihr's begreift, ob Ihr es nicht begreift,
was tut's, wenn Schweigen meine Zunge bindet.
Ich mordete ihn und bestreit es nicht,
doch sag ich nicht, warum ich ihn erschlug;
darüber wird ein andrer Kunde geben.
Ich sage nur: *Schreiend:* Die Tat hab ich getan!

Sancho nennt sich einen „Kain von Sevilla", führt diesen Vergleich aber nicht weiter. Dies nämlich hätte zur Folge, daß die der Ehre auferlegten Pflichten in einen unüberbrückbaren Gegensatz zu religiösen Anschauungen geraten könnten. Daß dies in der Comedia indes so gut wie nie vorkommt, ist – so eine treffende Formulierung Max Kommerells – deren „Indiskretion gegen das Leben" zuzuschreiben. Auch Sancho verfällt später wieder ganz der hermetischen Dialektik seines Ehrbegriffs: der Ehre zuliebe habe er gemordet, also verlange es seine Ehre, daß man auch ihn töte. Diese Forderung ist Ausdruck des Despotismus eines hypertrophierten ideellen Seins: erst an den Grenzen zum Unnatürlichen wird es in den Rang einer wahren Idee erhoben; am Mittelmäßigen und Selbstverständlichen kann es sich nicht beweisen.

Einige Interpreten des „Stern von Sevilla" sehen in diesem Drama in erster Linie einen von Enthusiasmus getragenen Lobpreis sevillanischer Charakterstärke. Wenn dies auch übertrieben sein mag, so ist doch nicht zu übersehen, daß dieses Element eine wichtige Rolle spielt: „Ein Sevillaner, der sein Wort gibt ..."

Sanchos Schrei „Die Tat hab ich getan!" ist ein verzweifelter Ausdruck dessen, daß die Pflicht es ihm unmöglich macht, die tieferen Ursachen seines widersinnig scheinenden Tuns zu offenbaren. Dies obliegt allein dem König.

195

DRITTER AKT, ZEHNTES BILD

Kerker.

SANCHO *im Schlaf:*
　Nein...! Nein!! Was heftest du den toten Blick
　auf meine Brust, daß mir das Blut gefriert?
　Du scheinst kristallnes Eis; ich schaue klar
　durch dich hindurch... Dir pulst kein heißes Blut,
　du hast kein Herz... ich seh's... du hast kein Herz!
　Brich dieses Eis des Schweigens, sag, wer bist du!?
DIE ERSCHEINUNG: Der Dämon Ehre!
SANCHO: 　　　　　　　　Nein! Du bist der Tod!
DIE ERSCHEINUNG: Du zweifelst? Oh, du armer, stolzer Tor!
　Jetzt, da du ehrlos wurdest, komm ich zu dir:
　Die Ehre hast du nur, wenn sie dir fehlt,
　vergeblich suchst du mich auf Erden, denn
　vor tausend Jahren schon bin ich gestorben.
　– Was tatst du Böses denn?
SANCHO: 　　　　　　　Ich gab mein Wort
　und hielt mein Wort!
DIE ERSCHEINUNG: 　Du machst mich lachen, Sancho!
　Dein Wort hast du gehalten? Armer Träumer!
　So weißt du nicht, daß heute der nur groß
　und ehrenhaft, der sein Versprechen bricht!?
SANCHO: Ich gab mein Wort, um einen Mann zu töten,
　ich tat es... und er war mein bester Freund!
DIE ERSCHEINUNG: Wie töricht, Sancho, man enthauptet dich
　nur wegen deiner Ehrenhaftigkeit!
SANCHO: O Ehre, noch viel mehr bin ich gestraft,
　ich habe die verloren, die ich liebte,
　Estrella...!
DIE ERSCHEINUNG:
　　　　　Sancho, so geschah dir recht!
　　　　　DIE ERSCHEINUNG *verschwindet.*
SANCHO *schreit:* Weh mir! Entfliehe nicht! Wo eilst du hin?
CLARINDO *kommt zurück:*
　Sancho, wach auf! Kennst du mich nicht? Clarindo!
SANCHO: Clarindo... was...? wo bin ich...? Ah, der Kerker!
　Ein wilder Traum verwirrte mir den Schlaf...
　Estrella, oh, ich habe sie verloren!
　Wie ist es grausig leer in meiner Brust...
　Das Schicksal straft mich, wie ich es verdiente!
Der BURGVOGT VON TRIANA *kommt. Mit ihm* ESTRELLA, *tief verschleiert.*
BURGVOGT: Sancho Ortíz de las Roelas, hört:
　Befehl des Königs. Euer Schicksal ruht
　von jetzt ab in den Händen jener Frau.
ESTRELLA *leise:* Verlaßt uns beide!
CLARINDO: 　　　　　　　Sancho, lebe wohl.
　　　　　CLARINDO *geht mit dem Burgvogt hinaus.*

Es ginge wohl zu weit, in dem Erscheinen des Dämons der Ehre eine prinzipielle Kritik am scholastischen Ehrbegriff der Epoche zu sehen. Dennoch vermag Lope, wie Karl Vossler zu Recht schreibt, „den Eifer und die Wut des rächenden Fanatikers der Ehre [innerlich] nicht mitzumachen". Das Paradoxon „Die Ehre hast du nur, wenn sie dir fehlt" ist vielmehr historisch zu begreifen: als Kritik an den augenblicklichen gesellschaftlichen und politischen Verhältnissen. In einer Zeit, da die Ehre nichts mehr gilt, ist der, dem sie abgesprochen wird, der wirkliche Mann von Ehre. Dieser Einschätzung entspricht auch die Äußerung des Dämons, vor tausend Jahren schon von der Erde verschwunden zu sein, die Assoziationen an die weitverbreitete Idee des Goldenen Zeitalters weckt. Der Begriff der Ehre muß also auch als ideologisches Abbild eines verlorengegangenen idealischen Seins betrachtet werden.

SANCHO: Wenn Ihr das Mitleid seid, so tötet mich,
  denn nichts ersehn ich heißer als das Grab.
  O sprecht: Was bringt Ihr mir?
ESTRELLA *mit verstellter Stimme:* Die Freiheit.
SANCHO: Wie?
  Wer seid Ihr? Nennt mir Euern Namen!
ESTRELLA *wie oben:*   Geht...
SANCHO: Nicht einen Schritt tu ich aus diesen Mauern,
  bevor Ihr nicht verratet, wer Ihr seid.
  Ihr schweigt? So habt doch Mitleid!

            ESTRELLA *entschleiert sich.*

                    Wie? Estrella?!
ESTRELLA: Weil ich das Mitleid bin, so bring ich dir
  die Freiheit, nicht den Tod. Nun geh mit Gott!
  Was stehst du noch und schweigst? Mißtraust du mir?
  Die Zeit verliert, wer zögernd sich besinnt.
  Jetzt rasch! Vorm Tore steht ein Roß. Der Diener
  ist wohlversehn mit Gold, doch eilen mußt du!
SANCHO: Kein Mitleid will ich; grausam sollst du sein,
  denn was dir Wohltat scheint, zerreißt mein Herz!
ESTRELLA: Mein Sancho; lasse mich mit leisen Händen
  dein Leben in verklärte Bahnen lenken,
  und geh: Das Herz ist stärker als die Rache...

Die im Titel eines bekannten Stücks Calderóns ausgedrückte Auffassung bestimmt auch das Gemälde „Das Leben ist ein Traum" (Real Academia de San Fernando in Madrid) von *Antonio de Pereda* (1608–1678). Die Anhäufung der Utensilien irdischen Seins verstärkt nur noch die Nichtigkeit der mit ihnen verbundenen Lebensrollen. Eben weil sie scheinhaft sind, jedoch über den Platz im Jenseits entscheiden, müssen diese Rollen, wie dies am Beispiel des von einer starken Todessehnsucht ergriffenen Sancho zu beobachten ist, mit tiefem Ernst gespielt werden.

„Das Herz ist stärker als die Rache..." (Seite 197 unten): Estrella will Sancho retten und ist doch ursprünglich als sein Todesengel gekommen. Die neunte Szene des zweiten Aktes schildert ihr Flehen, ihr und niemand anderem die Hinrichtung des Mörders ihres Bruders zu überlassen: „Don Sancho! Christlichster der Könige, Kastiliens Herrscher und erlauchter Fürst, durch Eure Heldentaten hochberühmt, durch Eure Tugenden der Spiegel aller: Ich komme um Gerechtigkeit zu flehen, doch nicht, daß Ihr sie ausübt, sondern ich! So legt nach altem Recht der Bluttat Sühne in meine Hand. Die Richterin sei ich! — Er war mein Bruder und ich liebte ihn wie meinen Vater, den ich kaum gekannt, mit Achtung, mit Gehorsam und mit Freude. Und nun verlor ich ihn... und bin allein... Befolgt denn, Herr, den alten Brauch der Stadt; des Mörders Schicksal legt in meine Hand, und überlaßt ihn mir, daß ich ihn richte."

Die Szene endet mit einem Schuldbekenntnis des Königs: „Das keusche Bildnis meiner sündigen Träume, ein holder, unschuldsvoller Engel einst, nun stand sie vor mir, eine Rachegöttin, und wird zur Mörderin durch meine Schuld." Zwischen den beiden Liebenden steht auf immer die Erinnerung an den toten Bruder und Freund. Weil dem so ist, kann nach Sanchos Überzeugung nur sein Tod, nicht aber die Freiheit ihrer Liebe nützen.

SANCHO: Oh, tu mir nicht durch Güte Böses an,
denn sieh: dem Guten in mir geht es schlecht...
Freiheit für den, der deinen Bruder schlug?
Begreifst du nicht, daß ich nicht leben kann,
da ich dies Unheil auf dein Haus gehäuft?
Wenn einer solchen Freund verlor wie ich,
so ist es recht, daß er auch dich verliere.
Weil du mir Freiheit brachtest, nehm ich sie,
doch nur, um freudig in den Tod zu gehn.
ESTRELLA: Stark und unwandelbar ist meine Liebe,
drum nimm als mein Geschenk dein Leben hin.
SANCHO: Ich nehme es, um aus der Welt zu scheiden.
Denn wenn du tust, was dir dein Herz geraten,
so tue ich, was mir die Pflicht befiehlt!
ESTRELLA: Und warum stirbst du dann?
SANCHO: Um dich zu rächen!
ESTRELLA: Oh, das ist Grausamkeit...
SANCHO: ... ist Tapferkeit!
ESTRELLA: Kein Kläger ist mehr!
SANCHO: Liebe heißt der Kläger!
ESTRELLA: Wie du mich quälst!
SANCHO: Weil ich dich ewig liebe!
ESTRELLA: So liebst du mich?
SANCHO: Mein Tod beweist es dir!
ESTRELLA: Wie bitter du mich kränkst!
SANCHO: Nur, wenn ich lebe!
ESTRELLA: So hör mich doch...
SANCHO: Was braucht es noch der Worte!
ESTRELLA: Wo willst du hin?
SANCHO: Du fragst noch? In den Tod!
ESTRELLA: So geh! Verlasse mich!
SANCHO: Das wär nicht gut!
ESTRELLA: Dann lebe und sei frei!
SANCHO: Das wär nicht recht!
ESTRELLA: Und warum stirbst du?
SANCHO: Weil es mir gefällt!
ESTRELLA: Oh, das ist Höllenqual!
SANCHO: Doch Ehre auch!
ESTRELLA: Wer denn beschuldigt dich so schwer?
SANCHO: Das Schicksal.
ESTRELLA: Ich kenne keins!
SANCHO: Doch ich bin voll von Schuld!
ESTRELLA: Bist du von Sinnen?
SANCHO: Nie war ich so klar!
Ich frevle gegen dich, wenn ich noch lebe!

SANCHO *taumelt hinaus.*

ESTRELLA: So gehe, Tor, und suche dir den Tod!
Auch meine Schritte gleiten in das Dunkel...

ESTRELLA *geht ihm nach.*

Dritter Akt, Elftes Bild

Saal im Alcázar.

KÖNIG: Ich kann doch nicht befehlen, ihn zu töten!
Welch Starrkopf! Immer noch bekennt er nicht!?
ARIAS: Wenn er es täte, bräch er d i r sein Wort
und wäre schuldig. Sei gewiß, er schweigt!
Noch niemals sah ich solche Stirn aus Erz,
mit jeder Antwort schlägt er den, der fragt.
Als ich noch einmal in ihn drang, da rief er:
„Was ich versprochen, hab ich ausgeführt;
wenn noch ein andrer ein Versprechen gab,
so ist es billig, daß auch er es halte."
KÖNIG: So will er durch sein Schweigen mich besiegen?
ARIAS: Er glaubt, sein Schweigen hat dich schon besiegt.
Er hätte niemals seinen Freund ermordet!
Doch dein Befehl, Herrn Busto zu erschlagen,
bedeutete für Sancho ein Gesetz.
KÖNIG: Bestürzt bekenn ich, daß ich nicht das Wort
erfüllen kann, das ich ihm gab ... im Zorn ...
ARIAS: Ein Wort, das du gegeben, bleibt ein Wort;
ein Knecht selbst wird verachtet, wenn er's bricht;
auf Königslippen wird das Wort Gesetz,
und dem Gesetz sind alle untertan!
KÖNIG: Wohl hast du recht; wenn Gründe der Vernunft
Gebote schaffen ... kann es ...
ARIAS: Nein! Es muß!
Man fordert kein Gebot von seinem König,
man führt's nur blind und unbedenklich aus.
Gemacht ist das Gesetz für den Vasallen,
der König muß es vorher überdenken,
und diesmal schriebst du selbst es auf ein Blatt;
es auszuführen hast du ihn verpflichtet,
gleichviel, ob er das Blatt zuvor zerriß.
KÖNIG: Soll ich bekennen, daß ich selbst es war,
der ganz allein die Schuld an allem trägt,
und daß ich ein so grausam Spiel verübte
an dem, der nichts als meinen Willen tat!?
Es ist unmöglich, Arias, denke doch,
wenn zu dem Rat der Stadt die Kunde dränge,
daß ich es war! Wird sich Sevilla nicht
in hellem Aufruhr wider mich empören?
Was sage ich? Die Stadt? Das ganze Land!
Es ist unmöglich, Arias, nimmermehr!
– Wo seh ich einen Weg aus diesen Netzen?
Sancho ist frei von Schuld, ich muß ihn retten,
doch niemand darf erfahren, daß der Mord
von mir befohlen ward! Was soll ich tun?
Was rätst du mir?
ARIAS: Wie wäre es, wenn du
die Ältesten der Stadt durch Schmeichelreden

Der König wird zu einer wahrhaft „majestätischen" Figur, einer Majestät indes, die der des umgangssprachlichen Gebrauchs dieser Vokabel gleicht: ein majestätischer Löwe etwa jagt nicht, er steht nur da, stellt etwas dar. Majestät hat immer etwas Statisches an sich. Bei einem politischen Regenten resultiert dies, der zeitgenössischen Philosophie und Charakterlehre zufolge, aus einem in dieser Person kulminierenden und sich exemplarisch darstellenden Gegeneinander von Superiorem und Normalem: er ist Mensch wie alle anderen auch und steht doch weit über ihnen. Der Regent wird vergottet, was dazu führen muß, daß sich zwischen der ihm übertragenen Herrschermacht und seinem menschlichen Herrschervermögen eine Kluft auftut. Arias thematisiert diese Antithetik am Beispiel des königlichen Wortes, das sofort zum ungeschriebenen Gesetz wird. Emotionale Regungen („das Wort..., das ich ihm gab ... im Zorn") erscheinen als königliche Vermessenheit, rücken den Herrscher in die Nähe der Tyrannis. „Der König muß es vorher überdenken", merkt Arias hierzu an. Das Wissen um diese Zusammenhänge und Verpflichtungen kann zur Entschluß- und Handlungsunfähigkeit führen und zur Übertragung der Verantwortung auf Räte und Vertraute. Die Alternative zu dieser „Majestät" ist die Tyrannei, was später auch offen expliziert wird:
„O Arias! Oh, wie quält mich meine Schwachheit!
Ein Weiser sprach: Nur der ist wahrhaft weise,
der grausam sein kann, wo er hart sein muß,
und schlangenklug, wo Milde Torheit wäre! –"

„Der Stern von Sevilla" spielt im späten 13. Jahrhundert, also zur Zeit der Reconquista, die 1492 mit der Eroberung *Granadas* (Foto oben) zu einem Abschluß gebracht wurde. Sevilla nimmt hierbei eine wichtige Position ein. Dort nämlich zogen die Katholischen Könige Ferdinand und Isabella vor dem letzten und entscheidenden Schlag ihre Truppen zusammen.

bestimmen könntest, daß sie mit Verbannung
die Schuld Don Sanchos ahndeten und Milde
– als wahrhaft echte Christen – walten ließen?
Dadurch errettest du das Leben Sanchos
und bist gewiß, daß er dir danken wird.
Dann aber machst du ihn zu deinem Feldherrn
in einem deiner Heere an den Grenzen!

KÖNIG: Gut rätst du. – Aber wenn Estrella schon
an ihm ein schreckliches Gericht vollzog?
Sie ging mit meinem Ringe nach dem Kerker...!

ARIAS: Von dieser Sorge will ich dich befrein;
ich eile schnell hinüber nach Triana
und hole sie. Und du mußt sie bewegen,
daß sie in die Verbannung Sanchos willigt.

KÖNIG: O Arias! Oh, wie quält mich meine Schwachheit!
Ein Weiser sprach: Nur der ist wahrhaft weise,

    der grausam sein kann, wo er hart sein muß,
    und schlangenklug, wo Milde Torheit wäre! –
    So geh und hole schnell Estrella her.
ARIAS: Gleich ist sie da.

ARIAS geht ab. Der KÖNIG, in großer Unruhe, tritt ans Fenster. Der BURGVOGT kommt.

BURGVOGT: Ich küsse Eure Hände.
KÖNIG: Was bringt Ihr?
BURGVOGT: Herr, den Ring mit Euerm Wappen,
    den eine Frau, die tief verschleiert war,
    mir überbrachte. Ihr hättet sie ermächtigt,
    so sagte sie, Herrn Sancho zu befreien.
    Ich tat nach ihrem Willen. Bald danach
    verließen beide des Gefängnis Pforten. –
    Doch schon nach kurzer Zeit erhob sich Lärm,
    und heftige Stöße dröhnten an das Tor.
    Man öffnete, und draußen tobte Sancho:
    „Ich kann nicht tun", so schrie er, „was der König
    mir anbefiehlt, denn ich will nichts als sterben;
    wer mordete, der hat den Tod verdient!"
    – So drang er wieder in den Kerker ein,
    dort sitzt er nun und wartet auf den Tod!
KÖNIG: Ich beuge mich vor solcher Größe, die
    in goldenen Tempeln hehre Götterbilder
    aus Erz und Marmor schweigend überragt!
BURGVOGT: Die Frau jedoch, als sie das Tor verließ,
    vertraute mir, Herr Sancho wäre frei,
    weil sie die Schuld ihm selbst vergeben habe.
KÖNIG: Mich schaudert, Freund! Was jene beiden taten,
    ist wider alle menschliche Vernunft.
    Sie, die ihn furchtbar hätte strafen können,
    verzeiht ihm, schenkt das Leben ihm, und er,
    um ihre Großmut noch zu überstrahlen,
    kehrt dorthin heim, wo ihn der Tod erwartet.
    – Eilt nach dem Kerker, bringt mir Sancho her!

Der BURGVOGT geht. Gleich darauf tritt DON MANUEL ein.

DON MANUEL: Die Ältesten der Stadt.
KÖNIG: Laßt sie herein.

Die ÄLTESTEN treten ein. DON MANUEL geht ab.

DON PEDRO: Erwiesen ist die Schuld, mein Herr und König.
KÖNIG: Begründet sie. Ich bat euch, klug zu handeln.
DON FARFÁN: Auf unsre Schultern, Herr, habt Ihr Vertrauen
    und Ehre dieser guten Stadt gelegt.
    Die Stäbe, die wir in den Händen tragen,
    verkörpern Eure Hoheit selbst, und wenn sie
    dies, Euer Sinnbild, nicht gerecht verwalten,
    vergehn sie sich an Eurer Majestät.
    Steil ragen sie empor zum ewigen Gott,
    wenn man sie beugt, so beugt man auch das Recht!

Sanchos Rückkehr ins Gefängnis ist auch eine Folge des Ehrbegriffs: als freier, aber nicht rehabilitierter Mann ist er ohne Ehre. Die Ehre dominiert hier auch über die Treue – Sancho muß ja glauben, daß seine Befreiung auf Anordnung des Königs erfolgte –, denn ein Treueverhältnis ist nur zwischen selbständigen Individuen möglich.

Daß der König sowohl Estrellas als auch Sanchos Handeln für „wider alle menschliche Vernunft" hält, ist keine Kritik, sondern ein den Seinsbereichen, die dieses Tun motivieren (Liebe und Ehre), unverzichtbares Charakteristikum. „Die Ehre ist mehr als aller Weltverstand", heißt es in Lopes „La locura por la honra"; und in der Liebe Vernunft walten zu lassen ist in der Comedia das Privileg des auf eine gesicherte Versorgung und einen immer reich gedeckten Tisch spekulierenden Graciosos.

Auch das milde Urteil, das der König den sevillanischen Ratsherren zu entlocken versucht, könnte das Ganze zu keinem befriedigenden Abschluß bringen, denn Sancho wäre dann noch immer ein Mann ohne Ehre. Durch Barmherzigkeit kann sie nicht wiederhergestellt werden, zumal dann nicht, wenn diese Regung lediglich vorgegeben ist. Eine Begnadigung impliziert immer eine Ungleichheit, was jedoch der Bestimmung der Ehre zuwiderläuft, wonach Genugtuung stets auf der Anerkennung der unbedingten persönlichen Selbständigkeit beruhen muß.

KÖNIG: Wer sagte wohl, daß ihr sie beugen sollt!?
    Doch bracht es stets dem Vaterlande Heil,
    wenn sich Gerechtigkeit mit Milde paarte.
    So tretet nun in jenes Zimmer ein,
    dort fällt den Spruch, und sorgt, daß er gerecht.
    Verhängt die Strafe über Sanchos Tat,
    so wie es das Gesetz euch anbefiehlt. –
    Mit Euch jedoch, Don Pedro de Guzmán,
    muß ich zuvor ein Wort noch reden. Bleibt!

        DON FARFÁN geht in den Hintergrund.

DON PEDRO: Was wünscht mein hoher Herr von mir?
KÖNIG: Wenn ihr
    das Todesurteil über Sancho fällt:
    Weckt das den toten Busto wieder auf?
    Weit besser wär's, ihr ließet Milde walten.
    Man schicke ihn in die Verbannung, nach
    Granada, oder auch nach Gibraltar,
    dort findet er im Dienst für seinen König
    vielleicht den Heldentod. Was meint Ihr?
DON PEDRO: Ich
    bin Pedro de Guzmán, und meinem König
    weiht ich mein Schwert, mein Leben und mein Gut;
    ich diene Euch mit meiner ganzen Kraft.
KÖNIG *umarmt ihn:*
    Euch wohnt in edler Brust ein edles Herz!

        DON PEDRO ab; DON FARFÁN tritt zum König.

DON FARFÁN: Hier bin ich. Was befiehlt mein Herr und König?
KÖNIG: Es quält mich, Don Farfán, daß das Gericht
    den Tod verhängen könnte über Sancho.
    Bedenkt, es wäre christlicher und edler,
    wenn ihr statt in den Tod in die Verbannung
    ihn schicktet, denn weit härter wär die Strafe,
    er schleppte sich mit ihr bis an sein Ende . . .
    Ich hörte gern, daß Ihr . . . der gleichen Meinung?
DON FARFÁN: Befehlt mir Dinge, Herr, die größer sind!
    Ich habe keinen Wunsch, als Euch zu dienen.
KÖNIG: Ich kannte Euern Edelsinn, Farfán!

        Umarmt ihn. DON FARFÁN geht ab.

KÖNIG: Dem Himmel Dank und allen Heiligen!
    Die List gelang. So rett ich Sanchos Leben,
    und was der Brief, den er zerriß, verhieß,
    erfüllt sich nun, ganz wie ich es versprochen,
    und mein Verschulden kommt nicht an den Tag!
    Ich mache ihn zum Feldherrn eines Heeres
    an meinen Grenzen, wo sein starker Arm
    mir manchen guten Dienst noch kann erweisen.
    Dann ist sein Lohn die Buße meiner Schuld,
    und das Verbannungsurteil wird sein Glück.

Die ÄLTESTEN *der Stadt kommen zurück.*

DON FARFÁN: Der Rechtsspruch über Sancho ward gefällt,
  zur Unterzeichnung legen wir ihn vor.
KÖNIG: Ihr spracht das Urteil so, wie ich euch riet
  und wie es zwei solch edler Herren würdig?
DON FARFÁN: Wir richteten, wie das Gesetz befahl.
KÖNIG *liest:* „Sancho Ortíz soll morgen auf dem Richtplatz
  vor allem Volk den Tod durchs Schwert erleiden..."
  Das bringt ihr mir!? Das soll ich unterzeichnen?
  So haltet ihr dem König euer Wort!?
DON PEDRO: Verlanget nichts, das wider das Gesetz!
  Busto war Ratsherr, und der Rat der Stadt
  ward unerhört beleidigt durch die Tat.
  Wohl könnt Ihr als Vasallen uns befehlen,
  als Richter aber sprechen w i r das Recht!
DON FARFÁN: Der niedrigste von Euern Dienern allen
  wird freudig tun, was ihm sein Herr gebietet,
  denn was er tut, verantwortet er nicht.
  Der aber, der das heilige Recht verwaltet,
  der diesen Stab in seinen Händen trägt,
  hat einen höhern Richter über sich,
  der g r ö ß e r als der König. Ihm zu dienen,
  ist seine heiligste und höchste Pflicht.
KÖNIG: Genug! Ihr wollt mich nur beschämen. Schweigt!

  ARIAS *ist eingetreten.*

ARIAS: Doña Estrella kam...
KÖNIG: Oh, Arias, sag,

Als Richter seien sie von ihren Verpflichtungen als Vasallen entbunden, betonen die mit dieser Aufgabe betrauten Ratsherren der Stadt. Die hieraus erkennbare Rechtsauffassung ist genuin mittelalterlich und gegen die Bestrebungen des Absolutismus gerichtet, durch die Propagierung des Gottesgnadentums des Königs die Kompetenz der Kirche in Rechtsfragen zu beschneiden. Zwar ist auch der Herrscher des Mittelalters Inkarnation der Rechtsidee, doch gilt das Recht hier als ein Geschenk Gottes, es ist nicht von Menschen geschaffen und wie sein Schöpfer ewig und unvergänglich. Und so steht denn auch der König nicht über dem Gesetz, sondern ist nur dessen höchster weltlicher Garant. Thomas von Aquin sagt: „Das Gesetz ist nichts anderes als eine Anordnung der [göttlichen] Vernunft auf das Gemeingut, erlassen und öffentlich bekanntgegeben von dem, der die Sorge für die Gemeinschaft innehat."

Die *emblematische Darstellung der Justitia* auf einem Delphin aus einem Emblembuch des Nürnberger *Joachim Camerarius* (1534 bis 1598) will zeigen, daß die Gerechtigkeit allumfassend ist und es keinen Platz auf Erden geben dürfe, wo sie nicht geachtet werde.

Der „heilige Eid", auf den sich Sancho erneut beruft, gibt der sozialen und politischen Dimension der Treue auch einen religiösen Inhalt und entspricht überdies dem Glauben, wonach der Herrscher auf Erden das von Gott geschaffene Gesetz verkörpere. Dem König steht von dem Augenblick an, da dies zur Sprache kommt, und unter Anerkennung der Prämisse, sich als würdiger Vertreter seines Standes und nicht als Tyrann erweisen zu wollen, kein Ausweg mehr offen. Auf Anraten seines Vertrauten Arias gibt er sein Geheimnis preis. Es ist dies die einzige Möglichkeit, nicht nur dem Recht noch Geltung zu verschaffen, sondern auch die eigene Menschlichkeit zu bewahren. In dieser Haltung der Reue sind alle Standesunterschiede aufgehoben, der König zeigt sich in seiner bloßen Kreatürlichkeit, als von seinen Sinnen und der Schönheit Estrellas verführter Mensch, und legt demutsvoll sein weiteres Schicksal in die Hände des Gerichts. Indem er sich aber freiwillig der irdischen Gerechtigkeit übergibt, entzieht er sich per se deren Geltungsbereich und wird von dieser selbst einem höheren Richter überantwortet: „Gott selbst hat Euch als König eingesetzt, den König richten kann nur Gott allein." Die Beteuerung, künftig ein „wahrer" Herrscher zu sein, ist die politische Seite dieser Reue.

was soll ich tun? Sprich du! Was rätst du mir?
Ich fing mich selbst in meinen eignen Netzen.
ARIAS *leise:* Du kannst nicht länger schweigen. Gib es zu,
daß du es warst, der den Befehl erteilte.
KÖNIG: Unmöglich, Arias! Nein, ich kann es nicht!

Der BURGVOGT *kommt mit* SANCHO.

BURGVOGT: Wir sind zurück. Sancho Ortíz ist hier.
SANCHO: Was macht Ihr noch kein Ende meiner Qual,
Was lohnt Ihr mein Geschick nicht mit dem Tode?
Ich bin der Mörder Bustos von Tabera,
so tötet mich; wer mordete, muß sterben!
Barmherzigkeit verlange ich von Euch,
Ihr übt sie nur, wenn Ihr mich rasch bestraft!
KÖNIG: Halt ein! Wer gab Euch den Befehl zur Tat?
SANCHO: Ein Brief...
KÖNIG: Von wem?
SANCHO: Das kann der Brief nicht sagen,
denn Briefe sprechen nicht von selbst. Und wenn
man sie zerreißt, so fallen alle Worte
zerstückelt auseinander, ohne Sinn.
— Ich weiß nichts andres, als daß ich den Mann
getötet, der mir teuer war vor allen.
Ich tat es, weil ich ein Versprechen gab,
und schweige, weil ein heiliger Eid mich bindet.
KÖNIG *zu Arias:* Was soll ich tun?
ARIAS: Gib das Geheimnis preis!
KÖNIG: So hört mich an: Ich selbst bin es gewesen,
der Sancho den Befehl zum Mord erteilt!
Ein unerhörter, kühner Frevel ward
begangen wider meine Königsehre.
Der Mann, den ich mit Würden überhäufte,
er hat sein Schwert gezogen gegen mich,
und nicht genug: die Schwelle dieses Hauses
entweihte er durch einen blutigen Mord!
— Versteht ihr wohl, daß mich der Jähzorn packte,
den zu vernichten, der mit frecher Hand
die Königsehre mir besudelte?
So gab ich denn den Blutbefehl... im Zorn.
Doch als ich hörte, daß die Tat geschehn,
ergriff ein Schaudern mich, das stündlich wuchs;
und immer klarer ward es meinen Sinnen,
daß mir die weiße Wut das Hirn verwirrte...
weil ich geblendet war...

ESTRELLA *tritt auf.*

            ... von einem Stern!
Wie kam dies alles? War ich es doch selbst
gewesen, den verbotner Lüste Gier
auf des Verbrechens dunkle Bahn gelenkt!
Wie tief bereu ich meinen schweren Fehl.

Sancho hat nichts getan als seine Pflicht,
und frei von Schuld steht er vor euch!
SANCHO: Dank, Herr!
Ihr richtet meine Ehre wieder auf;
ich tat nur, was mein König mir gebot ...
wenn auch mein Glück dabei ... in Scherben ging.
KÖNIG: Ihr Ältesten des Rats? Hier stehe ich,
sprecht euern Spruch, und richtet über mich!
DON PEDRO: Gott selbst hat Euch als König eingesetzt,
den König richten kann nur Gott allein!
Büßt Eure Tat in inbrünstigen Gebeten,
und bittet Gott, daß er sich Euch versöhne ...
KÖNIG: Wenn meine Tat so tiefes Leid erschuf,
verzeiht sie mir! Verzeiht sie meiner Jugend!
Durch dies Geschick bin ich gereift zum Mann.

Szenenbild aus einer *Aufführung von „Der Stern von Sevilla"* in dem einzigen noch erhaltenen und restaurierten Spielhof („Corral") aus der Epoche des Siglo de oro in Almagro.

Ein Sünder war ich, den das Blut verführte,
nun aber fand ich zu mir selbst zurück,
und tief bereu ich meine schwere Schuld.
So hört mein heiliges Gelübde an:
Das Amt, das Gott in meine Hände legte,
ich will es künftig treu verwalten als
ein wahrer König!
DON FARFÁN: Dann verzeiht Euch Gott!
KÖNIG: Und Ihr, mein Sancho, den ich tief gekränkt,
sprecht eine Bitte aus. Sie ist gewährt.
SANCHO: Schenkt mir die Hand der edlen Dame, der
mein ganzes heißes Herz gehört!
KÖNIG: Es sei!
SANCHO: So gebt Estrella mir als Gattin. Hier
zu ihren Füßen knie ich und flehe,
daß sie mir meine schwere Tat verzeiht!
KÖNIG: Ihr liebt Estrella?
SANCHO: Sie ist meine Braut,
seit einem Jahre schon ...
ESTRELLA: So ist es, Herr.
KÖNIG: Das wußt ich nicht; das hab ich nicht geahnt ...
Beiseite: Nun ist mein Frevel noch einmal so groß ...
O Gott, vergib mir meine Missetat ...
SANCHO: Ihr schweigt? So weigert Ihr's?
KÖNIG: Nein. Sancho, nein!
Ich gab mein Königswort und halte es:
So leg ich eure Hände gern zusammen,
wenn Ihr es wollt, Estrella ...?
ESTRELLA: Ja, ich will!
Denn ... ich war immer sein!
SANCHO: Und ich bin dein.
– Und dennoch ...
ESTRELLA: Dennoch ...: Nein!
KÖNIG: Warum?
ESTRELLA: Weil immer
ein schwarzer Schatten uns mit düstren Schwingen
gemahnen würde an das tiefe Leid ...
SANCHO: Weil unser Glück zerbrach an meiner Tat! –
Blutdunkle Schuld durchfurcht die wunde Brust
und weist mir streng und ernst den Pfad der Buße.
– So scheide ich und wandre in die Welt,
mein gutes Schwert soll mir mein Leitstern sein.
Dort, wo der Kampf am schwersten, will ich stehn,
bis dieser Brust der rote Strahl entquillt,
der meine Seele rein wäscht von der Schuld.
– Und so, Estrella, reich ich dir die Hand,
es ist das letzte Mal in diesem Leben:
Was du mir bist, ist stärker als der Tod!
ESTRELLA: So lebe wohl. Du nimmst mein Herz mit dir,
du wirst es treu in treuen Händen tragen.
– Auch hinter mir verschließe sich die Welt,
ich ... werde zu den frommen Schwestern gehen.

Der anonyme, 1511 in Toledo erschienene Holzschnitt „Die Könige auf dem Glücksrad" (gegenüberliegende Seite) ist Ausdruck einer zyklischen Zeitvorstellung. Fortuna, die antike Schicksalsgöttin, dreht das Rad, auf dem Könige nach dem Gipfel der Macht streben, ihn eine Zeitlang einnehmen, um dann doch wieder abzustürzen. Das Christentum intendiert zwar einen linearen, auf den Jüngsten Tag ausgerichteten Begriff von Zeit, akzeptiert in dieser Epoche aber auch die Idee des Zyklus: in der Wiederholung des Immergleichen offenbart sich die Immanenz der von den Menschen gemachten Geschichte. Das spanische Drama jedoch verlangt nach einer Auflösung dieser Hermetik, erlaubt keinen depressiven Schluß, auch wenn es hier ganz danach aussieht: am Ende steht das „Mea culpa ... mea maxima culpa" des Königs. Karl Vossler merkt dazu an: „Man könnte als Ausnahme die berühmte ‚Estrella de Sevilla' mit ihrem bitteren Ende anführen, wenn man sicher wäre, daß dieses wuchtige Drama von Lope stammt. Aber selbst dieses will erhebend wirken und ist als Verherrlichung des strengen Ehrgefühls der Leute von Sevilla gemeint." Die Ehre indes verlangt, was die Religion verbietet. Sancho wird deswegen zum Mörder. Da jedoch der Konflikt zwischen Ehre und Seelenheil als eine „Indiskretion gegen das Leben" nie offen abgehandelt wird, gilt das Ehrgefühl „in einem gewissen Sinne, ähnlich wie die Erbsünde, als gottgewollte Sünde, als ‚verdammte Pflicht und Schuldigkeit' " (Karl Vossler). Die Ehre ist folglich ein den Transsus nie aufhebbares Verhängnis; die Brücke zum Jenseits wird nie unterbrochen.

Aus dem Bewußtsein der Aussichtslosigkeit der irdischen Verstrickungen folgt für Estrella die Hoffnung auf himmlischen Schutz und Trost, die Barmherzigkeit der Gottesmutter. Die spanische Stadt Jerez de la Frontera hat die *„Mater misericordie"* sogar zur Stadtheiligen gemacht, und das sie darstellende *Kachelbild* aus dem 20. Jahrhundert ist mit Szenen aus der bewegten und an kriegerischen Ereignissen nicht armen Geschichte der Stadt umrahmt. Was indes dieser Gemeinschaft noch produktive Sicherheit und Vertrauen zu geben imstande scheint, muß bei dem Individuum Estrella versagen: ihr bleibt so nur noch das *Kloster,* die resignative Kontemplation. Die Abbildungen der gegenüberliegenden Seite zeigen oben das 1477 gegründete spanische *Kartäuserkloster La Cartuja* am Weg von Jerez de la Frontera nach Medina-Sidonia, darunter das 1560 gegründete *Kapuzinerkloster Convento dos Capuchos* bei Sintra nördlich von Lissabon.

Dort will ich zu der Gottesmutter flehn,
sie möge in Barmherzigkeit verzeihen,
daß ich den Mann, der mir den Bruder nahm,
für alle Zeiten schmerzlich lieben muß.
– Und dort, in jener großen Einsamkeit,
wo der Zypressen düstre Fackeln ragen,
dort büße ich, dort schlinge mein Gebet
sich wie ein Lilienkranz um deine Seele,
bis an den Tag, da uns der Tod erlöst!
– Dann werden wir in fernen, schönren Reichen,
wo keine Schuld ist und kein Leid uns quält,
geläutert aus der Asche unsrer Qualen
zu neuer Liebe strahlend auferstehn!
SANCHO: Leb wohl, Estrella...
ESTRELLA: Sancho, lebe wohl...

Beide langsam nach verschiedenen Seiten ab.

KÖNIG: Vernichtet stehe ich vor solcher Größe,
und tiefbewegt neig ich mich vor der Liebe,
die unerlöst im eignen Blut ertrinkt...!

Das Stück endet mit dem Schuldbekenntnis des Königs, dessen Formel ebenfalls Grillparzers Drama „Ein Bruderzwist in Habsburg" beschließt.

Der KÖNIG kniet und bekreuzigt sich, flüsternd:

Mea culpa... mea maxima culpa...!

„Fuente Ovejuna" („Schafsquelle"), entstanden um 1618, gehört zusammen mit „El mejor alcalde el rey" („Der König, der beste Richter") und „Peribáñez y el commendador de Ocaña" („Peribáñez und der Komtur von Ocaña") zu den Stücken, in denen Lope, wie Werner Krauss schreibt, „die spanischen Volksfreiheiten in ihrem erfolgreichen Kampf gegen feudalistische Willkür" verherrlicht. Dies geschieht, indem er auch den unteren Schichten einen Anspruch auf persönliche Ehre zubilligt, der gegen die Angriffe der adeligen Herren verteidigt werden müsse. Daß es am Schluß doch der König ist, der alles wieder zum Guten wendet, zeigt, wen Lope mit dieser Kritik meint: sie gilt nicht der Ordnung der Gesellschaft als solcher, sondern denen, welche die ihnen übertragene Machtbefugnis nicht richtig anzuwenden wissen und statt dem Wohl des Ganzen nur ihre partikulären Interessen im Auge haben.

Der Titel des Stücks, der Name einer Ortschaft und zugleich des kollektiven Protagonisten, legt nahe, daß in einem solchen Fall alle davon Betroffenen gemeinsam agieren müssen – womit allerdings noch nichts über die Berechtigung des hier dargestellten Weges gesagt ist; denn einen gewaltsamen Aufstand lehnt Lope ab. Da erst der Eingriff des Königs wieder Ordnung schafft, ist hiermit auch die Instanz genannt, die es hätte ermöglichen können, diese Tat überflüssig werden zu lassen.

Fuente Ovejuna

Übersicht über Inhalt und Aufbau des Dramas

I,1: *Schloß des Großmeisters.* Der Komtur, der einen großen Einfluß auf den Großmeister hat, bewegt diesen dazu, im Streit um die spanische Krone für die portugiesische Seite Partei zu ergreifen und die Stadt Ciudad Real zu besetzen.

I,2: *Platz in Fuente Ovejuna.* Laurencia und Pascuala freuen sich über die Abwesenheit des Komturs, der schon einige Mädchen aus dem Dorf entehrt habe. Frondoso, Mengo und Barrildo tragen den Mädchen ihren Streit um die Liebe vor, wobei Mengo eine „natürliche" Liebesauffassung vertritt, Barrildo die platonische, und Frondoso, der Laurencia liebt, meist stumm bleibt.
Flores, ein Jäger im Dienst des Komturs, berichtet vom Sieg der Truppen des Großmeisters vor Ciudad Real. Die Bauern heißen den Komtur willkommen und reichen ihm Geschenke dar. Laurencia weigert sich, den Komtur aufs Schloß zu begleiten.

I,3: *Waldlandschaft.* Laurencia gibt sich spröde und weist Frondoso ab. Plötzlich erscheint der Komtur; Frondoso versteckt sich, richtet aber, als der Komtur Laurencia zu nahe tritt, die Armbrust auf den Feudalherrn, der sich zurückziehen muß.

II,4: *Platz in Fuente Ovejuna.* Der Student warnt Barrildo vor den Büchern, Juan und der Alcalde loben die alten und einfachen Hochzeitsriten. Die Idylle wird gestört durch den Komtur, der erneut Laurencia für sich fordert, was der Alcalde, ihr Vater, strikt ablehnt. Der Komtur befiehlt seinen Jägern, dem flüchtigen Frondoso aufzulauern und ihm eine Jungverheiratete aufs Schloß zu führen. Als ein Soldat Nachricht von der Belagerung Ciudad Reals bringt, bricht der Komtur sofort auf.

II,5: *Waldlandschaft.* Mengo begleitet Laurencia und Pascuala durch den Wald. Jacinta, von zwei Jägern verfolgt, stürzt auf sie zu. Die anderen Mädchen laufen schnell davon; Mengo, nur mit einer Schleuder bewaffnet, verteidigt Jacinta. Der Komtur kommt hinzu und befiehlt, Mengo auszupeitschen; Jacinta überläßt er drei Soldaten.

II,6: *Platz in Fuente Ovejuna.* Frondoso weigert sich zu fliehen, und Laurencia, die ihn jetzt liebt, stimmt einer Heirat zu. Das Dorf hofft auf einen Sieg der Katholischen Könige vor Ciudad Real. Der Alcalde prüft die beiden Hochzeitskandidaten und stimmt ihrer Verbindung freudig zu.

II,7: *Wie II,6. Eine Woche später.* Hochzeit, Tanz und Musik. Mengo, Barrildo und der Student streiten sich über die Poesie. Eine Pantomime erinnert an die Errettung Laurencias. Unverhofft taucht der Komtur auf. Das Fest wird jäh unterbrochen, Frondoso wird verhaftet; den Alcalden, der dies zu verhindern sucht, schlägt der Komtur mit dessen Amtsstab. Die Dorfbewohner wollen sich am Abend versammeln.

III,8: *Kellergewölbe im Rathaus.* Der Raum füllt sich langsam, verschiedene Vorschläge werden gemacht: Warten auf den König, Auswanderung, Aufstand. Es kommt zu keiner Einigung. Erst als die tatbereiten Frauen den Saal betreten, entschließt man sich dazu, gemeinsam die Burg des Komturs zu stürmen.

III,9: *Saal im Schloß des Komturs.* Der Komtur will Frondoso am Schloßturm aufhängen lassen. Das Tor wird gesprengt, der Komtur von den „Hoch Ferdinand und Isabella! Hoch Fuente Ovejuna!" rufenden Bauern getötet.

III,10: *Zimmer im Schloß von Toro.* König Ferdinand erfährt von den Ereignissen in Fuente Ovejuna und ordnet eine Untersuchung an.

III,11: *Platz in Fuente Ovejuna.* Die Bauern tanzen um das Haupt des Komturs. Erneut Hochrufe auf die Katholischen Könige. Der Alcalde schlägt vor, der Untersuchungskommission stets mit „Fuente Ovejuna hat's getan!" zu antworten.

III,12: *Kellergewölbe im Rathaus.* Die Folterknechte kommen. Laurencia und Frondoso verstecken sich. Der Richter läßt zuerst den Alcalde, dann ein Kind, dann Jacinta und zuletzt Mengo auf das Folterrad spannen. Auf die Frage nach dem Täter antworten alle nur mit „Fuente Ovejuna!". Der Richter bricht das Verhör ab. Die Bauern loben die Standhaftigkeit Mengos, dem „schwächsten Glied in der Kette".

III,13: *Vor dem Königsschloß in Tordesillas.* Ferdinand und Isabella begnadigen den Großmeister, der verspricht, ihnen von nun an treu zu dienen.
Der Richter führt die Leute von Fuente Ovejuna vor. Sie schildern die Verbrechen des Komturs und werden begnadigt. Ihr Dorf wird unter königlichen Schutz gestellt.

Lope Félix de Vega Carpio — Fuente Ovejuna, Übersicht

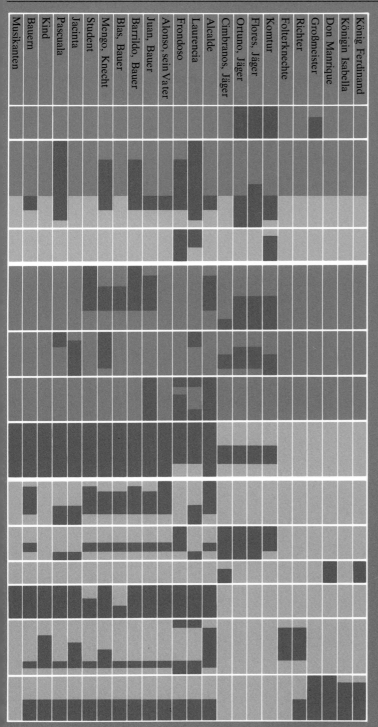

Zur Erläuterung der in abgekürzter Form angeführten Rollenbezeichnungen: Don Manrique ist der Großmeister des Santiagoordens, der „Großmeister" der des Calatravaordens; dem Komtur untersteht das Dorf Fuente Ovejuna, dessen kommunales Oberhaupt der Alcalde, das heißt der Bürgermeister, bildet.

Auf die Hervorhebung einer Hauptperson wurde bei dieser Übersicht verzichtet, da dies der Anlage und der Intention des Stückes widersprechen würde. In Frage käme das Liebespaar Frondoso und Laurencia (die Tochter des Alcalde), doch ist deren Verhältnis zueinander aufs engste in die Gesamthandlung einbezogen. Entscheidende Bedeutung besitzt die Herausbildung der dörflichen Geschlossenheit, die sich am hohen Anteil der Dorfbewohner am Bühnengeschehen ablesen läßt. Diese Volksszenen bilden den Prüfstein der Intention der jeweiligen Inszenierung des Stückes.

Gegen Ende des 15. Jahrhunderts kommt es in Spanien zu mehreren Revolten eines großen Teils des Adels gegen die Herrschaft der Katholischen Könige Ferdinand und Isabella, durch deren Heirat 1479 die beiden stärksten und mächtigsten Staaten Spaniens, Kastilien und Aragon, vereinigt wurden. Äußerer Anlaß dieser Aufstände sind die Streitigkeiten um den Thron Kastiliens zwischen Isabella und Juana de la Beltraneja, der Gemahlin König Alfonsos von Portugal, doch spielen hier auch noch andere und wichtigere Beweggründe eine Rolle. Der für die portugiesische Partei optierende Adel (das Foto zeigt eine bei Avila gelegene *Adelsburg*) fürchtet um seine Stellung im geeinten und immer mehr zu einem zentralistischen Regiment tendierenden Spanien; denn „hierzu mußte zunächst die Macht des Adels gebrochen werden, der durch die Schwäche der früheren Könige zu hochmütig geworden war. Die Könige bauten eine eigene Streitmacht auf und bedienten sich einer neuen Waffe, der Artillerie, um sowohl physisch als auch symbolisch dem Zufluchtsort des mittelalterlichen Adeligen militärisch ein Ende zu machen: seiner Burg" (Fernando Diaz-Plaja).

Mit der im Romanzenton gehaltenen Schilderung der Einnahme von Ciudad Real durch die Aufständischen erweist sich der Jäger Flores als willfähriger Satrap des Komturs, darin den mittelalterlichen Herolden nicht unähnlich, die überall den Mut und die Stärke ihres Herrn zu verkünden hatten. Und so wie diese bereitet auch Flores den Auftritt seines Gebieters vor.

ERSTER AKT, ZWEITES BILD

Platz in Fuente Ovejuna.

Die Bauernmädchen LAURENCIA *und* PASCUALA, *die Bauernburschen* FRONDOSO *und* BARRILDO *sowie der Knecht* MENGO. *Der Jäger* FLORES *tritt gepanzert auf.*

FLORES: Gott grüß euch, Leute.
PASCUALA *leise:*   Das ist einer von
   den Jägern des Komturs!
LAURENCIA: Ein Spürhund! Ja!
MENGO: Wo kommst du her?
FLORES: Das sagt doch meine Rüstung!
LAURENCIA: Dann ist auch der Komtur wohl bald zurück?
FLORES: Jawohl! Der Krieg ist aus! Blut hat's gekostet;
   und ein paar gute Freunde sind gefallen.
FRONDOSO: Habt ihr gesiegt?

Lope Félix de Vega Carpio   Fuente Ovejuna I,2

BARRILDO: Erzähl uns doch.
PASCUALA: Erzähle.
FLORES: Das kann kein anderer so gut wie ich,
  denn ich war selber mit dabei! So hört:
  Als an die Ritterschaft von Calatrava
  des Ordensmeisters Ruf ergangen war,
  da gab's kein Halten mehr im ganzen Lande,
  und wie der Sturmwind nahten die Vasallen
  mit ihrem Volk, zweitausend an der Zahl.
  Voran auf apfelgrauem Vollbluthengst
  der junge Ordensmeister Don Rodrigo
  in grünem Wams, mit reichem Gold bestickt.
  An seiner Seite unser Herr Komtur,
  der seinen edlen Berbergoldfuchs ritt
  und in der Faust die stolze Lanze schwang,
  die seinen Namen so zu Ehren brachte,
  als er die Heiden bei Granada schlug ...
  So stürmten wir bis nach Ciudad Real,
  der Festung, wo die Feinde lagen, die
  für Ferdinand und Isabella kämpften.
  Bald brachen wir den Widerstand der Gegner
  Und zogen siegreich in die Mauern ein.
  Der Ordensmeister aber gab Befehl,
  die Rädelsführer aufzuknöpfen und
  die Söldner und die Bürger auszupeitschen,
  die sich der neuen Macht nicht fügen wollten.
  Nun sind wir wieder hier! Hört ihr den Lärm?
  Der gnädige Herr Komtur ist angekommen.
  Auf! Wünscht ihm Glück zu seinem neuen Sieg.
  Schreit Vivat! Hoch!

Auf dem oben wiedergegebenen Gemälde (Museum Lazaro Galdiano in Madrid) von *Francisco de Goya* (1746–1828) ist mittelbar etwas von der Spannung zwischen Bauern und Feudalherrn zu spüren, die auch Lopes Stück „Fuente Ovejuna" bestimmt. Die Idylle der sich ausruhenden, miteinander redenden, Spaß machenden oder sich um ihre Kinder kümmernden Landarbeiter und -arbeiterinnen ist brüchig und – auch bildkompositorisch – nur vordergründig. Denn da sind zum einen die dunklen Wolken, die bedrohlich heraufziehen und die ganze mühselige Arbeit urplötzlich ihrer Früchte berauben können; und da ist zum andern, kaum weniger bedrohlich, die trutzige Festung: sie ist aus festem Stein, die „Burg" der Bauern dagegen nur aus Stroh.
Die Idyllisierung des Landlebens hat auch zur Zeit Lopes ihre Grenzen dort, wo der politische und soziale Kontext dieses Daseins eine für die Handlung relevante Rolle spielt.

213

Auf die wohlgesetzte und mit viel sprachlicher Ornamentik versehene Rede des Flores folgt jetzt die einfache und schmucklose, aber herzliche Begrüßung des Komturs durch die von ihm abhängigen Bauern. Unter deutlicher Anspielung auf die Worte des Jägers unterstreicht der Alcalde (der Bürgermeister und Dorfrichter) die von der Sphäre des Militärischen geschiedene Lebensweise der Leute von Fuente Ovejuna, akzeptiert damit aber auch die sich unterscheidende gesellschaftliche Funktion beider Stände. Die Bauern tun das Ihre und geben dem Komtur von allem, was sie haben, erwarten als Gegenleistung jedoch, daß auch er seinen Pflichten nachkomme und frischen Mut zu neuen Taten zeige. Daß der adelige Beschützer eine Rebellion unterstützt und sich gegen die rechtmäßigen Könige wendet, scheint die Bauern nicht zu stören. Ihre Rechte und Pflichten sind auf ihren unmittelbaren Feudalherrn bezogen und nicht auf das Gesellschaftsganze. Es ist ihnen nicht möglich, hier einen eigenen Willen zu artikulieren. „Der Unterschied zwischen einem Unfreien, Unedlen und einem Edlen, Freien besteht in dieser Beziehung darin, daß ersterer nicht die Freiheit besitzt, seine Stellung und sein Verhalten zu wählen, und von Geburt an, durch das Blut abhängig ist, während letzterer nach seinem Willen Ritter oder Vasall eines angesehenen Seigneurs wird, indem er ihm den Treueid leistet und freiwillig bestimmte Pflichten auf sich nimmt, darunter auch die Pflicht, sich der Ritteretikette, dem Ritual und dem Verhaltenskodex des Adels unterzuordnen" (Aaron J. Gurjewitsch). Daß es damit beim Komtur nicht zum besten bestellt ist, zeigt sich in der wortkargen Haltung, mit der er die Huldigungen der Bauern entgegennimmt. Ihre Zuneigung wird als ein Recht begriffen, das ihm zukommen müsse.

Es treten auf: der KOMTUR *und sein andrer Jäger* ORTUNO. *Von allen Seiten kommen* BAUERN *und* BÄUERINNEN, *unter ihnen der* ALCALDE, JUAN *und* ALONSO.

ALLE: Hoch unser Herr Komtur!
KOMTUR: Ich dank euch, Leute.
ALLE: Hoch der Herr Komtur!
KOMTUR: Es freut mich, daß ihr euch ergeben zeigt.
ALONSO: Wenn wir's noch besser könnten, täten wir's.
   Wir lieben Euch, ganz wie Ihr es verdient.
ALCALDE: Gestrenger Herr, wir sind Euch untertan;
   Ihr seid der Herr und habt uns zu befehlen.
   Die Bauernschaft mitsamt der Obrigkeit
   von Fuente Ovejuna läßt durch mich
   Euch bitten, diese unscheinbaren Gaben
   als Zeichen unserer Treue hinzunehmen.
   's ist wenig nur, jedoch es kommt von Herzen.
   – Seht hier die buntglasierten Töpferwaren,
   dort einen Käfig, voll mit fetten Gänsen,
   und da zehn eingesalzne Schweinerücken,
   auch Pökelfleisch und frischen Räucherschinken.
   Des weitern folgen hundert Paar Kapaunen
   und so viel Hühner, daß sie in den Dörfern
   der ganzen Nachbarschaft die bunten Hähne
   als tiefbetrübte Witwer hinterließen...
   – Uns Bauern ist es ja nicht möglich, Euch
   mit prächtigen Geschenken aufzuwarten,
   wie edlen Rossen, reichen Prunkgewändern
   und Waffen oder goldnen Panzerhemden;
   doch w a s wir schenken, ist so gut wie Gold,
   denn unsre H e r z e n bringen wir Euch dar...
   Es folgen noch zwölf Schläuche alter Wein;
   und der soll Euch und Euern tapfern Kriegern
   die Brust erwärmen, wenn es Winter wird,
   und frischen Mut zu neuen Taten wecken...
   Gott schütze Euch und Euer edles Haus!
ALLE: Hoch der Komtur! Hoch unser gnädiger Herr!
KOMTUR: Schon gut, schon gut, ihr Leute. Geht nun heim.
ALONSO: Jetzt ruht von Euern Heldentaten aus,
   und seid willkommen in der alten Heimat.
   Das grüne Tannenreis und die Girlanden,
   mit denen wir das große Schloßtor schmückten,
   sie müßten, wenn wir könnten, wie wir möchten,
   aus edlem Gold und reichen Perlen sein!
KOMTUR: Gut, gut, ich glaub es schon. Nun Gott befohlen.
ALCALDE: Hoch unser edler Herr Komtur!
ALLE: Hoch! Hoch!

Alle ab, bis auf den KOMTUR, FLORES, ORTUNO, LAURENCIA *und* PASCUALA.

KOMTUR: Ihr beiden, wartet.
LAURENCIA: Was befehlt Ihr, Herr?

KOMTUR: Genauso spröde wie beim letztenmal?
    Mag man noch immer nicht?
LAURENCIA *zu Pascuala:*   Spricht er mit dir?
PASCUALA: Mit mir gewiß nicht.
KOMTUR: Doch, du schöne Bestie;
    dich meine ich, und dort die andre auch;
    Ihr wißt doch, daß ihr beide m i r gehört?
PASCUALA: Bloß nicht für das, was Ihr Euch denkt ...
KOMTUR: Oho!
    Macht keine Flausen. Kommt mit mir aufs Schloß,
    es sind ja auch noch andre Männer da;
    ihr braucht euch nicht zu fürchten.
LAURENCIA: Nur wenn mich
    mein Vater, der Alcalde, hinbegleitet;
    sonst geh ich nicht mit Euch.
KOMTUR *leise:*   Du, Flores ...
FLORES: Herr?
KOMTUR: Die Mädchen weigern sich, wenn ich befehle?
FLORES *zu den Mädchen:*
    Kommt mit mir.
LAURENCIA *leise:* Wag es nicht, uns anzurühren!
FLORES: Auf, auf, und seid nicht dumm!
PASCUALA: Laßt uns in Frieden;
    Ist erst das Tor versperrt, sind wir verloren.
FLORES: Was ihr gleich denkt! Der gnädige Herr Komtur
    will euch ja bloß die schönen Sachen zeigen,
    die er sich mitgebracht hat aus dem Krieg.
KOMTUR *leise zu Ortuno:*
    Wenn sie herein sind, wird das Tor geschlossen.
         Ab.
LAURENCIA: Laß uns vorüber, Flores.
ORTUNO: Wißt ihr nicht,
    ihr seid in die Geschenke einbegriffen,
    die unser Herr erhielt?
PASCUALA: Ein guter Spaß!
    Jetzt aber rat ich dir: Laß uns vorbei,
    sonst ...
FLORES: Sonst? Was ist denn sonst?
PASCUALA: Hat der Komtur
    noch nicht genügend frisches Fleisch gekriegt?
ORTUNO: Doch eures möchte er am liebsten haben!
LAURENCIA: Das würde ihm nur schlecht bekommen. – Weg!!
       LAURENCIA *und* PASCUALA *schnell ab.*
FLORES: Nun sind sie fort. Jetzt wird's uns schlimm ergehn.
    Wie sollen wir ihm vor die Augen treten,
    wenn wir das Wildbret nicht gefangen haben?
ORTUNO: Was können w i r dafür? Laß ihn doch fluchen ...
    Wer Diener ist bei einem großen Herrn,
    muß manches über sich ergehen lassen.
    Wenn er's nicht kann, was ich von dir nicht glaube,
    dann mach er sich beizeiten aus dem Staube.

An die Stelle der verweigerten Zuneigung gegenüber den von ihm Abhängigen setzt der Komtur eine ungezügelte Begehrlichkeit. Laurencia, die Tochter des Alcalden, steht schon lange in der Liste des Komturs obenauf, konnte bis jetzt aber noch nicht abgehakt werden. Daß dies mit Liebe nichts zu tun hat, wird ganz offen ausgesprochen. Ortuno weist die Spitze Pascualas, daß es dem Komtur doch nur um „frisches Fleisch" gehe, nicht von sich, sondern projiziert sie unverblümt auf die Person Laurencias. Eine derart reduzierte sexuelle Begierde wird von Lope strikt abgelehnt. In seinem Stück „El major alcalde, el rey" heißt es: „Liebe, die der Ehre gegenüber an Achtung verliert, ist gemeine Begehrlichkeit, und da sie ein schändliches Verlangen ist, kann sie nicht Liebe genannt werden. Liebe beruht auf dem Streben nach dem, was derjenige wünscht, den man liebt; denn Liebe, die nicht keusch ist, ist keine Liebe und kann keine sein." Diese Position wird an der Person des Komturs zudem dadurch erhellt, daß dieser bei seiner Werbung das Wort „Liebe" nie in den Mund nimmt. Er glaubt auch so an sein Ziel kommen zu können. Ein Dialog zwischen Laurencia und Pascuala zu Beginn des zweiten Bildes macht deutlich, daß der Komtur der Schmeichelei auch meist entraten kann.

In einigen wenigen Gegenden des heutigen Spanien ist das gemeinsame *Waschen an einem nahen Fluß* noch ein Teil des alltäglichen dörflichen Lebens und ein wichtiges Mittel der Kommunikation. Der Bach ist hier bei Lope, so Joaquín Casalduero, indes „nicht der Bach beim Dorf, in dem die Frauen ihre Wäsche waschen; es ist der Bach als Treffpunkt der Liebe, der Bach, an den der Mann kommt auf der Suche nach der Frau". Laurencia weist die Werbung Frondosos ab und spielt hier, wie schon in Szene I,2, die Rolle der spröden Schäferin der bukolischen Literatur. Dabei meint sie, was sie sagt, denn sie glaubt, Frondoso nicht zu lieben. Da ihre herablassende Haltung aber ein Element der Konvention ist und also der Sphäre des Uneigentlichen zugerechnet werden kann und muß, ist die von ihr abgelehnte Verbindung in den Augen der Dorfgemeinschaft bereits eine beschlossene Sache. Schemenhaft ist hier schon zu spüren, daß sich diese Beziehung zu etwas entwickelt, das später das ganze Dorf betreffen wird.

Erster Akt, Drittes Bild

Waldlandschaft. Kurze Dekoration.

Auf der Bühne Laurencia *und* Frondoso.

Laurencia: Frondoso, nein! So kann's nicht weitergehn;
auf jedem Schritt und Tritt läufst du mir nach!
Auch heute, als ich unten an dem Bach
das Linnen wusch, kamst du dahergeschlichen;
doch als ich dich von weitem kommen sah,
da stand ich auf und ließ die Wäsche liegen,
um endlich dir zum letztenmal zu sagen:
Laß mich in Ruh! Was bildest du dir ein
mit deinen Liebesschwüren, deinen Klagen?
Im ganzen Ort schon wetzen sie die Mäuler,
daß du dein Herz an mich verloren hättest
und ich nicht leben könnte ohne dich ...
Du bist ja freilich ein ganz hübscher Bursch
und nimmst es leicht mit allen andern auf;
doch grade deshalb glaubt das ganze Dorf,
daß wir schon längst ein Paar geworden seien;
und alle warten nur darauf, daß es
der Pfarrer von der Kanzel aus verkündet.
Ich sag dir heut zum allerletzten Mal:
Laß mich in Ruh, und glaube nicht etwa,
weil deine Scheuern voll Getreide sind
und deine Keller angefüllt mit Wein,
ich k ö n n t e gar nicht anders als dich lieben!
Ich sage dir: Mir gilt das alles nichts,
es bringt mir weder Freude noch Verdruß;
ich mache mir nichts draus! Verstehst du mich?!
Frondoso: Laurencia, so verschmähst du meine Liebe!
Schon ist das ganze Dasein mir zur Last,
denn immer wird die Freude, dich zu sehen,
zerstört durch deine unbarmherzigen Worte.

Du weißt, ich lebe nur für dich allein ...
und s o l c h e n Lohn zahlst du für meine Treue!
LAURENCIA: Ich kann dir aber keinen bessern geben.
FRONDOSO: Hast du ein Herz aus Eis? Willst du nicht sehen,
wie ich mich alle Tage mehr zerquäle?
Kein Essen schmeckt mir mehr, kein frischer Trunk,
und schlaflos wälz ich mich die ganze Nacht
auf meiner Streu und denke nur an dich!
Kann denn ein Engel, der so schön und hold
wie du bist, so unsagbar grausam sein?
Das bringt mich um, Laurencia!
LAURENCIA: Lauf zum Bader,
damit er dich kuriert.
FRONDOSO: Nur du allein
kannst meine Schmerzen heilen. Ach, Laurencia,
wir könnten leben wie die Turteltauben,
wenn du ... mit mir ... mit mir ... vor dem Altar ...
LAURENCIA: Kommt Zeit, kommt Rat, Frondoso. Wer kann's
wissen?
FRONDOSO: Still! Der Komtur!
LAURENCIA: Oft geht er auf die Pirsch
in unserm Wald. – Versteck dich im Gebüsch!
FRONDOSO: Nun kommt zum Schmerz auch noch die Eifersucht ...

FRONDOSO *versteckt sich. Der* KOMTUR *tritt auf mit einer Armbrust.*

KOMTUR: Oho! Das nenn ich Glück! Die Spur des Hirsches,
den ich verfolgte, hab ich zwar verloren,
nun aber steht die schönste Hindin da!
LAURENCIA: Im Schatten ruhte ich mich nur ein wenig
vom Waschen aus und wollte grade wieder
zum Fluß hinunter. Ihr erlaubt doch, Herr ...?
KOMTUR: Halt, halt, mein schönes Kind; nicht so geeilt!
Der Trotz, mit dem du mir die Liebe weigerst,
paßt schlecht zu diesem Engelsangesicht,
mit dem der Himmel dich gesegnet hat.
Du müßtest ja ein Ungeheuer sein,
wenn du dich wiederum mir kalt entzögest.
Nun, dieses Mal fielst du in meine Hand;
ich bin dein Herr, du bist mir untertan.
Der Wald ist ein verschwiegner Freund der Liebe,
und er erlaubt dir nicht, die einzige
zu werden, die mir nicht zu Willen ist.
Hat denn vielleicht das Weib des dicken Pedro,
die Sebastiana, sich mir nicht ergeben?
Hat die Clarita sich wohl gar gesträubt?
Nun also! Und du weißt, die beiden waren
erst seit vier Tagen junge Ehefrauen!
LAURENCIA: Und Euch, gestrenger Herr, ist wohlbekannt,
daß d i e zwei Dirnen nicht zum erstenmal
an fremde Männer ihre Gunst verschenkten.
Ihr wart der erste nicht, auch nicht der letzte!
Und nun lebt wohl. Fangt Euch ein andres Wild;

„In der zweiten Szene wird Laurencia als der Liebe Frondosos gegenüber gleichgültig dargestellt; in der vierten Szene wird zwischen Frondoso und dem Komtur eine Parallele hergestellt, die beide Laurencia begehren und von ihr verschmäht werden. Die Unterhaltungen, die sie mit beiden Bewerbern bei ihren jeweiligen Annäherungsversuchen führt, sind symmetrisch aufgebaut und zeigen den Unterschied zwischen der Liebe des einen und der sinnlichen Begierde des anderen deutlich. Frondoso kennt kein *perder el respeto* (Verlieren der Achtung); der Komtur dagegen versucht, mit Gewalt zu nehmen, was er nicht durch Überredung erlangen kann. Laurencia ihrerseits weist Frondoso ab, weil sie ihn nicht liebt, und dem Komtur gegenüber betont sie, daß er seine früheren Erfolge bei solchen Frauen zu verzeichnen hatte, die bereits vorher mit ihrer Gunst freigebig umgegangen seien. Ihre Haltung Frondoso gegenüber erklärt so die Kraft ihres Widerstands gegen den Komtur, während später die Nachstellungen des Komturs dazu führen, daß sie sich in Frondoso verliebt" (Geoffrey W. Ribbans).
Es deutet sich an, daß der Konflikt von Fuente Ovejuna auch auf einer unterschiedlichen Liebesauffassung beruht. Der Komtur entfernt sich von Recht und Sitte, mißbraucht seine Privilegien und zerstört so die Harmonie des Daseins, die, wie Frondoso während des Streits um die platonische Liebesauffassung (I,2) betont, nur auf Liebe beruhe:
„Denn in der Welt lebt alles schön in Eintracht,
und Eintracht gibt es nur, wo Liebe ist,
und wo die Liebe herrscht, ist alles gut."

Die Liebe als universales Prinzip steht über den Standesschranken. Sie zu verspüren und ihr zu leben, das ist die feste Überzeugung Lopes, adelt jeden Menschen. „Indem er seinen Herrn mit vorgehaltener Armbrust in Schach hält, überhört er" (Frondoso), so Bruce W. Wardropper, „die Befehle, zu deren Befolgung ihn seine Gehorsamspflicht zwingt; ‚amor' ist der verliebte Frondoso selbst, der für alle Mahnungen taub ist, die ihn an die Heiligkeit der Bindungen des Vasallen an seinen Feudalherrn erinnern. Er ist in diesem Augenblick, ja das ganze Stück hindurch, der erhabenste Liebhaber, der Liebhaber par excellence, denn er zeigt die größte Selbstverleugnung; er ist bereit, sein Leben zu wagen und notfalls sich selbst um der Liebe willen auszulöschen." Diese „Erhöhung" ist indes nicht revolutionär, denn sie dominiert zwar über den Stand, macht ihn aber nicht vergessen: „Ich bleibe, was ich bin: ein Bauer!" Frondoso hält sich an die bestehende Ordnung; zerstört wird sie durch den Komtur, der sie pervertiert („‚... du Hund' " – ‚Ich bin nicht Euer Hund' ") und dessen Adel sich auf eine rein äußerliche Haltung reduziert: er tut so, als lasse er sich durch die auf ihn gerichtete Armbrust nicht einschüchtern, und versucht die Situation durch eine List noch zu seinen Gunsten zu entscheiden: „Es soll dir nichts geschehn..." Der Mut des Komturs ist seinem Stand gemäß, der Frondosos dagegen Ausdruck einer inneren Überzeugung und kommt somit auch einer Widerlegung der Worte Mengos im „Liebesstreit" (I,2) gleich, der da behauptet hatte: „Nur eine Liebe kann ich gelten lassen, die Liebe zu sich selbst; die fühlt ein jeder."

setzt doch dem Hirsche nach, der Euch entwischte!
Wahrhaftig, Herr, wenn nicht auf Eurer Brust
das Ordenskreuz von Calatrava glänzte,
ich möchte Euch für einen Teufel halten,
so sehr verfolgt Ihr mich mit Eurer Gier!
KOMTUR *lehnt die Armbrust an ein Gebüsch:*
Nun ist's genug! Du willst dich weigern? Wie?
LAURENCIA: Was tut Ihr, Herr. Laßt los!
KOMTUR: Du sträubst dich noch?
FRONDOSO *tritt aus dem Gebüsch hervor und ergreift die Armbrust.*
KOMTUR: Jetzt endlich bist du mein!
LAURENCIA: Zu Hilfe! Himmel!
KOMTUR: So schweig doch still; wir sind ja ganz allein.
FRONDOSO *legt die Armbrust auf den Komtur an:*
Gestrenger Herr, laßt von dem Mädchen ab,
wenn Ihr nicht wollt, daß Euch der eigne Pfeil,
dem Kreuz zum Trotz, das Eure Brust verziert,
das Kreuz und auch die Brust durchbohrt!
KOMTUR: Wa...was!
Du wagst, du Hund?!
FRONDOSO: Ich bin nicht Euer Hund.
Entflieh, Laurencia! Schnell!
LAURENCIA: O Gott! Was tust du?
FRONDOSO: Sei unbesorgt.
                 LAURENCIA schnell ab.
KOMTUR: Verflucht, daß ich mein Schwert
nicht bei mir habe!
FRONDOSO: Herr, ich drücke ab,
wenn Ihr es wagen wollt, mich anzugreifen!
KOMTUR: Laurencia! – Sie ist fort...! Verräter! Schurke!
Die Armbrust her!
FRONDOSO: Ich soll sie Euch wohl geben,
damit Ihr m i c h erschießen könnt? Nein, Herr;
und wenn Ihr noch so brüllt, ich bleibe taub.
M e i n ist Laurencia, und ich liebe sie,
und Liebe hört n u r, was sie hören w i l l ...
KOMTUR: Vor einem Bauerntölpel sollt ich fliehn?
So schieß! Doch wenn du fehlst, sei auf der Hut;
denn dann ergeht dir's schlecht! – Jetzt nimm Vernunft an!
Wie kannst du deinen Herrn bedrohn? – Hör zu:
Es soll dir nichts geschehn. Ich will vergessen,
daß ich ein Calatravaritter bin...
FRONDOSO: Ich nicht! Ich bleibe, was ich bin: ein Bauer!
Auch ich kann, ganz genau wie Ihr, Komtur,
mein Leben nur ein einzig Mal verlieren!
Und Eure Armbrust bleibt in m e i n e r Hand!
FRONDOSO *geht langsam nach rückwärts ab, die Armbrust immer auf den Komtur gerichtet.*
KOMTUR: Was ist geschehn? War das ein böser Traum?
Ein Bauer hat den eignen Herrn bedroht...
und atmet noch? Kniet nicht zu meinen Füßen?
Ein Bauer... hat...? Das wirst du, Schurke, büßen!

ZWEITER AKT, SIEBENTES BILD

Der gleiche Schauplatz, eine Woche später. Im Hintergrund ein etwas erhöhtes Podium für die Musikanten.

Auf der Bühne: FRONDOSO *und* LAURENCIA *als Brautleute, ferner der* ALCALDE *und Frondosos Vater* ALONSO *sowie* JUAN, BARRILDO, BLAS, *der* STUDENT, MENGO, BAUERN, BÄUERINNEN *und* MUSIKANTEN. *Ein Hochzeitsreigen wird um das Brautpaar getanzt.*

BARRILDO: Dem jungen Paar
    soll immerdar
    auf allen Wegen
    Heil und Segen
    und eitel Glück und Sonnenschein
    zehntausend Jahr beschieden sein!

Die Tanzenden wiederholen singend die Verse.

MENGO: Das sag ich dir, Barrildo: Zu viel Mühe
  hast du dir diesmal wirklich nicht gegeben;
  ich dachte mir, du machtest beßre Verse.
BARRILDO: Warum hast du sie denn nicht s e l b s t gedichtet,
  wenn du viel mehr davon verstehst als ich?
ALONSO: Mengo versteht nur was von Peitschenhieben;
  da fühlt er ganz genau, wie gut sie sind ...
BLAS: Hast's gut vertragen. Bist jetzt fast noch dicker!
MENGO: Sei du nur still! Du weißt, ich kenne hier
  im Dorfe einen Mann, dem der Komtur
  an einem schönen Sommernachmittag,
  im dunklen Wald ... am Bach ...
ALONSO: Halt's Maul, und sprich
  mir nicht noch einmal seinen Namen aus;
  der Schuft! Der Hund!
MENGO: Jaja, das will ich meinen!
  Und ich? Was ist denn groß mit mir geschehen?
  Ich hatte nur die Schleuder in der Faust;
  da dringen hundert Kerle auf mich ein
  und prügeln mich mit ihren Sattelgurten.
  Das kommt doch hier fast alle Tage vor.
  Was andres freilich ist es, wenn ein Mann,
  den ich nicht nennen will, von dem Komtur
  gezwungen wurde, eine ganze Flasche
  voll schwarzer Tinte auf sein Wohl zu trinken.
  Kann denn ein Christenmensch so was ertragen?!
STUDENT: E r tragen hat er's, und v e r tragen auch,
  und der Komtur hat sich halb totgelacht.
BLAS: Der Hund! Das soll er mir noch einmal büßen!
FRONDOSO: Nun, Mengo, komm und sag uns d e i n e Verse.
ALLE: Ja, Mengo! Mengo! Dein Gedicht laß hören!
MENGO: Erst stimmt mit ein, und ruft recht laut:
  Der Bräutigam hoch, und hoch die Braut!
ALLE: Der Bräutigam hoch, und hoch die Braut!

Die Anspielungen auf die „Peitschenhiebe" beziehen sich auf die Ereignisse des fünften Bildes im zweiten Akt. Jacinta, ein Mädchen aus dem Dorf, wird von den Schergen des Komturs verfolgt und wendet sich mit der Bitte um Beistand an Mengo, der, nachdem schon Frondoso seine Auffassung von der Selbstsüchtigkeit allen Tuns und so auch der Liebe widerlegt hat, sich nun selbst Lügen straft.

MENGO: O Himmel, schenk dem jungen Paare
ein Leben voller Seligkeit;
vor Eifersucht sie stets bewahre,
vor Zwietracht, Haß und Schlechtigkeit!
Behüte sie vor Schicksalsschlägen,
gib ihren Äckern reiche Frucht;
schenk ihrer Liebe Kindersegen
und ihren Kindern strenge Zucht.
Und wenn sie einst von hinnen gehen,
weil es der bittre Tod gebeut,
dann soll es ihnen erst geschehen,
wenn sie das Dasein nicht mehr freut.
Nun ruft noch einmal alle laut:
Der Bräutigam hoch, und hoch die Braut!
ALLE: Der Bräutigam hoch, und hoch die Braut!!

Das Foto zeigt eine *Hochzeitsgesellschaft im heutigen Spanien*, die allerdings auch in jedem anderen europäischen Land so oder ähnlich anzutreffen sein dürfte.

Das Foto zeigt die von Mengo als Vergleich herangezogenen *Spritzkuchen* in den „schönsten Formen".

BARRILDO *zu Mengo:*
  Viel besser kannst du's auch nicht als ich selber;
  so ein Gedicht hab ich schon oft gemacht.
MENGO: Kann i c h dafür, wenn es dir nicht gefällt?
FRONDOSO: Nun streitet euch nur nicht. Vor allen Dingen
  war dein Gedicht schön . . . kurz. Ich danke dir.
MENGO: Die Poesie ist keine leichte Sache;
  ich will euch sagen, wie es mit uns Dichtern
  bestellt ist. Hört mir recht gut zu: Es ist
  gerade so, wie wenn ein Zuckerbäcker
  Spritzkuchen backen will in heißem Öl.
  Erst knetet er den Teig und gibt der Masse
  die schönsten Formen, die er fertigbringt:
  Ein Eselchen, ein schlankes Jüngferlein,
  ein Stern, ein Kranz, ein Kreuz, ein Herz mit Flammen.
  Und dann wirft er ein Kunstwerk nach dem andern
  ins heiße Öl hinein, bis sich der Kessel
  mit seinen Werken vollfüllt bis zum Rand.
  Nun aber kann er's manchmal nicht erwarten
  und fischt das Backwerk nicht zur rechten Zeit
  aus seinem heißen Kessel wieder raus.
  Dann sind die Kränzchen aufgedunsne Schwämme,
  die Kreuze windschief und die Sternchen krumm,

„Er [Mengo] wird von anderen Figuren [Barrildo und Frondoso] wegen seiner prosaischen Verse getadelt . . . Doch Mengo rechtfertigt sich mit einem Vergleich zwischen dem Dichter – offenbar ein improvisierender Dichter wie Lope selber – und einem Kuchenbäcker, der seine Verse wahllos wie Teigklumpen in den ‚Kessel aus Papier' wirft in der Überzeugung, daß ihre Honigsüße den komischen Unsinn überdecken wird, und der allenfalls mangels Kundschaft genötigt ist, sein Gebäck selber zu verzehren. Warum präsentiert Lope hier Mengo als einen mißratenen Troubadour, wie in einem Entremés, einem komischen Zwischenspiel? Offenbar deshalb, weil er Mengo als den ‚natürlichen Menschen' vorstellen will, ohne dichterisches Talent, aber mit Gutmütigkeit, mit der richtigen Einsicht in die Harmonie der Ehe und mit einem unbezähmbaren Drang ausgestattet, aus vollem Herzen heraus zu singen. Lope sah in Mengo das Rohmodell seiner selbst, des Dichters Lope" (Leo Spitzer).

das Eselchen hat einen bösen Höcker,
die keusche Jungfrau ist ganz dick geworden,
und manches Flammenherz ist halb verbrannt.
– Genauso macht's der schlechte Dichter auch:
Was er in seinem heißen Hirnschmalz schmorte,
das zieht er oftmals viel zu früh ans Licht,
und manchmal denkt er auch erst wieder dran,
wenn nur noch ein paar Schlacken übrigblieben.
Und bringt er seine Verse auf den Markt,
dann lachen alle, keiner will sie kaufen,
der Dichter aber hält sie für erhaben
und seufzt, weil ihn die Menschheit nicht versteht!
BARRILDO: Du bist ein alter Narr!
MENGO: Und du ... kein Dichter!
STUDENT: Mir scheint, ihr habt die Hochzeit ganz vergessen;
laßt doch das Brautpaar auch zu Worte kommen.
LAURENCIA *zu Alonso*: Ja, Vater, denn nun ist die Stunde da ...
ALONSO: Gebt mir die Hand. Ihr sollt gesegnet sein!
Und mög euch Gottes starke Hand beschützen
und euerm Bunde seinen Segen schenken!
FRONDOSO: Wir wollen ihn auf unsern Knien empfangen.
ALONSO: Bleibt unsrer Erde treu und unserm Dorf ...
ALCALDE: ... und immer ehrenhafte, brave Bauern!
MENGO: Nun keine Rührung mehr, Gevattern! Jetzt
sollt ihr was Lustiges zu sehen kriegen!

Die Pantomime wird von Geoffrey W. Ribbans folgendermaßen interpretiert: „Die Musikanten singen ein Lied, in dem in idealischer Form die Werbung des Komturs um Laurencia gleichsam vorgeprobt wird. Nach echt volkstümlicher Art wird der Komtur durch das Kreuz bezeichnet, das seine Erscheinung beherrscht – er ist eben der caballero de la cruz de Calatrava. Sein Liebesverlangen wird als ganz natürlich angesehen, und Frondosos Eingreifen wird nicht erwähnt. Dieses Lied ist wie der Gesang der *segadores*, der ‚Schnitter‘, in ‚Peribáñez‘ (II,2) ein Beispiel bäuerlicher Improvisation über ein Thema von aktueller lokaler Bedeutung, jedoch fehlt ihm die unmittelbare dramatische Relevanz des letztgenannten Liedes, wenn auch seine offenherzige Unbefangenheit mit der heuchlerischen Haltung des Komturs in der darauffolgenden Episode kontrastiert."

PANTOMIME

Die Musikanten, die bei den jeweiligen Hochrufen einen Tusch bliesen, sind abgegangen. An ihrer Stelle haben sich Burschen und Mädchen, die große, grüne Zweige in den Händen halten, auf dem linken, rechten und hintern Rand des Podiums gruppiert. Sie stellen den „Wald" vor. Eine grotesk gekleidete und geschminkte Bäuerin kniet links und tut, als ob sie Wäsche wüsche. Ein junger Bauer, in ähnlich übertriebener Art, als Frondoso verkleidet, parodiert mit ihr pantomimisch die Liebesszene im dritten Bild. Dann tritt von rechts durch den „Wald" Mengo als „Komtur" auf, mit Federhut, Calatravawams und riesiger Armbrust, und hängt sich einen wilden Bart um. Die Szene im dritten Bild wird weiter pantomimisch parodiert. Mengo lehnt die Armbrust an den „Wald", hinter welchem „Frondoso" verschwunden ist, und stürzt sich auf „Laurencia". „Frondoso" schleicht hervor, nimmt die Armbrust und legt auf den „Komtur" an. Das Mädchen flieht in den „Wald". Der „Komtur" sinkt auf die Knie und winselt um Gnade. – Alle brechen in Gelächter aus.

ALONSO *zu den Bauern:*
Nun aber tanzt noch einmal euern Reigen!
ALLE: Laurencia hoch, und hoch Frondoso! Hoch!
BAUERN: Dem jungen Paar
soll immerdar
auf allen Wegen
Heil und Segen

und eitel Glück und Sonnenschein
zehntausend Jahr beschieden sein!
Laurencia hoch, und hoch Frondoso! Hoch!
Der KOMTUR, FLORES *und* ORTUNO *treten auf.*

KOMTUR: Was geht hier vor? Gesang und Reigentanz?
In Zeiten, wo der Krieg im Lande tobt,
find ich das Bauernpack bei Scherz und Spiel?!
ALONSO: Kein Spiel, gestrenger Herr, nur eine Hochzeit.
Wollt Ihr vorüber? Seht, wir machen Platz.
Wie ist es Euch ergangen in der Schlacht?
Kehrt Ihr als Sieger heim? – Ihr h a b t gesiegt,
denn E u e r m Schwerte widersteht kein Feind!
FRONDOSO *leise:*
Ich bin verloren . . .
LAURENCIA *leise:*   Flieh, so schnell du kannst!
KOMTUR: Wen sehe ich? Halt, Bursche! Hiergeblieben!
Das traf sich gut. Jetzt endlich hab ich dich!
Legt ihn in Ketten . . .
FRONDOSO: Laßt mich!
ALONSO *leise:*   Ruhig Blut!
Ergib dich, denn du machst es sonst noch schlimmer.
FRONDOSO: Du meinst, ich soll mich feige morden lassen?
KOMTUR: Ich handle nur, wie das Gesetz befiehlt,
und töte keinen, der es nicht verdient.
Wenn's anders wär, so könnt ich dich ja gleich
von meinen Kriegern niederhauen lassen . . .
Jetzt werft ihn mir vor allem in den Kerker;
dann, Bürschchen, wird dir der Prozeß gemacht,
und der Alcalde, der das Urteil spricht,
es soll . . . dein eigner Schwiegervater sein!
PASCUALA: Erbarmt Euch, Herr, es ist sein Hochzeitstag . . .
KOMTUR: Was geht mich seine Hochzeit an? Ich weiß
für seine Braut ganz einen andern Mann.
PASCUALA: Verzeiht ihm, wenn er Euch beleidigt hat,
und handelt wie ein echter Großkomtur.
KOMTUR: Du irrst. Denn nicht an mir allein verging
er sich. Den ganzen Calatravaorden
hat er durch seine freche Tat beleidigt.
Wenn d a s Verbrechen nicht gezüchtigt würde,
dann käm es eines Tages noch so weit,
daß andre seinem bösen Beispiel folgten,
daß sich das Pack zusammenrottete
und schamlos gegen unsern hohen Orden
des Aufruhrs Fahne in die Fäuste nähme!
Hab ich zuviel gesagt? Wißt ihr nicht alle,
daß dieser Schurke eines Tags im Wald
die Armbrust angelegt auf seinen Herrn!
ALCALDE: Gestrenger Herr, erlaubt auch mir ein Wort:
Ich will sein Handeln nicht beschönigen,
doch seht, er ist . . . verliebt, und was er tat,
geschah, weil er sein Weib beschützen mußte!

Durch das überraschende Erscheinen des Komturs wird das Fest jäh unterbrochen; aus Sieg wird Niederlage und aus Freude Schmerz. Die private Rache, die zu erfüllen dem Komtur nun Gelegenheit gegeben ist, muß indes vor dem Hintergrund seiner Niederlage vor Ciudad Real gesehen werden. Er kehrt als geschlagener Ritter heim; und es zeigt sich schon bei seinen ersten Worten, daß er – nicht zu Unrecht – die Ausgelassenheit der Bauern als persönlichen Affront gegen seine Person begreift. Die Leute von Fuente Ovejuna haben mittlerweile in der Tat Partei für die Katholischen Könige ergriffen, von deren Sieg sie sich eine einschneidende Verbesserung ihrer sozialen Lage erhoffen. Im sechsten Bild erklärt Juan:
„Laß den Kopf nicht hängen . . .
Ich habe Nachricht aus Ciudad Real;
schlecht steht es um den Calatravaorden:
Die Stadt ist nicht zu halten.
Der Komtur
kommt viel zu spät. Es dauert nicht mehr lange,
und König Ferdinand und Isabella
erobern sich ihr altes Land zurück;
dann folgt das Strafgericht für den Komtur!"
Da die Bauern über den Verlauf der militärischen Auseinandersetzungen gut informiert zu sein scheinen, ist die Huldigung Alonsos als ironische Invektive zu werten.

„Aufruhr" vermutet der Komtur, der die persönliche Beleidigung durch Frondoso als Angriff auf den Orden insgesamt interpretiert und seine private Rache so mit der Aura des Legitimen umgibt. Der Alcalde beruft sich bei seiner Verteidigung auf Prinzipien, die Mengos Rede über den „Amor natural" entlehnt zu sein scheinen: „Wenn sie dich schlagen wollen, wehrst du dich."

> Der Komtur beruft sich mit seiner Feststellung, daß Frondoso und Laurencia ja noch gar nicht verheiratet gewesen seien, auf abstrakte Rechtsprinzipien, der Alcalde hingegen auf naturrechtliche Auffassungen und geht später, als die Unvereinbarkeit beider Rechtspositionen unübersehbar wird, zu einer politischen Argumentation über. Dieser Wechsel in der Ebene der Auseinandersetzung folgt aus der Bestimmung der Gerechtigkeit im Naturrecht; denn Gerechtigkeit ist hier, wie Thomas von Aquin definiert, immer Ausdruck einer Proportionalität und Äquivalenz in den Beziehungen der Menschen, die sich stets an die gegebenen Postulate der eindeutig festgelegten Verantwortlichkeiten im ständisch formierten Gesellschaftssystem zu halten hätten.

> Der Schlag mit dem Amtsstab auf den greisen Alcalden ist von symbolischer Bedeutung. Zwischen den Bauern und dem Komtur ist von nun an keine Verständigung mehr möglich, da durch diesen Akt die Grundlagen einer Koexistenz endgültig zerschlagen werden. Denn durch das Recht, mit dem hier gerade nach Gutdünken umgegangen wird, ist der Zusammenhang des Gesellschaftsganzen garantiert. Es wird hier als kodifiziertes Abbild der vollendeten Schöpfung begriffen und ist insofern unbeweglicher Bestandteil der irdischen „Ordo". Fehlt es an der Sanktionierung durch das Recht, so werden die gesellschaftlichen Beziehungen aufgelöst und hinfällig. Eine Rebellion ist jetzt denkbar, doch nur als restaurative.

    I h r wollet sie verführen, Herr …
KOMTUR: Alcalde,
du bist ein Esel.
ALCALDE: Herr, dann war's ein Fehler,
daß Ihr mich selber zum Alcalden machtet …
KOMTUR: Ich wollte ihm sein Weib verführen? Wie?
Sein Weib? Laurencia w a r noch nicht sein Weib!
ALCALDE: Weib oder nicht! Ihr wolltet sie ihm rauben!
Ich bin ja nur ein armer, schlichter Bauer,
doch rate ich Euch gut: Nehmt Euch in acht!
Sobald sich Ferdinand und Isabella
ihr Erbe erst zurückerobert haben,
wird andrer Wind durch diese Lande wehn.
Denn dann befiehlt ein edles Königspaar;
es wird die Unterdrückung und die Sünde
gerecht bestrafen, aber niemals dulden,
daß noch Tyrannen neben ihm regieren,
selbst wenn das Ordenskreuz von Calatrava
die Brust bedeckt, in der das Laster wohnt!
KOMTUR: Reißt den Alcaldenstab aus seiner Hand!
ALCALDE: Freiwillig gebe ich ihn Euch zurück.
KOMTUR: … daß ich dich selber damit züchtige
wie einen widerspenstigen Ackergaul!
    Der KOMTUR *schlägt den* ALCALDEN *mit dessen Amtsstab.*
ALCALDE: Schlagt zu. Ich kann Euch nur bedauern, Herr.
PASCUALA: Seht ihn: Ein Edelmann schlägt … einen Greis.
LAURENCIA: Das tut Ihr nur, weil er mein Vater ist;
so rächt Ihr Euch an mir.
KOMTUR: Du freche Dirne!
Schleppt sie aufs Schloß, und dort bewacht sie gut!
– Von heute ab wird mir das ganze Dorf
zur Strafe … doppelt hohen Pachtzins zahlen.
Ich möchte wirklich sehn, ob ihr am Ende
nicht d o c h zu Kreuze kriecht, ihr Schandgesindel!

Der KOMTUR *ab mit* FLORES, ORTUNO *und* CIMBRANOS, *die* LAURENCIA *und* FRONDOSO *abführen.*

JUAN: O großer Gott im Himmel, steh uns bei!
PASCUALA: Das schöne Hochzeitsfest … jetzt ist's zu Ende.
BARRILDO: Nun? Keiner spricht ein Wort …?
MENGO: Ich schweige gerne;
auf meinem Rücken brennen noch die Striemen …
BLAS: Das ist das Ende.
ALONSO: Nun ist alles aus.
ALCALDE: In einer Stunde kommt ihr alle heimlich
hinunter in den Keller unterm Rathaus,
dort laßt uns überlegen, was wir tun.
JUAN: Wir kommen!
ALLE *außer Mengo:* Alle! Ja!
MENGO: Ich bleib daheim.
Geht nur allein. Durch Schaden ward ich klug
und habe noch vom letztenmal genug …

Blick über die Dächer des heutigen *Fuente Ovejuna*.

Dritter Akt, Achtes Bild

Kellergewölbe im Rathaus.

Auf dem vorderen Teil der Bühne liegen Säcke, Stroh und Ackergeräte. Links vorn eine Tür. In der Mitte des Hintergrundes führen Stufen zu einer höher gelegenen schmalen Plattform, die einen Gang von der Breite der Bühne bildet. Am rechten Ende des Ganges ist eine Tür. Fast am linken Ende der Plattform führt eine unsichtbare Treppe nach hinten unten, so daß die darauf Hinabgehenden für den Zuschauer allmählich unsichtbar werden. Hinter der Plattform, in der Mitte, ragt der in dieser Szene noch verdeckte Kranz des großen Folterrades teilweise empor. Der ganze Raum liegt im Halbdunkel.

Auf der Bühne der Alcalde *und* Alonso.

ALCALDE: Noch immer keiner da?
ALONSO: Wo sie nur bleiben!
ALCALDE: Mit jedem Augenblick wächst die Gefahr.
ALONSO: Und alle sagten doch, sie wollten kommen.
ALCALDE: Frondoso liegt in Ketten im Gefängnis,
  Laurencia ist hinauf ins Schloß verschleppt;
  wenn Gott uns nicht in letzter Stunde hilft...

Barrildo, *der* Student *und andere* Bauern *treten auf.*

ALONSO: Esteban, leise! Ruhig Blut! Es muß
  doch alles heimlich sein...
ALCALDE: Mich wundert's nur,
  woher ich soviel Ruhe noch bewahre.

Die ausführlichen und präzisen Bühnenanweisungen stammen nicht von Lope. In älteren Ausgaben des Stücks fehlt eine Ortsbezeichnung ganz, und es werden nur die Personen genannt.

Mit dem Alcalden und Alonso stehen zu Beginn des dritten Aktes jene Personen auf der Bühne, die von den Geschehnissen am unmittelbarsten betroffen sind: die Väter von Braut und Bräutigam.

225

Die versammelten Bauern sind anfangs uneins, können zu keiner einheitlichen Position finden, womit Lope nach Auffassung Geoffrey W. Ribbans' zeigen will, „wie die Leidenschaft jene einfachen Bauern, die solcher schwerwiegenden Probleme ungewohnt sind, ergreift und derart abrupte Positionswechsel verursacht". Der Student und der Alcalde rufen am entschiedensten zur Tat auf, wobei dem Verweis des letzteren auf die geraubte Ehre der Heimat eine besondere Bedeutung zugemessen werden muß. Karl Vossler spricht in diesem Zusammenhang von einem Willen „zum eigenen Recht, zum Schutze des Herdes und der eigenen Familie, der in den Jahrhunderten der Reconquista den ungläubigen Unterdrücker aus dem Land warf" und der „in diesen Dramen der bäuerlichen Notwehr und Selbsthilfe, so wenig sie mit den Umständen der Reconquista mehr zu tun haben, noch sehr lebendig" ist. Die Willkür des Komturs passiv zu erleiden hieße also, die eigene Identität und Geschichte zugunsten eines kontemplativen Leidens aufzugeben. Indes, so fährt Karl Vossler fort: „Leiden an und für sich hat kein Verdienst. Die bloße Zahmheit und natürliche Gutmütigkeit stehen auf einer kindlichen Stufe. Erst wenn sie im Geiste des Glaubens und als Martyrium zu Gottes Ehre betätigt werden, steigen sie auf, und dann allerdings erreichen sie die höchste Stufe, die himmlische; dort schlagen die irdischen Werte in ihr Gegenteil um: Demut in Glorie, Knechtschaft in Herrlichkeit, Armut in Überfluß, Niederlage in Sieg, Schmerz in Jubel und alles Leiden in lebendige Kraft."

JUAN, BLAS, MENGO *und andere* BAUERN *treten auf.*
ALONSO: Da sind sie schon. Nur immer näher, Leute.
MENGO: Ja, seht ihr wohl, nun bin ich d o c h gekommen;
   wenn's ernst wird, dann ist Mengo auch dabei.
ALCALDE: Ehrsame Bauernschaft von Fuente Ovejuna!
   In schwerer Stunde sind wir hier versammelt,
   und ich, als der Alcalde, frage euch:
   Was soll geschehn in unsrer harten Not?
   Wir stehen wie vor einem frischen Grab . . .
   Ja, unsre alte Heimat ist gestorben,
   denn ihre Ehre hat man ihr geraubt.
   Doch wenn ihr jetzt an ihrem Sarge trauert:
   Wie könnt ihr noch dem Boden eurer Väter
   den letzten Gruß, die letzte Gunst erweisen,
   wenn unter euch kein einziger mehr atmet,
   den nicht Tyrannenübermut gekränkt?
   Antwortet mir: Ist einer unter euch,
   der n i c h t geschädigt ward an Herz und Habe;
   klagt jeder nicht dem andern seine Not?
   Nichts bleibt uns mehr, denn alles ist verloren;
   die alte Heimat, Name, Ehr und Blut . . .!
   Was soll uns jetzt noch Schlimmeres bedrohn?
ALONSO: Ja, es ist wahr; das Maß ist übervoll,
   und größres Leid k a n n uns nicht mehr geschehn.
JUAN: Nur einen Ausweg seh ich aus der Qual.
   Hört zu:
ALLE: Ein Ausweg, Juan? Laß hören! Rettung?
JUAN: Es heißt, daß Ferdinand und Isabella
   schon auf dem Wege sind nach Córdoba,
   weil sie den Bürgerkrieg gewonnen haben
   und Friede wieder in Kastilien herrscht.
   Drum meine ich, man soll aus unserm Dorf
   zwei wackre Männer zu den Fürsten senden,
   damit sie sich zu ihren Füßen werfen
   und sie um Hilfe bitten aus der Not.
BARRILDO: Du irrst dich, Juan; der Krieg ist nicht zu Ende,
   denn g a n z geschlagen ist der Feind noch nicht.
   Der König muß an andre Dinge denken
   und hat für unsre Sache jetzt kein Ohr.
BLAS: Was ich euch rate, ist: Wir wandern aus
   und suchen uns woanders eine Heimat.
ALONSO: Wie wär das möglich in so kurzer Zeit?
MENGO: Wenn unser Großkomtur das hören könnte,
   er hing' uns alle miteinander auf . . .
STUDENT: Das Dorf ist wie ein leckes Schiff im Sturm;
   der Mast zerbrach, das Takelwerk zerriß,
   und ohne Steuer treibt es ins Verderben . . .
   Zu seiner schnöden Lust raubt der Tyrann
   das einzige Kind des ehrbaren Alcalden,
   und er zerschlägt an unserm Oberhaupt
   den Richterstab, das Zeichen seiner Würde!
   Ward je der ärmste Sklave mehr getreten?

JUAN: Wer hilft uns aus der Not?
STUDENT: Ihr Bauern, laßt
uns sterben, oder die Tyrannen töten!
S i e sind nur wenige, wir aber viele!
BARRILDO: Die Waffen gegen unsern Herrn erheben . . .?
ALCALDE: Nächst Gott ist nur der König unser Herr,
nicht aber ein unmenschlicher Barbar.
Wenn Gott zu unsrer guten Sache steht,
was kann uns dann ein Teufel noch erschrecken?!
MENGO: Hört auch auf mich. Ich rate euch: Seid schlau
und überlegt euch, was ihr tut . . . Ich bin
ja bloß ein armer Knecht, kein reicher Bauer,
und spreche nur für mich und meinesgleichen,
denn unsereinen quälen sie am meisten,
drum haben wir ja auch die meiste Angst.
JUAN: Sind wir denn sicherer vor ihm als ihr?
Uns kann er n o c h mehr Unrecht tun als euch!
Doch glaube n u r nicht, daß wir ruhig zusehn,
wenn er uns Haus und Scheuern niederbrennt!

LAURENCIA *stürzt herein mit wirrem Haar; hinter ihr* PASCUALA,
JACINTA *und andere* BÄUERINNEN.

LAURENCIA: Macht Platz; laßt mich vorbei!
ALCALDE: Laurencia, du?
LAURENCIA: Wenn meine Stimme auch im Rat nicht z ä h l t,
so darf ich meine Stimme doch e r h e b e n!
ALCALDE: Die Hände blutend und das Haar zerrauft . . .
der Blick verstört . . .
LAURENCIA: Du kennst mich wohl nicht wieder?
Ja! Schau mich nur mit starren Augen an:
Ich bin nicht mehr dieselbe, die ich war;
auch deine Tochter will ich nicht mehr sein!
ALCALDE: Warum nicht, Kind?
LAURENCIA: Das sollst du bald erfahren:
Vor aller Augen wurde ich entführt,
und keiner hat die Faust um mich erhoben!
D u warst der Hüter meiner Mädchenehre –
Frondoso nicht! Denn bis zur Hochzeitsnacht
gehört die Tochter in das Vaterhaus . . .
– Wie feige Hirten standet ihr umher,
indes der Wolf in eure Herde brach
und sich das junge Lamm als Beute holte.
Wie wurde ich gepeinigt und bedroht,
wie viele Dolche zückten sie nach mir,
und welche niedern Laster hat der Schurke
versucht, um mich zu seiner Lust zu zwingen!
Ihr seht's an meinen blutbefleckten Händen,
an meinen Wunden, meinem wirren Haar,
wie ich den Teufel mir vom Leibe hielt!
Ihr alle wußtet, was geschehen würde,
doch keiner fand den Mut zum Widerstand!
Und ihr wollt Männer . . . ihr wollt Spanier sein?!

Genau in dem Moment, da die Diskussion zu versanden droht, erscheint Laurencia, in ihrem Gefolge die Frauen des Orts. Es ist dies nicht zuletzt auch ein Indiz dafür, daß Lope Ehre, Liebe und Tapferkeit der Sphäre der Seele zuordnet; die aber ist geschlechtslos.
Protagonist ist von nun an endgültig kein einzelner mehr; „. . . es gibt", wie Marcelino Menéndez y Pelayo schreibt, „keinen anderen Helden als den Demos, die versammelte Gemeinde von Fuente Ovejuna". Dies trifft indes auch auf das Geschichtsdrama „La Numancia" von Cervantes zu, das die Aushungerung einer Stadt durch die Römer unter Scipio Africanus im Jahr 134 v. Chr. zum Thema hat. Bruce W. Wardropper versucht durch einen Vergleich dieser Stücke nachzuweisen, daß der kollektive Mut der Leute von Fuente Ovejuna in erster Linie auf das tradierte Bild des Bauern in der Literatur zurückgeführt werden müsse: „Man wäre von der selbstverständlichen Voraussetzung ausgegangen, daß Bauersleute im Anblick der Gefahr vor Furcht zittern wie Sancho Pansa. Lope mußte ganz klar machen, daß es in seinem Stück nicht in erster Linie um Tapferkeit geht, indem er alle Dörfler ausnahmslos mit derjenigen Eigenschaft ausstattete, welche ihr Unterdrücker in hohem Grade besaß. Dadurch wurden die ungleichen Voraussetzungen ausgeglichen, was uns ermöglicht, in dem Ringen zwischen selbstsüchtigem Vergnügen und Gerechtigkeit den Faktor Tapferkeit zu ignorieren. Wie wichtig er an sich auch sein mag, in dem Drama ‚Fuente Ovejuna' ist er nicht von Belang."

Fuente Ovejuna III,8 — Lope Félix de Vega Carpio

Die beiden Gemälde illustrieren die in der leidenschaftlichen Ansprache Laurencias geäußerten Vorwürfe gegen die Männer von Fuente Ovejuna. „Herakles und Omphale" von Bartholomäus Spranger (1546–1611) thematisiert die Verweichlichung des antiken Helden, der während seines einjährigen Dienstes am Hofe der lydischen Königin Omphale sich so sehr veränderte, daß er sich schließlich sogar dem Spinnen widmet.

Grausame Tiger seid ihr . . .! – Doch was sag ich?
Ein Tiger schäumt vor Wut und stürzt sich wild
auf jeden, der sein Junges rauben will!
Feiglinge seid ihr! Schwache Hasenherzen!
Verschreckte Hühner, die der Habicht scheucht!
Schnallt euch ein Wehrgehenk um euern Leib,
doch steckt kein Schwert hinein. Nehmt eine S p i n d e l,
die wird euch besser stehn als Männerwaffen;
denn ihr ertragt es ja, daß fremde Gier
aus euern Ehefrauen . . . Huren macht!
Knechtseelen! Zuhälter! Und Jammergreise!
Wer seid ihr denn? Mit euch ist es vorbei;
denn hier im Dorfe werden jetzt die W e i b e r

die Schwerter tragen, die ihr ... nicht verdient!
Und ihr sollt sehen, wie wir unsre Leiber
im Blute der Tyrannen baden werden ...!
Doch wenn die alte Heimat wieder frei ist,
müßt i h r , zum Spott und Hohn für alle Welt,
beim Siegesfest in Weiberröcken laufen!
– Schon wird Frondoso ohne Richterspruch,
auf des Komturs Befehl an einer Zinne
des höchsten Turms erhängt für seine Tat;
und ganz das gleiche Los erwartet e u c h !
Ich aber sage nur: So ist es g u t !
Denn erst wenn alle feigen Weiberseelen
vernichtet sind, ist Fuente Ovejuna

Das Gemälde „Duell zweier Frauen" (1636, Prado in Madrid) von *Jusepe de Ribera*, das zeigt, wie „die Weiber die Schwerter tragen", geht auf eine verbürgte Episode zurück: 1552 haben sich in Neapel zwei Damen von Stand öffentlich um einen Mann duelliert.

Die alte Bauernfahne, die herauszuholen Blas die Versammlung auffordert, ist ein erneuter Hinweis auf die wichtige Rolle, die die Reconquista im Bewußtsein der Leute von Fuente Ovejuna spielt; man trug sie im Kampf gegen die „Ungläubigen" der eigenen Streitmacht voran. „Die kastilische Landbevölkerung, insbesondere der Grenzgebiete, spielte im Kampf gegen die Mauren eine entscheidende Rolle. Im Gegensatz zu ihren Klassengenossen im übrigen Europa hatten sie das Recht, ein Schwert zu tragen, und diese für das mittelalterliche Denken außerordentlich bedeutsame Tatsache verlieh ihnen ein starkes Gefühl der Unabhängigkeit und Menschenwürde" (Alexej Almasov).

Daß Mengo dem Ausruf „Tod den Tyrannen!" ein Hoch auf die Könige Ferdinand und Isabella voranstellt, macht, so Leo Spitzer, deutlich, daß das Prinzip einer höheren Ordnung selbst bei dem die Anarchie des Aufstands propagierenden Mengo („... wir schlagen ihn auch ohne Führer tot!") immer noch spürbar bleibt: „In diesem Augenblick einer verzweifelten Entscheidung müssen die ‚Könige', die einzigen verbleibenden Repräsentanten des Ordnungsprinzips, zuerst kommen."

Der Anarchie unter den Männern, die als wilder Haufe losziehen, wird die Ordnung in den Reihen der Frauen gegenübergestellt, was, wie Bruce W. Wardropper interpretiert, „die früher eingenommenen Haltungen hinsichtlich der Liebe" widerspiegelt: „Bei der Diskussion über die Liebe waren die Frauen harmonisch geeint, die Männer aber uneins."

von seiner tiefen Schmach gereinigt! Dann
wird Raum sein für ... ein besseres Geschlecht!
ALCALDE: Glaubst du, ein Mann wie ich ertrüge es,
daß man ihn schmäht mit solchen niedern Namen?!
Jetzt eil ich ganz allein aufs Schloß, und stellte
sich eine Welt in Waffen mir entgegen!
ALONSO: Ich komme mit! Und der Komtur soll sehen,
daß seine Macht uns nicht mehr schrecken kann.
JUAN: Wir alle folgen euch! Zum Kampf, Gevattern!
Auf, in die Freiheit, oder in den Tod!
BLAS: Holt unsre alte Bauernfahne her!
Tod den Tyrannen!!
ALLE: Ja! Tod den Tyrannen!!
STUDENT: Wer soll der Führer sein?
MENGO: Wir brauchen keinen,
wir schlagen ihn auch ohne Führer tot!
Ruft alle andern aus dem Dorf zusammen!
Ganz Fuente Ovejuna: Auf zum Kampf!
ALLE: Auf! Auf zum Kampf!
ALCALDE: Nehmt Schwerter, Lanzen, Spieße
und Äxte, Sensen ... alles, was ihr habt!
MENGO: Hoch König Ferdinand und Isabella!
ALLE: Hoch unser Herrscherpaar, und hoch Kastilien!
MENGO: Tod den Tyrannen!
ALLE: In den Staub mit ihnen!

Alle Männer stürzen hinaus.

LAURENCIA: Auf nun, ihr Fraun von Fuente Ovejuna,
und holt auch ihr euch eure Ehre wieder!
JACINTA: Bei Gott, das wollen wir! Die Zeit ist da!

JACINTA *ergreift eine Stange, eilt hinauf auf die hintere Plattform, reißt sich ihr langes rotes Brusttuch von den Schultern und knüpft es an die Stange.*

LAURENCIA: Jacinta! D u mußt unser Banner tragen!
Die Stunde des Tyrannen hat geschlagen!
Schon sind die Männer auf dem Weg zum Schloß:
Wollt ihr mit ansehn, wie nur s i e allein
die Retter unsrer Heimaterde werden?!
Nie würden sie den Mut gefunden haben,
wenn wir sie nicht dazu begeistert hätten!
Und habt denn ihr vielleicht kein Recht auf Rache?!
Hat man nicht euch noch mehr als sie getreten
und eure Ehre durch den Kot geschleift?
ALLE: So ist es! Du hast recht! Hinauf zum Schloß!
LAURENCIA: Jetzt zeigen wir der Welt, was Weiber können!

JACINTA *schwingt die Fahne wild empor.*

JACINTA: Mein rotes Tuch soll unsre Fahne sein!
Auf! Auf, und folgt mir nach! Jagt ihn von dannen!
ALLE: Frei muß die Heimat sein! Tod dem Tyrannen!

Die Frauen stürmen der Fahne nach.

DRITTER AKT, NEUNTES BILD

Saal im Schlosse des Komturs.

Auf der Bühne: der KOMTUR, FLORES, ORTUNO *und* CIMBRANOS *sowie* FRONDOSO *mit gefesselten Händen, ferner* SOLDATEN.

KOMTUR: Nur her mit ihm. So, Schurke! An dem Strick,
 der dir am Boden nachschleift, wirst du jetzt
 am höchsten Turm des Schlosses aufgehängt!
FRONDOSO: Ich hab Euch niemals töten wollen, Herr...
KOMTUR: Nun, Lümmel, zitterst du!
FRONDOSO: Ich zittre nicht.
 Ich denke nur, daß dies...
KOMTUR: Was denkst du, Bürschchen?
FRONDOSO: ... daß diese niedre Tat kein Ruhmesblatt
 im Buche Eurer edlen Ahnen ist.
KOMTUR: Du wirst noch dreist?
        Zu Ortuno und Flores:
                        Ihr zwei: Bevor ihr ihn
 am Turme aufhängt, peitscht ihn erst halbtot!
FRONDOSO: Im Walde wart Ihr nicht so mutig, Herr...

        Großer Lärm draußen.

KOMTUR: Was für ein Lärm?
FLORES *am Fenster:*   Die Bauern sind's! In Waffen!
 Sie drangen in den Hof...
ORTUNO: Ihr tätet besser,
 mit der Bestrafung noch zu warten, Herr...
FLORES: Das Tor ward aufgesprengt!
KOMTUR: Das Tor des Schlosses,
 wo der Komtur von Calatrava wohnt?
FLORES: Ganz Fuente Ovejuna stürmt heran!

JUANS STIMME *draußen:*
 Legt Feuerbrände an! Zerschlagt die Türen!

ORTUNO: Das ganze Dorf in Aufruhr...!
KOMTUR: Gegen mich?
FLORES: Von allen Seiten dringen sie ins Haus!
KOMTUR: Nehmt... dem Gefangenen die Fesseln ab.
 Frondoso, geh, beruhige die Leute
 und ihren widerspenstigen Alcalden.
FRONDOSO: Ich gehe. Wenn sie sehen, daß ich lebe,
 so ziehn sie ab.
BAUERN *draußen:* Wo ist Frondoso?
FRONDOSO *am Fenster:*   Hier!
 Ich komme, Freunde. Wartet!

        FRONDOSO *ab.*

BAUERN *draußen:*   Hoch Frondoso!
 Hoch König Ferdinand und Isabella!
 Tod den Verrätern!

„Einige Kritiker haben darauf hingewiesen, daß ein solcher Aufstand im Namen des Königs im 15. Jahrhundert durchaus legal gewesen ist. Dies ist für das Stück nicht unbedingt relevant; Lope befaßte sich nicht mit dem 15. Jahrhundert als solchem, sondern mit zeitlosen Sozialproblemen, und zwar so, wie sie sich für ihn im 17. Jahrhundert widerspiegelten. Insbesondere hebt er nachdrücklich hervor, was für ein Erzübel ein Volksaufstand letztlich sei. Für Lope wie für seine elisabethanischen Zeitgenossen in England bedeuten Rangunterschiede zwischen den Menschen und ihre hierarchische Abstufung die Sicherung der Ordnung vor dem Chaos. Lopes Originalität besteht im Aufzeigen dessen, daß eine Störung der Ordnung sowohl vom unteren Ende als auch von der Spitze der sozialen Leiter ausgehen kann. Für die Dorfbewohner bietet der Autor keine andere echte Lösung ihrer Probleme an als den Aufstand; die anderen beiden in der Junta geäußerten Vorschläge (Petition an den König, Auswanderung) hätten Frondosos Leben nicht gerettet. Das Leben der Bauern gerät durch den Treuebruch ihres Feudalherrn in völlige Unordnung; unvermeidlich erleiden sie Schiffbruch wie Seefahrer auf einem gänzlich unbekannten Meer. Der Aufstand ist ein Exzeß, der letzten Endes unverzeihlich ist und durch die unverzeihlichen Exzesse des Komturs hervorgerufen wurde. Die Verfehlungen eines Adeligen führen zu sozialen Umwälzungen und beinahe zur Katastrophe für die gesellschaftlich unter ihm Stehenden" (Geoffrey W. Ribbans).

FLORES: Herr, Ihr müßt entfliehen,
damit Ihr nicht in ihre Hände fallt!
KOMTUR: Die Mauern halten ihrem Wüten stand;
die Tür ist fest; wir setzen uns zur Wehr;
und wenn sie sehen, daß sie nichts erreichen,
so ziehn sie wieder ab.

Ein Stein fliegt durch das Fenster.
Zurück vom Fenster!

FLORES: Wenn aufgehetzte Pöbelhorden toben,
so ruhn sie nicht, bis Blut geflossen ist.
KOMTUR: Ja, Blut s o l l fließen! Auf, zieht eure Schwerter,
und jeden, der hereindringt, schlagt zu Boden!
FRONDOSO *draußen:*
Hoch Fuente Ovejuna!
BAUERN *draußen:* Hoch Frondoso!
KOMTUR: Habt ihr's gehört? Das war Frondosos Stimme...
BAUERN *draußen:* Hoch unser Hauptmann! Hoch Frondoso!
KOMTUR: Wie?
Ihr Hauptmann? Oh, verräterischer Hund!
Jetzt sollen sie uns zeigen, was sie können:
Wir machen einen Ausfall! Auf die Tür!
CIMBRANOS: Herr, das ist Aberwitz!
KOMTUR: Die Tür auf, sag ich!

CIMBRANOS *öffnet die Tür. Von draußen stürzen der* ALCALDE, ALONSO, FRONDOSO, JUAN, MENGO, *der* STUDENT, BARRILDO *sowie andere* BAUERN *herein. Sie sind bewaffnet mit Säbeln, Dolchen, Lanzen, Dreschflegeln, Sensen und Äxten.*

ALCALDE: Dort steht der Schuft samt seinen Spießgesellen!
Tod den Tyrannen!
BAUERN: Tod dem Großkomtur!
KOMTUR *überlaut:* Zurück! Zurück! Wer wagt es, in mein Haus
zu dringen?
ALLE BAUERN: Fuente Ovejuna!
KOMTUR: Hört mich an!
FRONDOSO: Anhören? Dich? Man hört nicht mehr auf dich!
Das ist vorbei!
KOMTUR: Nehmt doch Vernunft an, Leute...
MENGO: Vernunft? Jetzt h a b e n wir sie angenommen!
KOMTUR: Sagt mir, worüber ihr zu klagen habt;
und wenn euch Unrecht widerfahren ist –
auf Ritterwort, ich mach es wieder gut.
BAUERN: Hoch Ferdinand! Hoch Fuente Ovejuna!
Tod allen schlechten Christen und Verrätern!
KOMTUR: Hört ihr mich nicht? Ich bin der Großkomtur,
der H e r r, der mit euch redet!
FRONDOSO: U n s r e Herren
sind König Ferdinand und Isabella!
KOMTUR: Zum letzten Male!
BAUERN: Fuente Ovejuna!
Tod den Verrätern! Tod dem Großkomtur!

Die Abbildung der gegenüberliegenden Seite zeigt einen Ausschnitt aus dem auf Seite 213 wiedergegebenen Gemälde von *Francisco de Goya*.

Daß die Bauern auch nach der Freilassung Frondosos nicht von ihrem Vorhaben ablassen, zeigt erneut, daß sie zwischen ihren Interessen und denen des Komturs keinen Ausgleich mehr für möglich halten. Das ist unter anderem auch daran ersichtlich, daß die Vivat-Rufe, die bis dahin auf andere Personen, den Komtur und die Könige, beschränkt waren, nun ebenso auf das Dorf selbst bezogen werden: zum erstenmal ist der Ruf „Hoch Fuente Ovejuna!" zu vernehmen.

Um den Begriff „Verräter", der dem Komtur entgegengeschleudert wird, ist in der Lope-Forschung eine Kontroverse entbrannt. Calle Iturino und die sowjetischen Autoren Konstantin Nikolajewitsch Derzhavin und S. Plavskin („Lope de Vega", Moskau 1960) sehen darin vor allem einen „Verrat an Spanien" im Auftrag einer ausländischen Macht, Alexej Almasov dagegen „ein Vergehen gegen den Kodex des ethischen und sozialen Verhaltens... In diesem Sinne war Fernán Gómez ein Verräter für seine Vasallen, denn er versäumte es, seiner Pflicht nachzukommen, ihre Ehre zu beschützen, und der Aufstand in Fuente Ovejuna war ein Akt der Verteidigung jener Rechte, die den Bauern durch die Gesellschaft zuerkannt waren."

Die 1572 erschienene „Chronik der drei Ritterorden" von Rades y Andrada, die Lope als Quelle benutzt hat, zeichnet folgendes Bild der Ereignisse: „Als nun die Angelegenheiten dieses Ordens sich in dem schon erwähnten Zustand befanden, fügte Don Fernan Gomez de Guzman, Großkomtur des Calatravaordens, residierend in Fuente Ovejuna, einem Ort seiner Komturei, den Bewohnern desselben so schweres Unrecht zu, daß diese es nicht mehr ertragen und entschuldigen konnten und einmütig beschlossen, sich gegen ihn zu erheben und ihn zu töten. Mit der wilden Entschlossenheit des aufgebrachten Volkes versammelten sich unter dem Losungswort Fuente Ovejuna die Alcalden, Regidoren, Gerichts- und Amtspersonen und andere Bewohner in einer Aprilnacht des Jahres 1476 und drangen gewaltsam in die Gebäude der Großkomturei ein, in denen sich der genannte Komtur befand. Alle riefen ‚Fuente Ovejuna, Fuente Ovejuna' und ‚Es lebe das königliche Paar Don Fernando und Doña Isabel' und ‚Tod den Verrätern und schlechten Christen'. Als der Großkomtur und die Seinen dies hörten, zogen sie sich bewaffnet in das am stärksten befestigte Gemach des Gebäudes zurück und verteidigten sich dort zwei Stunden lang, und es gelang niemand, dort einzudringen. Die ganze Zeit über bat der Großkomtur laut rufend die Leute des Ortes, sie möchten ihm doch sagen, weshalb sie diesen wilden Aufruhr machten, damit er seine Entschuldigung vorbringen und jene entschädigen könne, die sich von ihm geschädigt glaubten. Aber sie gingen nie darauf ein... So gelangten sie schließlich vor Wut rasend zum Komtur, legten Hand an ihn, und fügten ihm so viele Wunden zu, daß er bewußtlos niederfiel..."

Die BAUERN *dringen kämpfend auf den* KOMTUR *und seine Leute ein und treiben sie zur gegenüberliegenden Tür hinaus.*

Durch die erste Tür stürzen LAURENCIA, JACINTA, PASCUALA *und andere* WEIBER *herein. Alle sind bewaffnet mit Spießen.*

LAURENCIA: Hier laßt uns halten. Das ist unser Platz!
  Durch diese Tür darf keiner mehr hinaus,
  der noch versuchen wollte, sich zu retten.
JACINTA: Wozu denn warten? Sind wir doch gekommen,
  um Blut zu trinken!
PASCUALA: Steckt die Lanzen vor,
  und spießt sie auf, wenn sie entfliehen wollen!
ALCALDE *draußen:*
  Nimm d a s zum Lohn, Komtur!
KOMTUR: Gott steh mir bei...
FRONDOSO *draußen:*
  Das traf ins Herz!
LAURENCIA: Habt ihr's gehört, ihr Weiber?
  Sie kommen wieder! Jetzt die Tür verteidigt!
BARRILDO *draußen:*
  Das ist ja Flores!
MENGO: Den nehm ich auf m i c h !
  Der Hund hat mich verprügelt!
FLORES *draußen:*   Gnade! Gnade!
JACINTA: Bleib hier; ich m u ß hinein!

JACINTA *will durch die andre Tür. Im gleichen Augenblick kommen* FLORES, ORTUNO *und die* BAUERN *durch diese Tür zurück.*

FLORES: Um Christi willen!
  Verschont mich!
MENGO: Hund! Hast du mich nicht gepeitscht?!
FLORES: Ich tat's ja nur, weil er's befohlen hatte!
ORTUNO: Erbarmen! Gnade!
BARRILDO: Ja, jetzt ist's umsonst,
  zu jammern und zu flennen!
MENGO: Wir sind taub!
JACINTA: Halt, Mengo; überlaß die beiden u n s !
  Du Hund hast mich geschändet!

    JACINTA *stößt* FLORES *nieder.*

PASCUALA: Mir den andern!

    PASCUALA *stößt* ORTUNO *nieder.*

ORTUNO: Von Weiberhänden muß ich sterben... Oh...
LAURENCIA: Die Ehre ist noch viel zu groß für dich.
JACINTA: Sieg, Freunde!
PASCUALA: Sieg!
LAURENCIA: Nun ist die Heimat frei!
ALLE: Hoch Fuente Ovejuna! Hoch die Freiheit!
  Heil König Ferdinand und Isabella!

DRITTER AKT, ZEHNTES BILD

Zimmer im Schlosse von Toro. Kurze Dekoration.

Auf der Bühne KÖNIG FERDINAND *und* DON MANRIQUE, *der Großmeister des Ordens von Santiago.*

KÖNIG: Ciudad Real ist nun in meiner Hand!
DON MANRIQUE: Der ganze Plan war vorher gut durchdacht,
  und der Erfolg gab unsrer Kriegskunst recht.
  Beträchtlich schien der Widerstand der Feinde,
  doch all ihr heißes Mühen blieb umsonst;
  an unsrer Kraft zerbrach die Gegenwehr.
  Jetzt stehn die Wälle unter dem Befehl
  des Grafen Cabra, der sie stark befestigt,
  falls es den Feind vielleicht gelüsten sollte,
  Ciudad Real aufs neue zu berennen.
KÖNIG: Mit weisem Vorbedacht habt Ihr gehandelt;
  der Graf von Cabra ist der rechte Mann.
  Nur scheint es mir von Wichtigkeit, daß auch
  der Paß nach Portugal gesichert wird,
  so daß die Straße uneinnehmbar ist,
  wenn König Alfons je versuchen sollte,
  mit seinem Heer in unser Land zu brechen...
  Der Graf von Cabra soll auch d i e s e s Werk
  mit aller Tatkraft rasch zu Ende bringen.
  Ein Feldherr, oft erprobt und treu wie er,
  wird solchen Auftrag wohl zu schätzen wissen
  und wachsam an des Reiches Grenzen stehn.

CIMBRANOS *tritt auf, blutend und taumelnd.*

KÖNIG: Wer bist du, und was willst du?
CIMBRANOS: Hoher Herr,
  dem Gott für alle seine Tugenden
  Kastiliens Krone auf das Haupt gesetzt:
  vernehmt die Kunde einer Freveltat,
  wie sie die Welt noch nie gesehen hat!
KÖNIG: Was ist geschehn?
CIMBRANOS: Seht meine Wunden an;
  das Blut, das ich verlor, erlaubt mir nicht,
  ausführlich... Euch die... Missetat zu schildern,
  denn meines Daseins Stunden... sind gezählt...
  Von Fuente Ovejuna komm ich her.
  In wildem Aufruhr tobt die Bauernschaft;
  von seinen eignen Untertanen ward
  der Großkomtur bestialisch hingemordet.
KÖNIG: Der Großkomtur?
DON MANRIQUE: Welch fürchterliche Tat...
CIMBRANOS: Der Pöbel dringt ins Schloß in wilden Horden,
  zersprengt die Türen, bricht die Fenster ein,
  bedroht den Herrn, beschimpft ihn als Tyrannen;
  und ob er gleich bei seinem Ritterwort

Mit dem Herzog von Cabra wird dem Komtur das idealisch gezeichnete Bild eines guten Lehnsmannes gegenübergestellt. Denkbar ist indes auch, daß die Passage einem Nachfahren dieses Feldherrn schmeicheln sollte.
Die Tatsache, daß die erneute Rekapitulation des Sieges der königlichen Truppen vor Ciudad Real mit dem Bericht über den Tod des Komturs in zeitlichem und szenischem Zusammenhang steht, legt eine Verbindung beider Ereignisse offen und bespiegelt den doppelten Verrat an dem Lehnsherrn auf der einen und an den eigenen Vasallen auf der anderen Seite.

> Der Bericht des Dieners hält sich eng an die historische Chronik. Bei Rades y Andrada ist zu lesen: „Bevor er [der Komtur] seine Seele Gott übergab, packten sie seinen Körper laut jubelnd und riefen: ‚Es lebe der König und die Königin und Tod den Verrätern.' Dann warfen sie ihn durchs Fenster auf die Straße. Und andere, die dort mit Lanzen und Spießen standen, hielten die Spitzen nach oben, um damit den Körper aufzufangen, der immer noch nicht tot war. Als er auf dem Boden lag, rissen sie ihm grausam Bart und Haare aus, andere schlugen ihm mit den Knäufen ihrer Waffen die Zähne ein. Dabei stießen sie gräßliche Wörter aus und beschimpften den Großmeister und seine Eltern. In diesem Augenblick, bevor er vollends seine Seele aushauchen konnte, kamen die Frauen des Städtchens mit Schellen und Trommeln herbeigeeilt, um den Tod ihres Herrn zu bejubeln. Sie hatten dafür ein Fähnlein gebildet und eine Hauptmännin mitsamt Fahnenjunkerin ernannt. Ihre Mütter nachahmend, hatten auch die Jungen eine Abteilung gebildet, und so ordentlich aufgestellt, wie es ihr Alter erlaubte, marschierten sie heran, um den besagten Tod zu feiern. So groß war die Feindschaft, die sie alle gegen den Großkomtur hegten. Als nun alle, Männer, Frauen und Kinder zusammen waren, brachten sie den Leichnam unter großem Jubel zum Stadtplatz. Dort zerrissen sie ihn in Stücke, schleiften ihn umher und trieben ihren grausamen Spott mit ihm. Und sie waren nicht bereit, ihn zur Beerdigung seinen Dienern zu geben. Außerdem plünderten sie sein Haus und führten seinen ganzen Besitz hinweg."

verspricht, was sie verlangen, zu gewähren,
brüllt man ihn nieder und verhöhnt ihn laut,
durchbohrt sein edles Herz mit hundert Dolchen,
entweiht das Kreuz auf seiner Brust, haut ihm
den Kopf vom Rumpf und wirft ihn in den Hof,
wo Weiber ihn auf eine Lanze spießen.
Nun rast die Meute vor das Schloßportal;
das Wappenschild, sie reißen es herab,
zertreten es, zertrümmern es und schreien,
daß sie ein besseres errichten würden.
Und wieder stürzen sie hinein ins Haus,
sie plündern es, als sei es Feindesgut,
und teilen frech die Beute unter sich . . .
DON MANRIQUE: Die Frevler . . .
KÖNIG: Und du sahst das alles selbst?
CIMBRANOS: Mich hielten sie für tot; ich war verwundet
in eine Mauerecke hingesunken
und konnte ihrer blinden Wut entgehn.
Doch als die Nacht hereinbrach, schlich ich fort,
und schleppte mich bis hier zu Euern Füßen . . .
Herr, seid gerecht und straft die wilde Horde
für ihre Tat, weil das vergoßne Blut
empor zum Himmel raucht und Rache schreit!
KÖNIG: Vertraue meinem königlichen Wort:
Sie sollen ihrer Strafe nicht entgehen;
zu tief hat dieser Frevel mich empört . . .
Ein Oberrichter mache sich sogleich
nach Fuente Ovejuna auf den Weg.
Ein Hauptmann soll zu seiner Sicherheit
mit einem Trupp Soldaten ihn begleiten
und wieder Ruhe schaffen in dem Dorf.
Ich ordne schärfste Untersuchung an
und schwerste Strafe für die Übeltäter,
als warnendes Exempel für den Mord.
CIMBRANOS: Gott segne Euch dafür . . .
KÖNIG: Und Ihr, Manrique,
nehmt den Verwundeten in Eure Obhut.

DRITTER AKT, ELFTES BILD

Platz in Fuente Ovejuna.

Ein Zug tanzender und singender BAUERN *und* BÄUERINNEN, *mit* MUSIKANTEN *an der Spitze, tritt auf. Unter den Bauern der* ALCALDE, FRONDOSO, BARRILDO, ALONSO, JUAN, MENGO, LAURENCIA, PASCUALA *und* JACINTA. *Der Kopf des Komturs wird auf einer Stange getragen.*

ALLE *singen*: Frei ist unser Heimatland;
alle Angst ist nun dahin.
Hoch der König Ferdinand
und die edle Königin!

BARRILDO: Nun kommt Frondoso dran. Jetzt singe du!
ALLE: Ja, du, Frondoso! Sag uns deinen Spruch!
FRONDOSO: Doch wenn er ungelenk und holprig wird,
dann seid nicht böse, denn ich kann's nicht besser:
Isabella, die Schöne, hoch soll sie leben,
und Fernando von Aragón auch daneben;
die beiden sind wie ein edler Klang,
so möge es bleiben ihr Leben lang!
Und der Erzengel Michael, gottgesandt,
der soll sie beide mit eigner Hand,
wenn einst sie stehn vor des Himmels Türen,
hinein in die ewige Seligkeit führen.
Hoch lebe das Herrscherpaar alle Zeit,
denn von dem Tyrannen sind wir befreit!
ALLE: Hoch König Ferdinand und Isabella!
LAURENCIA: Nun du!
BARRILDO: Ich denke grad noch darüber nach...
MENGO: Er denkt...! Da wird es was Gescheites werden...
BARRILDO: Ihr tapferen Herrscher, ihr habt es gewagt
und schnell eure Feinde zum Teufel gejagt;
wir schwören euch Treue; vorbei ist die Pein,
ihr sollt unsre glücklichen Könige sein!
Und müßt ihr einst wieder hinaus in den Krieg,
dann schenke der Himmel euch immer den Sieg!
Hoch lebe das Herrscherpaar alle Zeit,
denn von dem Tyrannen sind wir befreit!
ALLE: Hoch König Ferdinand und Isabella!
LAURENCIA: Und nun kommt Mengo dran!
FRONDOSO: Ja, Mengo, du!
MENGO:
Wer dichten k a n n, braucht nicht erst... nachzudenken:
Du Schuft auf der Stange, du saubrer Galan,
erinnre dich, was du mir angetan:
Mich peitschten die Knechte mit Riemen und Strang,
daß die Haut mir in Fetzen vom Rücken sprang;
fast wäre ich unter den Schmerzen verendet...
Jetzt aber hat sich das Blättchen gewendet;
jetzt haben wir e u c h den Nacken gebügelt
und euch mit den Fäusten zu Tode geprügelt.
Von den Tyrannen sind wir befreit!
Hoch unser Herrscherpaar alle Zeit!
ALLE: Hoch König Ferdinand und Isabella!
ALCALDE: Den Kopf da von der Stange weg! Mich ekelt's...
MENGO: Wie ein Gehenkter hat er ausgesehn.

Der Kopf des Komturs wird weggeschafft.

BARRILDO: Da bringen sie das neue Wappenschild.

Der STUDENT tritt auf mit dem Wappen Ferdinands und Isabellas.

ALCALDE: Hierher! Laß sehn.
STUDENT: Wo hängen wir es auf?
ALONSO: Am Rathaus.
ALCALDE: Seht's euch alle an. – Wie schön!

Der Anfang der Siegesfeier gleicht dem des Hochzeitsfestes; denn sie beginnt, wie dieses auch, mit Gesang und ist im Grunde genommen nur eine Fortsetzung desselben, das durch das Erscheinen des Komturs ja ein so abruptes Ende nehmen mußte. Auffällig an den Gesängen und Gedichten ist, wie Leo Spitzer schreibt, daß „der Ausdruck des Hasses für den ‚Tyrannen' (womit jetzt nicht mehr bloß der eine Zwingherr Fernán Gómez gemeint ist) sich verflüchtigt hat. Die drei coplas, die durch das viva des Refrains und vielleicht durch die gleiche Melodie miteinander verkettet werden, spiegeln die individuelle geistige Haltung der drei Stegreifdichter wider: eine christliche, eine klassische und eine volkstümlich-burleske. Frondoso, der fromme Christ, der die Hand Laurencias gewonnen hat, konzentriert sich auf die Treue des königlichen Paares, das auf einer höheren Ebene ein Spiegelbild der Liebesverbindung zwischen ihm selbst und Laurencia abgibt... Ja man hat den Eindruck, daß vor unseren Augen gerade die Hochzeit der Katholischen Könige gefeiert wird... Der Platoniker Barrildo denkt mehr in den antiken Begriffen von Ruhm und Heldentum... Mengo schließlich, der Verteidiger der natürlichen Eigenliebe, der seine Auspeitschung noch im Gedächtnis hat, behandelt in seiner copla seine eigene Feuerprobe; erst am Schluß erscheint darin ein Echo der Hochrufe der anderen, und zwar in einer komischen Verzerrung, die seine Unkenntnis der rechten Worte verrät, wenngleich seine Empfindungen stimmen."

In einer wörtlicheren Übersetzung als der hier vorliegenden ruft Mengo aus: „Hoch die Könige, die Katholiker! Und fort die Diaboliker!"

Fuente Ovejuna III,11 — Lope Félix de Vega Carpio

„Bittere Gegenwart"; Blatt 13 der Folge „Los Desastres de la Guerra" („Die Schrecken des Krieges") von *Francisco de Goya*. Die Radierungen wurden durch den 1808 begonnenen spanischen Volkskrieg gegen die französische Fremdherrschaft veranlaßt und erstmals postum 1863 veröffentlicht.

BARRILDO: Glück soll's uns bringen!
FRONDOSO: Wie die Sonne strahlt's
   und zeigt uns, daß ein neuer Morgen kommt!
ALCALDE: Hoch Aragón, Kastilien und Leon!
ALLE: Hoch, hoch! Und in den Staub mit den Tyrannen!
ALCALDE: Doch jetzt, Gevattern, hört auf meinen Rat.
   Wenn ihr nach meinen Worten handeltet,
   so hat es euch schon manchmal gut genützt:
   Wir dürfen keinen Augenblick bezweifeln,
   daß bis zum Ohr des edlen Königspaars
   die Kunde dringt von dem, was hier geschah;
   und um so mehr, als beide grade jetzt
   nicht weit von Fuente Ovejuna weilen.
   Verlaßt euch drauf, der Fall wird untersucht;
   drum, mein ich, ist es gut, daß wir schon heut
   uns einig werden, welche Antwort wir
   dem Richter geben, wenn er uns verhört.

FRONDOSO: Was rätst du uns?
ALCALDE: Auf alle seine Fragen
  bloß „Fuente Ovejuna" zu erwidern
  und lieber sich zu Tode foltern lassen,
  als nur ein einzig andres Wort zu sagen!
FRONDOSO: Dann sprechen wir die reine Wahrheit, denn
  ganz Fuente Ovejuna hat's getan.
ALCALDE: Wollt ihr das, Leute?
ALLE: Ja, das wollen wir.
ALCALDE: Nun gut. – Paßt auf: Jetzt spiele ich den Richter,
  damit ihr seht, wie so was vor sich geht.
  Ihr zwei seid Henkersknechte. Und dazwischen
  steht Mengo, der gefoltert werden soll.
MENGO: Ist denn kein etwas w e n i g e r Dicker da?
ALCALDE: Du meinst, es wird schon ernst?
MENGO: In Gottes Namen,
  so frag mich doch, zum Teufel!
ALCALDE: Wer hat den
  Komtur erschlagen?
MENGO: Fuente Ovejuna!
ALCALDE: Und wenn ich dich zu Tode foltre, Hund?!
MENGO: Und wenn du mich zu Tode folterst . . . Mensch.
ALCALDE: Bekenne, Schurke!
MENGO: Herr, das tu ich gern.
ALCALDE: Wer also war es?
MENGO: Fuente Ovejuna!
ALCALDE: Setzt ihm die Daumenschrauben auf!
MENGO: Herr Richter,
  ich sprach die Wahrheit.
ALCALDE: Willst du mich verhöhnen?
  Schraubt, bis das Blut ihm aus den Nägeln spritzt!
  Wer war der Täter?
MENGO: F u e n t e O v e j u n a!
ALCALDE: Brav, Mengo! Brav. – So müßt ihr's alle machen.

Der Bauer BLAS *tritt auf.*

BLAS: Seid auf der Hut; es droht Gefahr.
FRONDOSO: Was gibt's?
BLAS: Ein Hauptmann und ein Zug Bewaffneter
  dringen in das Dorf. Ein paar sind schon verhaftet
  und werden in den Kerker abgeführt.
MENGO: Soldaten?
BLAS: Ja. Ein Untersuchungsrichter
  ist auch dabei.
ALCALDE: Und wenn der Teufel käme:
  Ihr wißt ja, was ihr ihm zu sagen habt.
  Geht alle unauffällig heim und tut,
  als wäre nichts geschehn.
      Alle ab, bis auf den ALCALDEN *und* MENGO.
            Noch einmal, Mengo:
  Wer ist's gewesen?
MENGO: F u e n t e O v e j u n a!

Der Alcalde stellt den Feiernden deutlich vor Augen, daß ihr Tun Sanktionen nach sich ziehen muß, und versucht sie darauf vorzubereiten. Sein Vorschlag, die Schuld einmütig auf alle Schultern zu verteilen, drückt sich, so wiederum Leo Spitzer, auch in der grammatikalischen Struktur des kollektiven Bekenntnisses „Fuente Ovejuna hat's getan" aus: es ist „gewissermaßen das Perfektum von ‚Hoch Fuente Ovejuna!'".

Die gespielte Vorwegnahme der Folterung ist der dramatische Ausdruck des eigentlichen heroischen Akts, der nach Auffassung Joaquín Casalduero „nicht das mannhafte Erdulden des Martyriums, sondern der Willensentscheid zur Annahme der Folterung" sei.

Dritter Akt, Zwölftes Bild

Kellergewölbe im Rathaus, wie im neunten Bild. Der über die Plattform hinausragende Kranz des Folterrades ist jetzt sichtbar.

FRONDOSO *und* LAURENCIA *treten eiligst durch die Tür zur Plattform und fliehen über die Stufen nach vorn.*

LAURENCIA: Schnell, dort hinaus! Du mußt entfliehn, Frondoso!
   Die Tür führt durch den Kellergang ins Freie.
FRONDOSO: Ich fliehn? In dieser Stunde? Nie, Laurencia!
LAURENCIA: Tu es für mich!
FRONDOSO: Du glaubst, ich ließe dich
   allein?
LAURENCIA: Sie kommen schon! Gleich ist der Richter
   mit seinen Henkersknechten hier im Keller.
   Sieh dort das Folterrad! Entflieh, Frondoso!
   Du wurdest doch bis jetzt noch nicht entdeckt;
   noch kannst du dich erretten!!
FRONDOSO: Nein, ich bleibe!
LAURENCIA: Die Tür geht auf. Zurück! Es ist zu spät ...

FRONDOSO *und* LAURENCIA *verstecken sich hinter den aufgestapelten Säcken. Durch die Tür zur Plattform treten zwei rotgekleidete* FOLTERKNECHTE. *Sie überqueren die Plattform und verschwinden über die hintere Treppe hinab zu dem vertikal und parallel zur Plattform stehenden Rad. Der* RICHTER *tritt durch die Tür zur Plattform und ruft hinaus.*

RICHTER: Das Rathaus wird umstellt und gut bewacht;
   und die Soldaten bürgen mir dafür,
   daß keiner zu entwischen sucht.
LAURENCIA: O Gott ...
RICHTER: Den Alten da zuerst.

Der ALCALDE *tritt auf.*

                  Rasch, dort hinunter.

Der ALCALDE *über die hintere Treppe ab. – Der Richter bleibt auf der Plattform und spricht nach hinten hinab.*

LAURENCIA: Mein Vater ist's ...
RICHTER *zum Alcalden:*   Du hast verstockt geschwiegen,
   als ich dir befahl, den ganzen Hergang
   des blutigen Aufruhrs klar und wahr zu schildern.
   Jetzt stehst du vor dem Folterrad ... Bekenn!
   Noch ist es Zeit ...
ALCALDE *unsichtbar:* Fragt, was Ihr wollt. Nur zu ...
RICHTER: Wer ist der Mörder?
ALCALDE: F u e n t e   O v e j u n a !
RICHTER: Was soll das heißen? Sage mir genau,
   wer es getan hat?

Laurencia und Frondoso bedienen sich einer heroischen Ausdrucksweise, wodurch Lope auch rhetorisch zum Ausdruck bringt, daß die Entscheidung, nicht zu fliehen, einem höheren, fast schon aristokratisch zu nennenden Pflichtgefühl entspringt. Hier herrscht der Stoizismus des Trauer- und Märtyrerspiels, der keinen Ausweg zuläßt, auch nicht den Versuch, dem Unvermeidlichen zu entrinnen.

Daß das Gericht schon von Beginn an mit der Folter droht, ist eine Folge mittelalterlichen Rechtsverständnisses. Indizienbeweis und Zeugenaussage gelten so gut wie nichts. Allein ausschlaggebend ist das Geständnis des Angeklagten, eine Bestimmung, die die Tortur zum unumgänglichen Requisit jedweder Rechtsprechung macht. Die in diesem Verfahren zutage tretenden Widersprüchlichkeiten werden von den Zeitgenossen, von wenigen Ausnahmen abgesehen, nicht erkannt.

ALCALDE: Fuente Ovejuna!
RICHTER: Willst du mich höhnen? Bindet ihn ans Streckbett, dann wird man sehen.

Das Rad bewegt sich kreischend.

ALCALDE: Fuente Ovejuna!
RICHTER: Auf! Wippt ihn mehr, das wird ihn kirre machen. Wer war der Schurke?
ALCALDE: Fuente ... Ovejuna!
FRONDOSO: Ich halte mich nicht mehr ...
LAURENCIA: Bleib still, Frondoso.
RICHTER: Der Alte trotzt. – Noch gibt es andre Mittel. Ein Kind wird mir verraten, wer es war.
Ruft hinaus: Das Bürschchen da! Hinunter, kleiner Teufel!

Ein KIND tritt auf und eilt die Treppe hinab zum Rad.

RICHTER: Wer ist der Mörder?
KIND: Fuente Ovejuna!
RICHTER: Zieht an! – Wer war es?
KIND: Fuente Ovejuna!
RICHTER: Du kleiner Bösewicht! Wer hat's getan? Wippt ihn noch stärker!
KIND: Fuen...te...Ove...juna!
FRONDOSO: Das Kind bleibt standhaft.
LAURENCIA: Welch ein tapfres Volk.
RICHTER: Umsonst. – Jetzt soll ein junges Weib herbei.
Zur Tür: Die Schlanke da! Nur nicht gezaudert, Mädchen, und dort hinab.

JACINTA tritt auf und geht über die Treppe ab.

JACINTA: Ich weiß den Weg allein!
RICHTER: Du bist noch dreist?
JACINTA: Nicht dreist. Nur ohne Furcht...
RICHTER: Ihr sollt noch alle auf dem Rad verenden!
LAURENCIA: Es scheint, daß er vor Wut von Sinnen kommt.
RICHTER: Wer ist's gewesen?
JACINTA: Fuente Ovejuna!
RICHTER: Zieht fester an!
FRONDOSO: Es hilft euch alles nichts.
LAURENCIA: Jacinta schweigt.
FRONDOSO: Sie wird es nicht verraten, wenn selbst ein Kind geschwiegen hat...
RICHTER *spricht nach unten:* Mir scheint, ihr wollt sie schonen? Zieht, so fest ihr könnt!

Das Rad bewegt sich kreischend.

JACINTA: Oh, Gott im Himmel...
RICHTER: Stärker! Fester, Burschen! Wer ist der Mörder?
JACINTA: Fuente...Ove... ju...naaah..!!

Der RICHTER winkt zur Tür hinaus. MENGO tritt auf.

Indem Lope die Folterung eines Kindes, eines Greises, einer Frau und eines Mannes auf die Bühne bringt und so die Dorfbewohner repräsentiert, zeigt er, daß der Zusammenhalt des Dorfes auch in seiner schwersten Stunde nicht zu durchbrechen ist. Dieser demonstrativ zur Schau gestellte Heroismus läßt wiederum an das Drama „La Numancia" von Cervantes denken: die Numancier verhungern lieber oder geben sich selbst den Tod, als daß sie von ihrem einmal gefaßten Vorhaben abwichen. Und so wie „La Numancia" den Spaniern Ansporn sein sollte, den Heldenmut der Vergangenheit in die Gegenwart zu retten, so ist auch „Fuente Ovejuna" Symbol eines idealisierten Spanien: in dem in ihm kristallisierten dramatischen Mikrokosmos wird der erhoffte Zusammenhalt des ganzen Landes manifest. „Der Dialog zwischen Richter und Opfer verknüpft sich mit dem Dialog der Eheleute, der aus Kommentaren besteht. Durch ihre Kommentare wird der Vorgang für das Publikum verstärkt. Sie führen, leiten und verhundertfachen diese Erregung" (Joaquín Casalduero).

LAURENCIA: Der arme Mengo...
FRONDOSO: Ob der standhaft bleibt?
MENGO: Ach Gott! Ach Gott...!
FRONDOSO: Wenn er's nur nicht verrät...

MENGO nach hinten unten ab.

RICHTER: Den Dickwanst foltert mir besonders hart!
MENGO: Au weehh!!
RICHTER: Du schreist ja schon, eh es beginnt!
Ans Werk, ihr Burschen!
MENGO: Au! O weeeh!
RICHTER *zu den Folterknechten:*
Soll ich euch etwa helfen?
MENGO: Au! O weeeh!
RICHTER: Gesteh, wer den Komtur ermordet hat?
MENGO: Ach lieber Herr, laßt doch das Foltern sein;
ich will ja gern gestehn.
RICHTER: Gebt etwas nach.
FRONDOSO: Jetzt ist es aus...
LAURENCIA: Ach, wärst du doch geflohn...
MENGO: Erbarmen! Hört mich an; ich will's Euch sagen.
RICHTER: Wer ist's gewesen?
MENGO *singt:* Fuen... te... O... ve...
ju... na a a a h! Das ganze Dörfchen war's! Hahahahaaaah!
RICHTER: Fast scheint es mir, ich stehe hier zum Spott;
man lacht mir ins Gesicht bei all dem Schmerz!
– So kommen wir zu keinem Ende... Nein!
Das ganze Dorf wird vor Gericht geladen.
Zu den Folterknechten: Für heute ist's genug.

Die FOLTERKNECHTE *kommen herauf.*

Wir werden
morgen auf andre Weise sehn, zum Ziel zu kommen.

RICHTER *und* FOLTERKNECHTE *ab. – Der* ALCALDE, *das* KIND, JACINTA *und* MENGO *kommen wieder herauf. Der* ALCALDE *stützt* MENGO *und führt ihn nach vorn. Durch die Tür zur Plattform dringen* BARRILDO, ALONSO, *der* STUDENT, BLAS *und andere* BAUERN *und* BÄUERINNEN *herein.* MENGO *sinkt auf einem Sack nieder.*

BARRILDO: Hoch Mengo!
ALLE: Mengo, hoch!
FRONDOSO: Du hast's verdient!
MENGO: Au weh... au weh...!
BARRILDO *gibt ihm zu trinken:* Nimm einen kräftigen Schluck!
MENGO: Gib her. *Er trinkt.* Was ist denn das? Das ist ja Wasser!
FRONDOSO: Beleidigt doch den braven Mengo nicht!
Schnell, gebt ihm Wein!
STUDENT *reicht ihm Wein:*
Komm her.
MENGO: A...h! Das tut gut!
LAURENCIA: Zu essen holt ihm auch!

Die Übersetzung kann eine im Deutschen nicht wiederzugebende Wortschöpfung Mengos, der den Namen des Dorfes in den Diminutiv setzt, nur umschreiben („Dörfchen"). Aus Fuente Ovejuna wird Fuente Ovejunica, wodurch auf eine derb-komische Weise die Relationen zwischen der Winzigkeit des Dorfes und der Macht der königlichen Institution offengelegt werden.

MENGO: Au weh! Au weh..!
ALONSO: Trink auch einmal von mir.
MENGO: O we...h! Oh, guuut!
FRONDOSO: Willst du noch mehr?
MENGO: Au weh! Oh...ja!
BLAS: Hast du noch Durst?
MENGO: Ich bin... ganz ausgetrocknet.
  Gib her! – Au weh, da war nicht viel mehr drin...
ALCALDE: Fühlst du dich besser?
MENGO: Ja, nur hab ich Durst.
  Die Rückenhaut... ist wieder aufgeplatzt;
  sie war noch gar nicht... richtig... zugeheilt.
  O Gott... der Durst!
ALCALDE: Auf! Führt ihn in mein Haus;
  dort trink, soviel du willst. Du hast's verdient.

DRITTER AKT, DREIZEHNTES BILD

Vor dem Königsschloß in Tordesillas.

KÖNIG FERDINAND *und* KÖNIGIN ISABELLA. *Der junge* GROSSMEISTER DES CALATRAVAORDENS.

GROSSMEISTER: Mein hoher königlicher Herr, Ihr seht
  mich tiefbeschämt zu Euren Füßen knien
  und um Verzeihung flehn für meine Frevel.
  Durch böses Beispiel ward ich irrgeleitet...
  Auf meinen eignen Nutzen nur bedacht,
  folgt ich dem falschen Rate des Komturs
  und kämpfte in den Reihen Eurer Feinde...
  Vergebt mir, Herr, was ich Euch angetan;
  Ihr seht, ich bin noch jung und unerfahren
  und ahnte nicht, wie man mich hinterging.
  Schenkt mir die königliche Gnade wieder,
  und gebt mir die Erlaubnis, daß ich Euch
  begleite auf dem Feldzug nach Granada.
  Fünfhundert Krieger stehn in meinem Dienst;
  sie sind die Euern... Laßt im Heldenkampf
  uns für Euch streiten und nicht eher ruhn,
  als bis vom höchsten Turme der Alhambra
  die Fahne unsres heiligen Glaubens weht!
KÖNIG: Erhebt Euch, junger Held. Reicht mir die Hand;
  nehmt meinen Dank, daß Ihr gekommen seid;
  der freundlichste Empfang ist Euch gewiß.
KÖNIGIN: Im Feld der Ehre sollt Ihr uns beweisen,
  daß Euer Schwert so stark und wirksam ist
  wie Euer Wort. – Ich heiße Euch willkommen.
GROSSMEISTER: Mein Leben steht fortan in Euerm Dienst!

        DON MANRIQUE *tritt auf.*

DON MANRIQUE: Der Oberrichter hat die Untersuchung
  in Fuente Ovejuna vorgenommen.

In der bereits zitierten historischen Chronik von Rades y Andrada werden diese Ereignisse folgendermaßen beschrieben: „Vom Hofe kam ein Untersuchungsrichter nach Fuente Ovejuna im Auftrage des Katholischen Königspaares, um zu erforschen, was vorgefallen war, und um die Schuldigen zu bestrafen. Und obwohl sie viele, die bei dem Tode des Komturs dabeigewesen waren, folterten, wollte keiner bekennen, welches die Anführer und Anstifter des Verbrechens gewesen waren, oder auch nur die Namen derer nennen, die dabei mitgewirkt hatten. Der Richter fragte sie: ‚Wer tötete den Großkomtur?' Und sie antworteten: ‚Fuente Ovejuna.' Und er fragte weiter: ‚Wer ist Fuente Ovejuna?' Und sie antworteten darauf: ‚Alle Bewohner dieses Städtchens.' Schließlich waren alle Antworten dieser Art, denn sie hatten sich verschworen, nichts anderes zu antworten, selbst wenn man sie töten oder foltern sollte. Am meisten aber ist zu bewundern, daß viele Frauen und noch ganz junge Burschen, die der Richter auch foltern ließ, die gleiche Standhaftigkeit und den gleichen Mut wie die starken Männer hatten. Daraufhin ging der Richter fort, um dem Katholischen Königspaar Mitteilung zu machen und um zu sehen, was sie ihm befehlen würden."

Die Interpretation von „Fuente Ovejuna", die Fritz Rudolf Fries vornimmt, kommt den Intentionen Lopes wohl am nächsten: „Für das europäische Theater des 16. und 17. Jahrhunderts sind diese Bauerngestalten Lopes in ihrem selbstsicheren Auftreten, frei von jeder komischen oder idealisierenden Pose, einmalige Erscheinungen. Sie beweisen den Neoaristotelikern nicht nur die ‚Literaturfähigkeit' des ‚niederen Standes' auch in einer tragischen Rolle, sondern zeigen Lope als den, der er stets sein wollte, als Chronisten seines Volkes. Denn mit dem historischen Stück ‚Fuente Ovejuna' wird die ganze Szenerie spanischer Nationalgeschichte aufgerollt, der Streit der Aristokratie mit der Krone, die Rolle der Ritterorden, die Mühen der nationalen Einigung, die aus dem Zusammenschluß der beiden Provinzen Aragon und Kastilien kam, und die tragende Rolle des Volkes, vor allem der Bauern in dieser Geschichte der Reconquista, der vielhundertjährigen Rückgewinnung spanischen Bodens. Hieraus ergibt sich auch das Verhältnis Volk – König im Gegensatz zu den partikularistischen Interessen der Feudalgewalt und der örtlichen Tyrannei einzelner Titelträger wie der des Komturs in ‚Fuente Ovejuna'. Der König ist oberster Rechtsträger. Das angeklagte Dorf, das sich wie ein Mann erhoben hat und den Tod des Komturs verantwortet, will am Ende sein Urteil nur aus dem Munde des Monarchen vernehmen."

Er ist zurück und bittet um Gehör.
Wenn Ihr erlaubt . . .?
KÖNIG: Der Richter möge kommen.

Der RICHTER *tritt auf.*

RICHTER: Ich bin zurück aus Fuente Ovejuna . . .
Mit allem Eifer habe ich versucht,
den Täter des Verbrechens aufzuspüren . . .
Zu meiner Schande . . . tue ich Euch kund:
Es war umsonst und alle Müh vergebens.
Einstimmig und mit unerschrockner Brust
gab jeder einzelne auf meine Frage,
wer diese schaudervolle Tat beging,
die gleiche Antwort: „Fuente Ovejuna!"
– Drei Tage lang von früh bis spät hab ich
mit aller Strenge meines Amts gewaltet;
ich schwöre Euch: Nicht einer hat bekannt.
Die schärfsten Qualen wurden angewendet,
selbst Kinder standen vor den Folterknechten,
doch alles Drohn und Martern war vergeblich.
Unmöglich ist's, den Mörder festzustellen;
sie sagen nichts als: „Fuente Ovejuna!"
Drum meine ich, jetzt bleibt Euch nur die Wahl,
entweder allen zu verzeihen oder
das ganze Dorf vom Boden zu vertilgen.
Sie harren vor dem Schloß . . . und wenn Ihr wollt,
ruft sie herbei und überzeugt Euch selbst,
ob ich die Wahrheit sprach.
KÖNIG: Bringt sie hierher.

Der ALCALDE, ALONSO, FRONDOSO, LAURENCIA, JACINTA, MENGO, BAUERN *und* BÄUERINNEN *treten auf einen Wink des* RICHTERS *auf.*

LAURENCIA: Das ist das hohe Herrscherpaar?
FRONDOSO: Sie sind's,
und ihnen nur gehört Kastiliens Krone.
LAURENCIA: O Sankt Antonius, beschütze sie!
KÖNIGIN: Ihr also seid die Meuterer?
RICHTER: Ja, Hoheit.
ALCALDE: Erhabne Herrin! Fuente Ovejuna
wirft sich in Demut Euch zu Füßen nieder
und weiht von heute ab sich Euerm Dienst!
Das übergroße Leid, das uns geschah,
die Tyrannei, der fürchterliche Hohn,
die Hinterlist, mit der uns der Komtur
bis in den Abgrund der Verzweiflung trieb:
dies alles, hohe Frau, ist schuld daran,
daß es mit ihm ein schlimmes Ende nahm.
Erbarmungslos und ohne Schein von Recht
verging er sich an unserm Hab und Gut;
kein Weib war sicher vor des Bösen Gier;
geschändet hat er sie und vergewaltigt
und noch gespottet über unser Leid!

FRONDOSO: Schaut dieses Mädchen an. Das höchste Glück,
das mir des Himmels reiche Gnade schenkte,
entriß er mir ... an meinem Hochzeitstag!
Auf seinem Schloß hielt er sie eingekerkert,
bedrohte sie mit ungestümer Gier;
und hätte sie im Kampf um ihre Keuschheit
sich nicht zur Wehr gesetzt mit aller Kraft,
so ahnt Ihr wohl, was ihr geschehen wäre!
MENGO: Nun schönste Königin, erlaubt auch mir
– ich heiße Mengo –, daß ich Euch erzähle,
was mir, dem armen Knecht, für Leid geschah.
Das schöne Mädchen dort traf ich im Walde,
verzweifelt schrie sie: „Mengo, steh mir bei,
denn der Komtur mit seinen Jägersknechten
ist hinter mir!" – Ja, hohe Frau, was tun?
Ich nahm die Schleuder, setzte mich zur Wehr,
jedoch sie waren in der Überzahl,
und der Komtur gab ihnen den Befehl,
mich an der dicken Eiche festzubinden.
Sie rissen mir das Hemd vom Leibe ab
– stellt Euch das vor, erlauchte Königin –
und peitschten mich mit ihren Lederriemen,
daß mir die ganze Haut in Fetzen ging
und ich von hinten eine Farbe hatte,
so blutigrot wie frischer Räucherlachs!
Ich kann Euch sagen, hohe Frau: Dreimal
soviel, wie ich an Hab und Gut besitze,
verschmierte ich an Wundbalsam und Öl ...
ALCALDE: Erlauchter König, edle Königin:
Wir armen Bauern haben nur den Wunsch,
in Redlichkeit und Treue Euch zu dienen,
denn Ihr allein seid unsre wahren Herrscher;
und Eures edlen Hauses Wappenschild
ward schon in unserm Dorfe aufgerichtet.
Wir baun auf Eure Gnade, und wir hoffen,
Ihr wollt in dem, was wir begangen haben,
bloß einen Fehltritt sehn, zu dem die Einfalt
durch böse Tyrannei getrieben ward.
KÖNIG: Da alle sich zur gleichen Tat bekennen,
so trägt das ganze Dorf die gleiche Schuld.
Indes, wenn ich bedenke, daß das Unheil
geboren ward aus Not und aus Verzweiflung,
so spreche ich euch frei von euerm Fehl!
– Von heute ab steht euer tapfres Dorf
im Schutze meiner königlichen Macht,
bis ich es späterhin vielleicht einmal
als Lehen einem meiner Edlen gebe,
der w ü r d i g einer solchen Gnade ist.
ALCALDE: Wir preisen Eure Weisheit, hoher Herr!
FRONDOSO: Auf, Bauern! Ruft: Hoch unser
    Königspaar!
ALLE: Heil König Ferdinand und Isabella!

„Fuente Ovejuna" ist wohl das meistinterpretierte Stück Lopes. Ein großer Teil dieses Schrifttums befaßt sich in erster Linie mit der Frage, ob der Mord an dem Komtur und seinen Spießgesellen Ausdruck einer sozialen Revolution sei oder nicht. Beide Auffassungen lassen sich aus dem Text belegen und widerlegen. Der Revolutionsbegriff ist, ungeachtet der jeweiligen Position des Interpreten, durchgängig ein moderner und läßt sich etwa so umschreiben: Eine Revolution ist ein bewußt durchgesetzter Wandlungsprozeß, der gewaltsam und rasch durchgeführt wird und auf das Erreichen einer neuen Lösung des sozialen Mit- und Gegeneinanders abzielt. Diese Bestimmung jetzt auf das Werk Lopes zu projizieren, ist allein deswegen schon fragwürdig, weil sie jüngeren Datums ist als „Fuente Ovejuna". Zwar hat dieser Begriff auch zur Zeit Lopes Eingang in die staatstheoretische Diskussion gefunden, doch meist in der Bedeutung eines Synonyms für Veränderungen in der Welt überhaupt oder als Bezeichnung für eine Bewegung hin zu tradierten und idealisierten gesellschaftlichen Organisationsformen. Vor allem die letzte Definition dient den Verteidigern der These vom „Restaurativen" Lopes als Beleg für die Richtigkeit ihrer Auffassung. Dabei wird jedoch übersehen, daß fast alle sozialen Bewegungen des Mittelalters und der frühen Neuzeit eine rückwärtsgewandte Utopie vertreten, in der sich jedoch immer zukunftsorientierte Ziele widerspiegeln. Ein Erkennen dieser Dichotomie ist allerdings auch auf der Seite derer, die in „Fuente Ovejuna" ein Revolutionsstück sehen, sehr selten.

Macías, der Poet
Porfiar hasta morir

Übersicht über Inhalt und Aufbau des Dramas

Die Übersetzung des spanischen Titels lautet in etwa „Beharren bis in den Tod" und bezieht sich auf die in Spanien zur Legende gewordene Lebensgeschichte des galizisch-portugiesischen Troubadours Macías. Seine unverbrüchliche Treue gegenüber der mit einem anderen verheirateten Dame seines Herzens, dem Edelfräulein Clara, beruht auf einer platonischen Liebesauffassung, die, obzwar immer nur schwärmerisch und keusch, letzten Endes doch die Rache des Ehemannes heraufbeschwören muß. Lopes Darstellung gibt zu verstehen, daß er für beide Seiten Verständnis aufbringt; dennoch ist nie zu übersehen, wem seine Sympathie gilt, zumal damit eine kontrastierende Schilderung der „bürgerlichen" Welt und der des Poeten einhergeht. Zwischen den Gesetzen der Kunst und denen des alltäglichen Lebens tut sich eine Kluft auf. Daß hier der von „Tragik" nur wenig zu spüren ist, hat seine Ursache in der Zeichnung des poetischen Weltbildes des Dichters Macías. Dieses ist nämlich an vielen Stellen von Auffassungen der sogenannten Vertreter des „dunklen Stils", der Epigonen Góngoras, bestimmt, für die Lope sonst meist nur Spott und Hohn übrig hatte. Durch die Gestalt des Dieners Nuño findet Kritik auch Eingang ins Stück, so daß dem tragischen Gefühl immer auch komische Zwischentöne unterlegt sind.

I,1: *Vor einer Schenke in Alcolea.* Macías und sein Diener Nuño retten einen Granden (bei dem es sich, wie sie später von drei Edelleuten erfahren, um den Großmeister des Santiagoordens handelt) aus der Gewalt dreier Banditen und ziehen dann weiter nach Córdoba.

I,2: *Gemach im Palaste des Großmeisters zu Córdoba.* Die Gräfin wartet in Gesellschaft Doña Claras auf ihren Mann, den Großmeister, der ihnen sein Abenteuer schildert. Macías überreicht ihm ein Empfehlungsschreiben und wird gern in Dienst genommen. Doña Clara fragt Macías nach Neuigkeiten aus der kastilischen Heimat. Macías verliebt sich sofort schwärmerisch in sie. Von Don Tello muß er erfahren, daß die Schöne dessen Verlobte sei. Macías will trotzdem weiter um Clara werben.

I,3: *Gemach im Schlosse von Córdoba.* Der König gibt dem Großmeister und Don Tello den Befehl, gegen die aufrührerischen Mauren zu ziehen.

I,4: *Im Palast des Großmeisters.* Nuño witzelt mit Leonor, einer Sklavin Claras, über die Liebe und überreicht ihr einige an ihre Herrin gerichtete Verse von Macías, die Clara schnell wegsteckt, als Don Tello herannaht. Der Großmeister verabschiedet sich von seiner Frau. Clara gesteht Macías, daß sie ihn erhört hätte, wenn er der erste gewesen wäre. Macías fühlt sich dadurch in seinem Tun bestätigt.

II,5: *Vor dem Königsschloß in Córdoba.* Die siegreichen Truppen werden vom König geehrt. Macías, der sich durch besondere Tapferkeit ausgezeichnet hat, wird ein Wunsch gewährt. Er fordert Clara zur Frau, was, da ein Ehekontrakt bereits unterzeichnet ist, jedoch nicht gebilligt werden kann. Macías wird zum Santiagoritter ernannt. Vergeblich versucht Nuño, die Liebeskrankheit seines Herrn zu kurieren.

II,6: *Gemach im Palaste des Großmeisters.* Die Gräfin bereitet Clara auf die Hochzeitsfeierlichkeiten vor. Fernando und Pedro erweisen ihr ihre Reverenz. Clara schenkt ihrer Sklavin die Freiheit. Macías will durch seinen Anblick das Mitleid Claras erwecken, die ihn tröstet, ihm aber keine Hoffnungen macht. Er will ihr von nun an „liebend dienen", was Nuño für eine große Torheit hält.

II,7: *Gemach im Schlosse zu Córdoba.* König und Großmeister loben die schwermütige Liebeslyrik des Macías und zitieren einzelne Verse.

II,8: *Gartenartiger Innenhof im Palaste des Großmeisters. Mondschein.* Macías berichtet Nuño von den Qualen, die er während der Hochzeit Claras ausstehen mußte. Sie belauschen das glückliche Paar in Begleitung des Großmeisters und der Gräfin. Als plötzlich Glocken erklingen, meint Macías, dies sei sein Grabgeläute.

II,9: *Wie II,8. Morgengrauen.* Macías hat die ganze Nacht phantasiert. Nuño ist darüber eingeschlafen. Als der Großmeister Macías entdeckt, erfindet der eine Ausrede.

III,10: *Gemach im Schlosse von Córdoba.* Macías dankt dem König für das ihm verliehene Ordenskleid und schildert in epischem Ton das zu Ehren Claras abgehaltene Turnier, das er, der als „Rasender Roland" erschienen ist, gewonnen hat. Tello beschwert sich über Macías, der seine Ehre und die seiner Frau beeinträchtige. Der Großmeister bittet Macías, etwas zurückhaltender zu sein. Nuño erzählt Macías, daß Clara ihn berührt habe, was Macías mit Neid erfüllt.

III,11: *Ein Park.* Clara redet mit Leonor über einen ihr unerklärlichen Kummer Tellos. Macías spricht sie an und betont, er habe ihre Ehre durch seine Verse nicht beeinträchtigen wollen. Clara ermuntert ihn zu anderen Themen. Tello lauscht und zieht den Degen, wird aber vom Großmeister zurückgehalten.

III,12: *Innenhof im Palaste des Großmeisters.* Macías wird inhaftiert, da er die Weisung des Großmeisters, Clara nicht länger zu kompromittieren, nicht befolgt habe. Tello gesteht Clara, die Macías' Starrsinn bedauert, seine Eifersucht. Die Gräfin und Clara erfahren von der Gefangennahme des Dichters. Einige Sänger intonieren eines seiner Lieder. Tello gerät daraufhin in Zorn, stürmt davon und tötet Macías durchs offene Fenster. Der, von einer Lanze durchbohrt, bittet alle um Verzeihung für das Unglück, das seine „keusche Liebe" über sie gebracht habe. Der Großmeister verspricht, ihn zu rächen, doch Tello kann zunächst entfliehen.

Lope Félix de Vega Carpio
Macías, der Poet, Übersicht

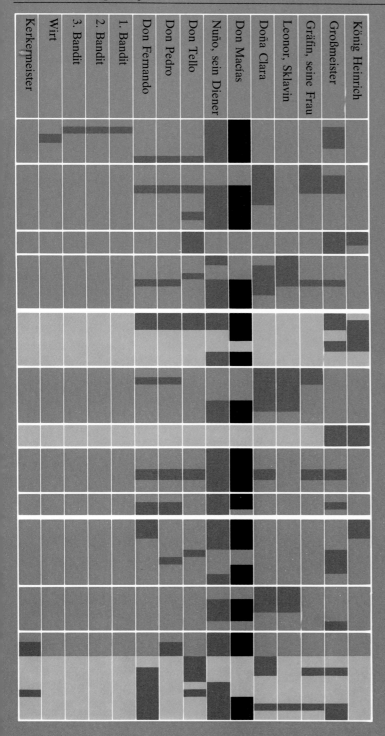

Die Graphik verdeutlicht die Tatsache, daß Macías fast ausnahmslos in Begleitung Nuños auftritt. Dies erklärt sich zum einen natürlich aus der Aufgabe eines Dieners, seinen Herrn zu begleiten. Zum anderen ergibt sich hieraus aber auch die Funktion der Dienerrolle, Sprache und Verhalten des Poeten in bestimmter Brechung widerzuspiegeln. Beispielhaft geschieht dies im Zusammenhang der ersten Begegnung zwischen Macías und Doña Clara (I,2): während Macías sich an ihrem Namen begeistert („Clara nennt Ihr Euch? / O welche Klarheit...!"), kommentiert Nuño: „Welche Dunkelheit..." und charakterisiert damit nicht allein die Gemütsverfassung seines Herrn, sondern ebenso den literaturgeschichtlichen Zusammenhang, in den Lope den Poeten Macías stellt.

> Das Drama „Macías, der Poet" gehört zu den bekanntesten aus der späteren Schaffensperiode Lope de Vegas. Es handelt vom Schicksal eines in Spanien weniger durch sein Oeuvre als durch sein Leben berühmt gewordenen Dichters. Unsere Textauswahl setzt ein mit der Rückkehr der zur Bekämpfung der Mauren ausgezogenen Truppen des Großmeisters des Santiago-Ordens, der um die alleinige Durchführung dieser Aufgabe gebeten hat. Der dabei und auch in der Schlacht gezeigte Heroismus wird durch die Attribute, mit denen der Großmeister belegt wird („Caesar von Kastilien", „Schrecken von Granada"), noch verstärkt und zudem als typisch spanische Eigenschaft ausgegeben; denn der Verweis auf den Zusammenhang zwischen Tapferkeit („kühne Taten") und dem Gotenblut, das in den Adern fließe, wird jeder Spanier auf sich selbst beziehen. Indes, was in der Historie (das Drama spielt gegen Ende des 14. Jahrhunderts) noch uneingeschränkte Gültigkeit beanspruchen kann, erfährt in Stücken, die in der Gegenwart oder nahen Vergangenheit spielen, oft eine spöttische Behandlung. In Lopes Mantel- und Degenstück „Die Angel der Kurtisane" ist der folgende Dialog zwischen der Kurtisane Fenisa und ihrer Dienerin Celia zu finden:
> CELIA: Was ist das denn für ein Gesindel?
> FENISA: Spanier.
> CELIA: Gib acht, dann wird ein jeder bald behaupten, er sei aus echtem alten Gotenadel.

ZWEITER AKT, FÜNFTES BILD

Vor dem Königsschloß in Córdoba.

Trompeten und Trommeln. KRIEGER *ziehen auf. Unter ihnen* DON PEDRO, DON FERNANDO, DON TELLO, DON MACÍAS, NUÑO *und der* GROSSMEISTER.

DON TELLO: Ganz Córdoba ist über Eure Heimkehr
in freudigster Erregung, Exzellenz!
GROSSMEISTER: Die Tapferkeit trieb unsern Feind zu Paaren!
DON FERNANDO: Wie schnell die Mauren nach Granada flohen!
DON TELLO: Ihr kamt, Ihr saht, Ihr siegtet, und Ihr solltet
den Namen „Caesar von Kastilien" tragen!
Selbst wenn ich es versuchte, Exzellenz:
unmöglich wär es, Euch noch mehr zu rühmen.
DON PEDRO: Auch der Monarch erweist Euch seinen Dank;
schon tritt er aus dem Schloß, Euch zu empfangen.

Der KÖNIG *tritt mit* GEFOLGE *auf.*

KÖNIG: Umarmt mich, Meister!
GROSSMEISTER: Eure Majestät . . .
KÖNIG: Ich preise Euern Heldenmut mit Recht
und will es offen tun vor allem Volk.
Nach Euerm Wohlbefinden frag ich nicht;
Ihr kehrtet ja als Sieger wieder heim,
und Euer Anblick gibt mir den Beweis,
daß Ihr zufrieden seid und wohlgelaunt.
Der Sieg, den Euer gutes Schwert errang,
trug Euch zu höchstem Ruhm! Schon nennt man Euch
den Schrecken von Granada, denn Ihr habt
des Feindes Überheblichkeit gebändigt.
Aufs Haupt geschlagen, zog der Maure sich
so überstürzt vor Eurer Schar zurück,
als ob Ihr Euer Christenbanner schon
auf dem Alhambraschloß entfaltet hättet!
Ich bin zufrieden, und ich danke Euch.
GROSSMEISTER: Erlauchter Herr! Ihr ehrt die guten Wünsche,
die uns beseelen, denn am liebsten möchten
wir Euch die ganze Welt zu Füßen legen.
Schaut diese braven Krieger an. Sie haben
mit beispielloser Tapferkeit gekämpft.
Ein jeder einzelne verdiente es,
von Euch mit hohem Lob bedacht zu werden.
Das Banner trug Don Tello von Mendoza.
Ich schwöre Euch, es würde ihm gelingen,
Granadas Mauerwerk in Schutt zu legen.
Fernando von La Mota und Don Pedro
bewiesen mir durch ihre kühnen Taten,
daß Gotenblut in ihren Adern fließt
und ihnen Kraft und Tapferkeit vererbte.

Doch seit dem Tag, wo ich zum erstenmal
das Schwert um meine Lenden gürtete,
erblickt ich niemals einen Helden, der
so tollkühn focht wie d i e s e r Edelmann,
der erst vor wenig Wochen aus Kastilien
gekommen war und Dienste bei mir nahm.
Ich glaube, daß ich unter all den Kriegern,
die ich in langen Jahren kennenlernte,
nicht einen sah, der wagemutiger,
vortrefflicher, geschickter, unerschrockner
und edler war als er. Ja, ich kann sagen:
Er ist es, dem wir diesen Sieg verdanken!

DON MACÍAS: Verzeiht, erlauchter Herr, wer ein Soldat
in unsern Reihen war und hundert Mauren
die Schädel spaltete, der tat nur wenig,
verglichen mit dem musterhaften Vorbild,
das Seine Exzellenz uns allen gab.
Mich – unerfahren in der Kunst des Krieges –
beseelte nur der Wunsch, Euch treu zu dienen.

KÖNIG: In ihm seh ich bestätigt, was Ihr sagtet.

DON MACÍAS: Bis auf den letzten, allerkleinsten Teil
von Mut, Gesinnung und Entschlossenheit,
den man mir nachzusagen scheint, verdank
ich alles nur dem Einfluß meines Herrn.

KÖNIG: Wie gut und höflich er zu reden weiß.
– Ich bin Euch gnädig. Habt Ihr einen Wunsch,
so sprecht ihn offen aus.

DON MACÍAS: O Majestät,
ich danke Euch für diesen Gunstbeweis...
Was macht mich glücklicher als Eure Huld!
Doch wenn Ihr willens seid, erlauchter Herr,
mir die bescheidnen Dienste zu belohnen,
so bitt ich Euch, mir die Gelegenheit
zu geben, heimlich einen Wunsch zu äußern.

KÖNIG: Das soll geschehen, denn ich bin verpflichtet,
dem Mann, der mir so treulich dient, zu danken.

Auf einen Wink des KÖNIGS *gehen die* KRIEGER *und das* GEFOLGE
ab. Die übrigen haben sich nach dem Hintergrund zurückgezogen.

DON MACÍAS: Ich nenne mich Macías, und ich stamme
aus einem alten, gotischen Geschlecht,
das aus den Bergen nach Kastilien kam.
Auf der berühmten Hohen Schule von
Valencia hab ich Rechtsgelehrsamkeit
mit Fleiß und Hingabe studiert, so daß
ich wohlbewandert bin in den Gesetzen.
Doch da ich stets ein Freund der Abwechslung
gewesen bin, so wandte ich mich später
der edlen Dichtkunst zu und der Rhetorik,
und wählte s i e zu meinem Studium aus.
Ich schrieb Gedichte, liebesglühende;

Der gerühmte Mut des Poeten Macías entspringt der Verzweiflung über seine unglückliche Liebe zu Clara:
„Ich liebe Euch, seitdem ich Euch erblickte,
mit so viel ehrlicher und reiner Treue,
daß ich Euch tausend Herzen weihen möchte!
Wenn Ihr das meine wünscht, so nehmt es hin...
Und selbst wenn Ihr mir keine Neigung schenktet,
ist es mir nicht möglich, daß ich mit
mir selbst leben könnte...
ohne Euch!
Reicht mir ein Liebespfand, damit es mir
als Seele diene, weil die meinige
von diesen Räumen sich nicht trennen kann;
und ich verspreche Euch bei meiner Ehre:
Ich kehre ohne Ruhm nicht wieder heim,
und wenn es mich das Leben kostete,
das Eure Gegenwart allein beseelt..."
Clara jedoch ist gezwungen zu antworten:
„Als Edeldame geb ich Euch mein Wort:
mit Freuden würde ich die Eure sein,
wenn Ihr... als erster Euch beworben hättet,
denn Ihr verdient, daß eine Frau... Euch liebt.
Jetzt laßt mich gehen. Ihr seht: es kann nicht sein..."

> Mit den „gewissen Schwierigkeiten" kann nur ein Ehrenhandel gemeint sein.

> Macías erhält zwar ein „Amt bei Hofe", doch zeigt er auch schon vor der Begegnung mit Doña Clara einen starken Drang zum Waffendienst. Der Protagonist des Stücks erweist sich als Repräsentant des „von Garcilaso de la Vega erstmals angeschlagenen Themas von Leier und Schwert" (Werner Krauss). Typisch für Lope, im Unterschied etwa zu Cervantes, ist, daß die Sphäre des Militärischen sofort mit der der Liebe verknüpft wird. Cervantes wartet 1571 vor Messina voller Ungeduld auf das Auslaufen der Flotte, die dann vor Lepanto auf die Seestreitmacht des Osmanischen Reiches treffen wird, Lope dagegen verkürzt sich 1588 in Lissabon die Wartezeit bis zum Auslaufen der gegen England ausgeschickten Armada durch eine kleine Liebesromanze. Der eine nimmt die Verbindung zwischen Leier und Schwert ernst und schafft die Figur des Don Quijote, des tragikomischen lesenden Ritters; der andere, der das hierin zum Ausdruck gebrachte Dilemma übersieht, greift zum Mittel poetisierender und idealisierender Darstellung. Macías ist, im Unterschied zu Lope selbst, eine tragische Figur. Der Dichter errichtet schon durch den Stil, zu dem er greift, eine Barriere zwischen sich und seinem dramatischen Geschöpf: der verliebte Dichter-Soldat neigt zu einer „dunklen" Ausdrucksweise, die in Gegensatz zu der oft gerühmten „Klarheit" Doña Claras steht, worüber sich Nuño, der Gracioso, natürlich mehrere Male lustig macht.

denn in den Jugendjahren kreisen die
Gedanken stets um Dinge, die das Herz
bewegen, weil sie es zu gleicher Zeit erfreuen.
– Dann zwangen mich gewisse Schwierigkeiten,
die Heimat zu verlassen. Ich gedachte
mich um ein Amt bei Hofe zu bewerben,
denn danach sehnt sich jeder edle Junker,
wenn er das Elternhaus verlassen will.
Empfehlungsschreiben gab mir Herzog Alba;
ich überbrachte sie dem edlen Meister
und ward in seine Dienste aufgenommen.
– Und nun geschah das seltsame Ereignis,
das ich Euch anvertraue, weil ich hoffe,
daß Ihr als weiser Fürst Verständnis habt
für alle Wechselfälle unsres Lebens:
Im Hause der Frau Gräfin, der Gemahlin
des tapfern Meisters, lebt ein Edelfräulein;
ein wahres Engelsbild, so daß man mir
verzeihen wird, wenn ich ihr Verse schrieb.
Aus Schnee und Purpur formte die Natur
die göttliche Gestalt des schönsten Wesens;
doch zögernd und behutsam schuf sie es,
und nicht in jener staunenswerten Eile,
mit der sie sonst ihr Schöpferwerk vollbringt!
O wär ich ein Apelles oder Phidias
– mir wurde leider dies Talent versagt –,
dann malte ich von ihr ein Bildnis, oder
ich formte ihren Leib aus weißem Marmor!
Die Augen strahlen schöner als die Sonne,
und ihre Lippen, purpurnelkenfarben,
umkränzen eine Kette reinster Perlen!
Ich bitte Euch, verzeiht mir, hoher Herr,
daß meine Sprache überschwenglicher
und heißer ist, als es der Brauch erlaubt,
wenn ein gekröntes Haupt zugegen ist...
Sie nennt sich Clara, doch sie übertrifft
in Klarheit selbst die Pracht des Taggestirns.
Die Seele hat sie mir geraubt! Wie kann
ich ohne Seele dieses Dasein schleppen?
Verwirrung des Gemüts durch Liebesqual
nahm so von meinem Innersten Besitz,
daß ich es heiß begrüßte, als der Maure
in die kastilischen Gefilde drang.
Um in dem Kampf mein Leben auszuhauchen,
zog ich in diesen Krieg. Jedoch der Tod
schont immer den, der ihn am meisten sucht,
und mäht die Daseinsfrohen grausam nieder...
Ich schwöre Euch: Noch nie im Leben zog
ich meinen Degen wider einen Menschen,
bis ich den Mauren gegenüberstand.
Jedoch die Liebe füllt die Brust mit Mut;
sie lieh mir so viel Feuer und Begeistrung,

daß ich den Meister mir verpflichten konnte.
— Ihr gabt mir die Erlaubnis, einen Wunsch
an Euch zu richten, und ich wage es:
Befehlt dem Meister, daß er Doña Clara
mir zur Gemahlin gibt! Denn alles Gold
des Morgenlands verschmähe ich, wenn ich
der Gatte dieser Dame werden kann.
Genehmigt meiner Liebe diese Bitte,
denn alle Herrlichkeit der Welt ist nichts,
verglichen mit der Seligkeit des Herzens!
In m e i n e m Reich soll nur die Liebe herrschen.
Ich muß die Schönste in die Arme schließen;
sie zu besitzen heißt für mich das Leben,
sie zu verlieren aber . . . ist der Tod!
KÖNIG: Schon oft war ich als Mensch der Richter über
die andern Sterblichen, doch hab ich stets
gezeigt, daß ich ein milder Herrscher bin.
— Zieht Euch auf einen Augenblick zurück.
Großmeister!
GROSSMEISTER: Herr?
KÖNIG: Durch mich läßt jener Ritter
Euch um Erfüllung eines Wunsches bitten.
GROSSMEISTER: Er fände keinen bessern Mittelsmann.
KÖNIG: So hört: Gebt Doña Clara ihm zur Gattin.
GROSSMEISTER: Die Gräfin hat sie schon mit meinem Kämmrer
verlobt. Sie reichten sich bereits die Hände
und unterzeichneten den Ehkontrakt.
KÖNIG: Das tut mir leid . . .
GROSSMEISTER: Dann löst man das Verlöbnis
der beiden wieder auf . . .
KÖNIG: Das darf nicht sein.
Ich könnte die Verantwortung vor Gott
nicht tragen.
GROSSMEISTER: Das ist richtig, Majestät.
KÖNIG: Macías!
DON MACÍAS: Herr?
KÖNIG: Die Dame ist bereits
verlobt und hat das Ehedokument
schon unterschrieben.
DON MACÍAS: Ich Unseliger . . .
KÖNIG: Auf andre Art sollt Ihr entschädigt werden
für Eure Dienste. Zum Santiagoritter
seid Ihr ernannt! — Großmeister . . .!
GROSSMEISTER: Herr?
KÖNIG: Macías
wird in den Ritterorden aufgenommen,
als Anerkennung seiner Tapferkeit.
GROSSMEISTER: Wohl nie hat einem Edlen diese Ehre
noch mehr gebührt als ihm. Ich bin erfreut,
daß Eure Majestät ihn selber vorschlägt.

Macías macht die Erfüllung seiner Liebe zu seinem Lebensziel. Karl Vossler sieht hierin einen Ansatz „zu einer tragischen Auffassung der platonischen Minne", die ansonsten im Werk Lopes nur eine untergeordnete Rolle spiele. Denn: „Unwiderruflich ist dem Menschen die Bedingung des Erkennens durch die natürliche Erfahrung gesetzt, und auf diesem Weg bleibt er der Gefangene der Natur. Daher regiert über die Liebe mehr die Konstellation des Geburtsstands, d. h. die Naturkausalität, als die Entsprechung der Geister, in der sich die Freundschaft entfaltet. Lopes Erfahrung birgt in der Tat ein Wissen, das der platonischen Liebe eine Schranke zieht: die Polarität der Geschlechter" (Werner Krauss).

Indem der König sich weigert, den geschlossenen Ehevertrag umzuwandeln, erweist er sich als prinzipienfester Herrscher. Im mittelalterlichen Recht kommt schon die kleinste Abweichung von einem Vertragstext oder einer damit verbundenen Prozedur einem vor Gott, dem Schöpfer des Rechts, nicht zu rechtfertigenden Treuebruch gleich: „Ich könnte die Verantwortung vor Gott nicht tragen."

Die gerühmte Produktivität des dichterischen Schaffens Macías' entspringt seinem Seelenzustand: Doña Clara ist ihm, wie er später sagt, „reiner Spiegel meiner armen Verse und meines abgrundtiefen Herzeleids".

Mit seiner Aufforderung, der König solle sich zum Schutzherrn der Künste machen, thematisiert der Großmeister das Lope selbst ein Leben lang beschäftigende Problem des Mäzenatentums, das indes untrennbar mit seinem Verhältnis zum höheren Adel insgesamt zusammenhängt. Werner Krauss schreibt in seinem bereits mehrfach zitierten Aufsatz über „Lope de Vegas poetisches Weltbild": „Die Existenz des Adels bedeutet für Lope, trotz aller Fehlanlage seiner Erscheinungsformen, die Bürgschaft einer harmonischen Ordnung. Während Cervantes den Wert des Adels in die Krise versetzt, kann man den vollen Akkord in Lopes Leben und Dichtung nur in diesem Bedürfnis nach Verehrung und Anerkennung wertbeständigen Seins umfassen. Das Fortbestehen des Adels ist daher die einzige Bürgschaft dieses epischen Zustands, den die Gegenwart wie einen Mantel über den Abgrund breitet. Die Gabe, den Adel aus seiner Stummheit und seiner Repräsentanz zu erlösen und wieder ‚verbindlich zu machen', fällt auf den Dichter, denn nur der Dichter begreift in seiner Stummheit das gefesselte Leben ... Der Ruhm des Mäzenatentums ist die letzte Chance des Adels – und ein Gedanke, den ein gelegentlicher Ärger bis zur zynischen Erpressung treiben kann."

Der vor allem durch seine Epigramme berühmt gewordene römische Dichter Martial (um 40 – um 104) sowie der Philosoph und Dramatiker Seneca (um 4 – 65) wurden zu Lebzeiten Lopes ihrer Herkunft wegen für die spanische Nationalliteratur in Anspruch genommen.

ZWEITER AKT, SIEBENTES BILD

Gemach im Schlosse zu Córdoba, wie im dritten Bild.
Der KÖNIG *mit einem Buch und der* GROSSMEISTER *treten auf.*

GROSSMEISTER: Ich hole über des Macías Abkunft
  Erkundigungen ein. Sie sind vorzüglich.
KÖNIG: Von seinem reichen Geist bin ich so sehr
  des Lobes voll wie Ihr von seinem Schwert.
  – Und dieses ganze Buch schrieb er?
GROSSMEISTER: Er zeigt
  darin die Zärtlichkeit des Liebenden.
  Besonders viel gelang ihm in den Tagen,
  als er erfuhr, daß Clara sich vermählt.
  Da schrieb er Oden, Lieder und Romanzen
  bei den verschiedensten Gelegenheiten;
  doch alles scheint er nur verfaßt zu haben,
  weil er voll Gram ist, daß er sie verlor.
KÖNIG: Dann war es gut, daß Ihr sie ihm nicht gabt,
  sonst wären d i e s e Verse nie entstanden!
GROSSMEISTER: Weshalb bezweifelt Ihr's?
KÖNIG: Weil Liebe, wenn
  sie sich erfüllt, die Sehnsucht nicht mehr kennt.
  Auf keinem Grund gedeihen Lieder besser
  als auf dem Unglück in der Liebe oder
  der Hoffnung auf den höchsten Traum des Glücks.
GROSSMEISTER: Nur wenig Dichter gibt's mit soviel Seele.
KÖNIG: Er ist von ungewöhnlich reichem Geist.
  Das trefft Ihr oft bei meinen Untertanen,
  die Dichter sind. In ihren Versen paart
  sich zarte Anmut mit beschwingtem Witz.
GROSSMEISTER: Wenn Eure Majestät sich zum Beschützer
  der Künste macht, so werden bald dem Reiche
  Poeten auferstehn, die Verse schreiben,
  wie einst zur Zeit Martials und Senecas.
KÖNIG: Man sagt, es sei kein Land auf dieser Erde,
  in dem die Frauen ebenso wie hier
  geliebt, gepriesen und vergöttert werden.
  Ein Weib umarmen gilt uns mehr als Gold
  und Ruhm! Ja, mehr noch als das Leben!
GROSSMEISTER: Oft sah man schon, wie Männer Hab und Gut
  um sie verschwenden.
KÖNIG: Oder voller Ehrfurcht
  sie lieben und in Demut ihnen dienen,
  sowohl weil Frauen uns geboren haben,
  als auch, weil ihr verführerischer Reiz
  das Unvergleichlichste und Schönste ist.
  – Nun lest mir eines seiner Lieder vor.
GROSSMEISTER *liest:*
  „Die Liebe schenkte mir die Macht der Poesie,
  von Mund zu Munde tönt, was mir ein Gott verlieh.
  Nicht minder kummervoll war ehedem mein Leid,

doch damals nannte ich die Qualen: Seligkeit.
Das Hirn verwirren sie, weil sie den Sinn verblenden,
doch ewig sind sie nicht, da sie in Wehmut enden.
Mich traf der Liebe Pfeil...! – Auch ihr seid nicht gefeit;
drum flieht, ihr Liebenden, der Liebe Seligkeit!"
KÖNIG: Vortrefflich! Musterhaft und lehrreich, Meister.
Lest noch ein zweites!

Die *Allegorie des Furor Poetico* ist der 1593 in Rom erschienenen „Iconologia" von *Cesare Ripa* entnommen.

Die aus den Liedern und Sonetten des Macías sprechende Herzensnot ist ein ständiges Ziel des Spotts und Witzes des Gracioso Nuño: „Denn mit dem Wahnsinn ist's wie mit der Dichtkunst: Solang ein Mann noch jung ist, fertigt er Romanzen an für seine Herzensdame; im weiteren Verlauf kommt ein Sonett, dann schwingt er sich zu einer Ode auf, und schließlich schreibt er ihr ein Schäferspiel. Wenn er dann schon zu Ruhm und Ansehn kam und als ein anerkannter Dichter gilt — was, nebenbei gesagt, ein Unglück ist —, glaubt er, er sei Virgil und selbst Homer." (Vgl. hierzu Goethes „Tasso", und zwar die Szene II,3, in der Antonio, der Minister, dem Dichter vorwirft, er wolle sich mit Vergil und Ariost vergleichen.) Nuño fährt fort: „Die Selbstsucht der Poeten ist bekannt. Mit Selbstzucht sind sie selten bei der Hand, und Liebe bringt sie außer Rand und Band, Bedauernswerte Jünger des Apoll."

GROSSMEISTER: Ein Sonett?
KÖNIG: Laßt hören.
GROSSMEISTER *liest:*
„O Wirrnis meines Liebesgrams! O Pein!
 Bin ich ein Sünder? Hab ich schwer gefehlt?
 Nie kann, was meine Muse ihr erzählt,
 für sie der Grund zu Schimpf und Kränkung sein!
Muß mich das Schicksal so vermaledein?
 Darf ich das Leid nicht fühlen, das mich quält,
 W e n quäle ich, wenn das, was mich beseelt,
 nur m i c h betrügt und meiner Hoffnung Schein?!
Soll ich mich zwingen, von ihr abzustehen?
 Kein tieferer Schmerz kann mir das Herz zerpressen.
Von ihr getrennt ... trotz allem, sie zu sehen:
 Trägt das ein Mann, von Liebesglut besessen?
Aus solchem Zwang ... muß Widerstand entstehen,
 denn wer so liebt wie ich, kann nie vergessen!"
KÖNIG: Schätzt seine Kunst, und fördert diesen Ritter!
GROSSMEISTER: Daß er den Namen Ritter wohl verdient,
 kann niemand besser würdigen als Ihr.
 Nur schade, daß er seine große Liebe
 zu Doña Clara nicht vergessen kann ...
KÖNIG: Trotz alledem: Er ist ein ganzer Mann!

DRITTER AKT, ZWÖLFTES BILD

Innenhof im Palast des Großmeisters.
DON TELLO *und* DOÑA CLARA.

DON TELLO: Von deiner Treue bin ich überzeugt,
ich kenne deine strenge Sittsamkeit;
jedoch sein ungebärdiges Betragen
zwingt meine Ehre, auf der Hut zu sein.
Laß dich durch mein Verhalten nicht verdrießen;
ich tat es nur aus Achtung vor dem Meister,
denn, glaube mir, sonst hätt ich meine Rache
mit weniger Beherrschtheit ausgeführt.
Ein Ehemann muß wissen, wenn ein andrer
um seines Weibes Liebe wirbt. Er legt
ihm dann gewisse Schranken auf, damit
er Muße hat, sein Streben zu vergessen.
Ein Gatte, der um seine Schande weiß,
 g i l t nicht als Mann, ja nicht einmal als Tier,
wenn er so tut, als ob er nichts bemerkte;
denn an den Tieren selbst erkennst du noch,
daß sie in solchem Fall sich blutig rächen.
– Von den Nationen dieses Erdenrunds
schätzt man den Spanier wegen seiner Würde.
Sein Höchstes ist die Ehre, und sie muß
vor allem rein vor andern Menschen strahlen,
denn dies Bewußtsein macht ihn stolz und kühn.

— Und weil bei uns die Ehre einer F r a u
  im gleichen Werte steht wie die des Mannes,
  so glaube ich, ist unser Vaterland
  die ehrenhafteste Nation der Welt.
DOÑA CLARA: Ein Unglück war es, daß der arme Narr
  nicht nur auf seinem Unverstand beharrte,
  nein, daß er auch noch Dreistigkeiten wagte.
  Jedoch als größte Ungehörigkeit
  erschien es mir, daß er voll Starrsinn schwor,
  er werde immer weiter um mich werben,
  wenngleich er ohne Hoffnung bleiben müsse.
DON TELLO: Was kann ein Tor erreichen, der sich müht,
  den Wind in einem Zimmer einzukerkern?
DOÑA CLARA: Ihm geht es nur um seine Liebeslieder.
DON TELLO: Soll meine Ehre jetzt und allezeit
  die Sklavin seiner Dreistigkeiten werden?!
  Wer hat denn schon an einem klugen Menschen
  so viel verstockten Eigensinn gesehn!
  Und wenn er dichten m u ß, was macht er dann
  die Verse nur auf meine Ehegattin?!
  Gibt's für Poeten nicht noch andre Dinge?
DOÑA CLARA: Damit du meiner Liebe sicher bist,
  wie ich es stets um dich verdiene, Tello,
  bin ich bereit, selbst meinen guten Ruf
  Gefahren auszusetzen.
DON TELLO: Still! Der Meister
  und die Frau Gräfin. Lasse sie nichts merken.
DOÑA CLARA: Es schmerzte mich, wenn sie davon erführe;
  jedoch sie weiß, was ich mir schuldig bin.

Aus dem linken Portal treten der GROSSMEISTER, *die* GRÄFIN, DON FERNANDO, DON PEDRO *und zwei mit Lanzen bewaffnete* KRIEGER.

GRÄFIN: Nur deine große Tapferkeit bewog
  den König, dich zum Feldherrn zu ernennen.
  Wann geht es fort?
GROSSMEISTER: Der Feind soll schon besiegt sein,
  bevor Verstärkung aus Kastilien kommt.
GRÄFIN: Du führst die Kriegerschar gewiß zum Sieg;
  doch diesmal zieht Don Tello nicht mit dir,
  denn Tello ist ein junger Ehemann.
DON TELLO: Wo Kampf ist, bin ich immer mit dabei;
  es sei denn, daß Ihr selbst es anders wünschet.
GRÄFIN: Nimm doch an seiner Statt Fernando oder
  Macías mit!
GROSSMEISTER: Macías ist gefangen;
  das Schwert des Damokles schwebt über ihm.
  Die Ehre hat es so verlangt.
DON TELLO *leise zu Doña Clara:* Beim Himmel!
  das wär zu hart. Ich wollte ihn ja nur
  vor meinem Jähzorn schützen, denn im Grunde
  haß ich ihn nicht.
GRÄFIN: Macías ist gefangen?

Die sogar nach der Abweisung durch die Geliebte anhaltende Liebesraserei wird von Macías an anderer Stelle selbst in einen Zusammenhang mit der Figur des Orlando furioso aus Ariosts gleichnamiger Dichtung gebracht:
„Herr! Ich kam als Roland der Rasende... in schwarzem Tuch, besät mit Vipern und mit Nattern, die Leiber in Form von Herzen durcheinanderschlagen. Ein Kleid in altfranzösischem Geschmack, wie es in dem berühmten Buche von Medoro und Angelica der Ritter getragen hat, der ihr Geliebter war; nur ward Medoro... glücklicher als ich! Mein Rappe, schwarz wie Ebenholz, er hätte den Himmelswagen in bestirnter Nacht durchs dunkle Firmament gezogen, während im Licht der hellen Sonne seine Flanken in goldenen Reflexen schimmerten. Mein Knappe Nuño trug den Schild voran, auf dem in einer Schale von Kristall ein Menschenhirn gemalt war. Und darunter las man den Spruch: ‚Nun lieb ich keine mehr!'"
Die Schale mit dem Menschenhirn bezieht sich auf den verlorenen Verstand des Orlando furioso, der auf dem Mond aufbewahrt wird. Da der Großmeister anscheinend kein Astolfo ist, der ihn, wie das bei Ariost geschieht, von dort zurückholen könnte, sieht er keinen anderen Ausweg als den, Macías unter Arrest zu stellen.

GROSSMEISTER *leise zur Gräfin:*
Ich ließ ihn nur in leichte Schutzhaft nehmen,
damit er keine Narrheit mehr begeht
und seinen Liebesgram vergessen kann.
DOÑA CLARA *zu Don Tello:* Ich danke dir. Auch ich versuche ja
die Narrheit des Macías zu verstehen
und zu verzeihen, und ich freue mich,
daß nun selbst du ihn nicht mehr haßt und nicht
ein Opfer deines Jähzorns werden möchtest.
DON TELLO: Er ist ein tief beklagenswerter Narr...

Aus dem Hintergrund treten einige SÄNGER *auf.*

DON FERNANDO: Da sind die Musiker schon angekommen.
ERSTER SÄNGER: Uns schickt der Schloßhauptmann von
Archidona.
Er möchte, daß auch Ihr die schönen Lieder,
die wir jetzt alle singen, kennenlernt.
GROSSMEISTER: Ich danke e u c h für die Gefälligkeit.
und i h m, daß er mir diese Freude macht.
Was bringt ihr für Gesänge mit?
ERSTER SÄNGER: Romanzen
und zarte Liebeslieder.
GROSSMEISTER: Nun, dann singt;
die Kehlen braucht ihr wohl nicht erst zu stimmen?
DIE SÄNGER:
Mir gehörst du für alle Zeiten,
selbst der Kerker schreckt mich nicht!
Fesseln, ihr schafft mir nur Seligkeiten,
Finsternis wird mir zu strahlendem Licht!
Klinge, mein Lied, bis in fernste Räume,
sag meiner Liebsten zu jeglicher Frist:
sie ist die Königin all meiner Träume,
selbst wenn sie fern meinen Augen ist!
GROSSMEISTER: Gut, gut, ihr Herrn! Habt Dank für euer Lied.
Nun geht; und heut zum Nachtmahl singt noch mehr.
Ihr andern kommt; wir müssen ja noch manches
für unser Unternehmen vorbereiten.

GROSSMEISTER, GRÄFIN, DOÑA CLARA *und* DON PEDRO *durch das linke Portal, die* SÄNGER *nach links hinten ab. Die Abenddämmerung hat begonnen. Zum Schluß des Aktes ist Nacht.*

DON TELLO: Das ist zuviel! Das dulde ich nicht länger!
Fernando! Don Fernando!
DON FERNANDO: Tello? Wie?
DON TELLO: Bist du mein Freund, Fernando?
DON FERNANDO: Ja, das bin ich.
DON TELLO: Gehörst du zu den echten oder falschen?
DON FERNANDO: Ich war dir immer wie ein Bruder, Tello.
DON TELLO: Hast du gehört, mit welcher Dreistigkeit
Macías über meine Ehre spottet?!
Das Lied! Das Lied! Es war auf s i e gemünzt!
Selbst aus dem fernen Archidona kommen

Nachdem der eifersüchtige Don Tello bereits die Haltung des besänftigten Ehemannes eingenommen zu haben schien, wird nun durch das Lied der Sänger ein erneuter Umschwung der Stimmung eingeleitet. Auch im Gefängnis können Gedichte verfertigt werden, und Macías versteht es augenscheinlich, mit seinen Werken die Gefängnismauern zu überwinden. Lope demonstriert hier die Gewalt und die Macht, die von der Literatur ausgehen kann. Diesmal indes wendet sie sich gegen den Urheber selbst. Don Tello sieht in diesen Versen eine Beeinträchtigung seiner Ehre. Obwohl, wie er weiß, tatsächlich nichts geschehen ist, glaubt er doch annehmen zu müssen, daß die literarische Verherrlichung seiner Frau durch einen anderen in den Augen der Öffentlichkeit den Anschein einer Hahnreischaft erwecken könnte. Da die Ehre immer gegen die Umwelt behauptet werden muß, auf die sich dieses Bewußtsein der eigenen Subjektivität stets bezieht, ist auch der Inhalt, an dem sie sich festmacht, völlig willkürlich. Don Tello ist somit zur Rache gezwungen.

schon Sänger her, und alle wissen es,
daß Don Macías meine Gattin liebt!
DON FERNANDO: Wie ich von Seiner Exzellenz vernahm,
kann er den Gram noch immer nicht verschmerzen...
DON TELLO: Jedoch aus dem, was i c h vernahm, erseh ich,
er höhnt mich noch! Zum offenen Gespött
werd ich für alle Welt! Ist das der Dank,
daß ich ihn so gelinde strafen ließ?
Nun reißt mir die Geduld!
DON FERNANDO: Ich bitte dich:
erreg dich nicht! Du kannst ihn doch nicht töten?!
DON TELLO: Weshalb kann ich es nicht? Das ist zuviel!
Ich berste fast! – Schnell!! Deine Lanze her;
ich hoffe, daß sie nicht ihr Ziel verfehlt!
DON FERNANDO: Nein, tu es nicht! Bleib ruhig und besonnen;
der Meister würde es dir nie verzeihn,
und du verlörst den Kopf...
DON TELLO: Ich bin ein Ritter!
Was zaudr ich noch? Es geht um meine Ehre!!

DON TELLO entreißt dem einen Krieger die Lanze und stürzt nach hinten hinaus. Von vorn links tritt NUÑO auf.

NUÑO: Weil Tello hier war, wagte ich noch nicht
mit Euch zu reden...
DON FERNANDO: Es bedrückt mich schwer,
daß Don Macías im Gefängnis schmachtet.
NUÑO: Ihr dürft mir glauben, daß es traurig ist.
Er ist ein ehrenhafter Edelmann,
der in der keuschesten und wahrsten Liebe
für Doña Clara Minnedienste tut.
DON FERNANDO: Ja! All sein Denken und sein Tun ist so,
wie Plato die vollkommensten und reinsten
Gemütsbewegungen des Herzens schildert.
NUÑO: Er will ja nichts als sie nur lieben dürfen...
– Den Brief soll ich dem König morgen bringen.
DON FERNANDO: Macías wünscht Befreiung aus der Haft?
NUÑO: In diesem Schreiben bittet er darum.

Großer Tumult hinter der Szene. DON TELLO stürzt auf die Bühne. Der KERKERMEISTER und einige KRIEGER verfolgen ihn mit gezogenem Degen und mit Fackeln.

KERKERMEISTER: Nehmt ihn gefangen, Leute! Wehrt er sich,
so tötet ihn!
DON TELLO: Die Ehre ist gerächt!
Was ist der Tod? Er gilt mir weniger!

DON TELLO entflieht nach vorn links.

DON FERNANDO: Was hat das zu bedeuten, Kerkermeister?
KERKERMEISTER: Macías ist von ihm verwundet worden!
Durchs offne Fenster warf er eine Lanze!

Lope verschärft den dramatischen Konflikt zunächst noch, indem er auf den wütend und mit Mordgedanken forteilenden Don Tello das durch Nuño vorgetragene Gnadengesuch des Dichters folgen läßt, das Don Fernando zu einer Lobpreisung des Macías bewegt. Er identifiziert ihn mit der Liebeslehre Platos, die in seinen Augen die erhabenste ist, und erwähnt in diesem Zusammenhang auch den Begriff „Minnedienst". Interessant ist nun, daß in der provenzalischen Liebeslyrik, die auch in Spanien Nachahmer gefunden hat, eine höfische Liebe zwischen Eheleuten für unmöglich erklärt wird. „Die höfische Liebe", so Aaron J. Gurjewitsch, „ist gesetzlos, sie steht außerhalb der offiziellen Sphäre, doch um so tiefer berührt sie die innere Welt des Individuums und um so mehr enthüllt sie den Inhalt der Seele. Die Ritterpoesie schafft eine neue Grundlage für die Würde des Menschen. Zum ersten Mal steht in der europäischen Literatur die Analyse intimer Erlebnisse im Mittelpunkt des dichterischen Schaffens. Die individuelle Leidenschaft erweist sich beinahe als die Hauptsache des Lebens. Der Dichter erkennt, daß ihn die Liebe innerlich bereichert. Das Gefühl wird in das System der moralisch-ästhetischen Kategorien des Rittertums aufgenommen..." Insofern prallen in der Verkörperung durch Macías und Don Tello die für das Selbstbewußtsein des Rittertums grundlegenden Kategorien der Liebe und Ehre aufeinander. Auch die dritte Kategorie, die Treue, spielt hier eine Rolle, denn sowohl Macías als auch Don Tello verstoßen gegen Auflagen des Großmeisters.

> Karl Vossler gibt in seinem Lope-Buch die folgende Einschätzung von „Macías, der Poet": „Mit reifer, geistvoller Kunst bewahrt Lopes Drama das Gleichgewicht der verstehenden Teilnahme für beide Seiten. Beinahe wie eine Studie über unversöhnliche Welten und gleichwertige Gefühle und Interessen mutet es an: die des Sängers und des Weltmanns, der literarischen Minne und der bürgerlichen Ehe, des Dichterruhmes und des guten Rufes, der Schwärmerei und des ehrlichen Besitzes. Die guten Gründe und der sittliche Adel beider Teile kommen in schlagenden Worten zur Geltung. Aber weil beiden ihr ungeschmälertes Recht wird, insbesondere dadurch, daß die umstrittene Dame in korrekter Zurückhaltung verharrt und mit derselben Freundlichkeit sich von dem einen besingen und von dem anderen heiraten läßt, wie auch dadurch, daß der Ordensmeister feierlich verspricht, die Ermordung des Sängers an Tellos Haupt zu rächen, wird das tragische Gefühl verhindert."

KERKERMEISTER *und* KRIEGER *eilen* DON TELLO *nach.* – DON MACÍAS *tritt auf. Zwei* KRIEGER *stützen ihn. Zwei weitere* KRIEGER *tragen Fackeln. Aus Don Macías Brust ragt ein Lanzenschaft.*

DON MACÍAS: O Gott . . . das ist . . . der Tod . . .
NUÑO: Herr! Herr, du blutest?
DON MACÍAS: Ich . . . weiß nicht, Nuño . . . doch du hattest recht:
    Was du befürchtetest . . . es wurde Wahrheit . . .
    und meines Daseins Stunden . . . sind gezählt . . .
    Ich . . . liebte nur, ich sang, ich träumte . . . klagte
    und dichtete . . . doch alle Verse . . . alles,
    was ich beklagte, fühlte, sang . . . und schwärmte,
    war für mein Herz . . . ein einziges Gebot:
    Beharrlich wollt ich lieben . . . bis zum Tod.
    – Oh, süße Doña Clara . . .! Deinetwegen
    verströmt mein Blut . . . Nun blieb mir gar nichts mehr,
    was ich . . . dir schenken könnte . . . Den Verstand,
    die Willenskraft und . . . die Erinnerung . . .
    empfingst du ja schon ganz . . . in meinen Liedern . . .
    In Ehrbarkeit und Treue . . . war ich dein . . .
    Du wirst es . . . nicht bestreiten, wenn . . . sie fragen . . .
    Nun aber ernte ich . . . den reichsten Lohn!
    Nie hat ein Licht der Hoffnung . . . mir geloht:
    Beharrlich lieb ich dich . . . selbst noch im Tod . . .
    – Dem Meister, meinem edlen Herren . . . sage,
    daß ich . . . Don Tello danke . . . und . . . verzeihe.
    Nur ich allein bin . . . schuld an seiner Tat . . .
    und er . . . hat seine Ehre . . . treu gewahrt . . .
    O Gott! Vergib mir, was ich . . . frevelte . . .
    ich glaubte ja, daß . . . eine keusche Liebe
    nicht . . . Sünde sei . . .

Aus dem linken Portal stürzen der GROSSMEISTER, *die* GRÄFIN, DOÑA CLARA *und* LEONOR. *Von links vorn treten der* KERKERMEISTER *und die* KRIEGER *auf.*

GROSSMEISTER: Was ist geschehen?
KERKERMEISTER: Seht . . .
DON MACÍAS: Ja, Herr . . . so endet . . . meines Herzens Not . . .
    Beharrlich liebte ich . . . selbst . . . noch . . . im . . . Tod
            DON MACÍAS *sinkt entseelt nieder.*
GRÄFIN *flüstert:* Entsetzlich . . .
GROSSMEISTER: O Beklagenswertester . . .
DOÑA CLARA: Um meinetwillen . . .!
GRÄFIN: Clara! Ärmste Clara!

DOÑA CLARA *sinkt ohnmächtig in die Arme* LEONORS, *die sie, unterstützt von der* GRÄFIN, *durch das linke Portal wegführt.*

GROSSMEISTER: Und wo ist Tello? Habt ihr ihn gefesselt?
KERKERMEISTER: Es ist uns nicht gelungen, edler Herr,
    weil seine Freunde ihn verteidigten;
    so konnte er entkommen in der Nacht . . .
           Pause. – *Alle ziehen die Hüte.*

„Dichter, von einem Genius bekränzt" (Prado in Madrid); mit Sepia lavierte Federzeichnung von *Alonso Cano* (1601–1667).

GROSSMEISTER: Du Armer! Sei gewiß, du wirst gerächt!
Bei dem allmächtgen Gott: Wenn wir den Frevler
erreichen, soll ihn schwerste Strafe treffen!
– Macías! Treuster aller Liebenden!
Wenn dir das Schicksal auch das Glück versagte,
um das du heiß in tiefster Sehnsucht rangst:
Du gingst zwar hin ... doch bist du nicht gestorben;
in deinen Liedern wirst du weiterleben,
denn sie errangen dir Unsterblichkeit!
– Und zum Gedächtnis deiner armen Liebe
sei dir ein herrlich Grabmal aufgerichtet.
In seinem Marmor soll mit goldnen Lettern
der Nachwelt Kunde werden durch die Inschrift:
IN DIESEM GRABE RUHT ... DIE LIEBE SELBST!
   Die FACKELTRÄGER *treten näher. Alle andern knien.*

Vom Thema her gesehen findet diese Komödie Lopes ein Pendant in Calderóns „Dame Kobold". Hauptperson beider Stücke ist eine junge Witwe, die versucht, die diesem Stand im Spanien des 16. und 17. Jahrhunderts auferlegten Beschränkungen mit allen erlaubten und unerlaubten Mitteln aufzuheben. Die Dramaturgie ist also in beiden Fällen bestimmt vom Versuch, das Gegeneinander gesellschaftlicher Forderungen und persönlicher Wünsche und Hoffnungen in einen harmonischen Einklang zu bringen.

Lope widmete das Stück 1619 seiner letzten großen Liebe Marta de Nevares, deren Ehemann in diesem Jahr starb, und übergab es ihr mit seinem berüchtigten Glückwunsch zum Witwenstande, der mit den Worten beginnt: „Es lebe der Tod!", der ihm hier als „Arzt der Freiheit" gilt.

Die keusche Witwe
La viuda valenciana

Übersicht über Inhalt und Aufbau des Dramas

I,1: *Zimmer in Doña Leonardas Haus.* Die jungverwitwete Leonarda schaut in einen Spiegel, Geräusche lassen sie schnell zu einem Buch greifen, das sie Julia, ihrer Dienerin, zur Lektüre empfiehlt. Bei einem erneuten Blick in den Spiegel wird sie von ihrem Oheim überrascht, der ihr (vergeblich) vorschlägt, sich wieder zu verheiraten. Leonarda widmet sich erneut dem Spiegel und gesteht sich ein, verliebt zu sein.

I,2: *Straße vor Doña Leonardas Haus.* Drei Kavaliere, Lisandro, Valerio und Oton, die einander zunächst nicht bemerken und alle in Leonarda verliebt sind, beklagen sich über die Sprödheit der Schönen. Valerio erzählt, daß er bei einem Ständchen mit Fäkalien überschüttet wurde, Lisandro schlitzte in seiner Verwirrung einst einen Weinschlauch auf, und Oton verwechselte das Haus und wurde von einem Ehemann beschimpft. Leonarda hat Julia von ihrer Schwäche erzählt. Urban kündigt den Leonarda Auserwählten an, der augenscheinlich gedenkt, Laienbruder zu werden.

I,3: *Zimmer in Doña Leonardas Haus.* Die Witwe ersinnt einen Plan. Urban soll Don Camilo heimlich in ihr Haus schaffen, doch so, daß dieser nicht weiß, wo er sich befindet. Oton, als Bücherhändler verkleidet, bietet Leonarda galante Romane an, Valerio erotische Kupferstiche. Lisardo denunziert sie, und der Diener wirft alle hinaus. Urban bringt die Nachricht, daß Camilo noch heute kommen werde.

II,4: *Park.* Camilo hat sich mit gemischten Gefühlen am Treffpunkt eingefunden. Urban versucht, seine Bedenken auszuräumen, und stülpt ihm eine Kapuze über. Sie begegnen dem sein Liebesleid klagenden Oton, der vor Leonardas Haus wachen will.

II,5: *Im Hause Doña Leonardas.* Julia verdunkelt das Haus, Urban führt Camilo herein, der sich in Leonardas Stimme verliebt. Sie reicht ihm ihre Hand. Julia zündet einige Kerzen an, doch sind alle Beteiligten maskiert. Leonarda droht Camilo mit dem Tod, falls er ihre Maske lüfte. Sie tauschen Ringe, und Leonarda singt zur Harfe. Ein Imbiß wird aufgetragen; Camilo, der Gift fürchtet, weigert sich zunächst zu essen; er schmeichelt der Unbekannten und wird wieder hinausgeführt.

II,6: *Straße vor Doña Leonardas Haus. Sternennacht.* Camilo und Urban kommen aus dem Haus. Nacheinander stellen sich wieder die drei verschmähten Liebhaber ein, die sich wie steinerne Atlanten unter dem Balkon postieren, wo sie von einem Polizisten zur Lüftung ihres Inkognitos gezwungen werden. Sie vermuten, daß Leonarda eine Liaison mit ihrem Diener habe, und lauern ihm vergeblich auf.

III,7: *Park.* Der Oheim trifft sich mit einem Heiratsvermittler. Camilo schildert zunächst Floro und dann einer ihm, wie er glaubt, unbekannten Dame (es handelt sich um Doña Leonarda) die Ereignisse der vergangenen Nacht. Die drei Liebhaber verfolgen Urban, der sich verzweifelt gegen die Übermacht wehrt. Camilo tritt zwischen die Kämpfenden und schlichtet den Streit. Celia, die ihn liebt, macht ihm eine Eifersuchtsszene, die von Leonarda und Julia mitangehört wird. Sie bekommen jedoch nicht mit, daß Camilo, der mit Celia nichts mehr zu tun haben will, dieser vorwirft, ihn mit seinem Diener hintergangen zu haben. Camilo macht Leonarda, die nun auf sich selbst eifersüchtig ist, den Hof.

III,8: *Vor Doña Leonardas Haus.* Die drei Liebhaber warten auf Urban und singen ein Spottlied. Anstelle Urbans verprügeln sie den Heiratsvermittler. Leonarda verspricht dem Oheim, sich vielleicht doch wieder verheiraten zu wollen. Urban berichtet, daß er und Camilo von einem Polizisten demaskiert wurden.

III,9: *Im Park.* Die drei Liebhaber sind überrascht, Urban, der jetzt im Dienst einer Base Leonardas steht, am Leben zu sehen. Camilo erzählt Floro, daß er Urban in Begleitung eines „fürchterlichen Weibsbildes" habe in die Kirche gehen sehen, die wohl seine „Geliebte" sein müsse, und habe sofort ein Spottgedicht auf sie verfaßt. Floro will Celia heiraten. Urban bringt Camilo eine Einladung für die Nacht. Der glaubt, es handle sich um die sechzigjährige Base, und ist gewillt, sich zu rächen.

III,10: *In Doña Leonardas Haus.* Der Oheim will Leonarda mit dem Sekretär des Königs vermählen. Sie stimmt zu, weil sie glaubt, Camilo verloren zu haben. Der Geliebte kommt, demaskiert sie und macht ihr einen Antrag. Der Oheim hat nichts einzuwenden, und sogar die verschmähten Liebhaber sprechen ihre Glückwünsche aus.

Lope Félix de Vega Carpio
Die keusche Witwe, Übersicht

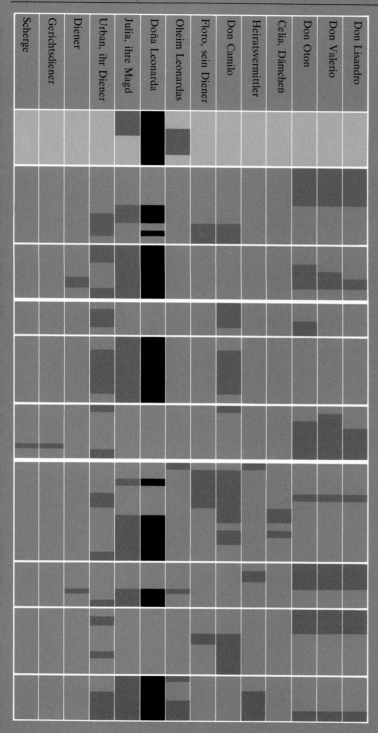

Einen besonderen Reiz des Stückes bilden die Auftritte der drei Kavaliere Don Lisandro, Don Valerio und Don Oton. In ihrer dritten gemeinsamen Szene (II,6) verwandeln sie sich laut Regieanweisung in Atlanten, um auf diese Weise unsichtbar zu werden: „Don Valerio faltet die Hände über seinem Kopf und wirkt nun unter dem Balkon wie eine stützende Atlantenfigur... Don Oton, ebenfalls mit über dem Kopf gefalteten Händen, postiert sich unter die linke Seite des Balkons... Don Lisandro stellt sich in gleicher Pose zwischen die beiden andern." Über die Komik solcher Verwandlung hinaus enthüllt sich hierin die Erstarrung konventioneller Formen der Beziehung zwischen Mann und Frau.

261

Erster Akt, Erstes Bild

Zimmer in Doña Leonardas Hause. Abend. Kerzen brennen.

DOÑA LEONARDA *sitzt in der klösterlich-einfachen Tracht einer Witwe in einem Sessel und liest andächtig und sich öfters bekreuzigend in einem Buche. Sie seufzt und starrt vor sich hin; dann entnimmt sie einem neben ihr auf dem Tische stehenden Kasten einen Handspiegel und schaut ebenso andächtig und seufzend hinein. Plötzlich schrickt sie durch ein Geräusch von draußen auf, verbirgt den Spiegel rasch wieder in dem Kasten und vertieft sich abermals in das Buch. Da niemand kommt, ergreift sie eine Tischglocke und klingelt mehrfach.*

DOÑA LEONARDA:
Urban, wo bleibst du? – Julia? Hört denn niemand?

Die Magd JULIA *tritt auf.*

JULIA: Da bin ich schon.
DOÑA LEONARDA: Wo treibst du dich herum?
JULIA: Ich bin doch gleich gekommen, als du riefst. Was gibt es?
DOÑA LEONARDA: Den Fray Luis nimm zu dir, jedoch behandl ihn liebevoll. Er wird dich trösten, wenn du Kummer hast ...
JULIA: Wie ...? Wen?

Julia macht erstaunte Augen. – Doña Leonarda zeigt auf das Andachtsbuch.

JULIA: Ach so! ... Fray Luis ist ein Andachtsbuch? Ich hatte schon gedacht, ich soll mir einen leibhaftigen Mönch mit in die Kammer nehmen und ... liebevoll behandeln ...
DOÑA LEONARDA: Schweig, du Närrin!
JULIA: Ach, wenn ich dich so ernst und traurig sehe, dann fürcht ich immer, daß du noch am Ende als fromme Nonne in ein Kloster gehst ...

Doña Leonarda übergibt Julia das Buch.

DOÑA LEONARDA: Red nicht so unkeusch! Solch erhabne Dinge sind viel zu hoch für dein beschränktes Hirn.
JULIA: Ach, unsereine kennt es doch nicht besser; ich weiß ja ganz genau, ich bin sehr dumm ...
DOÑA LEONARDA: Die Frau soll sittsam sein und ihr Verstand ein gutes Mittelmaß nicht überschreiten.
Hält eine sich für ganz besonders schlau, so ist sie meistens dümmer als die andern und rennt samt ihrer Torheit ins Verderben ...
Seit mein Camilo nicht mehr bei mir ist
– Gott schenke ihm die ewige Seligkeit –,
starb auch mein Herz; er nahm es ja mit fort!
Nur e i n e Sehnsucht lebt mir noch im Busen:
in stiller Frömmigkeit mich zu erbauen!

Noch bevor das erste Wort gesprochen wird, ist bereits eine Charakterisierung der Doña Leonarda gegeben. Der Blick in den Spiegel bedeutet zudem, wie das bereits in „Der Ritter vom Mirakel" zu beobachten war, immer auch eine Bezugnahme auf eine andere Person. Auch das Mißverständnis um das Buch, das von Leonarda fast schon zärtlich und vertraulich nach seinem Autor „Fray Luis" genannt wird, macht deutlich, daß hinter ihrer Andacht ein anderes Motiv steht als reine Frömmigkeit. Der Graciosa ist ein solch enges Verhältnis zum religiösen Schrifttum völlig fremd und unverständlich, so daß sie die dadurch hervorgerufene Begeisterung nur als von eindeutig erotischer Natur zu bestimmen vermag. Das Wechselverhältnis von Klugheit und Dummheit spielt noch in einem anderen Drama Lopes eine entscheidende Rolle und gibt ihm auch den Titel: „Die kluge Närrin" (vgl. S. 270ff). Das Postulat eines „guten Mittelmaßes" entspricht ungefähr den damaligen Vorstellungen über die Rolle der Frau in der Ehe: ist sie einmal verheiratet, ist sie nicht länger Geliebte, sondern in erster Linie der ruhende und aufopferungswillige Pol der Familie. Da dies jedoch recht undramatisch zu geschehen hat, gibt es sehr wenige Comedias, in der eine verheiratete Frau eine handlungstragende Rolle spielt. In Mantel- und Degenstücken, die über Liebe und Ehre handeln, ist das ohnehin schier undenkbar, da ansonsten nicht der untragische Ausgang verbürgt wäre, der bei diesem Genre unverzichtbar ist.

Und weil ich mich im ganzen Leben nicht
zum zweiten Male zu vermählen denke,
so lese ich in diesen heiligen Büchern.
Ich tu es gern und um mich zu zerstreuen;
die Sucht, gelehrt zu werden, liegt mir fern,
drum werd ich nie mit meinem Wissen prahlen.
Wer so zurückgezogen lebt wie ich,
auf nichts bedacht als auf den guten Ruf,
dem ist ein Buch der allerbeste Trost.
Ein gutes Buch – und schlechte les ich nicht –
gleicht einem guten Freund, der uns berät
und manches Mal sogar ein wenig tadelt.
Kurzum, seitdem ich mein Gemüt bereichre
und nur an gottgeweihte Dinge denke,
ist es mir ... leicht geworden, aus der Brust
die sinnlichen Gelüste zu verbannen.

JULIA: Was liest du denn?
DOÑA LEONARDA: Erbauungsschriften, Julia.
JULIA: Wer freut sich nicht, wenn eine schöne Frau
so tugendhaft und ehrbar ist wie du?
Die ganze Welt lobt deinen guten Ruf,
die Klugheit und die Sittsamkeit und das
zurückgezogne Leben, das du führst.
Die Leute sagen: Oh, sie ist ein Engel
an Schönheit und an keuschem Lebenswandel!
Nicht einer von den jungen Leuten hat
den Mut, dir lüstern ins Gesicht zu schauen,
denn deine Tugend flößt ihm Ehrfurcht ein.
DOÑA LEONARDA: Das alles tu ich nur zu Gottes Preise,
denn einer Witwe guter Ruf ist leicht
dahin. Es geht ihm so wie trocknem Heu,
das lichterloh zu Asche niederbrennt,
wenn es die Glut noch kaum ergriffen hat.
– Ich möchte nichts als eine Witwe sein,
von der ein jeder nur mit Achtung redet;
drum zieh ich mich von aller Welt zurück.
JULIA: An eine neue Heirat denkst du nicht?
DOÑA LEONARDA: Um Himmels willen, rede nicht davon;
die Männer flößen mir nur Abscheu ein!
Daß du mir niemals mehr von ihnen sprichst!
Geh, hole mir das schöne Heiligenbild,
das ich von dem berühmten Maler kaufte.
JULIA: Dann hast du wohl schon sündige Gedanken
und willst den Heiligen um Stärkung bitten?!
DOÑA LEONARDA: Daran erbauen will ich mich, du Törin!
JULIA: Und soviel Geld hast du dafür bezahlt!
DOÑA LEONARDA: Der Maler ist ein Katalonier
und sehr berühmt am Hofe von Madrid;
aus diesem Grunde war das Bild so teuer.
JULIA: Ich hol es gleich, damit du dich ... erbaust.
DOÑA LEONARDA: Nichts anderes soll meinen Sinn erfüllen
als Dinge, die Gott wohlgefällig sind.

Das Thema der sich an Erbauungsliteratur mehr oder weniger vergnügenden Frau gehört zum festen Repertoire der Komödie. In der deutschen Literaturgeschichte nimmt mit einem Stück dieser Provenienz die Komödie der Aufklärung ihren Anfang. Das 1736 anonym erschienene Lustspiel „Die Pietisterey im Fischbein-Rocke" von Luise Adelgunde Victorie Gottsched (1713–1762) macht sich über die Entartungen der pietistischen Bewegung lustig und demonstriert dies am Beispiel dreier Frauen, deren Passion es geworden ist, Erbauungsschriften nicht nur zu verschlingen, sondern, da ihnen dies nicht mehr genügt, auch selbst zu verfertigen. Der Unterschied zu Lope besteht jedoch u. a. darin, daß Luise Gottsched sich über eine Mode lustig macht, Lope hingegen allgemeine und gesellschaftlich anerkannte Lebensformen aufgreift: „Verfuhr die gesellschaftliche Moral schon streng mit den unverheirateten Frauen, wachte die hundertzüngige Fama noch peinlicher über den Witwenstand" (Martin Franzbach). Eine Witwe ist in Spanien geradezu an ihr Haus gefesselt, ihr weltliches und geschlechtliches Leben ist mit dem Tod des Ehemannes abgeschlossen; ihr bleibt nur noch das geistliche – es sei denn, sie verheiratet sich wieder.

Bei dem Maler aus Katalonien dürfte es sich um Francisco Ribalta (1565–1628) handeln.

Das auf der gegenüberliegenden Seite wiedergegebene Gemälde *„Die Dame mit dem Pelz"* (Pollok House in Glasgow) von El Greco (1541–1614) besticht durch seine Verbindung individueller und gesellschaftlicher Charakterzüge. Die Abgebildete, vermutlich Jerónima de las Cuevas, die Lebensgefährtin des Malers, ist ganz Dame von Stand, erstarrt dabei aber nicht zur Pose, was dem Bild den Eindruck einer inneren und äußeren Ausgeglichenheit und Gelassenheit gibt, die Doña Leonarda vorläufig noch abgeht. Sie spielt ihre Rolle nur mit halbem Herzen und ist deshalb von einer kaum je zu verbergenden Unruhe erfüllt, die sich in einer Übersteigerung ihres Witwentums Raum schafft. Deshalb ist es ihr auch ausgesprochen peinlich, gerade jetzt, da sie in den Spiegel schaut, von ihrem Onkel überrascht zu werden. Hinter dieser Konstellation verbirgt sich indes wohl noch ein anderer Gedanke Lopes: Doña Leonarda vermeint ein Heiligenbild zu erblicken und sieht statt dessen sich selbst; der Oheim kommt, um seine Nichte zu besuchen, und findet eine „Heilige". Vielleicht will Lope damit andeuten, daß Heilige auf Gemälden besser aufgehoben sind.

Nur so kann ich dies Leben, das für mich
kaum erst begonnen hatte ... keusch vollenden.
Julia ab.
DOÑA LEONARDA: Ein hartes Schicksal! In so jungen Jahren,
und oft gequält von bösen Leidenschaften,
dem toten Gatten Treue halten müssen,
um sich den Ruf der Keuschheit zu bewahren ...
   JULIA *tritt wieder auf mit einem gerahmten Bild.*
JULIA: Da wär das fromme Bild ...
DOÑA LEONARDA *für sich:*   O Eitelkeit
   der Welt; fahr hin auf immer ... *Laut:* Gib es her.

Das Bild, das Julia gebracht hat, erweist sich aber als ein ziemlich großer, aufstellbarer Toilettenspiegel.

DOÑA LEONARDA: Was soll das heißen?! Einen Spiegel bringst du
   anstatt das Bild?! Gleich trägst du ihn zurück!
JULIA: Blick nur ein einzig Mal genau hinein;
   schau an, was du so ungerecht verachtest.
   Wenn du es erst einmal verloren hast,
   dann kannst du sicher sein, es kommt nicht wieder!
DOÑA LEONARDA: Nein; nimm ihn fort.

Dennoch blickt Doña Leonarda zuerst widerstrebend, dann aber immer begeisterter hinein. Inzwischen ist ihr OHEIM *aufgetreten.*

OHEIM *lachend:* Es war der Finger Gottes, liebe Nichte,
   daß ich gerad hereingetreten bin
   und nun mit eignen Augen sah, wie du,
   die weder sich noch andre jemals anblickt,
   so voller Eifer in den Spiegel schautest.
   Was hat dies frohe Wunder zu bedeuten?
DOÑA LEONARDA *leise zu Julia:*
   Das büßt du mir!
JULIA *leise:*   Ich sah ihn nicht.
DOÑA LEONARDA: Hinaus!

Julia stellt den Spiegel auf eine Kommode und geht ab.

OHEIM: Dein alter Oheim hat doch wohl das Recht,
   den Grund zu wissen?
DOÑA LEONARDA: Ich begreif es gut,
   daß du mich jetzt des Leichtsinns zeihen wirst.
   Du hast mich bei dem Spiegel überrascht
   und weißt sehr wohl, daß sich die meisten Frauen
   in einem fort darin betrachten müssen,
   besonders wenn sie angekleidet sind.
   – Ja, schilt mich nur! Wenn eine fromme Witwe
   es gleichfalls tut, so ist es doppelt schändlich!
OHEIM: Mit deinem übertriebenen Gebaren
   machst du mich ernstlich böse, Leonarda.
   Was kann es schon für eine Sünde sein,
   wenn eine hübsche Frau in deinem Alter
   ein wenig in den Spiegel schaut, um sich

Wie schon der „Angel der Fenisa" liegt auch diesem Stück mit der „Witwe von Ephesus" von Matteo Bandello (1485–1561) eine italienische Novelle zugrunde, die Lope indes sehr frei bearbeitet hat. Karl Vossler erklärt die Vorliebe des Dichters für Sujets aus dem Bereich der Geschlechtsliebe im gesellschaftlichen Leben des Siglo de oro: „Geschlechtsliebe ist ein natürlicher Trieb, nicht wie die Ehre ein geistiges Soll. Wenn dieser Trieb eher verherrlicht als gezügelt wird, so muß etwas Eingebildetes oder Phantastisches dabei im Spiel sein. Man weiß, wie streng im praktischen Leben die freie Liebe verpönt, die Sitten des Verkehrs zwischen Mann und Frau geregelt und durch kirchliche, politische, ständische, patriarchalische Autoritäten beengt waren, wie die Frauen an das Haus gebunden und überwacht, die Töchter nicht nach der Neigung des Herzens, sondern nach Familienpolitik und im Dienst des Erbrechts und der besonders in Kastilien beliebten Jagd nach dem mayorazgo [Majorat] verheiratet wurden. Vergegenwärtigt man sich diese Beschränkungen der natürlichen Liebe, so muß ihre Befreiung, wie Lopes Theater sie darzustellen nicht müde wird, als ein Wunschbild erscheinen, dem nichts oder wenig in der Wirklichkeit entsprach. In der Tat schöpfte Lope für diese Seite seines Weltbilds sehr viel mehr aus der italienischen Novelle, aus galanten und pastoralen Romanen oder sonstiger Literatur und aus eigenen erotischen Träumen als aus dem Leben."

davon zu überzeugen, ob sie auch
im Äußern einen guten Eindruck macht?
Und wer soll ihr wohl beßre Auskunft geben
als dieses eingerahmte Stück Kristall?
DOÑA LEONARDA: Du willst die Sünde noch entschuldigen?!
OHEIM: Es w ä r e ein Vergehen, Leonarda,
wenn du zu jenen Weibsbildern gehörtest,
bei denen man vom Morgen bis zum Abend
am Fensterladen einen Spiegel sieht,
in welchem sie das eigne Mienenspiel
und den Gesichtsausdruck studieren, während
von unten ein Galan mit ihnen spricht.
Der Tor vermeint, das Lächeln gelte i h m;
er freut sich, daß er so ... betörend wirkt,
und ahnt nicht, daß man die Komödie bloß ...
dem blanken Spiegelglas zuliebe spielt ...
Du bist auch keine Frau, die in die Kirche
zur Messe stets mit einem Spiegel geht
und, statt in Gott sich zu versenken, den
gesenkten Blick ins Spiegelglas versenkt!
Auch habe ich noch nie bemerkt, daß du
bei Tische lieber auf den Wein verzichtest,
damit er nur um Gottes willen nicht
das falsche Rot von deinen Lippen löse.
Ich möchte dir auch nicht etwa erzählen
von jenen listenreichen Schönheitskünsten
der abgetakelten, verwelkten Weiber,
denn solche Worte stünden einem Mann
in meinem Alter wohl recht übel an.
— Schau du in Gottes Namen seelenruhig
in deinen Spiegel, wenn es dir behagt ...
Ich überraschte dich dabei ... Und da
wir grad alleine sind, so möchte ich
auch heute ...
DOÑA LEONARDA: Lieber Oheim, wenn du wieder
mit einem neuen Heiratsplane kommst,
dann lüge mir nichts vor und schweige lieber.
OHEIM: Wie kann nur eine kluge, schöne Frau
so spröde und so unzugänglich sein!
Verdien ich denn, daß du mich unterbrichst?
Im allgemeinen hört man sich die Worte
des Alters doch mit Ehrerbietung an!
DOÑA LEONARDA *für sich:*
In Gottes Namen denn ... *Laut:* Ich weiß es, Oheim,
du meinst es gut. Ich wollte dich nicht kränken.
OHEIM: Sag: Warum magst du über diese Dinge
nicht so wie andre b r a v e Frauen reden?
Das ist doch purer Eigensinn, mein Kind!
Ich kann es doch nicht glauben, daß du meinst,
es brächte deinem guten Rufe Nutzen?
Im Gegenteil, es schadet ihm. Du mußt
doch einsehn lernen, daß es töricht ist,

als Witwe deine Tage zu beschließen!
– Nun gut! Du hast zwar eine Rente von
dreitausend Golddukaten, und ich weiß,
das ist genug, um sorgenfrei zu leben;
indes, zu meinem Kummer weiß ich nicht,
wie jener Weg, auf dem du dich befindest,
zu einem guten Ende führen soll.
Meinst du vielleicht, du könntest dich verstecken
vor der Verleumdung und dem Neid des Pöbels,
wenn du dich stets vor aller Welt verbirgst?
Du irrst! Die Schmähsucht spürt dich dennoch auf;
sie wird mit scheelem Aug und spitzer Zunge
behaupten, daß du dich seit Monden schon
an einem Diener schadlos hältst
und daß du hoffärtig und ehrlos bist.
– Wenn du vernünftig wärst und dich vermähltest,
so müßten alle Lästermäuler schweigen!

DOÑA LEONARDA: Nun hast du mir schon so viel vorgeworfen,
daß du nicht weiter fortzufahren brauchst.
Ich habe dich geduldig angehört,
jetzt aber frag ich dich: Kannst du verlangen,
daß ich nur dir zuliebe meine Zukunft
solch ungewissem Schicksal anvertraue?
Du weißt es doch, daß alle Kirchenväter
das Eingehn einer zweiten Ehe tadeln;
und dennoch willst du mich dazu bewegen?
Ist nicht das Lob der keuschen Witwenschaft
in aller Munde? Wenig kümmert mich,
was hämische Verleumdung sich ersinnt,
denn solche Lügen sind von kurzer Dauer,
und endlich krönt die Wahrheit doch der Sieg,
und der geschmähte Ruf steigt wie der Phönix
geläutert aus der Aschenglut empor!
– Nein, lasse mich zufrieden mit den Männern;
schau dir doch bloß die Schar der Stutzer an:
Sind sie nicht lächerlich und abgeschmackt
und wie aus fadem Zuckerteig gegossen?
Das Hütchen mit der kurzgestutzten Feder
und nagelneuem Band schief auf dem Kopf,
der offne Kragen, doppelt eingefaltet,
Manschetten, steif und blütenweiß von außen,
im Innern aber schmutzig und zerfranst,
die Füße eingezwängt in enge Stiefel,
so daß dich schon allein das Ansehn schmerzt,
die Hosenschläuche bis zum Fuß herab,
der Schnurrbart bis hinauf zum Äther reichend,
gebrannte Ringellöckchen auf der Stirn
und eine falsche Kette um den Hals,
dazu ein Handschuhpaar aus Bisamleder,
und alles eingehüllt in Moschusduft!
– Und solch ein feierlicher Kavalier
schreibt dann Sonette oder Liebesbriefe

Doña Leonardas Frömmigkeit muß auch vor dem Hintergrund der Normen des gesellschaftlichen Verhaltens in Spanien gesehen werden. Die Gräfin Marie-Catherine d'Aulnoy, die längere Zeit die Iberische Halbinsel bereist hat, schreibt 1679:
„Die Spanier lassen die Perlen ihres Rosenkranzes beständig durch die Hände gleiten, sie mögen nun auf der Straße oder im Gespräch sein, sie mögen Ombre spielen, den Hof machen, Lügen erzählen oder klatschen. Kurz sie murmeln beständig ihre Gebete über diese Rosenkränze, und auch in den steifsten Gesellschaften geht es gerade ebenso zu; wie andächtig man aber dabei ist, läßt sich leicht abnehmen. Das Herkommen ist aber in diesem Lande allmächtig."

Das *Bildnis eines alten Adeligen* (Prado in Madrid) von *El Greco* (um 1541–1614) zeigt einen Caballero, der ganz vom Gefühl seiner eigenen Würde durchdrungen ist. Die Person wird nicht idealisiert; sie ist hier vielmehr, wie Edi Baccheschini in der Einleitung zu seiner Edition des Gesamtwerkes El Grecos schreibt, Modell ihrer „tatsächlichen Position und des gesellschaftlichen Ansehens". Im Mantel- und Degenstück wird diese Pose aufgelöst, ist aber dennoch immer präsent. Der Held der spanischen Komödie ist, so Heinz Gerstinger, „zuerst ein einzelner, dann erst Angehöriger seiner Rollengattung. Gewiß sind bestimmte Eigenschaften zur Bestimmung seines Wesens notwendig, aber nicht theatralische Kennzeichen, sondern Eigenschaften, die auch für den Kavalier der wirklichen Welt im wirklichen Leben bestimmend waren: nobleza – Edelmut, und vor allem das Gefühl für Ehre."

Doña Leonardas Festhalten an ihrem frömmlerischen Dasein resultiert nicht zuletzt aus den schlechten Erfahrungen, die sie während ihrer ersten Ehe machen mußte. Anders, als daß sie auf eigenem Erleben beruhen, sind die eindringlichen und überzeugenden Klagen über die Nachteile des Ehelebens wohl nicht zu interpretieren.

und späht, wie er mit wohlgepflegten Händen
dreitausend Golddukaten Rente angelt,
um dann auf feinem Linnen auszuruhn.
Doch kaum ist er acht Tage lang vermählt,
so drückt ihn schon das harte Ehejoch.
Er hält nach andern Frauen Ausschau oder
sucht eine a l t e Liebe wieder auf,
und meine n e u e geht dabei zugrunde.
Spätabends kommt er erst nach Haus, inzwischen
vergeh ich fast vor Eifersucht und Angst,
und es entsteht ein wilder Meinungsstreit,
ob dieses oder das der Anlaß war.
– Ich spare, wo ich kann, doch er verschwendet,
streut stets das Geld mit vollen Händen aus
und macht sogar auf meinen Namen Schulden.
Die Obrigkeit greift ein, es wird geschrien,
am Ende fahren wir uns in die Haare,
und es vergeht kein Tag und keine Nacht,
wo nicht das ganze Haus in Aufruhr ist:
„Schau nach, was in dem Ehvertrage steht!"
„Ach was! Die Golddukaten sind jetzt m e i n!"
„Lies dir den Wortlaut durch!" – „Fällt mir nicht ein!!"
„Oho! Du willst es nicht? So warte nur,
du Elender, ich werde dich schon zwingen,

ihn durchzulesen, wenn es dir behagt,
dies Lotterleben weiter fortzuführen!"
„Schweig still, du Gans!" – „Vor dir noch lange nicht!"
– Und während er mich roh zu Boden wirft,
erhebt er mich zur hochgebornen Gräfin
von Rippenstoß und Fußtritt! – Ich bin fertig!
OHEIM: Du kannst ja ganz vortrefflich deklamieren!
DOÑA LEONARDA: Ich bin ein Weib und wahre meine Rechte!
OHEIM: Nun gut; dann bleibt es eben, wie es ist.
– Von vielen Seiten wurde ich gefragt,
ob dir ein zweiter Ehebund behagte,
auch hab ich selber mich darum bemüht,
dir einen neuen Gatten auszusuchen;
in Zukunft lasse ich es eben bleiben.
Grad heut gedacht ich dir zur engern Wahl
drei edle Kavaliere vorzustellen,
doch weil es zwecklos ist, geb ich es auf.
– Es ist schon spät. Wir wollen bösen Nachbarn
nicht Ursach geben, daß sie Anstoß nehmen,
weil ich zu lang in deinem Haus verweilte.
– Doch wenn du wieder in den Spiegel schaust
und deine Reize dir entgegenblicken,
dann wirst du selber sehn, daß s i e es sind,
die dich in Anfechtung versetzen können!
– Nun, Leonarda, lebe wohl, und Gott
belohne deinen keuschen Lebenswandel!
DOÑA LEONARDA: Leb wohl.
OHEIM *im Abgehn, beiseite:*
    Du wirst schon noch zu Kreuze kriechen. *Ab.*

DOÑA LEONARDA: Wie unerträglich ist der alte Schwätzer;
sein ganzes Wesen reizt zum Widerspruch!

*Sie tritt vor den Spiegel, schaut lange und prüfend hinein, seufzt, setzt
    sich in den Sessel und starrt zu Boden.*

DOÑA LEONARDA: Was bin ich doch für eine Heuchlerin!
Oh, wohin rett ich mich vor meinem Blut?
– Mein Herz ist ja so übervoll von Sehnen
nach jenem unbekannten Kavalier,
den ich so oft schon in der Stadt erblickte
und der nicht ahnt, daß ich ihn heimlich liebe . . .
        Sie steht entschlossen auf.
Doch jetzt will ich erfahren, wie er heißt!
Den Diener und die Zofe weih ich ein,
sie müssen beide mir behilflich sein.
Wohl werd ich fast vor Scham vergehen müssen . . .
Gleichviel! Ich brenne ja nach seinen Küssen!
– Wenn doch mein Herz schon längst in Liebe fiel:
wozu denn dann noch solch Komödienspiel?!

*Doña Leonarda erfaßt den Spiegel, blickt zärtlich hinein, lächelt und
    küßt ihr Spiegelbild.*

Die Ausführungen des Oheims stehen im Einklang mit einem Widmungsschreiben Lopes an Marta de Nevares, die er seine „zehnte Muse" nennt und der er dieses Jugendwerk in seinen späteren Jahren überreicht hat. Auch die Verbindung zwischen den beiden ist von dem Zwiespalt zwischen Natur und Konvention bestimmt. Marta ist noch verheiratet, ihre Liaison mit Lope aber bereits Stadtgespräch und Gegenstand vieler Spottgedichte. Liebe siegt hier über die Moral; besser jedoch ist es in den Augen Lopes, diesem Konflikt von vornherein aus dem Weg zu gehen, indem man, wie Martin Franzbach anmerkt, dafür sorgt, daß „der äußere Schein gewahrt bleibt".

Was sich durch den Blick in den Spiegel zu Beginn der Exposition bereits angedeutet hat, bestätigt sich jetzt: Leonarda hat einen Geliebten und faßt den Beschluß, ihn zu gewinnen. Nun kann die eigentliche Handlung beginnen, und auch einige ihrer äußeren Prämissen sind voraussehbar: Maske und Dunkelheit. Leonarda wird sich, auch nachdem sie ihren Liebhaber nach Einbruch der Dunkelheit in ihr Haus gelassen hat und dessen Liebe sicher sein kann, nicht entschleiern, weil sie um ihren guten Ruf fürchtet.

Lope verfaßte das Stück 1613 für die berühmte Schauspielerin Jéronima de Burgos. Das Paradoxon des Titels erfährt seine Auflösung durch die Macht der Liebe, die über alle Narrheit siegt. Sie ist der Demiurg alles Wirklichen – und nicht die „dunkle Weisheit" der ironisch gezeichneten Akademiker im Kreis um die schöne und kluge Nisa. Eine weitere Bedeutung dieses Paradoxons liegt in der damit zur Darstellung gebrachten Versinnbildlichung „des Grundthemas spanischer Dramatik: Sein ist Schein" (Heinz Gerstinger).

Die kluge Närrin
La dama boba

Übersicht über Inhalt und Aufbau des Dramas

I,1: *Vor einer Schenke in Illescas*. Don Liseo, auf dem Wege nach Madrid, wo er die reiche Finea heiraten soll, nimmt zusammen mit seinem Diener ein frugales Mahl zu sich. Ein Student teilt ihm mit, daß Finea zwar reich, aber strohdumm sei und nur deswegen eine so hohe Mitgift ausgesetzt bekomme. Ihre Schwester Nisa hingegen sei arm, doch habe sie Witz und einen scharfen Verstand.

I,2: *Garten vor dem Haus Don Octavios in Madrid*. Nisa klärt die Köchin über die Kunst der Griechen auf. Ein verzweifelter Schulmeister versucht, Finea das Alphabet beizubringen. Völlig entnervt gibt er ihr einen leichten Schlag, woraufhin ihm das Mädchen fast die Augen auskratzt. Der Lehrer kündigt, und Finea bekommt von Nisa eine Moralpredigt zu hören. Als die Zofe Clara die Neuigkeit bringt, daß die Hauskatze Junge geworfen habe, springt Finea sofort davon. Drei Kavaliere statten Nisa einen Besuch ab. Duardo trägt ein unsägliches Gedicht vor, das genauso unsäglich interpretiert wird. Nisa, die Laurencio liebt, schiebt diesem eine Botschaft zu, die er später, als er allein ist, ungelesen zerreißt. Seinem Diener Pedro gesteht er, daß er kluge Frauen nicht leiden könne und sich mehr zu Finea hingezogen fühle, deren Naivität ihn entzücke und die zudem auch noch reich sei.
Laurencio macht Finea den Hof, doch sie versteht dies überhaupt nicht und nimmt zudem alle bildlichen Äußerungen wörtlich, was den Gespräch oft eine pikante Note gibt. Man erwartet Liseo, der statt der närrischen Finea, seiner Braut, deren Schwester Komplimente macht. Der Vater bedauert, eine Tochter wie Finea zu haben, und Liseo hat das Verhalten Fineas sogar den Appetit verschlagen.

II,3: *Der gleiche Schauplatz*. Laurencio lobt die Liebe, auf der das ganze Weltall aufbaue und die auch Finea heilen werde. Seine akademischen Freunde sind da skeptischer. Nisa ahnt, daß Laurencio Finea nachstellt, was dieser jedoch abstreitet. Liseo versteht die Szene nicht richtig und fordert Laurencio zum Duell. Finea wird im Tanzen unterrichtet, trifft aber nur selten den richtigen Takt. Clara gesteht sie, daß sie weder den Tanz noch das Lernen liebe, sondern nur ihren Laurencio, dessen Zuneigung sie viel verständiger gemacht habe. Da sie jedoch noch immer nicht lesen kann, bittet sie ihren Vater, ihr einen Liebesbrief Laurencios vorzulesen. Der gerät darüber in große Aufregung. Liseo wirft Laurencio vor, nicht zum Duell erschienen zu sein. Als er jedoch erfährt, daß dieser in Finea und nicht in Nisa verliebt sei, schließen sie Freundschaft. Clara und Nisa schreiben die Veränderung Fineas dem Einfluß Laurencios zu, der seine Geliebte neckt und küßt und dabei von Nisa überrascht wird. Der Vater glaubt, daß Laurencio zugleich Nisa und Finea nachstelle. Finea, der gerade erzählt wurde, was Eifersucht ist, gesteht Laurencio, auf Nisa eifersüchtig zu sein, worauf dieser ihr vor Duardo und Feniso einen Antrag macht. Liseo wirbt um Nisa, doch sie zeigt sich ihm gegenüber spröde.

III,4: *Der gleiche Schauplatz*. Finea ist wie verwandelt, sie spricht sogar in Allegorien. Clara erklärt sie, die Liebe sei ihr Lehrer gewesen. Don Octavios Freund Don Miseno will Finea mit Duardo verheiraten. Doch der Vater will keinen Dichter als Schwiegersohn. Nisa weist Liseo erneut ab. Dieser will sich nun wieder der klug gewordenen Finea zuwenden, was Turin, sein Diener, sofort an Laurencio weitergibt. Finea schlägt vor, sie könne wieder in den alten Zustand zurückfallen, nämlich das spielen, was sie einst war, denn das werde alle Freier abschrecken. Das Vorhaben gelingt: Liseo will von neuem um Nisa werben. Diese jedoch macht Laurencio eine Eifersuchtsszene, während Finea weiter die Irre spielt. Der Vater macht Laurencio für diesen Rückfall verantwortlich und verbietet ihm, das Haus noch einmal zu betreten. Finea versteckt ihn in der Speicherkammer und bringt ihren Vater durch eine List dazu, sie ebenfalls dorthin zu schicken. Liseo bittet den Vater um die Hand Nisas, aber diese hat er mittlerweile doch Duardo versprochen. Nisa soll Feniso heiraten. Finea und Laurencio, der das Haus tatsächlich nicht noch einmal betreten hat, werden auf dem Dachboden entdeckt, und der Vater muß so, um die Ehre des Hauses zu wahren, die Einwilligung zur Hochzeit geben. Schließlich werden, dramaturgisch völlig unmotiviert, auch noch Nisa und Liseo zusammengeführt.

Lope Félix de Vega Carpio — Die kluge Närrin, Übersicht

Musikanten	Tanzmeister	Schulmeister	Student	Celia, Köchin	Clara, Zofe	Don Feniso	Don Duardo	Pedro, sein Diener	Don Laurencio	Doña Nisa	Doña Finea	Turin, sein Diener	Don Liseo	Don Octavio	Don Miseno

Um das Bühnengeschehen an dieser Stelle exakt wiederzugeben, müßte die Graphik die „Anwesenheitsstreifen" von Clara und Pedro sowie Laurencio und Finea alternierend unterbrechen, da die beiden im Garten spazierenden Paare immer nur für kurze Zeit ins Blickfeld rücken. Die Szene entspricht in dieser Hinsicht jener in „Faust I", in der Faust und Gretchen einerseits, Mephisto und Marthe andererseits in regelmäßiger Folge auf- und abtreten. „Goethe muß", folgert Heinz Gerstinger, „Lopes Technik gekannt haben", wobei unter „Technik" vor allem auch die Art und Weise der Spiegelung zu verstehen ist, durch die die Dialogpartikel aufeinander bezogen sind.

271

Die kluge Närrin

Die kluge Närrin

Die auf der vorhergehenden Doppelseite wiedergegebenen Gemälde „*Die Mädchen auf dem Balkon*" (National Gallery of Art in Washington) von Bartolomé Esteban Murillo (1618–1682) und „*Lachender Bursche mit Orangenblüten*" (Kunsthistorisches Museum in Wien) eines unbekannten Malers zeigen Personen, die gut die Rollen der „figura del donaire", des Gracioso und der Graciosa, in einem Stück Lopes spielen könnten. Die Haltung der beiden Mädchen ist eindeutig. Der Blick der einen ist auf die Straße gerichtet, und sie hat dort anscheinend auch schon die Person entdeckt, nach der sie Ausschau gehalten hat. Daß es nur ein Verehrer sein kann, wird durch die Geste der etwas derberen Vertrauten im Hintergrund, vielleicht der Köchin, leicht ersichtlich. Das Lachen des Jungen ist im besten Sinne naiv, unverdorben und ausgelassen, womit aber nur eine Seite des Gracioso beschrieben ist. Eine umfassendere Charakteristik gibt Matéo Alemán, ein Freund Lopes, in seinem Schelmenroman „*Guzmán de Alfarache*": „... der ist gut und schadet keinem, weil er zum Lachen reizt, indem er viele Sentenzen anfängt und keine zu Ende bringt. Er hat tausenderlei spaßige Einfälle und ist eine Person, die gemeinhin die Leute (vulgo) mehr belustigt als all die andern, die bei einer Comedia auftreten, und das hat seinen Grund darin, daß er Unschuld und Verschlagenheit vereint, sowie bäuerliche und grobe Ausgelassenheit." Alemán sieht in Gracioso eine Überlegenheit der Spanier gegenüber den Griechen und Römern, „die in ihren Komödien zum Zwecke der Belustigung Sklaven benutzten, denen einige Seiten des Lächerlichen abgingen; denn sie verfügten nur über Redseligkeit oder Grobheit... und es mangelte ihnen die Gebärde der simplen Ignoranz, welche eine große Vermittlerin für das Gelächter ist".

Erster Akt, Zweites Bild

Madrid. Garten von Don Ovctavios Haus.

Doña Finea *und* Clara *treten auf.*

PEDRO: Da kommen sie! Laß dir nichts merken, Herr.
DON LAURENCIO: Ich will's versuchen.
PEDRO: Kann ein Christenmensch
   in Liebe glühn für eine solche Gans?
DON LAURENCIO: Wie schön sie ist, wie lieblich von Gestalt!
PEDRO: Wär ihre Seele nur nicht so verstümmelt!
DON LAURENCIO *zu Doña Finea:*
   Jetzt, teures Fräulein, wird mir eines klar:
   Nicht nur im Osten geht die Sonne auf;
   aus Euern Augen blitzt ein schönres Licht,
   das Glanz und Glück auf alle Dinge gießt!
   Wenn Ihr am frühen Morgen so schon strahlt,
   was tut Ihr dann wohl um die Mittagszeit?
DOÑA FINEA: Dann tu ich essen, aber keine Lichter
   und keinen Glanz und solche dummen Dinge,
   dann esse ich von allem, was mir schmeckt!
DON LAURENCIO: Berückend ist der Sterne nächtiger Glanz,
   der hinter träumetiefen Lidern glimmt...
DOÑA FINEA: In Sternennächten ist es meistens kühl,
   da könnt Ihr leicht zu einem Schnupfen kommen.
   Geht lieber früh zu Bett, und zieht Euch fest
   die Zipfelmütze über beide Ohren!

Pedro und Clara ab.

DON LAURENCIO: Versteht Ihr nicht, daß ich für Euch erglühe
   in reiner, ehrlicher und wahrer Liebe?
DOÑA FINEA: Was ist das: Liebe?
DON LAURENCIO: Sehnen und Verlangen.
DOÑA FINEA: Wonach?
DON LAURENCIO: Nach einem wunderbaren Ziel.
DOÑA FINEA: Ach ja! Nach Diamanten und nach Gold;
   nicht wahr, das ist das Schönste, was es gibt?
DON LAURENCIO: Nein, nach der Schönheit einer holden Frau,
   die eines Mannes Herz beglücken soll.
   Und da Euch solche hohen Reize schmücken,
   so wuchs der Wunsch in mir, Euch zu besitzen.
DOÑA FINEA: Und ich? Was muß denn ich nun alles tun,
   damit Ihr mich recht tüchtig könnt besitzen?
DON LAURENCIO: Mich wiederlieben. Habt Ihr nie gehört,
   daß Liebe sich mit Gegenliebe zahlt?
DOÑA FINEA: Ich weiß doch aber nicht, wie man das macht!
   Wie macht man's denn? Noch nie hab ich geliebt...
   und in dem ABC-Buch steht es nicht,
   auch hat es mir die Mutter nie gezeigt.
   – Ach was! Ich werde meinen Vater fragen!

DON LAURENCIO: Nein, laßt das lieber sein!
DOÑA FINEA: Warum denn nicht?
DON LAURENCIO: Schaut her: aus meinen Augen brechen Strahlen,
sie stürmen, wie behende Geisterscharen,
in Euer Herz und nehmen es gefangen!
DOÑA FINEA: Was fällt Euch ein! Hört auf mit solchen Sprüchen!
Mit Geistern mag ich nichts zu schaffen haben!
DON LAURENCIO: Das sind die guten Geister in uns selbst!
Denn meine Seele, die nur Euch gehört,
sie dringt in Eure junge Seele ein!
DOÑA FINEA: Das alles dringt hinein, wenn man sich liebt?

Doña Finea und Don Laurencio ab. – PEDRO *und* CLARA *kommen zurück.*

PEDRO: So glaub mir doch! Ich kam mit meinem Herrn
zu Euch ins Haus, weil ich dich sterblich liebe;
und alles setzt ich dran, um dich zu sprechen.
CLARA: Du liebst mich? Weiß ich denn, was Liebe ist?
PEDRO: Was Liebe ist? Wut, Narrheit, Raserei!
CLARA: So willst du also, daß ich närrisch werde?
PEDRO: 's ist eine Narrheit, aber eine süße,
die Klügsten selbst verlieren den Verstand.
Wo Liebe hinfällt, da erkrankt der Wille
und sinkt in einen holden Fieberwahn.
CLARA: Was? Fieber wünschst du mir? Warum denn das?
Ich war noch nie in meinem Leben krank;
nur einmal hatte ich ein Gerstenhorn.

Pedro und Clara ab. DON LAURENCIO *und* DOÑA FINEA *kommen zurück.*

DOÑA FINEA: Ihr gebt mir beßre Stunden als mein Lehrer.
Was I h r mir sagt, verstehe ich ganz leicht.
DON LAURENCIO: Glaub mir: Die Liebe wirst du schnell erlernen,
und durch die Liebe schärft sich der Verstand.
DOÑA FINEA: Was Ihr mir da von unsrer Heirat sagtet,
das paßt mir gut.
DON LAURENCIO: Und mir noch sehr viel besser!
DOÑA FINEA: Dann führt Ihr mich wohl fort, in Euer Haus?
Und bleibe ich dann immer dort?
DON LAURENCIO: Gewiß!
DOÑA FINEA: Und ist das recht?
DON LAURENCIO: So m u ß es sein. Als sich
dein Vater deine Mutter nahm, da taten
sie's auch. Und so bist du zur Welt gekommen.
DOÑA FINEA: Was?! Als der Vater meine Mutter nahm,
da war ich noch nicht da?!
DON LAURENCIO: O heilige Einfalt!
Ich fürchte, dieses teure Kleinod macht
am Ende noch mich selbst zu einem Narren!

CLARA *und* PEDRO *kommen zurück.*

CLARA: Finea, hör; der Vater kommt!

Don Laurencio, der sich um die Liebe Doña Fineas bemüht, ist der Geliebte von Doña Nisa, deren Schwester. Finea gilt als dumm, Nisa dagegen als äußerst gelehrt und intelligent. Und doch ist es gerade dieser Verteilung der Eigenschaften zuzuschreiben, daß Laurencio sich von Nisa abwendet:
„Ihr Geist und Witz entzückt mich oft; jedoch
wenn Frauen zu klug sind, geht's niemals gut
in einer Ehe, denn des Weibes Stärke
soll nicht im messerscharfen Denken liegen. –
Das, Pedro, ist die Krankheit unsrer Zeit:
Die Weiber werden alle Tage klüger,
ja, oft gebärden sie sich fast wie Männer,
sind selbstsüchtig, berechnend, rücksichtslos,
nicht heiß noch kalt und weder Fisch noch Vogel.
Da bleibt uns bloß die große Langeweile...!
Das Herz muß klug sein...
darauf kommt es an!
– Für mich wäre es das Schönste, wenn ich mir
ein Wesen formen könnte, das dem Leben
noch unverbildet gegenübersteht,
das gläubig zu mir aufschaut, mir vertraut
und niemals ein gelehrter Satan wird!
Ja, ich gestehe dir: Fineas Narrheit
hat mich schon manchmal mehr entzückt als Nisa
mit ihrem Geist und Witz..."
Pedro faßt daraufhin das Gehörte in der typischen Manier eines Graciosos zusammen:
„Da hast du recht; gelehrte Weiber sind nicht auszustehen!"

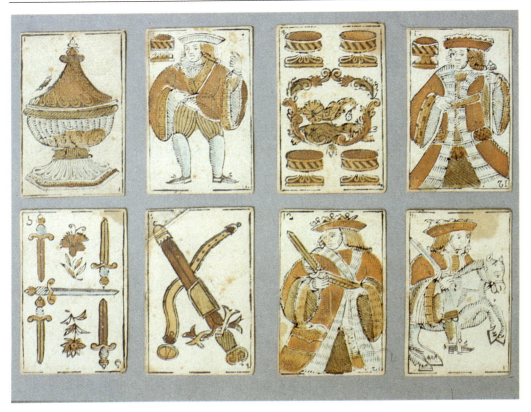

Während des Gesprächs mit Laurencio scheint Finea schon etwas von ihrer Narrheit verloren zu haben. Doch kaum ist er abgegangen, stellt sich der alte Zustand wieder ein. Es ist dies ein erstes Indiz dafür, daß die „Krankheit" Fineas nur durch Liebe zu heilen ist.

DON LAURENCIO: Leb wohl,
und denk an mich!
DOÑA FINEA: Das will ich tun!
PEDRO: Und ich geh auch. *Zu Clara:* Vergiß mich nicht!
CLARA: Leb wohl!

Don Laurencio und Pedro ab.

DOÑA FINEA: Ach, Clara! Ach, wer hätte das gedacht!
Weißt du es denn nun auch, was Liebe ist?
CLARA: Ein Durcheinander ist's von Seufzern, Klagen,
von Schwüren, Tränen, Lippen, Händen, Füßen,
ein Mischmasch, geradeso wie ein Ragout.
DOÑA FINEA: Nun seh ich auch, wie bös mein Vater ist!
Dreimal schon hat er mir gesagt, er will
mich einem jungen Manne geben aus
Toledo, aus Sevilla oder ... Cuba!
Und gestern abend zog er aus dem Schrank
ein Kartenspiel und gab mir eine Karte
und sprach: „Schau d e n da an, der wird dein Mann."
Und weil ich gestern abend noch nicht wußte,
wie das so mit den Männern ist, besah
ich mir das bunte Bild. Und willst du's glauben:

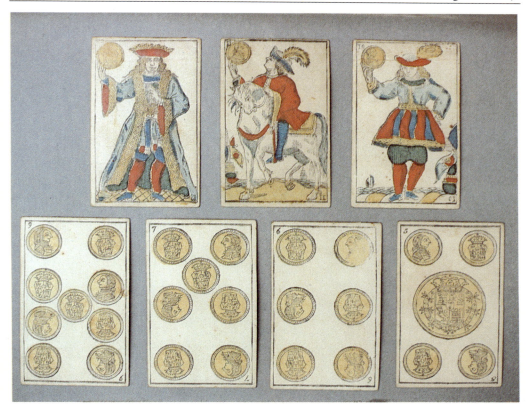

Der Mann hat einen Kopf und auch zwei Arme,
doch ein paar Beine hat der Arme nicht!
Hast du schon einmal solchen Mann gesehen?!
Bei uns zu Hause haben alle Beine ...
CLARA: Da hast du recht. Trägst du das Bild bei dir?

Doña Finea zieht eine Spielkarte aus dem Ärmel.

CLARA: Oh! Der ist schön! Wie stattlich sieht er aus!
Und was für schöne schwarze Augen hat er!
DOÑA FINEA: Doch, wo das Wams beginnt, da hört er auf ...
CLARA: Ja ... aber ... ja, dann kann er aber doch nicht ...
DOÑA FINEA: Still! Der Vater kommt mit Nisa!
CLARA: Du,
ich glaube, jetzt bringt er den Mann für dich.
DOÑA FINEA: Ich brauche keinen, denn ich hab schon einen,
Laurencio ist ein andrer Kerl als der!

DOÑA NISA und ihr VATER DON OCTAVIO treten auf.

VATER: Jaja, es heißt, er sei schon angelangt.
DOÑA NISA: Wie seltsam ist es, daß er noch nicht kam.
VATER: Er wird noch mancherlei zu ordnen haben. –
Weit mehr bin ich in Sorge um Finea!

Der Vergleich mit dem Mann auf der Spielkarte läßt vielleicht an die bei uns gebräuchlichen geteilten und spiegelbildlich angeordneten Figuren denken. Das *spanische Kartenspiel* kennt indes solche geteilten Bilder nicht, und die Abbildung auf der gegenüberliegenden Seite zeigt, daß sich der Vergleich auf den *König* des Spiels bezieht (rechte Karte in der oberen Reihe und zweite Karte von rechts in der unteren Reihe), der ohne Beine dargestellt ist. In späterer Zeit (das Spiel auf S. 276 stammt aus dem 17., das auf S. 277 aus dem 19. Jahrhundert) wird auch der König, wie die beiden anderen Figuren *Reiter* und *Bube* (eine Dame gibt es nicht), als vollständige Figur dargestellt (linke Karte der oberen Reihe).

> Wie aus dem Beispiel mit der Spielkarte hervorgeht, vermag Finea nicht zwischen der Wirklichkeit und ihrem Abbild, zwischen Sein und Schein zu unterscheiden, was ein Grundthema des spanischen Theaters überhaupt ist. Interessant in diesem Zusammenhang ist, daß dem Happy-End des Stücks eine Fingierung der Narrheit durch die von dieser „Krankheit" genesene Finea vorausgeht, diese also zum Schein zu ihrem früheren Sein zurückkehrt.

DOÑA NISA: Dort ist die Braut.
VATER: Mein Kind, nun, weißt du nicht . . .?
DOÑA NISA: Das ist das Elend ja, daß sie nichts weiß.
VATER: Dein Bräutigam . . . er ist schon in Madrid!
DOÑA FINEA: Ach, Vater, wie wird dein Gedächtnis schwach!
   Du hast ihn mir doch gestern schon gegeben
   auf einem Kartenblatt. Hast du's vergessen?
VATER: Das war doch nur ein Bild. Heut kommt er selbst!

             CELIA *tritt auf.*

CELIA: Ein junger Herr ist da. Er heißt Liseo
   und bittet um die Gunst, Euch zu begrüßen.
VATER: Mein Kind, nun mußt du artig sein und klug
   wie eine große Dame. *Zu Celia:* Bringt uns Stühle.

       DON LISEO *und* TURIN *treten auf.*

DON LISEO: Wenn der, den Ihr als Schwiegersohn erkort,
   sich Eurer Schwelle naht, Euch zu begrüßen . . .
VATER: . . . erweist er höchste Ehre meinem Haus!
DON LISEO: Ich danke Euch mit einer Bitte: Sagt mir,
   wer von den Damen ist denn meine Braut?
DOÑA FINEA: Ihr seid wohl blind?
DON LISEO: So darf ich Euch umarmen?
DOÑA FINEA: Darf er denn das?
VATER: Das darf er schon, Finea.

Don Liseo umarmt sie, dann weicht Doña Finea scheu zurück.

DOÑA FINEA *leise:*
   Ha . . .! Clara . . .!
CLARA: Was?
DOÑA FINEA: Schau nur, er h a t ja Beine!
CLARA: Wenn das kein Scherz war, ist es Hexerei!
VATER: Begrüßt auch Eure Schwägerin, Liseo.
DON LISEO *zu Doña Nisa:*
   Man sprach mir viel von Euch, doch nicht genug.
   Man pries mir Eure Schönheit, doch zu wenig.
   Von Eurer Klugheit redet alle Welt!
DOÑA FINEA: Daß i c h die Braut bin, hat er wohl vergessen?
   Warum sagt er das alles nicht zu mir?
   Der scheint mir aber wirklich dumm zu sein . . .!
VATER: Schweig still, du Närrin! – Nehmt doch Platz, Liseo,
   ging Eure weite Fahrt recht gut vonstatten?
DON LISEO: Wer einem Ziel entgegeneilt wie ich,
   dem wird die kleinste Reise viel zu lang! –
   Dies ist mein Diener, und er heißt Turin!
VATER: Turin? Turin! Der Name merkt sich leicht.
DOÑA FINEA *zu Don Liseo:*
   Warum habt Ihr dem Vater nicht gesagt,
   er soll Euch unser altes Maultier leihen?
   Das trägt den dicksten Sack und wird nicht müde . . .
DOÑA NISA: So schweig doch, Schwester!
DOÑA FINEA: Schweig du lieber selbst!

*Doña Finea schleicht sich von hinten an Don Liseo heran und tippt
ihn vorsichtig an die Waden.*
VATER: Finea scherzt sehr gern, Ihr hört es ja;
sonst aber ist sie tugendsam und brav . . .
DON LISEO: Turin, wo hast du die Geschenke?
TURIN: Herr,
wir beide sind vorausgeeilt . . . Die andern,
mit dem Gepäck, sind noch nicht in der Stadt . . .
DOÑA FINEA: Geschenke bringt Ihr mit?
DON LISEO: Sie kommen morgen.
DOÑA FINEA: Das habt Ihr aber wirklich dumm gemacht!
VATER: Seid Ihr gekränkt? Ihr seufzt so tief, Liseo?
Was drückt ihn denn, Amalfi?
TURIN: Nein; Turin!
VATER: Mir scheint, Ihr seid erschöpft; befehlt Ihr etwas?
DON LISEO: Ein Becher frisches Wasser, weiter nichts.
VATER: Nur Wasser? Nein! Gewiß seid Ihr auch hungrig!
Bringt Schinken, Butter, Käse, Brot; und du,
begleite sie, Florenz!
TURIN: Turin!

Celia und Turin ab.

DOÑA FINEA: Wie schade,
daß Ihr nicht schon am letzten Montag kamt!
Da haben wir . . . die Clara dort und ich,
ein Gänseklein gemacht! Ich sage Euch,
das schmeckte!!
DOÑA NISA: Schweig doch still!
DOÑA FINEA: Kannst du denn kochen?

CELIA und TURIN bringen Essen und Wasser.

CELIA: Hier ist das Wasser . . .
VATER: Eßt und trinkt!
DON LISEO: Ich danke, nur einen Trunk, sonst nichts!
        Er trinkt lange.

DOÑA FINEA: Du großer Gott!!
Der trinkt ja wie ein ausgewachsner Ochse!
TURIN: Die Sprache der Verliebten . . .
VATER: Schweig doch still!
Wie unerträglich bist du heute!

Doña Finea geht auf Don Liseo zu und klatscht in die Hände.

DOÑA FINEA: Ha!!
Den ganzen Becher hat er ausgepichelt,
der letzte Tropfen hängt ihm noch am Kinn;
gebt acht, ich wisch Euch ab!
VATER: Was fällt dir ein!
Ward je ein Vater schrecklicher gestraft!
DON LISEO *beiseite:*
Kann der im Leben wieder glücklich werden,
der sich in solches Mißgeschick verstrickt?

Don Liseo denkt vor allem an die beachtliche Mitgift, mit der Finea ausgestattet ist. Nisa dagegen ist arm und kann auf keine große finanzielle Unterstützung hoffen. Über die Ursachen dieser ungleichen Güterverteilung ist der vermeintliche Bräutigam in spe, der seinen Entschluß aber jetzt schon zu bereuen scheint, in der Exposition des Stücks unterrichtet worden, und zwar von einem Studenten, dem er zufällig in einem Wirtshaus begegnet ist:
„Es heißt, ein Bruder ihres Vaters habe
ihr seine großen Güter überschrieben.
Er ahnte wohl, daß ohne reiche Mitgift
kein Mann von Rang und Stand sie nehmen würde!
So ward die Dummheit denn durch Gold verdeckt . . .''

Die kluge Närrin I,2　　　　　　　　　　　　　　　　　　Lope Félix de Vega Carpio

Szenenfoto aus einer *Aufführung* der *„Klugen Närrin"* im Corral von Almagro.

VATER: Ihr werdet müde sein von Eurer Reise.
　　Zu den Frauen: Geht nun hinein. Bereitet Herrn Liseo
　　das Bett in seinem Schlafgemach.
DOÑA FINEA:　　　　　　　　　　Nein, Vater,
　　mein Bett ist breit genug für ihn und mich ...
VATER: Du b i s t noch nicht sein Weib!!
DOÑA FINEA:　　　　　　　　　　　　　Ist das so schlimm?
DOÑA NISA: Jetzt komm mit mir ...
DOÑA FINEA *unbekümmert:*　　　　Auf Wiedersehn, Liseo!
VATER: Entschuldigt mich auf eine kurze Frist,
　　damit ich nach dem Rechten sehen kann.
　　Noch viel ist zu bedenken und zu richten,
　　vorzubereiten und zu überlegen,
　　zu ordnen, einzuladen und zu schmücken,
　　damit es eine schöne Hochzeit wird! *Ab.*

DON LISEO: O weh, Turin! In welches schlimme Dickicht
  verirrte sich mein heitrer Lebenspfad!
TURIN: Du mußt dir von dem guten Schinken nehmen.
DON LISEO: Viel lieber nähm ich mir das Leben, Freund!
  So ein Geschöpf ist mir noch nie begegnet...!
TURIN: Mir graust genau wie dir, wenn ich bedenke,
  daß Gott in einem Leib von solcher Schönheit
  den Geist verkümmern und verderben ließ!
DON LISEO: Vermaledeit sei dieser Ehehandel,
  für den ich meine Freiheit gab als Preis
  und der mir solche schlimmen Zinsen trägt!
  Schön ist die Närrin! Doch sie schenkt mir sicher
  statt Knaben oder Mädchen... Wechselbälge!!
TURIN: Du irrst. Es gibt so viele dumme Kinder,
  und ihre Väter waren hochgelehrt;
  und überdies ist es doch weltbekannt,
  daß die Genies stets dumme Eltern haben!
DON LISEO: Turin, es waltet ein Naturgesetz:
  Aus Gleichem muß sich Ähnliches erzeugen.
  — Was mir Fineas Vater zugesagt
  und mir versprochen hat mit Brief und Siegel:
  ich denke nicht daran, es anzunehmen,
  da er des Mädchens Narrheit mir verschwieg!
  Und sei Fineas Mitgift noch so groß,
  die Freiheit ist der allergrößte Schatz!
  — Ja, wenn es Nisa wäre...!
TURIN: Oh, wie schlecht
  du dich beherrschen kannst! Wann immer sich
  ein Mensch in heiße Wut geredet hat,
  so führe man ihn rasch vor einen Spiegel,
  der ihm sein wildverzerrtes Antlitz zeigt.
  Wenn er sich selber so entstellt erblickt,
  dann wird er plötzlich still und kühlt sich ab.
  — Auch du, Liseo, bist in Zorn geraten,
  als du bemerktest, was man dir verschwieg;
  und als die Braut dann wirklich vor dir stand,
  gesellte sich zum Zorne noch der Schmerz.
  — Da aber sahst du Nisa, ihre Schwester,
  und wie in einen Spiegel blicktest du,
  in dem dein Zorn in Glück sich wandelte.
DON LISEO: Von heute ab verzicht ich auf Finea!
  Was soll ich mich an eine Närrin binden,
  wenn eines Engels Lächeln mich begnadet!
  Muß ich das Unheil bei Finea suchen,
  Wenn ich das Glück bei Nisa finden kann?
TURIN: Ich sehe nur, daß du vernünftig wurdest.
  Das Geld allein macht uns noch längst nicht selig!
  Den Reichtum, der im Glück der Liebe wurzelt,
  kannst du mit keinem Gold der Welt erkaufen!
DON LISEO: So ist's. — Nur wenn ich Nisa mir erringe,
  vergeß ich, wie ihr Vater mich betrog.
TURIN: Und von der andern reden wir nicht mehr.

Martin Franzbach merkt an: „Für Lope war die Liebe eine Macht, die alles erreicht und alles entschuldigt. Deshalb beugt sie sich im Gesamtwerk nur scheinbar ihrer großen Gegenspielerin, der Ehre. Als ,Weltseele' kann sie Stolz brechen und Dummheit in Klugheit verwandeln, wie wir in der ‚Klugen Närrin', deren Autograph noch erhalten ist. Verschieden wie Tag und Nacht sind die kluge, gebildete, intellektuelle Nisa und die naive, närrisch-dumme, aber reiche Finea, bis die Liebe Laurencios in Finea schlummernde Kräfte weckt und ausbildet. Wie das barocke Wechselspiel zwischen den beiden Schwestern hin und her springt, mag allzu konstruiert erscheinen. Das Bild der gelehrten Frau ist kein erfundener Typ. Im 17. Jahrhundert kannte Spanien durchaus die Studentin und sogar die Dozentin in Salamanca. Doch rechtfertigt ihre Seltenheit die dramatische Karikatur. Die Wunschrolle der Doña Finea dagegen war für Lope ein Modellfall für die Allmacht der Liebe. Daher die Wahl des seltsamen Kontrasts. Der Widersinn einer beständigen Liebe, die erst blind machen muß, um dann den Verstand zu erleuchten — ein Hauptthema der Renaissancelyrik —, hat hier seine einmalige, beispielhafte dramatische Verkörperung gefunden."

Die um 1610 entstandene Komödie, eine der besten des Dichters, zeigt den Einfluß, den die Atmosphäre der Hauptstadt Madrid auf das Schaffen Lopes ausübte. Was Frivolität und Galanterie anbelangt, nahm die spanische Metropole zu jener Zeit den Platz ein, der später Paris zugefallen ist. Lope, der an diesem Leben teilnahm und es poetisch idealisierte, tat dies mit großem Vergnügen und Interesse. Und so lassen sich die folgenden Sätze Grillparzers mit Fug und Recht auf diese Komödie beziehen: „In hastiger Eilfertigkeit schrieb er zusammen, was er wußte, daß es sein Publikum begehrte; wo aber eine Situation vorkam, die ihn als eigentlichen Dichter interessierte, legte er sein ganzes unvergleichliches Talent hinein. War der ganze Stoff von einer solchen Art, so war die ganze Behandlung meisterhaft."

Das Eisenwasser von Madrid (Die Brunnenkur)
El acero de Madrid

Übersicht über Inhalt und Aufbau des Dramas

I,1: *Winkeliger Platz.* Lisardo paßt in Begleitung Riselos seine Geliebte vor einer Kirche ab. Belisa gelingt es, obwohl von ihrer Tante als Anstandsdame beaufsichtigt, Lisardo eine Botschaft zuzuspielen, in der steht, daß er einen Arzt schicken solle, der ihr eine Brunnenkur verschreiben müsse. So könne man sich öfters treffen.

I,2: *Im Hause Doña Belisas.* Don Octavio, ein Neffe Don Prudencios, wird eingeladen, im Haus Quartier zu nehmen. Beltran, als Arzt verkleidet, und Lisardo in der Rolle des Famulus untersuchen Belisa und verordnen ihr eine Brunnenkur. Octavio verliebt sich in Belisa, sein Diener Salucio in die Zofe Leonor.

I,3: *Im Pradopark.* Don Florencio, der Marcela, der Geliebte Riselos, verehrt, erzählt dieser, daß ihr Galan sie mit der Anstandsdame Belisas betrüge.
Riselo, Lisardo und Beltran erwarten die „kranke" Belisa, die denn auch, von Leonor und der Tante begleitet, nicht lange auf sich warten läßt. Belisa spricht so laut, daß Lisardo sie hören muß, und fingiert eine Ohnmacht, die den Männern Gelegenheit gibt, ihr Versteck zu verlassen. Die Tante vermutet ein Komplott, sie will Belisa und Lisardo trennen, verfällt aber dem Charme Riselos, der sich notgedrungen um sie kümmert. Beltran macht Belisas Zofe Leonor den Hof.

II,4: *Im Hause Doña Belisas.* Salucio versucht seinem Herrn klarzumachen, daß Belisa wohl nicht für ihn geboren sei. Beltran, wieder als Mediziner verkleidet, verarztet den liebeskranken Octavio und bestellt Salucio, seinem Nebenbuhler, ihm sei nicht mehr zu helfen. Belisa lobt die segensreichen Wirkungen der Brunnenkur. Die einst so sittenstrenge Tante will sich vor Beltram ausziehen. Drei Sänger stimmen ein Lied an, das den Vater zu einem Exkurs über den Verfall der Sitten anregt und ihn auf den Gedanken bringt, Belisa mit Octavio zu verheiraten. Prudencio nimmt die Musikanten auf sein Zimmer mit. Belisa will von Octavio nichts wissen.

II,5: *Vor Doña Marcelas Haus.* Riselo weiß, daß Marcela sich aus Rache für seine vermeintliche Untreue von Florencio hofieren läßt, und will die Komödie nicht länger mitspielen. Lisardo kann ihn davon abhalten, doch muß er mitanhören, wie Florencio zu Gerardo sagt, daß ihm das Liebesglück hold sei. Marcela weist die Erklärungsversuche Riselos zurück; Lisardo steht ihm bei und beteuert, alles sei nur gespielt, doch ohne Erfolg. Beltran bringt die Nachricht von der anstehenden Heirat Belisas.

II,6: *Pradopark.* Octavio spioniert Belisa nach. Lisardo, Riselo und Beltran sinnieren über Liebesglück und Liebesleid. Octavio und Marcela erkennen, daß sie eines gemeinsam haben: die Eifersucht. Marcela gibt der Tante Riselo als ihren Verlobten zu erkennen, heftige Worte werden gewechselt, bis die Tante bemerkt, daß Octavio lauscht. Marcela geht mit Florencio ab, Belisa mit Octavio und Leonor mit Salucio.

III,7: *Im Hause Doña Belisas.* Der Vater, dem Belisas Zustand Sorge macht, fragt die Tante, ob während der Kur nichts Ungewöhnliches geschehen sei. Die Tante schlägt der unglücklichen Belisa vor, den Termin der Hochzeit hinauszuschieben.

III,8: *Vor Doña Marcelas Haus.* Lisardo spricht für Riselo, der dann selbst das Wort ergreift, bei Marcela vor. Nach langen Auseinandersetzungen kommt es dann doch noch zu einer Versöhnung. Florencio, der das sieht, will sich rächen: da er glaubt, daß es Riselo nur um das Geld der Tante geht, will er so tun, als wolle er sie freien.

III,9: *Vor Doña Belisas Haus.* Beltran macht Leonor eine Szene, so lautstark, daß sich die Pflichtvergessenheit der Tante enthüllt. Beltran wird ins Haus geschafft.

III,10: *Im Hause Doña Belisas.* Beltran teilt der Tante und Belisa mit, daß man ihn foltern wolle und so wohl alles aufgedeckt werde. Als Florencio mit Gerardo um die Hand der Tante anhält, sieht man in ihnen die Übeltäter. Beltran kann fliehen.

III,11: *Vor Doña Marcelas Haus.* Großes Verwirrspiel: Beltran in Frauen- und Belisa in Männerkleidern, hinzu kommen Marcela, Riselo und Lisardo, später der Vater, Octavio, Salucio, Florencio und Gerardo. Alles löst sich auf: drei Hochzeiten stehen an. Die Tante aber muß ins Kloster.

Lope Félix de Vega Carpio — Das Eisenwasser von Madrid, Übersicht

3 Sänger	Don Gerardo	Don Florencio	Don Riselo	Doña Marcela	Beltran, sein Diener	Don Lisardo	Doña Belisa	Leonor, Zofe	Beate, Tante	Salucio, sein Diener	Don Octavio	Don Prudencio

Wie bei „Fuente Ovejuna" wäre auch hier die Hervorhebung einer Hauptrolle wenig angemessen – zu vielfältig sind die Beziehungen der Personen, als daß sich das Interesse auf die eine oder andere Gestalt richten könnte, ohne die Interaktionen aus dem Auge zu verlieren. Sinnfällig wird dies durch die „Streuung" der in der Graphik festgehaltenen Auftritte. Wie schon der Titel andeutet, bezieht sich das Stück insgesamt auf eine bestimmte Situation, in der eine ganze Reihe von Verhaltensweisen zur Darstellung gelangt. Das Drama gehört insofern zu den „sozialen" Comedias Lope de Vegas.

283

Das Eisenwasser von Madrid

Das Eisenwasser von Madrid

> Die Abbildung der vorausgehenden Doppelseite gibt das um 1600 entstandene Gemälde *„Fiestas en la Plaza Mayor de Madrid"* wieder, ein Werk von *Juan de la Corte* (Museo Municipal in Madrid). Das städtische Leben mit seinen Vergnügungen, aber auch durch die öffentliche Moral insbesondere der Frau auferlegten Beschränkungen bildet den Hintergrund für die Kur mit dem „Eisenwasser".

ERSTER AKT, DRITTES BILD

Im Pradopark. Stufenartig erhöhte Taxushecken. Hinten, rechts und links, je eine Steinbank mit Lehne. In der Mitte hinten ein kleiner Springbrunnen.

DON FLORENCIO *und* DOÑA MARCELA *treten auf.*

DON FLORENCIO: Nichts andres habe ich von dir erwartet;
 ich kenne dich und deine Ehrbarkeit!
 Wenn eine Frau ihr Herz verloren hat,
 bewahrt sie um so fester ihre Treue.
 Nur muß der Mann, der sich dies Herz gewann,
 die Treue auch auf gleiche Art v e r g e l t e n.
 Tut er das Gegenteil, so ist die Frau,
 die ihm noch weiter treu bleibt, eine Närrin.
 Denn einen Kavalier, der nie im Leben
 die Treue einer Frau erwidert hat,
 für einen solchen Frevel n i c h t zu strafen,
 das ist ein unverzeihliches Vergehen.
 Du weißt, Riselo tut, was ihm behagt;
 mach es genau wie er, und sei nicht töricht.

DOÑA MARCELA: Von meinen Lippen wird kein Wort entfliehn,
 durch das ich ihm Verdruß bereiten könnte.
 Ein Mann ist frei. Nützt er die Freiheit aus,
 so bringt es seiner Ehre keinen Schaden;
 doch bei dem Weibe ist der gute Ruf
 der Schild, der ihre Sittsamkeit beschützt,
 und diesen guten Ruf muß sie bewahren!
 Zu ihrem eignen Nutzen ist die Frau
 verpflichtet, ihre Tugend zu behüten;
 und ganz aus freien Stücken soll sie's tun;
 denn Keuschheit w i d e r Willen wäre Laster!
 Wenn ich mich rächen würde an Riselo,
 beleidigte ich meine eigne Tugend,
 und der Erfolg der Rache wäre nur
 mit dem Verlust der Ehrbarkeit verbunden!
 Warst du denn jemals Z e u g e des Betrugs?
 Ich kann und will nicht glauben, daß Riselo
 so undankbar an mir gehandelt hat.
 Wenn du, von heißer L i e b e angestachelt,
 von Eifersucht zerquält, mir sagen würdest,
 daß mich Riselo treulos hintergeht,
 so könnte es schon sein, daß ich dir glaubte.
 Doch da du nur das W e i b in mir begehrst,
 verstehst du wohl, daß ich mit gutem Grund
 die Dinge, die du mir erzählst, bezweifle!

DON FLORENCIO: So hör ...

DOÑA MARCELA: Was willst du mir noch weiter sagen?
 Ich weiß genau, daß alle deine Worte
 auf jenes eine Ziel gerichtet sind!

> Marcela spricht die unterschiedliche Definition der Ehre für Mann und Frau an, stellt diese „doppelte Moral" aber nicht in Frage, was auch den Intentionen Lopes entspricht, der diese in einem seiner zahlreichen Briefe offen darlegt: „... alles, was wir nicht kennen, ist dann immer weit besser als alles, was wir schon kennen ... und alles, was wir geliebt haben, ist niemals das, was wir gerade jetzt liebend begehren."

DON FLORENCIO: Marcela, sprich: Was kannst du denn verlieren,
  wenn du mich anhörst?
DOÑA MARCELA: Besser wäre es,
  du würdest fragen, was ich n i c h t verliere,
  wenn ich mich w e i g e r e , dich anzuhören!
  Wie viele haben ihre Ehre nur
  verloren, w e i l sie sich beschwatzen ließen.
  Wir Frauen sollten taub geboren werden,
  dann könnten wir Euch besser widerstehen!
DON FLORENCIO: Das würde alles richtig sein, wenn ich
  von deinem Geist und deiner Schönheit schwärmte;
  doch irrst du dich; ich rede n u r mit dir,
  weil meine Ehre es mir anbefiehlt.
  Du würdest nämlich dann genau erfahren,
  um w e l c h e Frau Riselo sich bewirbt!
DOÑA MARCELA: Be . . . w i r b t . . . ??
DON FLORENCIO: Er ist befreundet mit Lisardo.
  Du kennst ihn auch. Ein stattlicher Galan,
  von gleichem Alter wie Riselo und
  auch sonst ihm ähnlich an Gestalt und Wesen.
  Die beiden Kavaliere sieht man täglich
  scharwenzeln um die Trinitatiskirche,
  dort kommen nämlich um die Mittagszeit
  zwei schöne, reiche Damen aus der Messe.
  Die eine von den beiden heißt Belisa;
  auf sie hat es Lisardo abgesehn.
  Wahrscheinlich wird er sich bei ihrem Vater
  um ihre Hand bewerben, denn die Mitgift
  ist groß und die Familie adelig.
  Belisa ist von schönem Angesicht,
  im Wesen liebenswürdig, schlank gewachsen;
  und eine gute äußere Erscheinung
  bestätigt ihr der Spiegel jeden Tag . . .
  Sobald sie aus dem Kirchportale tritt,
  gibt sie ihm deutlich Zeichen mit dem Fächer
  und sucht so nah an ihm vorbeizugehen,
  daß ihre Füße fast die seinen streifen;
  die Augen aber schießen Feuerblitze
  und haben ihm schon ganz den Kopf verdreht.
DOÑA MARCELA: Die andre Dame . . .?
DON FLORENCIO: Ist Belisas Tante.
  Im Wesen ganz das Gegenteil von ihr;
  gesittet, ernst und immer würdevoll
  und nicht von jener Flatterhaftigkeit,
  die wie der Laden eines Goldschmieds schillert.
  Stets trägt sie strenge, züchtige Gewänder,
  sie ist von reinem, gottesfürchtigem Sinn,
  und ihre Lebensklugheit und ihr Wesen
  verraten eine ausgeglichene Seele
  von abgeklärtem Geist, der die Gedanken
  an Leichtsinn oder Zügellosigkeit
  streng in die wohlverdienten Schranken weist.

Der Charakterisierung der Tante durch Don Florencio sei diejenige Don Lisardos gegenübergestellt:
„Ein spätes Mädchen, eine alte Jungfer,
die nichts als Neid und böse Mißgunst kennt.
Ein Mittelding aus einer Anstandsdame
und einer überfrommen Klosterfrau;
halb Geierfalke und halb Klapperschlange,
die alle meine Pläne hintertreibt.
Ich kann die Liebste weder sehn noch sprechen,
und ihr zu schreiben ist erst recht unmöglich:
die Tante wacht gleich einem Cerberus."

Eifersucht bringt, wie Karl Vossler bemerkt, die Handlung der Comedia in Gang: „Acción wollte man in der Liebe haben. Acción war ein Modewort der galanten Welt in Madrid geworden. Zu dieser Art Liebe gehört die Eifersucht, wie der Schatten zum Licht. Lope kann sich nicht genugtun, uns in Beispielen, Vergleichen und Bildern davon zu überzeugen. Durch die Beigabe der Eifersucht wird diese Liebe überhaupt erst bühnenfähig und dramatisch. Wo es nichts zu rivalisieren gibt, erlahmt sie. In der Eifersucht treffen Liebes- und Ehrenhändel zusammen, ja es wird für den Liebenden geradezu Ehrensache, daß er sein Ziel verfolgt und erreicht, seine Sehnsucht stillt und die Braut heimführt. Wenigstens ist dies die gewöhnliche und heitere Schlichtung der zahlreichen ‚Guerras de amor y honor'. Ehre und Liebe hängen in den Comedias beinahe so eng zusammen wie in Lopes Liebesbegriff zu der sehnenden die eifernde Sucht gehört und der Moment des hingebend leidenden Wunsches zu dem des tätig sich durchsetzenden Wollens. Zwischen der platonisierenden oder mystischen Auffassung, die alle Geschlechtsliebe in Hingabe an ein höheres Prinzip zu überführen trachtete, und der rationalistischen, die, etwa wie La Rochefoucauld, alle Geschlechtsliebe naturalisierte, politisierte und auf eine amour probre, Eigenliebe und Geltungsdrang zurückführte, hält Lopes volkstümlicher Liebesbegriff eine sehr gesunde Mitte. Er versteigt sich nicht und entwürdigt sich nicht."

Mit einem Worte: eine Frau von Haltung!
Riselo schenkt ihr viel verstohlne Blicke;
er steht am Kirchentor, sobald sie eintritt,
er folgt ihr nach und kniet in ihrer Nähe;
und wenn der Gottesdienst zu Ende ist,
so eilt er wieder ans Portal, um ihr
noch einen letzten Glutblick zuzuwerfen,
wofür sie . . . gar nicht unempfindlich ist . . .
So zum Exempel geh ich neulich mittags
nach Schluß der Messe hinter jenen Damen,
und als sie ans geweihte Wasser treten,
da legt die eine auf den Rand des Beckens
verstohlen einen seidnen Handschuh nieder.
Im gleichen Augenblick springt aus dem Dunkel
ein Taugenichts und Lump von einem Burschen,
der bei den beiden Herrn in Diensten steht,
ergreift den Handschuh so, als wär's der seine,
und trägt ihn gleich zu seinen Kavalieren,
die längst schon draußen auf dem Platze warten!
Glaubst du auch n u n noch, daß ich niemals Zeuge
gewesen bin, wie man dich hintergeht?
DOÑA MARCELA: Noch immer hatte ich die leise Hoffnung,
daß meine Sorge unbegründet sei;
jetzt seh ich, seine Liebe war Betrug!
So weit ist es gekommen mit Riselo,
weil er befreundet mit Lisardo ist!
Was bleibt mir noch zu hoffen? – Mag der Himmel
ihn für den Schmerz, den er mir antat, strafen!
Im Anfang glaubte ich, daß deine Warnung
erdichtet sei. Ich meinte, daß du noch
auf mich erzürnt wärst, weil ich deine Neigung
nicht s o erwiderte, wie du erhofftest.
Denn oft geschieht es, daß ein Kavalier
der Frau, die ihn verschmähte, vorerzählt,
daß sich sein glücklicherer Nebenbuhler
schon längst in eine n e u e Frau verliebte . . .
Doch jetzt, da ich die Wahrheit klar erkenne,
erwächst mir auch ein Recht auf Eifersucht!
Oh, der Verräter! Einem Freund zuliebe
belohnt er meine Treue mit Betrug.
Das duld ich nicht! – Kennst du das Haus, Florencio?
DON FLORENCIO: O b ich es kenne!
DOÑA MARCELA: Dann komm mit mir. Schnell!

Doña Marcela und Don Florencio ab. DON LISARDO, DON RISELO *und* BELTRAN *treten auf.*

DON LISARDO: Noch immer sind sie nicht zu sehn, Riselo!
    Was tun?
DON RISELO: Der Liebesgott wird dir schon helfen.
BELTRAN *singt:* Du leuchtender Morgen im Monat Mai,
    o rufe mir schnell die Geliebte herbei!

DON LISARDO: Gebenedeit, ihr Pfade dieses Gartens,
  bald wird der Fuß der Liebsten euch beschreiten!
  Ihr Quellen, die ihr mit kristallnen Augen
  hervorlugt aus dem dunkeln Myrtenhain;
  du Blütenteppich, den sich die Natur
  aus tausend bunten Farben hingewebt;
  ihr Bäche, die ihr leise Lieder harft
  und träumend durch die grünen Ufer weint,
  als ob ein Hirt von fern die Flöte bliese ...!
  Du leuchtender Morgen im Monat Mai,
  o rufe mir schnell die Geliebte herbei!
DON RISELO: Ihr Falken, die ihr noch im Äther kreist,
  geläutert von der Sonne Feuerkranz;
  ihr Drosseln, die ihr aus dem Nest im Baum
  vor Freude zwitschernd eure Köpfchen streckt;
  ihr Finken, die ihr in den höchsten Zweigen
  der Sonne eure Morgenhymne jauchzt;
  ihr hohen Pappeln, die der holde Lenz
  mit grünen, schillernden Livreen geschmückt:
  Lisardo wartet schmerzlich auf die Liebste;
  o sorgt dafür, daß sie ihm bald erscheint ...!
  Du aber, leuchtender Morgen im Mai,
  ruf mir die Tante Beate herbei!
BELTRAN: Ihr alten Karren, die ihr Schmutz und Kehricht
  in hohen Haufen von der Straße schleppt!
  Ihr Säufer, die ihr durch die Gassen taumelt,
  weil ihr die langen Nächte durchgezecht,
  ihr Lumpensammler, die ihr billigen Schund
  so hoch verkauft wie gute, neue Sachen!
  Ihr gottverfluchten, kalten Regenwinde,
  die ihr uns Schnupfen in die Nase jagt
  und Gliederreißen und die schwere Not,
  hört zu, ich will euch einen Auftrag geben:
  Blast jetzt, so stark ihr könnt, der bösen Tante
  ins Bett hinein, dann wird sie endlich munter,
  und ferner jagt Belisa aus den Federn,
  um die Lisardo schon voll Sehnsucht seufzt ...!
  Mir aber, leuchtender Morgen im Mai,
  rufe die süße Zofe herbei!
DON RISELO: Sie macht sich, scheint's, nicht viel aus deinen Sorgen.
DON LISARDO: Dies ewige Nach-allen-Seiten-Spähen,
  ob sie bald kommt, ob nicht, ist unerträglich!
DON RISELO: Ein Vorschlag: Während du dir wie gewöhnlich
  Gedanken machst, ob sie schon unterwegs ist,
  wär's gar nicht übel, wenn Beltran inzwischen
  aus der Taberne einen Imbiß holte.
  Und während w i r dem Magen etwas bieten,
  kannst d u ja ruhig immer weiterspähn,
  ob unsre Damen kommen oder nicht.
DON LISARDO: O du Barbar ...!
DON RISELO: Ich bin ja nicht verliebt ...
DON LISARDO: Wer liebt, der sorgt sich nicht um seinen Magen.

Lisardo beschwört eine pastorale Idylle inmitten der Stadt Madrid. Der Park wird zum Refugium, zur Liebeslaube, und aus dem Liebhaber ein Hirte. Man kann fast von einem in die Parkszenerie Madrids verlegten Schäferspiel sprechen. Belegen läßt sich diese Auffassung durch eine Charakteristik der immer wiederkehrenden Typen des Schäferromans in Juan Arce Solorzanos „Tragedia de amor y apacible entretenimiento" aus dem Jahr 1607: „Unter diesen vielen schmucken und geweckten Hirten, von denen dieses gesegnete Ufer wimmelt, sah man den eifersüchtigen Fisardo, den verschmähten Cintio, den begünstigten Lidoro, den entzückten Alcino, den schwermütigen Lovanio und den ungebundenen Marcelo: sie alle Hirten, sie alle Jünglinge, sie alle befreundet und verbunden, aber verschieden in der Art zu lieben und geliebt zu werden. Fisardo, den doch die schöne Risela begünstigte, hegte trotzdem Argwohn und Eifersucht, und er konnte sie auf die ganze Welt richten, denn die ganze Welt hatte Grund, sie um ihrer Reize und Schönheit willen zu lieben. Den Cintio quälte die Verachtung der klugen Eurila, den Alcino das lange Fernsein seiner geliebten Amarilis, den Lovenio verstimmte die geringe Aussicht seiner Hoffnungen. Nur Lidoro freute sich ..."

Die Brunnenkur geht auf eine List Belisas zurück, die nach Mitteln und Wegen sucht, mit Lisardo engeren Kontakt aufzunehmen, und diesem heimlich ein Billett zukommen läßt, in dem sie schreibt: „Ich muß Dich sehen! Höre meinen Plan; Gott Amor selbst hat ihn mir eingegeben: Ich werde Krankheit heucheln, werde, um den Vater und die Tante zu betrügen mir meine Wangen fahl und farblos schminken und tun, als wäre ich dem Tode nah.
Du aber geh und suche einen Arzt, dem Du als guter Freund vertrauen kannst, und weihe ihn in das Geheimnis ein.
Der Arzt muß finden, daß ich blutarm bin und an besonders schwerer Bleichsucht leide, und daß ich, um das Übel zu kurieren, an jedem Vormittag im Pradopark den eisenhaltigen Brunnen trinken müsse, den man den ‚Stahlquell von Madrid' benennt; dies sei der einzige Weg zu meiner Rettung!
. . .
Du kommst dann jeden Morgen in den Park; und wenn mich meine fürchterliche Tante begleiten sollte, suche einen Freund und bitte ihn, er soll ein Opfer bringen und tun, als ob er meine Tante liebte; dann läßt sie sicher Dich mit mir allein."

DON RISELO: Ich geb ihm gerne, was er nötig hat.
DON LISARDO: Ich nicht, denn das, was meine Brust erfüllt, heißt Liebesqual und nicht Gefräßigkeit!
BELTRAN: Schaut hin! Drei Frauen kommen!
DON LISARDO: Wo, Beltran?
  Ob sie es sind?
BELTRAN: Herr, warte hier, ich werde . . .
DON LISARDO: Nein, bleib zurück; schon hab ich sie erkannt. Sie sind's! Sie ist's!!
DON RISELO: Schnell; treten wir beiseite!

Don Lisardo, Don Riselo und Beltran verstecken sich. Die TANTE, DOÑA BELISA *und* LEONOR *treten auf. Doña Belisa in Sommerkleid und Federhut.*

TANTE: An jedem Tag muß ich dir wiederholen,
  du sollst den Männern aus dem Wege gehn,
  sollst sie nicht anschaun, dich nicht blenden lassen,
  sonst fällst du eines Tages noch in Liebe,
  und Liebe macht auf beiden Augen blind!
  Statt dessen aber tust du, wie gewöhnlich,
  das Gegenteil von dem, was ich befehle,
  und hast nichts anderes im Kopf als Männer.
  Bedenke stets: Schon manche Motte flog,
  vom Licht geblendet, mitten in die Flamme,
  wo sie ein fürchterliches Ende fand!
  Genauso wird es noch mit dir geschehen!
DOÑA BELISA: Gott steh mir bei! Wenn du mir weiter so
  auf Schritt und Tritt nur gute Lehren gibst,
  so wird mir weder meine Brunnenkur
  noch der Spaziergang die Genesung bringen.
  Du weißt sehr wohl: der Doktor hat gesagt,
  viel unter Menschen gehen sei für meine
  Melancholie die heilsamste Arznei!
  Warum befiehlst mir du das Gegenteil . . .?
TANTE: Du meinst wohl gar, ich würde dir erlauben,
  von jetzt an dich mit Männern abzugeben?
DOÑA BELISA: Mit wem denn sonst? Vielleicht mit wilden Tieren?
TANTE: Spazieren sollst du gehn, befahl der Arzt . . .
DOÑA BELISA:
  . . . und Menschen sehen und mit Menschen sprechen,
  Zerstreuung suchen, mich begleiten lassen . . .
  Hat er's nicht so verordnet, Leonor?
LEONOR: Und wie Euch das bekommen würde, Fräulein;
  das ist das Beste bei Melancholie!
TANTE: Ach was! Da weiß ich ein viel schönres Mittel:
  Schau dort den Springbrunn an. Bei seinem Plätschern
  vergeht dir alle Traurigkeit von selbst.
  Wie fein der dünne Strahl nach oben spritzt,
  als möchte er bis in die höchsten Äste
  der Bäume steigen, wenn es möglich wäre.
  Bemerke auch die großen, runden Kugeln,

die sich an seiner obern Spitze bilden,
wo sie der Wind in k l e i n r e Tropfen teilt.
Und ferner achte auf die grünen Bäume;
die Kronen bilden oben fast ein Dach,
damit du, wenn du dich darunter setzt,
von selber die Melancholie vergißt.
Wenn du durchaus mit jemand reden mußt,
sprich mit den Bäumen! Oftmals hab ich mir
auf diese schöne Art die Zeit vertrieben.
Versuch's, und du wirst sehen, das Gefühl
der Einsamkeit: auf einmal ist es fort!

„Schöne Ratschläge"; Blatt 15 (Ausschnitt) der 1799 veröffentlichten „Caprichos" von *Francisco de Goya*. Der Titel steht in ironischer Diskrepanz zum Bildinhalt: dem Gespräch zwischen einer alten Kupplerin und einer jungen Dirne; eine durchaus entsprechende Diskrepanz ist in Lopes „Eisenwasser von Madrid" gegenwärtig.

DOÑA BELISA: Und ob die Bäume mir wohl Antwort geben,
   wenn ich sie etwas fragen werde?
TANTE: Ja!
   Das tun sie ganz gewiß. Gib nur gut acht.

Doña Belisa tut so, als spräche sie mit den Bäumen. Was hier bei Lope nur lustig ist und Ausdruck der Gewitztheit der jungen Liebhaberin, die auf diese Weise versucht, ihrem Liebsten eine Mitteilung zu machen, wird bei Calderón zu einem festen und oft verwendeten Stilmittel. Seine Helden sprechen immer wieder mit toten oder lebendigen Dingen. Ihnen ist alles Seiende, also auch die Natur, Idee und durch eine höhere Analogie auf den Menschen bezogen. Von dieser Allegorisierung der Natur ist Lope noch weit entfernt. So ist auch die Allegorese der Tante nur spitzfindig und nicht tiefsinnig: „Du meinst wohl gar, ich hätte nicht bemerkt, mit was für Bäumen du gesprochen hast."

DOÑA BELISA *steht auf:*
   Ihr Herren Bäume, hört mich an: Ich wollte
   den Schmerz, der mich verzehrt, an dem nur rächen,
   der ihn verursacht hat. Für diesen Zweikampf
   im Freien, wo ich auf den Gegner warte,
   bedeckte ich die Brust mit einem Panzer,
   und schliff mein Schwert ...
TANTE *kopfschüttelnd:*   Du redest Unsinn, Kind.
   Poetischer ...!
DOÑA BELISA: Doch eine böse Macht
   steht mir im Weg und hindert meine Rede;
   und so gedenke ich von heute ab
   mich mit erzwungener Gewalt zu wappnen ...
   Die ganze Nacht tat ich kein Auge zu,
   denn all mein Denken kreiste um den Morgen!
   Nun sehe ich: Vergeblich war mein Hoffen,
   denn ungehört verklingt mein Klageruf.
   Ich fleh euch an, ihr grünen Bäume: Glaubt,
   daß mir ein treues Herz im Busen wohnt;
   und dich, du edler Lorbeer, bitte ich,
   das Leiden zu verstehen, das mich quält!

DON LISARDO *wird einen Augenblick sichtbar, leise:*
   Was du erflehst, erbitte ich von dir!
TANTE: Was flüstert da?!
DOÑA BELISA: Ich habe nichts gehört ...
TANTE: Es flüsterte!!
DOÑA BELISA: Vielleicht war es ... ein Baum?
TANTE: Ein Baum?
DOÑA BELISA: Du sagst doch selbst, das wäre möglich ...
TANTE: Sei nicht so naseweis!
DOÑA BELISA: Nun zankst du wieder ...
   und ich hab n u r getan, was du befahlst.
TANTE: Du meinst wohl gar, ich hätte nicht gemerkt,
   mit w a s für Bäumen du gesprochen hast?!
   Auf, nimm dein Tuch; wir gehn sofort nach Haus,
   denn du bist ruchlos und zutiefst verderbt!
   Auch deine Krankheit ist mir jetzt erklärlich,
   und was hier vorgeht, weiß ich ganz genau.
   Nun kenn ich deine Blutarmut und Bleichsucht!
   I c h werde eine a n d r e Stahlkur machen,
   denn bald soll dein beklagenswerter Vater
   erfahren, wie er hintergangen ward.
   Das Tuch! Im Augenblick!
DOÑA BELISA: Ach, zank nur weiter ...
   Was liegt denn d i r daran, daß ich genese?
   Wenn ich bald sterben muß, sterb ich an d i r !
   Schließ mich im Keller ein mit meinem Leiden,

Die „andere Stahlkur", die die Tante androht, bezieht sich auf die Doppelbedeutung des Namens der Quelle. „Stahl" ist nämlich nicht nur im Brunnen, aus ihm werden auch die Degen gemacht, die bei einem leichtfertigen Umgang mit der Ehre leicht und schnell gezogen werden können. Das Spiel mit diesem Wort durchzieht das Stück wie ein roter Faden.

dort werde ich ja schnell zugrunde gehn!
Kein Sonnenstrahl soll mir Erquickung bringen
und alles grau und elend um mich sein.
Gott gebe, daß du dann, in einem Monat,
mich vor dir siehst, in einem a n d e r n Kleid,
in dem man mich auf jenen Acker trägt,
wohin du mich ja schon seit Jahren wünschest.
Dann wirst du endlich g a n z zufrieden sein,
und noch wenn du vor meinem Grabe stehst,
wirst du mit fromm verdrehten Augen beten:
Gott, du hast recht getan; ich danke dir . . .!
Oh, daß mein Leiden sich verschlimmerte,
bis mir das Herz zerspringt vor lauter Qual!
Ich fühl's: Die Fallsucht wird mein Ende sein,
Gott gebe, daß . . .

Doña Belisa hat sich währenddessen abgewendet und das Gesicht gepudert. Nun sinkt sie in geheuchelter Ohnmacht auf eine Bank.

LEONOR *zur Tante:* Nun habt Ihr es erreicht . . .
TANTE: Sie fiel in Ohnmacht?!
DON LISARDO: Schau doch hin, Riselo.
DON RISELO: Was gibt's? Die Tante ist ganz außer sich . . .
LEONOR: Jetzt seht Ihr, was Ihr angerichtet habt!
  Bleich wie der Tod . . .
TANTE: Was hab ich denn verbrochen?
  Mein Gott, sie stirbt uns ja!!
LEONOR: Ihr habt behauptet,
  daß ihre Krankheit nur erheuchelt wäre!
  Nun liegt sie da, als wär sie schon gestorben.
  Wenn selbst ein Doktor sagt, es wäre ernst,
  wie könnt dann Ihr noch von Verstellung reden!
  O Gott!
TANTE: O großer Gott, was tu ich bloß!
LEONOR: Zu Hilfe! Hilfe!!

Don Lisardo, Don Riselo und Beltran treten aus dem Versteck.

LEONOR: Ach, Ihr edlen Herrn,
  könnt I h r uns helfen? Habt Ihr nicht vielleicht
  ein Mittel gegen Herzschlag bei der Hand?
TANTE *innerlich kochend:*
  Das alles ist ein abgekartet Spiel . . .
DON LISARDO: Wenn wir euch beistehn können, edle Damen . . .
LEONOR: Das Fräulein fiel in Ohnmacht . . .
DON LISARDO *immer sehr sachlich:*   Wann?
LEONOR: Soeben.
  Fühlt ihre Hände an.
DON LISARDO: So kalt wie Eis!
TANTE: Was hat denn er mit ihrer Hand zu schaffen?
LEONOR: Das tut er nur, daß sich das Herz beruhigt.
DON LISARDO: Kann jemand Wasser von der Quelle holen?
LEONOR: Jawohl; sie trägt ein Becherchen bei sich.
  Leonor zieht aus Doña Belisas Ärmel einen Trinkbecher.

Die Fallsucht, von der befallen zu sein Belisa mit Erfolg vorgibt, ist im Madrid Lopes zu einer regelrechten Modekrankheit geworden. Und auch unter den Ärzten herrschte eine seltene Einigkeit über die Therapie: man verschrieb in der Regel ein Glas des heilsamen Wassers aus dem Pradopark. Den streng behüteten Damen der Gesellschaft war dieses Leiden ein willkommener Anlaß, der zu engen Häuslichkeit zu entfliehen. „Es leuchtet ein, daß dieses Rezept als vielfacher Vorwand gesucht war. Besonders die Tochter, welche die Wahl ihres Ehepartners dem Bruder oder Vater überlassen mußte, ging verschleiert aus, um ein nächtliches Stelldichein zu verabreden. Diese Gewohnheit nahm so überhand, daß sie 1639 durch einen königlichen Erlaß untersagt wurde" (Martin Franzbach).

293

DON RISELO: Das wird ihr guttun. Schnell, Beltran, zur Quelle!

Beltran ab.

DON LISARDO: Inzwischen, und damit der Schmerz vergeht,
will ich ihr etwas in die Ohren flüstern.
Geheime Worte sind's, in fremder Sprache;
ein Inder lehrte mich den frommen Spruch.

Don Lisardo flüstert Doña Belisa etwas ins Ohr.

TANTE: Ich weiß schon, was Ihr da erzählen werdet,
damit sie plötzlich wieder zu sich kommt!

Die Tante will beide trennen. Don Riselo hält sie zurück.

DON RISELO: Den Steinen selbst gab Gott geheime Kräfte;
um wieviel stärker müssen Worte wirken!
TANTE: Das seh ich mir nicht länger mehr mit an;
solch eine Dreistigkeit ist unerhört!

Doña Belisa schlägt die Augen auf.

DOÑA BELISA: O welch ein süßer Trost...
DON RISELO: Schon spricht sie wieder.
TANTE: Kein Wunder!
DOÑA BELISA: Ach! Es schien mir so, als ob
in meiner Nähe eine Biene summte
und plötzlich alle Schmerzen von mir nahm;
es war wie süßer Honig für mein Ohr...
TANTE: Was?! Eine Biene?? Nein, ein Windhund war's!
Betrügerin!! Ward s o was schon erlebt?!
DON LISARDO *sachlich und bestimmt, zur Tante:*
Ich bitte, edle Dame, setzt Euch zu ihr;
die Kranke muß zunächst ein wenig ruhn;
zum Gehen ist sie ja noch viel zu schwach.
Ihr, Don Riselo, habt vielleicht die Güte
und nehmt den Platz zur Seite jener Dame.
I c h bleibe hier zur Rechten der Patientin,
damit ich ihr, wenn sie ein zweites Mal
in Ohnmacht fällt, was Gott verhüten möge,
den frommen Spruch noch einmal wiederhole.
TANTE: So weit, Belisa, ist's mit dir gekommen!
Du hast ja deine Tugend gut bewahrt...
DON LISARDO: Ich muß Euch höflichst bitten, eine Kranke,
die hilfsbedürftig ist, nicht grade jetzt
durch Grausamkeit aufs neue zu erregen.
Das ist nicht christliche Barmherzigkeit
und paßt sehr schlecht zu Euerm frommen Kleid!
DOÑA BELISA: Ach, Tante, zanke nicht in einem fort;
ich soll doch Menschen sehen, sagt der Arzt.
TANTE: Und grade diese zwei hat er gemeint...!
DON RISELO *zur Tante:*
Verehrte... schönste Dame, zürnt nicht mehr;
ich bitte Euch darum...
TANTE: Ihr... bittet mich?

Die „Biene", die Doña Belisa so rasch Linderung verschafft, hat außer einer erotischen auch viele emblematische Bedeutungen, von denen sich zwei auf diese Situation übertragen lassen. Die allgemeinste Auslegung sieht in den Bienen das einem König untertane Volk versinnbildlicht, hier zu verstehen als Unterwerfung unter die Herrschaft Amors. Diego de Saavedra Fajardo, ein spanischer Emblematiker und Zeitgenosse Lopes, sieht im Bild zweier in Bernstein eingeschlossener Bienen, die einen Pflug ziehen, ein Gleichnis für die Verbindung des Angenehmen mit dem Nützlichen.

DON RISELO *leise:*
Noch mehr: Ich flehe ... Schönste! Hört mich an!

Don Riselo faßt zärtlich die Hand der Tante. Sie wendet sich ihm halb empört, halb betroffen zu.

TANTE: Was soll das, Herr ...
DON RISELO: Dies würdige Gewand,
das so verklärt um Eure Schultern fließt,
der sanfte Engelsblick, vor dem ein Fels,
und sei er noch so hart, zerschmelzen muß ...!
Der süß-verhaltne, schwärmerische Ernst,
der helle, überragende Verstand ...!
TANTE: Ihr werdet wohl begreifen, Herr, daß ich
die Dinge, die ich hier mit ansehn muß,
zum mindesten ein wenig seltsam finde ...
DON RISELO: Ihr seht doch selbst: Die Kranke muß zuerst
zu Kräften kommen. Schaut, wie bleich sie ist!
Barmherzigkeit ist eine edle Tugend,
und Euch, verehrte Schöne, leuchtet sie
mit ganz besondrer Milde aus den Augen!
TANTE: Ihr scheint ein wohlerzogner Kavalier ...
DON RISELO: Die edle Tugend und die Sittsamkeit ...
die Augen, die wie milde Sterne strahlen ...
Oh, ahntet Ihr, wie mir zumute ist ...!
TANTE: Wär es nicht besser, Herr, wir setzten uns
auf jene andre Bank?
DON RISELO: Ganz wie Ihr wünscht.

Don Riselo und die Tante stehen auf. Er nimmt ihren Arm.

DON RISELO: Der schöngeschwungne, adelige Mund,
die Lippen, die ein langersehnter Traum
von Rosenblüten und Korallen sind ...
und diese königliche Adlernase ...!

Sie sind bei der Bank angekommen.

Das Elfenbein des schlanken Schwanenhalses!
Und ... diese Brüste, herrlich und erlaucht,
von Amors unerreichter Künstlerhand
aus Schnee und heißer Lavaglut geformt ...
sie blenden, fesseln und verbrennen mich,
wenn sie des Nachts durch meine Träume geistern ...
Oh, ahntet Ihr, wie mir zumute ist ...
TANTE: O Gott, mein Herr! Nicht weiter, haltet ein!
Ihr sprecht zu mir, als wär ich eine Frau,
mit der man über Zärtlichkeiten redet!
Ich gehe fort! *Setzt sich aber auf die Bank.*
Beiseite: O großer Gott im Himmel!
Ich bete stets zu dir mit frommem Herzen.
Hast du mir selbst vielleicht das Glück beschert?
DON RISELO: Verlaßt mich nicht ... *Setzt sich neben die Tante.*
              Ich muß es Euch gestehn:
ein stolzer Zauber strahlt aus Eurem Wesen ...

Die Mantel- und Degenstücke kompensieren eine strenge öffentliche Moral, geben aber dennoch, auch wenn das widersprüchlich scheint, oft ein adäquates Abbild des alltäglichen Lebens. Die Moral ist offiziell, und offen gegen sie zu verstoßen ist verpönt; das kann aber nicht heißen, daß es nicht genug Wege und Möglichkeiten gäbe, sich insgeheim darüber hinwegzusetzen, wobei einige dieser Praktiken sogar einen halboffiziellen Status annehmen und zur Mode werden. 1638 etwa erläßt der König ein Gesetz gegen die überhandnehmenden „profanaciones del real palacio" („Entweihungen des königlichen Palastes") durch Kavaliere, die allnächtlich den Hofdamen einen Besuch abstatten. Auf der anderen Seite aber hat man nichts dagegen, daß die Caballeros wie mittelalterliche Ritter offen die Farben ihrer Damen tragen. Und zur Gewohnheit wird es auch, daß der Herr, der mit seiner Dame unterwegs ist, keinen an ihn gerichteten Gruß beantwortet, und das nicht etwa, weil er nicht erkannt werden will, sondern weil dies bedeutete, daß er einer anderen Person größere Aufmerksamkeit schenken würde als der Geliebten. Hieraus entwickelt sich, so Wolfgang Wurzbach, „eine Art Recht der Flirtenden, ähnlich dem der Granden, die sich in Anwesenheit des Königs bedecken durften".

TANTE: Trotz dieses Kleides, das so schmucklos ist?
DON RISELO: Was will die Schale? Echt ist n u r der Kern!
  Die Liebe aber zieht mit leisen Händen
  die nackte Frucht hervor aus ihrer Hülle
  und drückt sie voller Seligkeit ans Herz...
TANTE *beiseite:*
  Ob mich der Böse heimsucht? *Laut:* Nein! Ich weiß,
  Ihr... spielt mit mir...
DON RISELO: Das schönste Spiel der Welt,
  wie gern möcht ich es spielen... und mit E u c h!
TANTE: Ihr seid ein böser Mann... Ja, glaubt es nur!
  Ach, geht mir doch... *Sie rückt ihm näher.*
DON RISELO: Wer s o in Liebe fiel,
  der weiß ja nicht mehr, was die Lippe stammelt...
TANTE *schelmisch:*
  Ihr macht mich ernstlich bös!
DON RISELO: Durch meine Liebe??

    Beltran bringt das Wasser.

BELTRAN: Da wär das Wasser...
LEONOR: Still! Setz dich zu m i r.

  Beltran und Leonor setzen sich auf die dritte Bank.

BELTRAN: Mir scheint, sie braucht jetzt gar kein Wasser mehr...

    Er schüttet es weg.

LEONOR: Doch dafür fanden sich zwei Liebespärchen.
BELTRAN: Schau einer an: die tugendhafte Tante!
LEONOR: Die Tugend hat sie heute abgelegt...
BELTRAN: Und wie ist es denn nun mit dir und mir?
LEONOR: Mit dir und mir? Ich weiß genau, daß du
  die Katharina lieber hast als mich!
BELTRAN: Ein einzig Mal hab ich mit ihr gesprochen,
  und nur, weil du mit ihr befreundet bist!
LEONOR: Ich möchte aber diese Freundschaft nicht.

*Die Tante wendet den Kopf und sieht, wie sich Don Lisardo und
      Doña Belisa umarmen.*

<small>Die Tante ist die Anstandsdame und ein verknöcherter Garant der Moral – gewesen. „Mit ihrer Niederlage gelingt der Einbruch in die festgefügte Sozialordnung, um eine neue Harmonie zu beschleunigen" (Martin Franzbach).</small>

TANTE *leise, verstohlen:*
  Was sieht man da? Das sind ja schöne Sachen!
DON RISELO: Wahrscheinlich wollte sie gerade wieder
  in Ohnmacht fallen, und er hielt sie auf.
TANTE *neckisch:*
  Ihr seid ein Schlimmer... huch!
DON RISELO: Laßt sie gewähren;
  sie sind ja a u c h noch jung! Fast will mir scheinen,
  sie werden eines Tags noch Mann und Frau!
TANTE: Die Bleichsucht... Jetzt verstehe ich...
LEONOR: Beltran,
  du hast den Doktor gut gespielt!
BELTRAN: Das glaub ich.

D i c h werd ich auch kurieren!
LEONOR: So? Warum?
BELTRAN: Weil ich schon e i n m a l einer wilden Stute,
die sich nicht reiten ließ, Vernunft beibrachte.
TANTE: Und sagt mir aufrichtig: Seid Ihr noch frei?
DON RISELO: Erscheine ich Euch wirklich so verächtlich . . .?
TANTE: O nicht doch, nein! Ich möchte ja nur wissen,
ob Ihr nicht etwa schon verlobt seid . . .
DON RISELO: Ich?!
Wie könnt ich noch an eine Ehe denken,
wenn ich ein Weib wie Euch gesehen habe!
TANTE: Dann fleht den Himmel an um seinen Segen,
denn Gott allein kann lösen oder binden!

DON RISELO steht auf und faltet die Hände; Beltran bemerkt es.

Beiseite: Jetzt wird es brenzlig . . .
BELTRAN *zu Leonor:*   Wie die Sonne sticht!
Wir sollten hier nicht länger sitzen bleiben.
Riselo, scheint mir, möchte auch schon fort;
geh, und befrei ihn von der keuschen Tante.
DON LISARDO: Haha! Er hat ihr schön den Kopf verdreht;
jetzt wird es Zeit, daß wir nach Hause eilen.
Zu Don Riselo: Es ist schon reichlich spät . . .
DON RISELO: Lebt wohl, mein Stern!
TANTE: Und werdet Ihr auch manchmal an mich denken?
DON RISELO: Weit eher würde ich mich selbst vergessen!
TANTE: Wer weiß, Ihr tretet aus dem Park hinaus
und wißt nichts mehr von Euern Liebesworten . . .
DON RISELO: Wie es mich schmerzt, daß Ihr mich so verkennt!
TANTE: So folgt mir, und ich zeig Euch, wo ich wohne.

DON LISARDO *leise:*
Wie ging es mit der Tante?
DON RISELO *leise:*   Glatt wie Butter . . .

TANTE *zu Doña Belisa:*
Nun laß uns gehn, mein Kind.
DOÑA BELISA: Bist du erzürnt?
TANTE:
Weshalb denn? Keineswegs.
BELTRAN: Das hat geklappt.

Die Tante, Don Riselo und Doña Belisa ab.

DON LISARDO: Viktoria! Schon ist das Spiel gewonnen!

Don Lisardo ab.

BELTRAN: Die Tante! Schau!
LEONOR: Ganz recht ist ihr geschehn.
Sie warnte stets: Schon manche Motte flog,
vom Licht geblendet, mitten in die Flamme,
wo sie ein fürchterliches Ende fand.
BELTRAN: Nun hat sie s e l b s t die Liebe übermannt!

Lopes „Eisenwasser von Madrid" (bekannter unter dem Titel „Brunnenkur") ist eine Zeitsatire auf das Leben in der aufstrebenden Hauptstadt Madrid und gehört zu den besten Produkten, die seine dramatische Phantasie hervorgebracht hat. Diese Comedia beruht, so Karl Vossler, „auf keiner nachweisbaren literarischen Vorlage, sondern lediglich auf Kenntnis des zeitgenössischen Lebens, des modischen Getriebes, der galanten Sitten, der literarischen Konventionen und auf dramatischer Verwicklungskunst". Da alles andere der Imagination des Autors überantwortet ist, ist das Mantel- und Degenstück nach Auffassung Lopes die höchste Form der Comedia überhaupt.

Personenregister

Im Schrägsatz gedruckte Namen beziehen sich auf Gestalten, die Lope de Vega geschaffen hat, oder auf (historische, mythologische) Gestalten und Personen, die in den im vorliegenden Band enthaltenen Auszügen aus seinen Werken erwähnt werden, wobei auch die Seiten verzeichnet sind, auf denen diese Personen in anderem Zusammenhang vorkommen. Die in Klammern gesetzten Angaben über Verwandtschaftsverhältnisse beziehen sich auf Lope de Vega. Nicht in das Register aufgenommen sind die in den Inhaltsübersichten zu den einzelnen Werken genannten Namen. Ein (W) hinter einer Seitenzahl gibt an, daß hier ein Werk des betreffenden Künstlers abgebildet ist; ein (A) verweist auf eine Darstellung der betreffenden Gestalt oder Person. Bildnisse oder sonstige Darstellungen Lope de Vegas befinden sich auf den Seiten 59, 96, 97, 104 und 114.

A

Abadal, José 174 (W), 175
Abadal, Pedro 174 (W), 175
Adam 27
Addison, Joseph 106
Adonis 128
Aguilar, Francisco López de (Pseudonym: Julio Columbario) 101
Aguilar, Gaspar de 48
Alarcón, Juan de 90
Alba, Herzog von (Antonio Álvarez de Toledo) 50ff, 56, 58
Alba, Herzog von (Diego Álvarez de Toledo) 50f
Alba, Herzog von (Fernando Álvarez de Toledo) 44
Albert, Erzherzog von Österreich (Schwager Philipps III. von Spanien) 59, 61
Alberti, Leon Battista 124
Alcalde (in „Fuente Ovejuna") 214, 219, 222ff, 233, 236ff
Alemán y de Enéro, Matéo 66, 70, 274
Alexander der Große 60, 75
Alfons V., der Afrikaner (portugies. König) 212, 235
Alfons VIII. (König von Kastilien) 70
Alfons X., der Weise (König von Kastilien und León) 130

Almasov, Alexey 136, 230, 233
Alonso, Damaso 128
Amor 27, 60f, 290
Andreas, hl. 83
Anfriso (Schäfer, in „La Arcadia") 58
Anselm von Canterbury 135
Anulus, Bartolemaeus 172
Apollo(n) (Apolo) 13, 20, 49, 66, 95, 97 (A), 127, 154, 254
Aragon, Manuela de (Tochter) 31f
Aragon, María de 31
Aranda, Graf (Pedro Pablo Abarca de Bolea) 106
Aretino, Pietro 100
Ariosto, Ludovico (Ariost) 45, 254f
Aristoteles 76, 122f, 125
Armenta, Trillo de 52
Arquijo, Juan de 66
Artmann, H. C. 26
Atienza, Ana de 42
Augustinus, hl. (San Augustin) 40 (A), 75
Aulnoy, Marie Catherine von 267
Austria – siehe Juan
Avellaneda, Alonso Fernández de 73
Ayala, Antonia Clara de (Tochter) 82, 98
Ayala, Marta de, geb. de Nevares Santoyo 82ff, 95, 98, 269
Ayala, Roque Hernandez de 82f

Aytona, Graf von (Vizekönig von Valencia) 50

B

Balzac, Honoré de 35
Bandello, Matteo 266
Barreda, Francisco 102
Barrera y Leirado, Cayetano Alberto de la 111
Bartholomäus, hl. 98
Bazán, Alvaro de, Marqués von Santa Cruz 37, 44, 46
Beatrice (Kurtisane, in „Der Ritter vom Mirakel") 158ff
Bela, Don (in „La Dorotea") 34f
Belisa, Doña (in „Das Eisenwasser von Madrid") 290ff
Belmonte (Schriftsteller) 84
Beltran (in „Das Eisenwasser von Madrid") 288ff
Bertuch, Friedrich Justin 108
Bettac, Ulrich 115
Bettinelli, Saverio 107
Bidelli (Verleger) 62
Bivar (Schriftsteller) 41
Blomberg, Barbara 20
Boccaccio, Giovanni 159, 172, 179
Boileau-Despréaux, Nicolas 103
Bouhours, Dominique 103
Boyl, Carlos 48
Bruegel, Pieter d. Ä. 64/65 (W)

299

Brüggemann, Werner 102, 105, 107
Brusela, Gerónimo 15
Brutus, Lucius Iunius 159
Bruyn, Abraham von 23
Burgillos, Tomé de (Pseudonym Lope de Vegas) 84
Burgos, Jéronima de 75, 79
Busto von Tabera (in „Der Stern von Sevilla") 182ff, 190f, 194

C

Cabra, Antonio de 82
Cabra, Graf von 235
Calderón, Cristóbal 32, 42
Calderón, Rodrigo 128
Calderón de la Barca, Pedro 12f, 30, 33, 37, 50, 84, 88, 102, 106, 108ff, 197, 292
Camerarius, Joachim 203 (W)
Camillo (in „Der Ritter vom Mirakel") 153ff
Cano, Alonso 184, 185 (W), 259 (W)
Caravaggio (eigentl. Michelangelo Merisi) 24, 145 (W)
Cardenas, Miguel de 90
Cardoso, Fernando 98
Carducho, Vincente 76 (W)
Carpaccio, Vittore 176 (W), 177
Carpio, Bernardo del 11
Carpio, Miguel (el Onkel) 31
Carreño, Juan 54 (W)
Carstensen, Margit 118/119 (A)
Casalduero, Joaquín 134, 216, 241
Castillo (Polizeidiener) 41
Castro, Juan Blas de 50
Castro y Bellois, Guillén de 74, 84, 103, 109
Caxes (Maler) 95, 96 (W?)
Celia (in „Die Angel der Fenisa") 172ff, 248
Celia (in „Die kluge Närrin") 278f
Cervantes Saavedra, Miguel de 12f, 20, 26, 30, 37ff, 41, 43, 45, 56, 58, 63, 66f, 71, 75, 77f, 84, 95, 106, 108f, 122, 124, 159, 227, 241
Chauvel, Simon 101
Chaves, Juan 42
Christus – siehe Jesus
Cid (eigentl. Ruy Diaz de Vivar) 12, 31, 71, 103, 191
Cisneros, Francisco Jiménez de (Kardinal) 27
Clavijo y Fajardo, José 106
Coello – siehe Sánchez Coello
Colon, Cristobal – siehe *Kolumbus*

Columbario, Julio – siehe Aguilar
Conaeus, Georgius 94
Conde, Claudio 42f, 47, 50
Corneille, Pierre 103

D

Damon 50
Dávila, Pedro de, Marqués de las Navas 30, 50
Diana 84
Díaz, Diego 59, 67, 70
Díaz, Félix (Sohn) 70
Díaz, Lopillo (Sohn) 75, 79, 84, 98
Díaz, Micaela, geb. de Luján ("Camila Lucinda") 59, 66f, 70, 75, 77
Diaz-Plaja, Fernando 58, 212
Dicenta, Joaquín 112
Dido 45
Diokletian (röm. Kaiser) 123
Dionysos (Dionys) von Syrakus 50
Dorotea (in „La Dorotea") 32ff, 41, 43, 67, 73
Drake, Francis 45ff

E

Eboli, Ana Mendoza de la Cerda, Fürstin von Eboli ("Prinzessin Eboli") 50, 51 (A)
Elisabeth I. (engl. Königin) 44f, 95
Enríquez, Enrico Jorge 50
Erasmus von Rotterdam 27, 124
Espinel, Vincente 20, 78, 84, 95
Espinosa (Richter) 42
Estrada, Francisco López 112
Estrella (in „Der Stern von Sevilla") 182, 186, 190f, 196ff, 202f, 205 (A), 207f

F

Falda, Giovanni Battista 166 (W)
Fassbinder, Rainer Werner 116ff
Feijóo y Montenegro, Benito Jerónimo 105
Fenisa (Kurtisane, in „Die Angel der Fenisa") 172ff, 248
Ferdinand I. (dt. Kaiser) 11
Ferdinand I., der Katholische (König von Aragon und Kastilien) 48, 116, 117 (A), 118/119 (A), 135, 200, 212f, 223, 230f, 233ff, 243ff
Fernando (in „La Dorotea") 35f, 43
Ferrer, Benito 91
Feuchtwanger, Lion 51, 115
Figueroa, Roque de 90
Filiberto (Sergeant, in „Der Ritter vom Mirakel") 158ff
Filis (in „La Dorotea") 35, 41
Finea, Doña (in „Die kluge Närrin") 274ff
Florencio, Don (in „Das Eisenwasser von Madrid") 286ff
Flores (in „Fuente Ovejuna") 212ff, 223f, 231, 233f
Fourment, Hélène 140/141 (A), 142
Franco y Bahamonde, Francisco 113
Frank, Bruno 38f, 41
Franzbach, Martin 162, 263, 269, 281, 292, 296
Franziskus, hl. (San Francisco) 90
Fries, Fritz Rudolf 16, 24f, 28, 30, 34, 42, 48, 51, 56, 67, 95, 101, 105, 110, 244
Frondoso (in „Fuente Ovejuna") 116, 135, 212, 216ff, 229, 231, 233, 236ff, 244f
Füßli, Johann Heinrich 178 (W)

G

Gerarda (Kupplerin, in „La Dorotea") 34
Gerstinger, Heinz 115
Ginsberg, Ernst 115
Goethe, Johann Wolfgang (von) 105, 111, 254
Gómez, Gaspar 31
Góngora y Argote, Luis de 12, 15, 56, 58, 82, 90, 95, 126ff
Gottsched, Luise Adelgunde Victorie, geb. Kulmus 263
Goya, Francisco de 213 (W), 232 (W), 233, 238 (W), 291 (W)
Gracián, Baltasar 17, 67
Granvela, Francisco Perrenot de 35, 41
Greco, El Greco (eigentl. Domenico Theotocopuli) 40 (W), 88, 89 (W), 264, 265 (W), 268 (W)
Greflinger, Georg 102
Grigulevic, Jossif Romualdowitsch 75
Grillparzer, Franz 109, 110 (W)
Grimmelshausen, Johann (Hans) Jakob Christoffel (Christoph) (von) 12

Großmeister des Calatravaordens (in „Fuente Ovejuna") – siehe *Rodrigo*
Guardo, Antonio de (Schwiegervater) 56
Guevara, Fernando Nino de (Erzbischof von Toledo und Großinquisitor) 88, 89 (A)
Guevara, Luis Vélez de 67, 78
Gurjewitsch, Aaron J. 135 f, 214, 257
Guzman, Fernan Gomez de 234, 237

H

Hardy, Alexandre 100
Harsdörffer, Georg Philipp 102, 105
Haugk, Dietrich 115
Hauser, Arnold 24, 65
Heer, Friedrich 115
Hegel, Georg Wilhelm Friedrich 151, 183, 191
Heinrich IV. (franz. König) 51, 63
Helena (die schöne Helena) 11, 48, 75
Hempel, Adalbert 41
Henrique (Kardinal, portugies. König) 36
Herder, Johann Gottfried 107
Herkules (Herakles, „Thebaner") 16, 128, 228 (A)
Herrera, Sebastián de 60 (W)
Heywood, Thomas 100
Hogenberg, Johann 23 (W)
Homer 254

I

Ibáñez, Juan de Ochoa 66
Icaza, Francisco de 73
Ignatius von Loyola 21, 22 (A), 23
Indiana, Amarylis 11 f, 27
Isabel Clara Eugenia (Schwester Philipps III.) 59, 61
Isabella I., die Katholische (Königin von Kastilien und Aragon) 48, 116, 117 (A), 118/119 (A), 135, 200, 212 f, 223, 230 f, 233 ff, 243 ff
Isabella von Bourbon (erste Gattin Philipps IV. von Spanien) 94
Isidro, hl. 53 (A), 54 (A), 67, 75, 83, 91

J

Jacinta (in „Fuente Ovejuna") 116, 119, 227, 230, 234, 236 f, 241, 244
Jacóme (Bäckermeister) 31
Jegher, Christoffel 62/63 (W), 147 (W)
Jesus Christus 24, 40 (A), 72 (A), 78
Johannes (Diakon) 53
Johannes der Täufer 40 (A), 61
Juana de la Beitraneja (Gattin Alfonsos V. von Portugal) 212
Juan de Austria (Johann von Österreich) 20, 26, 50, 71

K

Karl der Große (fränk. Kaiser) 11 f
Karl II. (span. König) 92, 105
Karl III. (span. König) 106
Karl V. (Carlos V) (dt. Kaiser, als Karl I. span. König) 10 (A), 11, 20, 51, 71, 94, 162
Katharina von Savoyen (Schwester Philipps II.) 55
Kilian, Lukas 21 (W)
Kissel, Helmut 115
Kolumbus, Christoph (Cristobal Colon) 16, 43, 79
Kommerell, Max 168, 194 f
Komtur (in „Fuente Ovejuna") 50, 105, 116 f, 135, 212 ff, 217 ff, 222 ff, 229, 231, 233 ff
Krauss, Werner 36, 55, 63, 74, 101, 111, 250 ff

L

Laokoon 178 (A)
Lara – siehe Manrique de Lara
La Rochefoucauld, François 288
Laube, Heinrich 115
Laurencia (Laurentia, in „Fuente Ovejuna") 116, 118/119 (A), 135 f, 212 ff, 227 ff, 234, 236 f, 242, 244 f
Laurencio, Don (in „Die kluge Närrin") 274 ff
Le Nain, Louis 24
Lenneweit, H. W. 115
Leonarda, Doña (in „Die keusche Witwe") 262 ff, 266 ff
Leonato (Fähnrich, in „Der Ritter vom Mirakel") 153 ff
Leonor (in „Das Eisenwasser von Madrid") 290 ff
Lesage, Alain René 20, 35

Lessing, Gotthold Ephraim 107 f
Liñán (Schriftsteller) 41
Lisardo, Don (in „Das Eisenwasser von Madrid") 288 ff
Livius 159
Llampillas, Francisco Javier 107
Llanos, Ignacio Suárez 100 (W)
Lofraso (Kuppler, in „Der Ritter vom Mirakel") 155 ff
Lombardo (in „Der Ritter vom Mirakel") 158 ff
Lorca, Federico Garcia 105, 112 ff
Lucindo (in „Die Angel der Fenisa") 172 ff
Lucrezia 158, 159 (A)
Ludwig I. (bayer. König) 110
Ludwig XIV. (franz. König) 103, 105, 143 (A)
Luján, Micaela de – siehe Díaz
Luján, Pánfilo de (in „Der Pilger in seinem Vaterland") 71
Lullus, Raimundus 27
Lupus (Lope), hl. 11
Luzán, Ignacio de 105
Luzman (in „Der Ritter vom Mirakel") 142 ff

M

Macías (in „Macías, der Poet") 248 ff
Manrique, Großmeister des Santiagoordens (in „Fuente Ovejuna") 116 f, 235 f, 243
Manrique, Luis de Vargas 37
Manrique de Lara, Jerónimo (Bischof von Avila) 26 f, 41
Marcks, Erich 46
Marfisa (in „La Dorotea") 32, 34, 36
Margarete von Österreich (Gattin Philipps III.) 50, 59 f, 61 (A), 78, 114
Maria, hl. 35, 40 (A), 82, 94
Maria del Val, hl. 28
Maria Stuart (schott. Königin) 44, 94 f
Marie Louise von Orleans (Gattin Karls II. von Spanien) 92
Martial 252
Maupassant, Guy de 35
Medina, Pedro de, gen. „Medinilla" („der kleine Medina") 50
Medina Sidonia, Herzog von 43 ff
Medinilla, Baltasar Elisio de 70, 101
Medrano, Sebastián Francisco de 82
Mendoza (Dominikanerpater) 53

Mendoza, Antonio Hurtado de 75, 84
Mendoza, Pedro Hurtado de 76
Mendoza y Enríquez, Mencia de 50
Menéndez y Pelayo, Marcelino 75, 88, 111, 123, 134, 227
Mengo (in „Fuente Ovejuna") 212, 219 ff, 224, 230, 233, 236 f, 239, 242 ff
Mérimée, Henri 49
Mescua, Mira de 90
Meunier, Louis 91 (W)
Michael, Erzengel 237
Midas (phryg. König) 154
Minks, Wilfried 119
Molière (eigentl. Jean-Baptiste Poquelin) 103, 130
Molina, Luis de 33
Molina, Tirso de — siehe Tirso de Molina
Montaigne, Michel Eyquem 122
Montalbán, Juan Peréz de 16, 80, 84, 90, 98, 101, 108 f, 111
Montemajor, Jorge de 13, 58, 62
Montesinos, José F. 34
Montez, Lola 110
Moratin, Nicolás Fernández de 106
Morhof, Georg 105
Morus, Thomas 124
Muñoz, Hernando 30
Murillo, Bartolomé Estéban 272 (W), 274

N

Narziß 144, 145 (A)
Nasarre y Ferriz, Blas Antonio 106
Nebrija (Humanist) 48
Nevares, Marta de — siehe Ayala
Nisa, Doña (in „Die kluge Närrin") 275, 277 f
Núñez, Hernán 28

O

Obregón, Bernardino 24, 26
Octavia (in „Der Ritter vom Mirakel") 150 ff
Odysseus 43
Olivares, Graf von (Gaspar de Guzmán, Herzog von Sanlúcar) 88, 94, 98
Oquendo, Miguel de 46

Ordóñez (Lizentiat) 41
Ortíz, Sancho (in „Der Stern von Sevilla") 187 ff, 194 ff, 201, 204 f, 207 f
Ossorio, Elena 32, 34, 37 f, 41 f, 48
Osuna, Herzog von 83

P

Pacheco, Francisco 59 (W), 66, 85 (W)
Pantoja de la Cruz, Juan 56, 57 (W)
Parabosco, Girolamo 148
Parker, Alexander A. 134
Pascuala (in „Fuente Ovejuna") 212, 215, 223 f, 227, 234
Passe, Crispien de, der Ältere 146 (W)
Pastrana, Herzog von 78
Pavón, Garcia 113
Perede, Antonio de 197 (W)
Pérez, Antonio 50 f
Peréz de Montalbán — siehe Montalbán
Petrarca, Francesco 83
Petry, Walter 76
Peymann, Claus 115
Pfandl, Ludwig 12
Philipp II. (span. König) 11, 15 ff, 36, 38, 44, 47, 50 ff, 55 f, 58, 75, 133, 148/149 (A)
Philipp III. (span. König) 50, 56, 57 (A), 58 f, 60 (A), 61, 67, 68/69 (A), 76 f, 79, 88, 91, 106, 114
Philipp IV. (span. König) 74, 88, 91, 94, 128, 295
Philipp (V.) von Anjou (span. König) 105
Phintias 50
Phöbus 60
Pidal, Ramón Menéndez 17, 101, 123, 125, 129
Pinillos, López 113
Pius V. (Papst) 44
Plato(n) 112 f
Plautus 123, 151
Porres, Gaspar de 42, 47
Poza, Marqués de 73
Prado, Melchor de 37

Q

Quadrio, Francesco Saverio 107
Quevedo y Villegas, Francisco de 12, 25 f, 66, 75, 85 (A), 167
Quintilian(us), Marcus Fabius 23, 122

R

Raben, Peer 116
Racine, Jean 103
Rades y Andrada 234, 236, 243
Rámila, Pedro de Torres 101 f
Rehm, Werner 118/119 (A)
Ribadineira 23
Ribalta, Francisco 263
Ribbans, Geoffrey W. 135, 217, 222, 226, 231
Ribera, Juana de la 42
Ribera, Jusepe de 24 (W), 160 (W), 161, 229 (W)
Ribera Barroso, Francisco de, Marqués von Malpica (Marschall von Kastilien) 53, 56
Rigaud, Hyacinthe 143
Rincón, Carlos 112
Ripa, Cesare 253
Riseldo, Don (in „Das Eisenwasser von Madrid") 288 ff
Rivera, Catalina Enríquez de 50
Rizzi, Francisco 92/93 (W)
Rodrigo, Großmeister des Calatravaordens (in „Fuente Ovejuna") 117 (A), 135, 213, 243
Rojas, Augustin de 132
Rojas, Fernando de 31, 33 f, 73
Rojas, Pedro Soto de 78
Roland 11 f, 255
Rómulo, Francisco 77
Rosicler, Isabel, geb. Vega (Schwester) 31
Rosicler, Luis (Schwager) 31, 38, 42
Rubens, Peter Paul 21, 22 (W), 23, 62, 83, 140/141 (A, W), 142, 147
Rueda, Lope de 122, 129
Ruiz, Gonzalo, Graf von Orgaz 40 (A)

S

Saavedra, Rodrigo de 41
Saavedra Fajardo, Diego de 186 (W), 294
Sánchez, Alonso 102
Sánchez, Lorenza 98
Sánchez Coello, Alonso 51 (W), 192/193 (W), 194
Sancho (in „Der Stern von Sevilla") — siehe *Ortíz, Sancho*
Sancho IV. (König, in „Der Stern von Sevilla") 182 ff, 187 ff, 199 ff, 204, 205 (A), 207 f
Salas Barbadillo, Alonso Jerónimo de 75
Salcedo, Lucía 80
Saldaña, Graf von 78
Sarria, Marqués von 56, 66, 80

Lope Félix de Vega Carpio   Register/Bildnachweis

Scaevola, Mucius 158
Schalk, Fritz 48
Schiller, Friedrich (von) 17, 111
Schlegel, August Wilhelm (von) 109
Schlegel, Friedrich (von) 109
Scipio Africanus 227
Seneca 252
Serrana, Lucinda (Pseudonym Lope de Vegas) 74
Sessa, Herzog von (Luis Fernández de Córdoba y Aragon) 24, 45, 73 f, 77 ff, 94, 101, 111
Shaftesbury, Earl of (Anthony Ashley Cooper) 107
Shakespeare, William 109, 111, 151
Silva y Mendoza, Francisco de 78
Sörensen, Jörg 117 (A)
Solorzano, Juan Arce 289
Sorolla, Miguel 49
Soto, Hernando de 16
Spitzer, Leo 135, 221, 230, 237, 239
Spranger, Bartholomäus 228 (W)
Stephanus, hl. 40 (A)

T

Tarquinius, Collatinus 159
Tarquinius, Sextus 159 (A)
Tárrega, Francisco 48
Tasso, Torquato 70, 83, 254
Teresa von Avila, hl. 80, 81 (A)
Thackeray, William Makepeace 143 (W)
Thomas von Aquin 224
Tintoretto (eigentl. Jacopo Robusti) 20, 144 (W)
Tiraboschi, Girolamo 107
Tirso de Molina (eigentl. Gabriel Téllez) 100, 109

Tizian (eigentl. Tiziano Vecellio) 10 (W), 11, 148/149 (W)
Tomberg, Friedrich 177
Torres Nabarro, Bartolomé de 129
Tristán (in „Der Ritter vom Mirakel") 142 ff
Tristán (in „Die Angel der Fenisa") 172 ff
Turia, Ricardo de 102

U

Uquer, Hans 32
Urban VIII. (Papst) 94 f
Urbina, Diego de (Schwiegervater) 42
Usátegui y Vega, Luis Antonio de (Enkel) 98

V

Valencia, Pedro de 84
Vargas, Tomas Tamayo de 101
Vega, Carlos Lope (Sohn) 75, 78 f
Vega, Felicia (Tochter) 98
Vega, Félix (Vater) 11, 13 f, 24, 27, 30
Vega, Francisca Fernández Flores (Mutter) 11, 30, 50
Vega, Garcilaso de la 43
Vega, Isabel, geb. de Urbina Alderete y Cortinas (erste Gattin) 42 f, 45, 47 f, 50, 52
Vega, Isabel (Tochter) 52
Vega, Jacinta (Tochter) 62, 66
Vega, Juana, geb. de Guardo (zweite Gattin) 56, 62, 66 f, 70, 77, 79, 98
Vega, Marcela (Tochter) 74, 88, 101

Vega, Teodora (Tochter) 52
Velasco, Pedro Duque de 80
Velázquez, Ana 41
Velázquez, Diego 59, 61 (W), 88, 152 (W), 153, 156/157 (W)
Velázquez, Jerónimo 32, 37 ff, 41 f, 52
Velázquez, Luis Joseph 108
Venus 128, 148/149 (A)
Vergil (Virgil) 254
Vicentino, Andrea 18/19 (W), 20
Villalba, Melchor de 60
Villalta, Andrés de 48
Villegas, Alonso de 53
Viu, Francisco 113
Voltaire (eigentl. François Marie Arouet) 106
Vos, Maerten de 146 (W)
Vossler, Karl 27, 33, 42, 45, 47 ff, 52 f, 59 f, 74 f, 77 f, 80, 84, 92, 95, 126 ff, 132 ff, 162, 196, 207, 226, 251, 258, 266, 288, 297
Vulcanus 128

W

Wardropper, Bruce W. 218, 227, 230
Weber, Max 16
Wonder, Erich 119
Wurzbach, Wolfgang 295

Z

Zainer, Johann 159
Zesen, Philipp von 186
Ziria, Ricardo del 124
Zola, Emile 35

Bildnachweis

Amsterdam: Rijksmuseum (Rijksprentenkabinet) 62/63, 147. Genf: Reformationsmuseum der Universitätsbibliothek 23. Glasgow: Art Gallery 265. Hartford (Connecticut): Wadsworth Atheneum 160. Leinfelden-Echterdingen 1: Deutsches Spielkarten-Museum e. V. (Fotos: Gerhard Wiese) 276, 277. Madrid: Museo del Prado 76, 92/93, 140/141, 185, 213, 229, 232, 259; Real Academia de Bellas Artes de San Fernando 54, 197. New York: Metropolitan Museum of Art 89. Paris: Musée du Louvre (Foto: Josse) 156/157. Stuttgart: Württembergische Landesbibliothek 159. Venedig: Museo Correr 176. Washington: National Gallery of Art 272. Wien: Kunsthistorisches Museum 64/65, 273; Österreichische Nationalbibliothek 110.
Bildarchiv Preußischer Kulturbesitz, Berlin (West) 148/149. Thomas Heitkamp, Bremen 117, 118/119. Historia-Photo, Bad Sachsa 91. Holle Bildarchiv, Baden-Baden 144, 146, 228. Alexander Koch, Bildarchiv und Kunstverlag, München 10. Roger-Viollet, Paris 51, 81. Salmer, Barcelona 18/19, 29, 37, 40, 57, 59, 60, 61, 68/69, 86/87, 96, 97, 100, 152, 192/193, 205, 268, 280, 284/285. Scala, Florenz 145. Theodor Schütz, Kirchheim unter Teck 11, 14 (2), 15, 25 (2), 28, 32, 72 (2), 101, 104, 114, 188, 189, 200, 208, 209 (2), 212, 216, 220, 225. Gerhard Wiese, Stuttgart 221.

DE MADRID VILLE CHOISI POUR LA DEMEURE DES ROIS
DE SON AINE ET DE SA SITUATION AU MILIEU DES ESPAGNE